Steuerberater-Jahrbuch 2007/2008

Steuerberater-Jahrbuch 2007/2008

zugleich Bericht
über den 59. Fachkongress der Steuerberater
Köln, 23. und 24. Oktober 2007

Herausgegeben
im Auftrag des Fachinstituts der Steuerberater von

Prof. Dr. Detlev J. Piltz
Rechtsanwalt, Fachanwalt für
Steuerrecht

Dipl.-Kfm. Manfred Günkel
Steuerberater u. Wirtschaftsprüfer

Dr. Dr. Ursula Niemann
Steuerberater

Verlag
Dr. Otto Schmidt
Köln

Zitierempfehlung:
Verfasser, StbJb. 2007/2008, Seite ...

Bibliografische Information
der Deutschen Nationalbibliothek

Die Deutsche Nationalbibliothek verzeichnet diese
Publikation in der Deutschen Nationalbibliografie;
detaillierte bibliografische Daten sind im Internet
über http://dnb.d-nb.de abrufbar.

Verlag Dr. Otto Schmidt KG
Gustav-Heinemann-Ufer 58, 50968 Köln
Tel. 02 21/9 37 38-01, Fax 02 21/9 37 38-943
info@otto-schmidt.de
www.otto-schmidt.de

ISSN 0081-5519
ISBN 978-3-504-62653-2

©2008 by Verlag Dr. Otto Schmidt KG, Köln

Das verwendete Papier ist aus chlorfrei gebleichten
Rohstoffen hergestellt, holz- und säurefrei, alterungs-
beständig und umweltfreundlich.

Satz: Hain-Team, Bad Zwischenahn
Druck und Verarbeitung: Bercker, Kevelaer
Printed in Germany

Vorwort

Der 59. Fachkongress der Steuerberater, der am 23. und 24. September 2007 traditionell in der Industrie- und Handelskammer zu Köln stattfand, behandelte eröffnend die Unternehmensteuerreform aus der Sicht eines Bundeslandes durch den Finanzminister von Nordrhein-Westfalen, Dr. Linssen. Erkennbar wurde, dass diese Sicht mit ihrem Gewicht auf Haushaltsinteresse und Steuererhebung nicht immer mit der Sicht der Steuerpflichtigen und der Rechtsanwender in Beratung, Verwaltung und Rechtsprechung übereinstimmt. Ein teilweises Kontrastprogramm hierzu war die Analyse der Rechtsprechung des Bundesverfassungsgerichts zum Steuerrecht der letzten Jahrzehnte, die interessante Wandlungen, bisweilen auch 180-Grad-Wenden aufweist, z.B. bezüglich des berühmt gewordenen Halbteilungsgrundsatzes, den das Gericht eingeführt und gute zehn Jahre danach wieder abgeschafft hat.

Unter dem Leitthema Besteuerung privater Kapitalanleger ging es um die ab 2009 greifende Abgeltungsteuer, die Besteuerung von Immobilien-Aktiengesellschaften (REIT) und die Besteuerung von Fonds-Anlagen und Finanzierungen. Die internationale Besteuerung widmete sich den praktisch höchst wichtigen Funktionsverlagerungen über die Grenze, den Reaktionen der deutschen Gesetzgebung und Finanzverwaltung auf die Steuerrechtsprechung des EuGH und wichtigen neuen Gesetzen zur Sicherung des deutschen Steuersubstrats gegen Entzug in das Ausland.

Im Bilanzrecht waren zu behandeln die HGB-Modernisierung und einige ihrer steuerlichen Auswirkungen, die neue Rechtsprechung des Bundesfinanzhofs zur Bilanzberichtigung und Bilanzänderung und – wie jedes Jahr – die nie enden wollenden aktuellen Probleme aus dem Bilanzsteuerrecht.

Ein überwiegend den Mittelstand belastendes Problem ist die neue Bilanzpublizität, welche bekanntlich ab 2008 durch das Bundesamt für Justiz strikt erzwungen wird. Gedacht war sie wohl zu Gunsten der Gläubiger, nutzen tut sie den Kunden und Wettbewerbern. Die vielfältigen Probleme bei der Umsatzsteuer im Zusammenhang mit Beteiligungen waren weiterer Gegenstand des Blocks Kapitalgesellschaften.

Letzter Schwerpunkt waren die Personenunternehmen mit Betriebsveräußerung, -aufgabe und -verpachtung sowie aktuellen Problemen, insbesondere auf Grund der neuen Erbschaftsteuer, der Vererblichkeit von Verlusten, Pensionszusagen bei Mitunternehmerschaften und der neuen Thesaurierungsbegünstigung.

V

Der Gerhard-Thoma-Ehrenpreis 2007 wurde gleichwertig zuerkannt Frau Dr. Simone Briesemeister für ihre Arbeit „Hybride Finanzinstrumente im Ertragsteuerrecht" und Herrn Dr. Christian Schwandtner für seine Arbeit „Disquotale Gewinnausschüttungen in Personen- und Kapitalgesellschaften". Die Laudatio hat Professor Dr. Wolfgang Kessler gehalten.

Köln, im Juni 2008

Detlev J. Piltz   Ursula Niemann   Manfred Günkel

Inhaltsverzeichnis*

1. Leitthema: Unternehmensteuerreform

2. Leitthema: Rechtsprechung des Bundesverfassungsgerichts

---

* Ausführliche Inhaltsübersicht zu Beginn der jeweiligen Beiäge.

Inhaltsverzeichnis

3. Leitthema: Besteuerung privater Kapitalanleger

Dr. Friedrich E. Harenberg
Vorsitzender Richter am Finanzgericht Niedersachsen, Hannover

Professor Dr. Andreas Lohr
Steuerberater und Wirtschaftsprüfer, Düsseldorf

Dr. Hans Georg Reuter
Rechtsanwalt, Frankfurt

4. Leitthema: Internationale Besteuerung

Dr. Michael Schwenke
Ministerialrat im Bayerischen Staatsministerium
der Finanzen, München

**Funktionsverlagerung über die Grenze. Verrechnungspreise
und Funktionsausgliederung**

Gert Müller-Gatermann
Ministerialdirigent, Bundesministerium der Finanzen, Berlin

**Reaktionen von deutscher Gesetzgebung und
Finanzverwaltung auf die EuGH-Rechtsprechung**

Dr. Stephan Eilers, LL.M. (Tax)
Rechtsanwalt und Fachanwalt für Steuerrecht, Köln

Dipl.-Finw. Dr. Norbert Schneider
Rechtsanwalt und Steuerberater, Köln

**Missbrauch vs. Misstrauen. Unilaterale Sicherung des
deutschen Steueraufkommens (§ 50d Abs. 3, 9 EStG)**

5. Leitthema: Bilanzrecht und Bilanzsteuerrecht

Dr. Christoph Ernst
Ministerialrat, Bundesministerium der Justiz, Berlin

HGB-Modernisierung

Professor Dr. Ulrich Prinz
Wirtschaftsprüfer und Steuerberater, Bonn

**Bilanzkorrekturen (Bilanzberichtigung, Bilanzänderung):
Aktuelle Entwicklungen, neue Streitpunkte**

Dipl.-Kfm. Manfred Günkel
Steuerberater und Wirtschaftsprüfer, Düsseldorf

Aktuelle Probleme aus dem Bilanzsteuerrecht

6. Leitthema: Kapitalgesellschaften und Konzerne

Dr. Markus Niemeyer
Wirtschaftsprüfer und Steuerberater, Wuppertal

**Die neue Bilanzpublizität – Offenlegung im
elektronischen Register und Strategien zu ihrer Vermeidung**

Dr. Karen Möhlenkamp
Rechtsanwältin, Düsseldorf und Berlin

Umsatzsteuer und Beteiligungen

7. Leitthema: Personenunternehmen

Dr. Martin Strahl
Steuerberater, Köln

**Probleme bei Betriebsveräußerung, -aufgabe und
-verpachtung**

Werner Seitz
Ministerialrat, Finanzministerium Baden-Württemberg, Stuttgart

Aktuelles zu Personenunternehmen

Verleihung des „Gerhard-Thoma-Ehrenpreises 2007" des Fachinstituts der Steuerberater

Professor Dr. Wolfgang Kessler
Steuerberater, Albert-Ludwigs-Universität, Freiburg i. Br.

Im vergangenen Jahr hat das Fachinstitut der Steuerberater an dieser Stelle die Dissertation von Herrn Dr. Carsten Schlotter zum Thema „Teilwertabschreibung und Wertaufholung zwischen Steuerbilanz und Verfassungsrecht" prämiert.

Auch in diesem Jahr will das Fachinstitut mit der Verleihung des Gerhard-Thoma-Ehrenpreises wieder den steuerwissenschaftlichen Nachwuchs ehren und fördern. Aufgrund der Vielzahl qualitativ hochwertiger Bewerbungen hatten die Mitglieder des Fachinstituts eine große Auswahl an in Betracht kommenden Arbeiten. Nicht zuletzt deshalb haben wir uns dazu entschlossen, den Ehrenpreis zu gleichen Teilen an zwei Nachwuchswissenschaftler zu vergeben.

Träger des Gerhard-Thoma-Ehrenpreises 2007 sind:

Frau Dipl.-Kff. Dr. Simone Briesemeister mit ihrer Arbeit

„Hybride Finanzinstrumente im Ertragsteuerrecht"

und

Herr Rechtsanwalt Dr. Christian Schwandtner mit seiner Arbeit

„Disquotale Gewinnausschüttungen in Personen- und Kapitalgesellschaften"

Als Vorsitzender der Jury habe ich die angenehme Aufgabe, dem Kongress die Arbeiten und die Preisträger vorzustellen und anschließend die Urkunden zu überreichen.

Beide Dissertationen durchdringen sehr aktuelle und komplexe steuerliche Fragestellungen in wissenschaftlich fundierter Weise und zeichnen sich zugleich durch höchste Praxisrelevanz aus. Den Verfassern ist es jeweils gelungen überzeugende und eigenständige Lösungsvorschläge herauszuarbeiten. Beide Verfasser haben überdies hervorragend das beinahe unübersehbare Schrifttum in ihre Arbeiten integriert und für die eigene Argumentation nutzbar gemacht. In der Ausrichtung unterscheiden sich die beiden Dissertationen naturgemäß durch die unterschiedliche Vorbildung der beiden jungen Steuerwissenschaftler. Während die Arbeit von Frau

Briesemeister neben der steuerlichen Behandlung hybrider Finanzinstrumente auch in der Analyse der ökonomischen Konsequenzen und in finanzierungstheoretischer Hinsicht eine bemerkenswerte Leistung darstellt, zeichnet sich die Arbeit von Herrn Schwandtner dadurch aus, dass sie neben der profunden steuerrechtlichen Beurteilung von disquotalen Gewinnausschüttungen auch deren gesellschaftsrechtliche Behandlung umfassend erörtert.

I. Laudatio Dr. Simone Briesemeister

Die Monographie von Frau Dr. Simone Briesemeister, die von meinem verehrten akademischen Lehrer, Herrn Kollegen Herzig angeregt und betreut wurde, entstand als betriebswirtschaftliche Dissertation am Seminar für Allgemeine Betriebswirtschaftslehre und Betriebswirtschaftliche Steuerlehre der Wirtschafts- und Sozialwissenschaftlichen Fakultät der Universität zu Köln und ist im IDW-Verlag, Düsseldorf erschienen. Die Arbeit wurde mit der Note „summa cum laude" bewertet und umfasst 431 inhaltsreiche Textseiten.

Das Ziel der Arbeit von Frau Briesemeister bestand darin, auf der Basis einer umfassenden Typologisierung hybrider Finanzinstrumente Kriterien zu entwickeln, aus denen eine widerspruchsfreie ertragsteuerliche Behandlung hybrider Finanztitel sowohl national als auch international abgeleitet werden kann, wobei die Bedingungen der horizontalen und vertikalen Steuergerechtigkeit zu beachten waren. Obwohl hybride Finanzinstrumente in der Praxis in den vergangenen Jahren zunehmend an Bedeutung gewonnen haben und in der aktuellen Finanzierungspraxis fast allgegenwärtig sind, gab es bislang nur punktuelle Untersuchungen einzelner Problembereiche.

Die Arbeit von Frau Briesemeister schließt diese Forschungslücke in vorbildlicher Weise. Denn sie beschränkt sich nicht auf eine instrumentenspezifische Untersuchung hybrider Finanzinstrumente, sondern analysiert vielmehr grundlegend die aus ihrem Mischcharakter resultierenden Besteuerungsfragen ausgehend von einer systematischen Einteilung der einzelnen Erscheinungsformen hybrider Finanzinstrumente in Gattungen. Das im Verlauf der Arbeit anhand der gefundenen Gattungen abgeschichtete Herausarbeiten und Lösen der vier zentralen steuerlichen Abgrenzungsprobleme (die Abgrenzung von Eigen- und Fremdkapital, die Abgrenzung der steuerlichen Beurteilungseinheit, die Einbeziehung in das Halbeinkünfteverfahren und die Abgrenzung zwischen der Ertrags- und der Vermögensebene) stellt eine außergewöhnliche Forschungsleistung dar.

Mit der vorliegenden Arbeit wurden erstmalig die verstreut existierenden Einzellösungen in einen Gesamtzusammenhang eingebettet. Der umfassende Ansatz deckt nicht nur den betrieblichen sondern auch den privaten und abkommensrechtlichen Bereich ab. Erst dadurch werden Widersprüchlichkeiten von Einzellösungen sichtbar und die Möglichkeit eröffnet Forschungslücken konsistent zu schließen. Die Komplexität der Materie wurde von Frau Briesemeister souverän bewältigt, so dass ein belastbares Fundament entstanden ist, das künftigen Forschungsarbeiten als Ausgangspunkt dienen kann. Trotz der beachtlichen thematischen Spannweite und des Charakters als synthetische Gesamtbetrachtung verzichtet die Untersuchung an keiner Stelle auf sehr hohe Detailgenauigkeit. Die Arbeit beschränkt sich zudem nicht auf Impulse für die Rechtsfortbildung, sondern enthält darüber hinaus auch sehr nützliche Hinweise für steuerliche Gestaltungsüberlegungen.

Frau Dr. Briesemeister wurde am 2. 6. 1972 in Staßfurt (Sachsen-Anhalt) geboren. Sie hat im Jahre 1998, nach einer Ausbildung zur Bankkauffrau, ihr an der Otto von Guericke-Universität Magdeburg begonnenes Studium der Betriebswirtschaftslehre an der Universität zu Köln mit dem Diplom abgeschlossen und im selben Jahr das Promotionsstudium aufgenommen. Während des Promotionsstudiums war sie wissenschaftliche Mitarbeiterin am Seminar für Allgemeine Betriebswirtschaftslehre und Betriebswirtschaftliche Steuerlehre. Seit Mitte des Jahres 2006 ist sie wissenschaftliche Assistentin an diesem Seminar.

II. Laudatio Dr. Christian Schwandtner

Die 405 gehaltvolle Textseiten umfassende Arbeit von Herrn Dr. Christian Schwandtner mit dem Titel „Disquotale Gewinnausschüttungen in Personen- und Kapitalgesellschaften“ wurde im Sommersemester 2006 als rechtswissenschaftliche Dissertation an der Rheinischen Friedrich-Wilhelms-Universität zu Bonn mit der Note „summa cum laude“ angenommen. Angeregt und betreut wurde die Arbeit von meinem geschätzten Kollegen Schön. Das Werk wurde im September 2006 als Band 37 in der von den Kollegen Schön und Hüttemann herausgegebenen Schriftenreihe „Rechtsordnung und Steuerwesen“ des Dr. Otto Schmidt Verlags veröffentlicht.

Ausgangspunkt der Überlegungen von Herrn Dr. Christian Schwandtner ist ein Urteil des Bundesfinanzhofs vom 19. 8. 1999[1] zur disquotalen Zuordnung von Gewinnausschüttungen. In dieser Entscheidung kam der I. Senat

---

1 BStBl. II 2001, 43 ff.

zu dem Schluss, dass eine Gewinnausschüttung, die nicht dem Verhältnis der Beteiligung der Gesellschafter am Stammkapital einer GmbH entspreche, steuerlich anzuerkennen ist und keinen Missbrauch von rechtlichen Gestaltungsmöglichkeiten i. S. d. § 42 AO darstellt. Die damit aufgeworfene Frage nach den Grenzen der privatautonomen Zuordnung von Gewinnansprüchen im Zivil- und Steuerrecht ist Gegenstand der vorliegenden Arbeit, die sich in drei Kapitel gliedert.

Im ersten Kapitel werden die gesellschaftsrechtlichen Grundlagen der Gewinnausschüttungen bei Personen- und Kapitalgesellschaften dargelegt. Wesentliche Bedeutung kommt dabei der Unterscheidung zwischen mitgliedschaftlichem Gewinnbeteiligungsrecht und dem (schuldrechtlichen) Gewinnauszahlungsanspruch zu, wobei der Verfasser aufzeigt, dass diese Unterscheidung für Personen- und Kapitalgesellschaften gleichermaßen gilt.

Daran anknüpfend beschäftigt sich das zweite Kapitel mit den rechtlichen Gestaltungsmöglichkeiten für eine disquotale Gewinnausschüttung. Dabei differenziert Herr Dr. Schwandtner nach der mittelbaren Beeinflussung der Gewinnverteilung auf schuldrechtlichem Wege durch schlichte Weiterleitung des ausbezahlten Gewinnanteils an Mitgesellschafter sowie durch Abtretung und Erlass des Gewinnauszahlungsanspruchs und den unmittelbaren Möglichkeiten der Modifikation des mitgliedschaftlichen Gewinnbeteiligungsrechts durch Einwirkung auf das Gewinnstammrecht (Übertragung, Verzicht, Nichtausübung), die Mitgliedschaft (Übertragung und Nießbrauch), den Gewinnverteilungsschlüssel (Gesellschafterbeschluss, Gestaltung in und außerhalb der Satzung) und der Zuweisung zu den Rücklagen.

Im Rahmen der Abtretbarkeit der Auszahlungsansprüche diskutiert der Verfasser die Frage, ob der Kapitalauszahlungsanspruch bei persönlich haftenden Gesellschaftern einer OHG oder KG abtretbar ist, oder ob dem § 717 BGB entgegensteht, der ausdrücklich nur den Gewinnauszahlungsanspruch nennt. Die eingehende Auseinandersetzung mit den Rechtsgrundlagen der Mitgliedschaftsrechte speziell in Personen- und Kapitalgesellschaft und die konsequente Anwendung auf die Fragen der Beeinflussung der Gewinnverteilung stellen die analytischen Fähigkeiten des Verfassers eindrucksvoll unter Beweis.

Sehr präzise, tiefgründig und für die Praxis hilfreich sind auch die Ausführungen des Preisträgers zu den Möglichkeiten der unmittelbaren Einflussnahme auf die Gewinnverteilung durch die Modifizierung des Gewinnverteilungsschlüssels. So hat die Gesellschafterversammlung die Möglichkeit einen vom Gesetz oder Satzung abweichenden Verteilungsschlüssel ad hoc zur Anwendung zu bringen oder den Verteilungsschlüssel so auszugestalten, dass jeder Gesellschafter sein Gewinnstammrecht durch Erklärung ruhen lassen kann oder es der Gesellschafterversammlung ermöglicht wird, künftig durch einfachen Beschluss vom Gewinnverteilungsschlüssel abzuweichen. Der Verfasser stellt die unterschiedlichen Möglichkeiten einer Personengesellschaft und die der AG bzw. GmbH dar, vom vertraglichen bzw. gesetzlichen Verteilungsschlüssel abzuweichen, und arbeitet die rechtsformspezifischen Besonderheiten bei der jeweiligen Beschlussfassung überzeugend heraus.

Im dritten Kapitel untersucht der Preisträger die Anerkennung der zivilrechtlichen Gestaltungsmöglichkeiten im Einkommensteuerrecht. Dem Verfasser gelingt es hervorragend zunächst die Grundlagen der Besteuerung nach § 15 Abs. 1 Satz 1 Nr. 2 EStG und nach § 20 Abs. 1 Nr. 1, Abs. 2 Satz 1 Nr. 1 EStG darzustellen, wobei er hinsichtlich beider Tatbestände die Beteiligung an der Gesellschaft als Erwerbsgrundlage ansieht. Der wesentliche Unterschied zwischen den Besteuerungstatbeständen ist, dass § 15 Abs. 1 Satz 1 Nr. 1 EStG auf einen Zufluss beim Gesellschafter verzichtet, um eine zeitnahe und vollständige Besteuerung zu gewährleisten. Die Gewinnbeteiligung eines Gesellschafters richtet sich nach seiner inhaltlich durch Gesetz oder Satzung ausgestalteten Mitgliedschaft und ist grundsätzlich auch steuerlich anzuerkennen. Eine Korrektur für steuerliche Zwecke kann nur nach § 42 AO erfolgen. Darauf aufbauend untersucht der Preisträger die erörterten zivilrechtlichen Gestaltungsmöglichkeiten aus der Sicht des Einkommensteuerrechts. Auch in diesem Teil der Arbeit gelingt es dem Verfasser immer wieder in beeindruckender Weise, komplizierte Sachverhalte der Besteuerung der Gewinnerzielung in Personengesellschaften und der Besteuerung von Kapitalvermögen auf die Grunderkenntnisse der Lehre von der Erzielung und Ermittlung von Einkünften im Einkommensteuerrecht zurückzuführen.

Herr Dr. Schwandtner wurde am 2. 6. 1973 in Essen geboren. Nach dem Studium der Betriebswirtschaftslehre an der Berufsakademie Villingen-Schwenningen von 1992 bis 1995 nahm er im Wintersemester 1996/97 das Studium der Rechtswissenschaften an der Rheinischen Friedrich-Wilhelms-Universität zu Bonn auf, das er 2000 mit der ersten juristischen Staatsprüfung abschloss. Ab Januar 2001 war Herr Dr. Schwandtner Assistent am Institut für Steuerrecht der Universität zu Bonn. Nachdem er den juristischen Vorbereitungsdienst absolviert hatte, bestand Herr Dr. Schwandtner im März 2005 die zweite juristische Staatsprüfung. Seit 2007 arbeitet er als Rechtsanwalt in einer international renommierten Sozietät.

Mit ihren Arbeiten haben beide Preisträger bewiesen, dass sie in der Lage sind, ein wissenschaftlich anspruchsvolles und praktisch relevantes Thema konsequent mit Expertise, Scharfsinn und Kreativität zu bearbeiten. Mit der Preisverleihung möchte das Fachinstitut beide Preisträger anspornen, den eingeschlagenen Weg fortzusetzen und das steuerliche Schrifttum durch weitere wissenschaftliche Arbeiten zu bereichern.

1. Leitthema:
Unternehmensteuerreform

Die Unternehmensteuerreform
aus Sicht des Landes NRW*

Dr. Helmut Linssen
Finanzminister des Landes Nordrhein-Westfalen, Düsseldorf

Inhaltsübersicht

I. Einführung

Die wirtschaftlichen Rahmendaten, vor deren Hintergrund die Unternehmensteuerreform verabschiedet worden ist, sind gut. Es gibt einen konjunk-
turellen **Aufschwung,** wie es ihn seit langer Zeit nicht gegeben hat und von
dem deutlich positive Impulse auf den Arbeitsmarkt ausgehen. Wir haben
850 000 weniger Arbeitslose, und mehr als eine halbe Million zusätzliche
sozialversicherungspflichtige Beschäftigungsverhältnisse. Von dieser Entwicklung profitieren alle:

– die Wirtschaft,

– die Arbeitnehmerinnen und Arbeitnehmer,

– das Gemeinwesen.

Es scheint so, als sei die anhaltend positive gesamtwirtschaftliche Entwicklung so robust, dass sie durch negative Entwicklungen im Finanzsektor keinen bleibenden Schaden nimmt.

In diesem insgesamt positiven Umfeld sorgt die Unternehmensteuerreform
dafür, dass der Investitionsstandort Deutschland attraktiver wird für alle,

---

* Die Redeform wurde beibehalten.

die hier investieren wollen, für alle, die hier in Deutschland Arbeitsplätze schaffen wollen, für alle, die ihre Wertschöpfung in Deutschland versteuern.

In dem kaum zu bewältigenden Spagat zwischen der unbedingten und von keiner Seite angezweifelten Notwendigkeit, die Verschuldung der öffentlichen Haushalte zu stoppen, und der Einsicht, dass Deutschland im internationalen Standortwettbewerb wieder nach vorne muss, hat NRW der Unternehmensteuerreform zugestimmt.

II. Die Unternehmensteuerreform in Zahlen

Durch die Tarifabsenkung für Unternehmensgewinne auf unter 30 % wird eine Bruttoentlastung von rund 30 Milliarden Euro erreicht. Unternehmensteuerentlastungen in dieser Größenordnung wären im Hinblick auf die Entschuldung der öffentlichen Haushalte untragbar gewesen. Deswegen war es richtig, die Nettoentlastung durch eine Gegenfinanzierung auf 5 Milliarden Euro zu beschränken. Für den Haushalt des Landes Nordrhein-Westfalen bedeutet dies insgesamt Mindereinnahmen von voraussichtlich 500 Millionen Euro im Jahr.

Das ist kein Pappenstiel, aber ich glaube, dass es die Sache wert ist.

III. Die Unternehmensteuerreform ist notwendig und gut für Deutschland

Die Unternehmensteuersätze waren zu hoch und für die im europäischen und globalen Wettbewerb stehenden Unternehmen am Standort Deutschland nicht mehr attraktiv.

Hier bildete Deutschland aus Sicht der Unternehmen das Schlusslicht in Europa.

Mit der Senkung der Gesamtsteuerbelastung für einbehaltene Gewinne von Kapitalgesellschaften unter 30 % sowie der Einführung einer Thesaurierungsbegünstigung für Personenunternehmen wurde ein Signal im internationalen Standortwettbewerb gesetzt. International wettbewerbsfähige Steuersätze sichern Investitionen in Deutschland und leisten damit einen positiven Beitrag für den inländischen Arbeitsmarkt.

IV. Die Unternehmensteuerreform ist gerecht

Von mancher Seite ist Kritik laut geworden, die Senkung der Steuersätze für Unternehmen würde Spielräume in anderen wichtigen Politikfeldern einschränken.

An dieser Stelle muss sich die Reform einer Diskussion um Ausgewogenheit und Gerechtigkeit stellen. Ich denke, die Unternehmensteuerreform ist gerecht.

Bei der Senkung der Unternehmensteuersätze geht es nicht um die Verteilung von Geschenken, die einseitig von den öffentlichen Haushalten und damit von der Bevölkerung getragen werden müssten!

Der Wohlstand einer Gesellschaft lebt von der Dynamik seiner Unternehmen.

Eine zukunftsweisende Unternehmensbesteuerung muss daher von dem Grundsatz ausgehen, dass Unternehmen in erster Linie Wirtschafts- und nicht Steuersubjekte sind. Sie muss die Steuerlast so gestalten, dass es sich lohnt, in unserem Land Betriebe zu gründen und Arbeitsplätze zu schaffen. Sie muss Wettbewerbsneutralität gewährleisten, und der jeweiligen Rechtsform des Unternehmens gerecht werden.

Im Ergebnis geht es also nicht um die Entlastung der Unternehmer, sondern um die Entlastung der Unternehmen, die wir am Standort Deutschland brauchen, um auch in Zukunft Arbeitsplätze im Land zu haben.

Nicht etwa konsumierbares Einkommen wird nachhaltig entlastet, sondern nur solches, das unternehmerisch gebunden ist und im Unternehmen für Investitionen und Arbeitnehmer eingesetzt wird.

Das ist sozial gerechte Politik im Interesse aller!

V. Die Unternehmensteuerreform im Einklang mit verantwortungsvoller Haushaltspolitik

Der Wohlstand unseres Landes ist gefährdet, wenn der Staat auf Dauer mehr ausgibt, als er einnimmt. Stoppen wir die Verschuldung nicht, wird der Staat in Zukunft wichtige Aufgaben nicht mehr erfüllen können. Wir wollen ein Land, das die Zukunft seiner Kinder sichert und das nicht auf ihre Kosten lebt.

Deshalb hat auch NRW die wesentliche Zielrichtung der notwendigen Gegenfinanzierungsmaßnahmen mitgetragen, um inländisches Steuersubstrat zu sichern und unangemessene Steuergestaltungen zu verhindern. In

11

Deutschland erwirtschaftete Gewinne müssen auch in Deutschland besteuert werden.

VI. Der Gesetzgeber lässt genügend Zeit, sich auf die Umsetzung der Reform einzustellen

Unabhängig von der inhaltlichen Beurteilung der Maßnahmen ist es aus meiner Sicht uneingeschränkt positiv zu beurteilen, und da stimmen mir alle mit dem Steuervollzug befassten Kräfte aus der Steuerberatung, der Wirtschaft und der Verwaltung zu, dass es diesmal gelungen ist, eine Reform ins Bundesgesetzblatt zu bringen, die den Betroffenen einen angemessenen Zeitkorridor zur Verfügung stellt, um sich auf die gesetzlichen Neuregelungen einzustellen.

VII. Notwendige Korrekturen

Ich bin der Auffassung, dass im Zeitalter der Globalisierung international wettbewerbsfähige Steuersätze mit steuerlichen Rahmenbedingungen kombiniert werden müssen, die Unternehmen Anreize für eine Ansiedlung bzw. einen Verbleib in Deutschland bieten. In gleichem Maße müssen davon auch die inländischen kleinen und mittleren Unternehmen profitieren, die eigentlicher Motor für die Schaffung von Arbeitsplätzen in Deutschland sind. Vor diesem Hintergrund halte ich es für richtig und notwendig, die Auswirkungen der Steuerreform in einigen Punkten zu überprüfen, sobald ihre Wirkung sicher abschätzbar ist.

– Gerade die kleinen und mittleren Unternehmen tragen durch die Verbreiterung der Bemessungsgrundlage, insbesondere durch die Beschränkung der Sofortabschreibung geringwertiger Wirtschaftsgüter und Abschaffung der degressiven Abschreibung, maßgeblichen Anteil an der Gegenfinanzierung. Demgegenüber können nicht alle mittelständischen Personenunternehmen von dem Investitionsabzugsbetrag oder der Thesaurierungsrücklage profitieren. Ich sehe daher mit Sorge, dass diese für die kleinen und mittleren Unternehmen insgesamt belastenden Maßnahmen zu einer Benachteiligung des Mittelstandes führen könnten.

– Investitionen in Deutschland zur Produktivitäts- und Standortverbesserung auch über Fremdfinanzierung müssen ohne steuerliche Sanktionen möglich bleiben. Die Zinsschranke muss meines Erachtens zielgenau auf missbräuchliche Steuergestaltungen ausgerichtet werden und darf insbesondere Unternehmen in Krisenzeiten oder Unternehmen besonderer

Branchen nicht unnötig belasten. Auch eine deutlich verbesserte Anwenderfreundlichkeit dieser außerordentlich komplizierten Regelung wäre zu begrüßen.

– Die Ausweitung der Bemessungsgrundlage bei der Gewerbesteuer durch die Hinzurechnung sämtlicher Zinsen sowie der Finanzierungsanteile aus Mieten, Pachten, Leasingraten und Lizenzen darf bei Unternehmen, die Investitionen mit hohem Kreditbedarf durchführen, nicht zu einer Substanzbesteuerung führen. Im Rahmen der Gewerbesteuer muss das grundlegende Prinzip der Gewinnbesteuerung erhalten bleiben. Auch sollten hierbei nicht Unternehmen bestimmter Branchen ein Sonderopfer erbringen müssen. Dies scheint mir nach den Eingaben, die mich erreichen, möglicherweise für Leasinggesellschaften und Einzelhandelsunternehmen der Fall zu sein. Dies bedarf der eingehenden Überprüfung.

– Die neue gesetzliche Regelung zur Funktionsverlagerung in § 1 des Außensteuergesetzes (AStG) ist wegen der Vielgestaltigkeit möglicher Sachverhalte noch relativ unbestimmt. Ich gehe davon aus, dass bei der anstehenden Durchführungsverordnung Regelungen gefunden werden, die sicherstellen, dass Forschungs- und Entwicklungsinvestitionen im Inland oder der Wissenstransfer innerhalb verbundener Unternehmen nicht erschwert werden. Auf besondere Kritik ist die ursprüngliche Absicht der Bundesregierung gestoßen, die sog. Funktionsverdoppelung der Funktionsverlagerung gleichzustellen. Ich bin der Auffassung, dass der Export von Know-how, eine der großen Stärken unserer deutschen Wirtschaft, nicht mit der Verlagerung von Know-how auf eine Stufe gestellt werden kann. Zusätzliche Fabriken im Ausland dürfen auch künftig nicht mit einer Wegzugsteuer belastet werden. Durch diese Produktionsstätten werden letztlich auch deutsche Arbeitsplätze gesichert. Inzwischen scheint sich erfreulicherweise auch die Bundesregierung meiner Auffassung anzuschließen, die übrigens von der Mehrheit meiner Länderkollegen geteilt wird.

– Ich sehe die Gefahr, dass die Regelung beim sog. Mantelkauf zum Grundanliegen des Gesetzes kontraproduktiv wirken kann. Insbesondere sehe ich den vollständigen Untergang des Verlustvortragspotentials bei jeder Übernahme von mehr als 50 % der Anteile durch einen Investor kritisch, da so vor allem jungen innovativen Unternehmen wesentliche Teile des Kapitalmarkts bei der Suche nach neuen Investoren verschlossen bleiben. Von daher bin ich froh, dass der Gesetzentwurf der Bundesregierung zur Förderung von Wagniskapital das Problem aufgreift, um unerwünschte Auswirkungen der gesetzlichen Neuregelung zum Mantelkauf zumindest im Bereich Private Equity zu mildern. Gleichwohl sollte überlegt werden, ob statt der bisherigen

Mantelkaufregelung, die auf einen Wechsel der wirtschaftlichen Identität der Kapitalgesellschaft abgestellt hat, der Wegfall des Verlustes allein in Abhängigkeit vom Wechsel des Anteilseigners der Königsweg sein kann. Auch hier sollte man sich innovativen Weiterentwicklungen nicht verschließen. Ich denke, dass eine Regelung, die den Verlustvortrag zumindest belässt, soweit die Gesellschaft über stille Reserven verfügt, auf höhere Akzeptanz stoßen wird.

– Darüber hinaus ist der Wegfall des Verlustvortrags in bestimmten Fällen schwer einzusehen: Das ist zum einen dann der Fall, wenn ein Unternehmen etwa auf der Grundlage eines Insolvenzplans nach der Insolvenzordnung saniert worden ist und anschließend in neue Hände gegeben wird. Zum anderen ist der Wegfall des Verlustvortrags infolge einer Umstrukturierung innerhalb eines Konzerns ohne jegliche Beteiligung außen stehender Dritte ebenfalls nur schwer verständlich.

VIII. Ausblick

1. Private Equity

Die Unternehmensteuerreform wird noch in diesem Jahr – wie schon bereits angedeutet – um eine Regelung für die steuerliche Behandlung von privatem Wagniskapital ergänzt. Dieses Gesetz soll zeitgleich mit der Unternehmensteuerreform zum 1. Januar des Jahres 2008 in Kraft treten. Ich denke, dass hierdurch flankierend zur Unternehmensteuerreform die Rahmenbedingungen gerade für technologieorientierte Unternehmen verbessert werden. Gerade in Zeiten, in denen der Bankensektor bei der Bereitstellung von Risikokapital überaus restriktiv agiert, ist es wichtig, jungen, innovativen Unternehmen Finanzierungsquellen zugänglich zu machen.

2. Erbschaftsteuer

Das Bundesverfassungsgericht hat den Gesetzgeber verpflichtet, bis spätestens 31. 12. 2008 die Erbschaftsteuer neu zu regeln. Ich nehme die Gelegenheit hier gerne wahr, Ihnen meinen Standpunkt zur Reform der Erbschaftsteuer darzustellen.

Aus haushaltspolitischen Erwägungen hält die Landesregierung an der Erbschaftsteuer fest. Dabei ist sich die Landesregierung bewusst, dass für eine verfassungskonforme Neugestaltung der Erbschaftsteuer die Belange des Mittelstandes und der Familien hohe Priorität haben. Die Erleichterung der Unternehmensnachfolge durch die Schonung der Vererbung von betrieblichem Vermögen muss integraler Bestandteil der Reform sein.

Ich trete für ein Steuermodell ein, das folgende Eckpunkte beinhaltet:
– realistische, verfassungsfeste Bewertung aller Vermögenswerte
– drastische Reduzierung des Tarifs
– Verschonung von Betriebsvermögen durch großzügige Stundungsregelungen
– das neue Recht muss praktikabel sein

Dabei mache ich keinen Hehl daraus, dass ich hinsichtlich der Neuordnung der Erbschaftsteuer auf Betriebsvermögen das sog. Abzinsmodell gegenüber dem sog. Abschmelzmodell befürworte. Denn hier weiß der Unternehmer, woran er ist.

Beim Abzinsmodell würde die Erbschaftsteuerschuld auf das gesamte Betriebsvermögen über zehn Jahre zinsfrei gestundet. Wer sofort zahlt, bekommt vorab die Zinsen abgezogen, wer in Raten zahlt, hat gegenüber einem Kredit, den er anderenfalls für die Erbschaftsteuerzahlung aufnehmen müsste, einen Zinsvorteil.

Dagegen ist das Abschmelzmodell mit vielen Unwägbarkeiten für den Unternehmer befrachtet. Die Entlastung tritt nur dann ein, wenn er das Unternehmen in der bisherigen Form fortführt. Eine wie auch immer geartete Fortführungsklausel verkennt die Notwendigkeit, dass sich erfolgreiches unternehmerisches Handeln stets an den Bedürfnissen der Märkte ausrichten muss. Beschäftigung sichert man nicht dadurch, dass man Beschäftigung vorschreibt. Beschäftigung entsteht durch erfolgreiches Handeln am Markt.

Auch sagen mir meine Steuerexperten im Finanzministerium, dass eine völlige oder weitgehende Steuerfreistellung des Betriebsvermögens nach dem Abschmelzmodell zu neuen verfassungsrechtlichen Begründungsschwierigkeiten führt und den verfassungsrechtlichen Vorgaben des Bundesverfassungsgerichtsurteils an eine gleichheitsgemäße Besteuerung aller Vermögensarten widerspricht. Das Risiko einer erneuten Beanstandung durch das Bundesverfassungsgericht sollten wir tunlichst vermeiden.

2. Leitthema:
Rechtsprechung des Bundesverfassungsgerichts

Rechtsprechung des Bundesverfassungsgerichts zum Steuerrecht im Wandel?

Professor Dr. Johanna Hey
Institut für Steuerrecht, Universität zu Köln

Inhaltsübersicht

I. Erwartungen an die Rechtsprechung des Bundesverfassungsgerichts zum Steuerrecht

1. Wachsendes Bedürfnis nach verfassungsgerichtlicher Kontrolle

Der moderne Steuergesetzgeber befindet sich in der Zwickmühle zwischen internationalem Steuerwettbewerb, gestaltenden Steuerpflichtigen und der Notwendigkeit, das Steueraufkommen zu sichern. Welchen verfassungsrechtlichen Restriktionen er dabei unterliegt, definiert das Bundesverfassungsgericht.

Dass der Gesetzgeber aus eigenem Antrieb eine systematische Verbesserung oder Vereinfachung des Steuerrechts anstreben würde, lässt sich trotz vollmundiger Bekundungen in Wahlprogrammen und Koalitionsverträgen nicht feststellen. Von Argumenten ökonomischer Rationalität – häufig deckungsgleich mit der Forderung nach Gleichmäßigkeit der Besteuerung[1] – zeigt er sich wenig beeindruckt[2]. Er missbraucht seine demokratisch legitimierte Gestaltungsmacht zur Befriedigung von Gruppeninteressen und Erfüllung von Wahlversprechen und schließt – ob in Großen Koalitionen oder Vermittlungsausschüssen – politische Kompromisse, die er als „ausgewogenen Mix" bezeichnet[3] und die doch jede Systematik vermissen lassen.

Je widersprüchlicher der Gesetzgeber agiert, desto mehr Hoffnung wird in das Bundesverfassungsgericht gesetzt. Denn eine rechtliche Handhabe bietet allein das Verfassungsrecht und zunehmend, aber mit anderer Zielsetzung auch das Europarecht. Dass die Erwartungen an das Bundesverfassungsgericht groß sind, zeigt die Anzahl von Normenkontrollverfahren und Verfassungsbeschwerden zum Steuerrecht. Allein im Jahr 2006 sind mit dem Beschluss zu Belastungsobergrenzen vom 18. 1. 2006[4], der Entscheidung zu § 32c EStG i. d. F. des StandOG[5] vom 21. 6. 2006[6], sowie dem Erbschaftsteuerbeschluss vom 7. 11. 2006[7], drei grundlegende Steuerrechtsentscheidungen ergangen. Zu der beachtlichen Entscheidungsdichte dürfte

---

1 Siehe *F. Neumark*, Grundsätze gerechter und ökonomisch rationaler Steuerpolitik, Tübingen 1970.
2 Siehe *S. Homburg*, Die Zinsschranke – eine beispiellose Steuerinnovation, FR 2007, 717, 723, 728: Der Gesetzgeber darf ökonomisch törichte Normen beschließen und macht von diesem Recht ausgiebig Gebrauch.
3 S. die Begründung zum Entwurf eines Unternehmensteuerreformgesetzes 2008, BT-Drucks. 16/4841, 31, Mix ohne „unnötige, riskante Systembrüche".
4 BVerfG v. 18. 1. 2006 – 2 BvR 2194/99, BVerfGE 115, 97 (Belastungsobergrenzen).
5 Standortsicherungsgesetz v. 13. 9. 1993, BGBl. I 1993, 1569.
6 BVerfG v. 21. 6. 2006 – 2 BvL 2/99, BVerfGE 116, 164 (§ 32c EStG).
7 BVerfG v. 7. 11. 2006 – 1 BvL 10/02, NJW 2007, 573 (Erbschaftsteuer II).

auch die gestiegene verfassungsrechtliche Sensibilität der Finanzgerichts-barkeit beitragen[8]. Zwei der drei Entscheidungen aus 2006 hatten wohlbe-gründete Normenkontrollanträge des Bundesfinanzhofs zum Gegen-stand[9].

2. Das Bundesverfassungsgericht als Hüter der Verfassung – nicht Ersatzgesetzgeber

Doch was kann das Bundesverfassungsgericht ausrichten? Es erstellt keine Vorabgutachten. Strukturreformen kann es zwar anstoßen, nicht jedoch ih-ren Inhalt vorgeben[10]. Seine Zuständigkeit beschränkt sich auf die Kontrol-le der bestehenden Rechtslage zum Zweck der verbindlichen Streitentschei-dung[11]. Beurteilungsmaßstab ist das geltende Verfassungsrecht, nicht politische, soziale oder ökonomische Zweckmäßigkeitsvorstellungen[12]. Da-bei sind die Richter nicht selten in einer prekären Situation. Einerseits dür-fen sie keiner Streitfrage die Entscheidung verweigern, sei sie – wie z. B. die Zukunft der Gewerbesteuer – auch von noch so großer politischer Brisanz. Andererseits müssen sie Rücksicht auf politische Gestaltungsspielräume nehmen, um den gesetzgeberischen Willen so wenig wie möglich einzuen-gen.

Bemerkenswert ist, dass es das Gericht kaum einmal allen recht machen kann. Wurde in der *Kirchhof*-Ära häufig der judicial self-restraint vermisst[13], wird nunmehr der Rückzug auf den weiten Gestaltungs- und Beurteilungs-spielraum des Gesetzgebers beklagt[14]. Freilich hält sich das Bundesverfas-

---

8 Dagegen kommt es in Verfassungsbeschwerdeangelegenheiten nur in einem Bruchteil der Verfahren zu einer Entscheidung in der Sache. Seit Aufnahme der Tätigkeit des BVerfG liegt die durchschnittliche Erfolgsquote einer Verfassungs-beschwerde – mit gewissen Schwankungen – bei 2,5 %. Das Nadelöhr ist die dem Verfassungsbeschwerdeverfahren in § 93a BVerfGG vorgeschaltete Annahme. In 2006 wurden 97 % der Beschwerden gar nicht erst zur Entscheidung angenom-men.

9 Zu § 32c EStG s. BFH v. 24. 2. 1999 – X R 171/96, BStBl. II 1999, 450; zur Erb-schaftsteuer s. BFH v. 22. 5. 2002 – II R 61/99, BStBl. II 2002, 598 ff.

10 Noch zurückhaltender *H.-J. Papier*, DStR 2007, 973: Warnung vor der allzu blau-äugigen Erwartung, das BVerfG werde mit seinen für eine grundlegende Struk-turreform wenig geeigneten Möglichkeiten die Rolle des Ersatzgesetzgebers übernehmen.

11 *G. Sturm* in M. Sachs (Hrsg.), GG, 4. Aufl., 2007, Art. 93 Rz. 10.

12 *H.-J. Papier*, DStR 2007, 973, 976.

13 Siehe insbesondere das Sondervotum von *E.-W. Böckenförde* zum Vermögensteu-erbeschluss, BVerfGE 93, 149, 151; verteidigt von *J. Lang* in Tipke/Lang, Steuer-recht, 18. Aufl., 2005, § 4 Rz. 220.

14 Z. B. zum § 32c EStG-Beschluss (Fn. 6) *M. Wendt*, FR 2006, 775.

sungsgericht auch in jüngeren Entscheidungen mit obiter dicta und Hinweisen an den Gesetzgeber keineswegs zurück.

Ein besonders prägnantes Beispiel bildet der Erbschaftsteuerbeschluss des 1. Senats vom 7. 11. 2006. Statt sich auf die Feststellung der Gleichheitssatzwidrigkeit der geltenden Rechtslage zu beschränken, ermuntert das Gericht den Gesetzgeber förmlich dazu, die gruppenspezifische Begünstigungspolitik fortzusetzen[15], und zwar ohne die vom Bundesfinanzhof aufgeworfene Frage nach der Verhältnismäßigkeit[16] derartiger Vergünstigungen zu beantworten[17]. Judicial self-restraint muss jedoch in beide Richtungen gehen. Das Gericht darf den gesetzgeberischen Willen nicht durch die verfassungsrechtliche Determinierung von Detailfragen zu stark einengen, sollte ihn aber auch nicht dazu auffordern, an die Grenzen der Begünstigungsspielräume zu gehen. In diesem Sinne ist von judicial self-restraint im Erbschaftsteuerbeschluss vom 7. 11. 2006 wenig zu spüren.

3. Steuer- *und* Verfassungsrecht im Wandel offener Staatlichkeit

Hintergrund dieses Vortrags ist die verschiedentlich geäußerte Wahrnehmung[18] oder – je nach Perspektive – Befürchtung, das Bundesverfassungsgericht ziehe sich zurück und überlasse das Steuerrecht wieder sehr viel stärker der Gestaltungsfreiheit des Gesetzgebers.

Man sollte nicht davor zurückscheuen, die Ursache hierfür beim Namen zu nennen: Der vermeintliche Wandel fällt zusammen mit dem Ausscheiden von *Paul Kirchhof*, in dessen Amtszeit eine einzigartige Häufung richtungsweisender, zum Teil spektakulärer Entscheidungen des zweiten Senats[19] zu verzeichnen war. Dass diese Entscheidungspraxis nicht unverändert fortge-

---

15 BVerfG v. 7. 11. 2006 – 1 BvL 10/02, NJW 2007, 573, 575. Zugegebenermaßen war das Gericht in einer unglücklichen Situation. Der Gesetzgeber hatte sich, ohne den Richterspruch aus Karlsruhe abzuwarten, mit dem Entwurf eines Unternehmensnachfolgegesetzes (BR-Drucks. 220/07 v. 25. 10. 2006) in einer Weise positioniert, die eine Stellungnahme geradezu herausforderte. Das Gericht hat sich nicht bitten lassen.

16 BFH v. 22. 5. 2002 – II R 61/99, BStBl. II 2002, 598, 608.

17 *Roman Seer* hat die verfassungsgerichtliche Schützenhilfe für eine Fortsetzung erbschaftsteuerrechtlicher Schedulenpolitik in die Nähe von Stammtischrhetorik gerückt und zu Recht in aller Schärfe gegeißelt, vgl. *R. Seer*, ZEV 2007, 101, 106 f.

18 *J. Wieland*, Verfassungsrechtliche Grenzen der Besteuerung, Stbg. 2006, 573, 576; *U. Hutter*, Kein Halbteilungsgrundsatz als Belastungsobergrenze bei der Einkommen- und Gewerbesteuer, NWB 2006, Fach 3, 4037, 4040.

19 Dagegen ist die Rechtsprechung des 1. Senats im selben Zeitraum – soweit überhaupt steuerrechtliche Verfahren in den Senat gelangt sind – unverändert restriktiv geblieben.

führt werden würde, war vorhersehbar, weil die *Paul Kirchhof* zuzuschreibenden Entscheidungen[20] stark von seinem freiheitsrechtlichen Steuerrechtfertigungsansatz[21] geprägt sind, ohne dass sich dieser allgemein hätte durchsetzen können. Schon stilistisch ist der Wandel wahrnehmbar. Zeichnete der 2. Senat unter *Paul Kirchhof* mit ausgreifender Sprache große Linien, sind die Entscheidungen heute häufig recht technisch; sie sind ausführlicher, in mancher Hinsicht genauer, wirken aber weniger mutig. Doch nicht nur hinsichtlich des Argumentationsduktus, sondern auch in Bezug auf die Bereitschaft, dem Gesetzgeber deutliche Grenzen zu setzen, scheint das Pendel umgeschlagen.

Freilich ist das Verfassungsrecht auch jenseits personaler Einflüsse durch große Richterpersönlichkeiten weniger statisch, als es Ewigkeitsgarantien vermuten lassen. Immer wieder haben sich in der Vergangenheit Phasen restriktiverer und großzügigerer Entscheidungspraxis abgewechselt[22]. Besonders gut lässt sich die Rechtsprechungsentwicklung verfolgen, wenn mehrfach zu einer Frage oder einem Themenkomplex entschieden wurde. Dies trifft etwa zu auf die Familienbesteuerung[23], die Abzugsfähigkeit von Parteispenden[24], die Besteuerung von Alterseinkünften[25], die Erbschaftsteuer[26],

---

20 Auflistung der Verfahren, in denen *Paul Kirchhof* Berichterstatter war: Pressemitteilung Nr. 126/99 vom 26.11.1999. www.bundesverfassungsgericht.de/pressemitteilungen/bvg126-99.html (Stand: 4.10.2007).
21 Grundlegung *P. Kirchhof*, Besteuerung und Eigentum, VVDStRL Bd. 39 (1981), 213; aktuell z.B. *P. Kirchhof*, Die freiheitsrechtliche Struktur der Steuerrechtsordnung, StuW 2006, 3.
22 *H.-J. Pezzer* in Festschrift für W. Zeidler, 1987, 779 f., hat eine Frühphase strenger Überprüfung, gefolgt von einer Phase der Betonung der gesetzgeberischen Gestaltungsspielräume ausgemacht, die wiederum ihr Ende in der Ära *Paul Kirchhofs* findet.
23 BVerfG v. 23.11.1976 – 1 BvR 150/75, BVerfGE 43, 108 (Kinderfreibetrag); BVerfG v. 11.10.1977 – 1 BvR 343/73, BVerfGE 47, 1 (Haushaltshilfe); BVerfG v. 3.11.1982 1 – BvR 620/78, BVerfGE 61, 319 (Halbfamilien); BVerfG v. 10.11.1998 – 2 BvR 1057/91 u.a., BVerfGE 99, 216; BVerfGE 99, 246; BVerfGE 99, 273 (Kindergeldbeschlüsse); BVerfG v. 16.3.2005 – 2 BvL 7/00, BVerfGE 112, 268 (zumutbare Belastung); Bewertung bis Ende der 1980er Jahre *H.-J. Pezzer*, Verfassungsrechtliche Perspektiven der Familienbesteuerung in Festschrift für W. Zeidler, 1987, 757 ff.
24 BVerfG v. 24.6.1958 – 2 BvF 1/57, BVerfGE 8, 51 (1. Parteispendenurteil); BVerfG v. 24.7.1979 – 2 BvF 1/78, BVerfGE 52, 63 (2. Parteispendenurteil); BVerfG v. 15.1.1985 – 2 BvR 1163/82, BVerfGE 69, 92 (Spende Wählervereinigung).
25 BVerfG v. 26.3.1980 – 1 BvR 121/76, BVerfGE 54, 11 (Alterseinkünfte I); BVerfG v. 24.6.1992 – 1 BvR 459/87, BVerfGE 86, 369 (Alterseinkünfte II); BVerfG v. 6.3.2002 – 2 BvL 17/99, BVerfGE 105, 73 (Alterseinkünfte III).
26 BVerfG v. 22.6.1995 – 2 BvR 552/91, BVerfGE 93, 165 (Erbschaftsteuer I); BVerfG v. 7.11.2006 – 1 BvL 10/02, NJW 2007, 573 (Erbschaftsteuer II).

die Existenz von Belastungsobergrenzen[27] oder die verfassungsrechtliche Zulässigkeit steuergesetzlicher Rückwirkungen[28].

Dass das Gericht nicht ewig gleiche Antworten geben kann, liegt im Wesen der Verfassungsrechtsprechung als schöpferischer Rechtsfindung[29]. Das Verfassungsrecht muss Antwort auf immer neue Herausforderungen geben, muss den Wandel des rechtlichen Umfeldes und der tatsächlichen Rahmenbedingungen in sich aufnehmen. Dies schließt Verfassungsfortbildung notwendig ein[30]. Dabei ist die größte Herausforderung heutiger Zeit die Positionierung des Verfassungsrechts unter der Bedingung offener Staatlichkeit[31]. Längst sind Europäisierung und Globalisierung die bestimmenden Kategorien der Steuerpolitik. Das Bundesverfassungsgericht hat nicht weniger als die Frage zu beantworten, ob das Grundgesetz der Anpassung an die Anforderungen des Wettbewerbs der Staaten Grenzen setzt[32]. Dies betrifft insbesondere die Frage, in welchem Umfang die Mobilität der Steuerquelle den hergebrachten Grundsatz der gleichmäßigen Verteilung der Steuerlasten nach Leistungsfähigkeit ablösen kann.

Dabei ist das BVerfG an seine eigenen Entscheidungen nur im Rahmen der zeitlich begrenzten Rechtskraft gebunden[33], andernfalls käme es zu einer Versteinerung der Verfassungsrechtsprechung[34]. Zwar erachtet das Gericht erneute Normenkontrollanträge nur dann als zulässig, wenn sich seit der früheren Entscheidung die tatsächlichen oder rechtlichen Verhältnisse gewandelt haben[35] und sich das vorlegende Gericht erkennbar auf den Boden

---

27 BVerfG v. 22.6.1995 – 2 BvL 37/91, BVerfGE 93, 121 (Vermögensteuer); BVerfG v. 18.1.2006 – 2 BvR 2194/99, BVerfGE 115, 97 (Belastungsobergrenzen).

28 Aus der Vielzahl der Entscheidungen: BVerfG v. 14.11.1961 – 2 BvR 345/60, BVerfGE 13, 215 (Lastenausgleich); BVerfG v. 19.12.1961 – 2 BvL 6/59, BVerfGE 13, 261 (Körperschaftsteuer); BVerfG v. 14.5.1986 – 2 BvL 2/83, BVerfGE 72, 200 (Außensteuergesetz); BVerfG v. 3.12.1997 – 2 BvR 882/97, BVerfGE 97, 67 (Schiffsbeteiligungen).

29 BVerfG v. 14.2.1973 – 1 BvR 112/65, BVerfGE 34, 269, 287f. (Soraya).

30 BVerfG v. 7.5.1953 – 1 BvL 104/52, BVerfGE 2, 380, 401 (Heimat); BVerfG v. 24.3.1987 – 1 BvR 147/86, BVerfGE 74, 297, 350f. (Neue Medien); *G. Sturm* in M. Sachs (Hrsg.), GG, 4. Aufl., 2007, Art. 93 Rz. 5; *C. Walter*, AöR 125 (2000), 517, 531ff.

31 S. *W. Schön*, Steuergesetzgebung zwischen Markt und Grundgesetz, StuW 2004, 62, 73: „Schicksalsfrage der deutschen Steuerrechtsordnung".

32 Dazu in jüngerer Zeit *U. Di Fabio*, JZ 2007, 769ff.; *J. Wieland*, Stbg. 2006, 573ff.

33 Grundlegend *M. Sachs*, Die Bindung des BVerfG an seine Entscheidungen, 1977, S. 50ff., 94ff.

34 *Schlaich/Korioth*, Das BVerfG, 6. Aufl., 2004, Rz. 481.

35 Ob erneute Vorlagen auch auf einen Wandel der allgemeinen Rechtsauffassung gestützt werden können, ist bisher offen geblieben, s. BVerfG v. 30.5.1972 – 1 BvL 21/69 u. 18/71, BVerfGE 33, 199, 204. Verfassungsbeschwerden, in denen es

der Rechtsauffassung der früheren Entscheidung stellt[36]. Angesichts der beträchtlichen Dynamik des Steuerrechts dürfte sich ein Wandel des normativen Umfelds aber zumeist mühelos darlegen lassen. Freilich hat uns der Disput zwischen 1. Senat und Niedersächsischem Finanzgericht um die Zulässigkeit der Gewerbesteuervorlage gelehrt, dass sich das Gericht zu einer erneuten Entscheidung nicht zwingen lässt. Es muss nur die Anforderungen an die Darlegung des eine neue Entscheidung erforderlich machenden Wandels hoch genug ansetzen[37].

Dass das Niedersächsische Finanzgericht nicht davor zurückgescheut ist, einen dritten Anlauf zu nehmen, ist eher ungewöhnlich. Denn die unterschiedlichen Phasen der Verfassungsrechtsprechung spiegeln sich wider in der finanzgerichtlichen Bereitschaft zur Anstrengung von Normenkontrollverfahren. Dies lässt sich etwa an der Vorlagepraxis zur Rückwirkung steuergesetzlicher Normen ablesen: Nachdem der Bundesfinanzhof Mitte der 1980er Jahre trotz einer glanzvollen Vorlage[38] zur rückwirkenden Anwendung des Außensteuerrechts beim Bundesverfassungsgericht mit seinem Plädoyer für eine sachgerechtere Dispositionsschutzdogmatik kein Gehör finden konnte[39], wurde die Vorlagetätigkeit zum Problemkreis rückwirkender Steuergesetzgebung eingestellt. Erst das von der Schiffsbeteiligungsentscheidung des 2. Senats vom 3. 12. 1997[40] ausgehende Signal eines Rechtsprechungswandels hat den Bundesfinanzhof ermutigt, das Thema wieder aufzugreifen, und dem Bundesverfassungsgericht – unterstützt durch die Finanzgerichte – in einer ganzen Reihe von Normenkontrollanträgen reiches Anschauungsmaterial zum Gesamtkomplex echter und unechter Rückwirkung zuzuspielen[41].

---

darum geht, eine frühere Verfassungsrechtsprechung zu überprüfen und gegebenenfalls zu ändern, weil sie sich vor dem Hintergrund gewandelter wissenschaftlicher Erkenntnis als nicht mehr tragfähig erweist, nimmt das BVerfG jedoch an, vgl. BVerfG v. 30. 4. 1997 – 2 BvR 817/90 u. a., BVerfGE 96, 27, 38 ff., 41.

36 BVerfG v. 30. 5. 1972 – 1 BvL 21/69, BVerfGE 33, 199, 203 f.; BVerfG v. 12. 6. 1990 – 1 BvL 72/86, BVerfGE 82, 198, 205. Allerdings müsste eine Vorlage mit dem Ziel eine Änderung oder Fortentwicklung der Rechtsprechung zu erwirken, zulässig sein, soweit sie über genügend Rückhalt im Schrifttum verfügt.

37 Kritisch *K. Tipke*, FR 1999, 532 ff.; *J. Hey*, FR 2004, 876, 877 f.

38 BFH v. 3. 11. 1982 – I R 3/79, BStBl. II 1983, 259 ff.

39 BVerfG v. 14. 5. 1986 – 2 BvL 2/83, BVerfGE 72, 200 (Außensteuergesetz).

40 BVerfG v. 3. 12. 1997 – 2 BvR 882/97, BVerfGE 97, 67 (Schiffsbeteiligungen).

41 BFH v. 10. 11. 1999 – X R 60/95, BStBl. II 2000, 131 (BVerfG-Az.: 2 BvL 1/00) zu § 5 Abs. 4 i. V. m. § 52 Abs. 6 EStG (Verstoß des befristeten Passivierungsverbots für Jubiläumsrückstellungen gegen das Rückwirkungsverbot); FG Köln v. 25. 7. 2002 – 13 K 460/01, EFG 2002, 1236 zu § 23 EStG (BVerfG-Az: 2 BvL 14/02); BFH v. 6. 11. 2002 – XI R 42/01, BStBl. II 2003, 257 zu § 39b Abs. 3 Satz 9 i. V. m. § 34 Abs. 1 EStG (BVerfG-Az: 2 BvL 1/03); BFH v. 16. 12. 2003 – IX R 46/02, BStBl. II 2004, 284 zu § 23 EStG; FG Köln v. 24. 8. 2005 – 14 K 6187/04, www.fg-koeln.nrw.de/presse/

Im Folgenden will ich die Ausgangsfrage, ob das Bundesverfassungsgericht sich auf dem Rückzug befindet, anhand von vier Fragen – mit Schwerpunkt Ertragsbesteuerung – beleuchten:

1. Wie verhält es sich mit Belastungsober- und -untergrenzen?
2. Welche Bedeutung kommt dem Familienstand des Steuerpflichtigen zu?
3. Wie effektiv schützt der allgemeine Gleichheitssatz vor Abweichungen vom Grundsatz der Besteuerung nach der wirtschaftlichen Leistungsfähigkeit?
4. Wie ist es um die Verteidigung der Rechtsstaatlichkeit des Steuerrechts bestellt?

II. Besteuerung und Eigentum: Vier Phasen

Die Bedeutung der Eigentumsgarantie für das Steuerrecht füllt nicht nur ganze Bibliotheken[42], sie hat auch das Bundesverfassungsgericht von Beginn an beschäftigt und zu zahlreichen Richtungswechseln veranlasst. Bis heute lassen sich allein vier Phasen ausmachen:

Nachdem der Investitionshilfebeschluss aus dem Jahr 1954[43] noch jegliche Bedeutung der Eigentumsfreiheit für staatlich auferlegte Geldleistungspflichten abgelehnt hatte, waren die folgenden Jahrzehnte von der – zu Recht als widersprüchlich kritisierten[44] – These beherrscht, der Schutzbereich sei erst dann eröffnet, wenn eine Steuer erdrosselnde bzw. substanzbeeinträchtigende Wirkung entfalte[45]. Schutzbereichseröffnung und Rechts-

---

entschei/archiv_06/04k6187.htm (Stand: 4.10.2007) (BVerfG-Az.: 2 BvL 13/05);
BFH v. 2.8.2006 – XI R 30/03, BStBl. II 2006, 895 und BFH v. 2.8.2006 – XI R
34/02, BStBl. II 2006, 887 zu § 34 Abs. 1 EStG i.d.F. des StEntlG 1999/2000/2002;
BFH v. 19.4.2007 – IV R 4/06, BFH/NV 2007, 1780 (BVerfG-Az: 1 BvL 5/07) zur
rückwirkenden Anwendung von § 10a Abs. 4 GewStG i.d.F. des Jahressteuergesetzes 2007.

42 Süffisant zu dieser Clusterbildung K. Tipke, Die Steuerrechtsordnung, Bd. I, 2. Aufl., 2003, S. 441 f. mit Nachweisen des Schrifttums zum Halbteilungsgrundsatz, a.a.O., S. 437.
43 BVerfG v. 20.7.1954 – 1 BvR 459/52, BVerfGE 4, 7 (Investitionshilfe).
44 Z.B. K. H. Friauf, Eigentumsgarantie und Steuerrecht, DÖV 1980, 480, 484; J. Isensee, Vertrauensschutz für Steuervorteile in Festschrift für F. Klein, 1994, 611, 620; J. Eschenbach, Der verfassungsrechtliche Schutz des Eigentums, Berlin 1996, Köln 1994, S. 123.
45 Erstmals in BVerfG v. 29.7.1959 – 1 BvR 394/58, BVerfGE 10, 89, 116 (Erftverband); ferner BVerfG v. 24.7.1962 – 2 BvL 15/61, BVerfGE 14, 221, 241 f. (Fremdrentengesetz); BVerfG v. 24.9.1965 – 1 BvR 228/65, BVerfGE 19, 119, 128 f. (Ku-

verletzung fielen uno actu zusammen, freilich ohne dass das Gericht jemals eine substanzbeeinträchtigende Steuer hätte identifizieren können. Die Erdrosselungssteuer ist eine theoretische Figur geblieben. Der als „Eigentumswende"[46] gefeierte Halbteilungsbeschluss vom 22. 6. 1995[47] war folglich nicht deshalb so Aufsehen erregend, weil der 2. Senat ganz selbstverständlich von einem Eingriff in die Eigentümerfreiheit ausging, sondern weil mit der Postulierung einer Belastungsobergrenze auch die ungleich schwierigere Aufgabe bewältigt schien, dem Verhältnismäßigkeitsprinzip eine justiziable Grenze abzuringen. Indes, die Entscheidung war nicht wiederholbar. Zehn Jahre später ist der 2. Senat im Beschluss zu Obergrenzen für Einkommen- und Gewerbesteuer zurückgerudert.[48]

Doch wo stehen wir jetzt? Während der 1. Senat nach wie vor bereits die Eröffnung des Schutzbereichs ablehnt[49], hält der 2. Senat daran fest, dass Einkommen- und Ertragsteuern als Inhalts- und Schrankenbestimmung stets an Art. 14 Abs. 1 GG zu messen sind: Der Steuerpflichtige muss zahlen, weil und soweit seine Leistungsfähigkeit durch den Erwerb von Eigentum erhöht ist. Dass die Zahlungspflicht für sich genommen dem Steuerpflichtigen die Wahl lässt, aus welchen Mitteln er den staatlichen Steueranspruch erfüllt, ändert nichts daran, dass das von Art. 14 GG geschützte Hinzuerworbene tatbestandlicher Anknüpfungspunkt der belastenden Rechtsfolge ist[50]. Hieran lässt auch der Beschluss vom 18. 1. 2006 keinen Zweifel[51].

Der Bestätigung einer auch nur annähernd bezifferbaren Belastungsobergrenze hat sich der 2. Senat dagegen im Beschluss von 2006 verweigert[52]. Dass der Halbteilungsgrundsatz nach der massiven Kritik der Interpretation des Wortes

---

ponsteuer); BVerfG v. 14.5.1968 – 2 BvL 18/63, BVerfGE 23, 288, 315 (Vermögensabgabe); BVerfG v. 7.10.1969 – 2 BvL 3/66, BVerfGE 27, 111, 131 (§ 17 EStG); BVerfG v. 8.3.1983 – 2 BvL 27/81, BVerfGE 63, 312, 327 (Erbersatzsteuer); BVerfG v. 22.3.1983 – 2 BvR 475/78, BVerfGE 63, 343, 368 (Rechtshilfevertrag); BVerfG v. 28.11.1984 – 1 BvR 1157/82, BVerfGE 68, 287, 310 (Pensionsrückstellung); BVerfG v. 3.7.1985 – 1 BvL 55/81, BVerfGE 70, 219, 230 (§ 11 MuSchG); BVerfG v. 31.5.1988 – 1 BvR 520/83, BVerfGE 78, 214, 230 (§ 33a EStG).

46 W. *Leisner*, Steuer- und Eigentumswende – die Einheitswertbeschlüsse des Bundesverfassungsgerichts, NJW 1995, 2591.

47 BVerfG v. 22.6.1995 – 2 BvL 37/91, BVerfGE 93, 121 (Vermögensteuer).

48 BVerfG v. 18.1.2006 – 2 BvR 2194/89, BVerfGE 115, 97.

49 BVerfG v. 8.4.1997 – 1 BvR 48/94, BVerfGE 95, 267, 300 (LPG-Altschulden).

50 BVerfG v. 18.1.2006 – 2 BvR 2194/99, BVerfGE 115, 97, 112.

51 Siehe *U. di Fabio*, JZ 2007, 749, 752.

52 Wohl eher der Gesichtswahrung dient die Begründung, der Halbteilungsgrundsatz könne nur für die „vermögensteuerspezifische Belastungssituation" Geltung beanspruchen (BVerfG v. 18.1.2006 – 2 BvR 2194/99, BVerfGE 115, 97, 108). Denn wenn bereits das Aufeinandertreffen einer Sollertrag- und einer Ertragsteuer einer Belastungsobergrenze zu unterwerfen ist, muss dies doch erst recht für die Kumulation zweier Ertragsteuern gelten. Hier bedarf es noch nicht

„zugleich" nicht erneut aus Art. 14 Abs. 2 Satz 2 GG abgeleitet werden würde, war zu erwarten. Freilich hat sich der 2. Senat auch nicht aus dem überreichen literarischen Angebot alternativer Begründungslinien[53] bedient, sondern weist die Tarifgestaltung dem demokratischen Prozess zu. Anders als noch im Parteispendenurteil von 1958 folgert der Senat dabei aus Art. 3 Abs. 1 GG kein Gebot eines progressiven Tarifs[54]. Der Gesetzgeber sei vielmehr frei, sich für einen linearen Steuersatz zu entscheiden[55]. Im Rahmen einer progressiven Einkommensteuer werde die Höhe des Spitzensteuersatzes dann aber vor allem durch die Ausgabenpolitik determiniert.

Doch trotz der Betonung der demokratischen Gestaltungsspielräume hat der 2. Senat den *Grundsatz eigentumsschonender Besteuerung*[56] keineswegs vollständig aufgegeben. Aus Art. 14 Abs. 2 Satz 2 GG folge zwar keine Halbteilung, wohl aber das Gebot eines interessengerechten Ausgleichs zwischen Gemeinlast und privatem Nutzen[57]. Nicht erst bei Erdrosselung soll Art. 14 GG verletzt sein, sondern wenn die *Zumutbarkeit der Belastung* überschritten wird. Vor dem Hintergrund der jüngsten massiven Angriffe gegen das Nettoprinzip ist es verdienstvoll, dass das Gericht dabei auch die Abhängigkeit der Belastung von der Bemessungsgrundlage noch einmal herausstellt. Die Überschreitung der Zumutbarkeitsgrenze soll insbesondere „im internationalen Vergleich" zur Vermeidung einer „bedrohlichen Sonderentwicklung" festgestellt werden[58], wobei offen bleibt, wie sich der internationale Trend sinkender Ertragsteuersätze in eine Individualrechtsposition umwandeln soll.

---

einmal der Transformation von der Bemessungsgrundlage Vermögen in die Belastung eines fiktiven Sollertrags. Zweifelnd auch *H.-J. Pezzer*, DB 2006, 912.

53 S. etwa *R. Seer*, Verfassungsrechtliche Grenzen der Gesamtbelastung von Unternehmen, DStJG Bd. 23 (2000), 87, 102 ff.; *J. Lang* in Tipke/Lang, Steuerrecht, 18. Aufl., 2005, § 4 Rz. 223: freiheitsrechtliches Übermaßverbot m. zahlr. Nachw. in Fn. 37.

54 BVerfG v. 24. 6. 1958 – 2 BvF 1/57, BVerfGE 8, 51, 68 f.: Gleichheitssatz und Gerechtigkeit verlangen, dass „im Sinne der verhältnismäßigen Gleichheit der wirtschaftlich Leistungsfähigere einen höheren Prozentsatz seines Einkommens als Steuer zu zahlen hat als der wirtschaftlich Schwächere."

55 BVerfG v. 18. 1. 2006 – 2 BvR 2194/99, BVerfGE 115, 97, 117.

56 Dazu *J. Lang* in Tipke/Lang, Steuerrecht, 18. Aufl., 2005, § 4 Rz. 214 ff. m. zahlr. Nachw.

57 Interessanterweise greift das Gericht dabei nicht auf die im Schrifttum erörterte Begrenzungswirkung des Subsidiaritätsprinzips (insb. *R. Seer*, DStJG Bd. 23 [2000], 87, 103; *M. Jachmann*, Verfassungsrechtliche Grenzen der Besteuerung, 1996, 26 f.; dies., StuW 1996, 97, 103 f.; *H. Butzer*, StuW 1999, 227, 239 ff.) zurück, sondern auf Art. 106 Abs. 3 Satz 4 Nr. 2 GG, dessen individualschützende Wirkung zweifelhaft ist (hierzu *W. Heun* in Dreier [Hrsg.], GG, 2000, Art. 106 Rz. 24; *M. Heintzen* in von Münch/Kunig [Hrsg.], GG, 5. Aufl., 2003, Art. 106 Rz. 37).

58 BVerfG v. 18. 1. 2006 – 2 BvR 2194/99, BVerfGE 115, 97, 114.

Es entbehrt nicht einer gewissen Ironie, dass parallel zu der Kontroverse um die Existenz verfassungsrechtlicher Belastungsobergrenzen die Steuersätze der direkten Steuern massiv gesunken sind. Der Druck des internationalen Steuerwettbewerbs beschränkt die Ausnutzung der demokratischen Spielräume weit stärker als dies die Eigentumsgarantie vermag[59].

Dennoch ist die Debatte um die begrenzende Wirkung des Verhältnismäßigkeitsprinzips keine rein akademische. Denn die Steuerbelastung sinkt nicht insgesamt, sondern verlagert sich nur auf den Konsum. Damit gewinnt die bisher weitgehend ungeklärte Rolle der Freiheitsrechte für die Ausgestaltung der indirekten Steuern an Bedeutung. Aufgrund ihrer regressiven Wirkung beschneiden Verbrauchsteuern die Konsummöglichkeiten kleiner Einkommen stärker als die höherer Einkommen. Ein Jahrzehnt lang hat der Halbteilungsgrundsatz für eine Fixierung auf absolute Belastungsobergrenzen gesorgt. Doch das Verhältnismäßigkeitsprinzip muss gerade auch bei kleinen Einkommen und einer Durchschnittsbelastung[60] unterhalb von 50 Prozent zum Tragen kommen. Einkommen- und Umsatzsteuer müssen, jedenfalls soweit es um die Deckung eines Grundkonsumbedürfnisses geht, als Einheit bewertet werden[61]. Mit dem Verhältnismäßigkeitsprinzip ist es schwerlich vereinbar, wenn der Steuerpflichtige, sobald er die Grenze des steuerfreien Existenzminimums überschreitet[62], in einer seine Konsumbedürfnisse massiv beschneidenden Weise zur Besteuerung herangezogen wird.

Insgesamt ist der 2. Senat mit seinem Beschluss vom 18. 1. 2006 zu einer – wie ich meine – dogmatisch überzeugenderen[63] Mittellage zurückgekehrt. *Paul Kirchhof* hatte im Vermögensteuerbeschluss des Jahres 1995 danach getrachtet, die „offene Flanke" des Eigentumsschutzes zu schließen. Er hat damit ein verdienstvolles Signal gesetzt. Doch die Schwäche des Übermaß-

---

59 *J. Wieland*, Verfassungsrechtliche Grenzen der Besteuerung, Stbg. 2006, 573, 575; *J. Lang*, Gleichheitsrechtliche Verwirklichung der Steuerrechtsordnung, StuW 2006, 22, 25.

60 Für ein Abstellen allein auf die Durchschnittsbelastung *R. Seer*, DStJG Bd. 23 (2000), 87, 124; *H. Feldmann*, StuW 1998, 114, 118. Unter dem Gesichtspunkt, dass die Nutzung der Eigentümerfreiheit im Sinne der Betätigung zusätzlicher Erwerbsmöglichkeiten durch den Grenzsteuersatz beeinflusst wird, ließe sich aber auch auf diese abstellen.

61 In diese Richtung auch *U. Di Fabio*, JZ 2007, 749, 753.

62 Bisher hat sich das Gericht auf den Standpunkt gestellt, die Umsatzsteuerbelastung sei ausreichend in den einkommensteuerrechtlichen Freibeträgen berücksichtigt s. Nichtannahmebeschluss BVerfG v. 23. 8. 1999 – 1 BvR 2164/98, NJW 1999, 3478 f.

63 Zustimmend *H.-J. Pezzer*, DB 2006, 912, 913; *H.-J. Kanzler*, FR 2006, 641 f.; *U. Sacksofsky*, NVwZ 2006, 661 f.; *R. Wernsmann*, NJW 2006, 1169 ff.; kritisch dagegen *W. Frenz*, GewArch. 2006, 282 ff.

verbots lässt sich aufgrund der Indifferenz des Verhältnismäßigkeitsprinzips gegenüber dem Steuereingriff nur sehr begrenzt überwinden[64]. Die Eigentumsfreiheit wird damit auch in Zukunft wenig praktische Bedeutung erlangen, sondern nur als „äußerste Verteidigungslinie" herangezogen werden können[65].

III. Eine Konstante: Steuerfreiheit des Existenzminimums und Schutz von Ehe und Familie

1. Besteuerungsuntergrenze: Pflicht zur Freistellung eines realitätsgerecht bemessenen Existenzminimums

Als sehr viel effektiver haben sich die Freiheitsrechte in der Begründung verfassungsrechtlicher Besteuerungs*unter*grenzen erwiesen[66]. Verstärkt werden sie dabei durch das Sozialstaatsprinzip und die Menschenwürdegarantie des Art. 1 Abs. 1 GG. Der Kernbestand der geschützten Freiheitsrechte ist verletzt, wenn dem Steuerpflichtigen nach Erfüllung seiner Einkommensteuerschuld nicht mehr das zur Bestreitung des notwendigen Lebensunterhalts Erforderliche verbleibt. Eine weitere Ableitung sieht das Bundesverfassungsgericht in Art. 3 Abs. 1 GG. Der Grundsatz der Steuergerechtigkeit verbietet den Zugriff auf das indisponible Einkommen[67]. Die Garantie der Steuerfreiheit des Existenzminimums, in Verbindung mit Art. 6 GG des Familienexistenzminimums, gehört zu einer *der* Konstanten der Verfassungsrechtsprechung[68]. Die Lehre vom indisponiblen Einkommen mit dem hieraus abgeleiteten subjektiven Nettoprinzip kann sich damit auf ein verlässliches verfassungsrechtliches Fundament gründen. Einschränkungen sind allenfalls unter dem Gesichtspunkt notwendiger – dann allerdings realitätsgerechter – Typisierung denkbar.

Die Garantie der Steuerfreiheit des Existenzminimums wird sich in Zukunft aber auch gegenüber Einschränkungen des objektiven Nettoprinzips bewähren müssen, weil die mit ihnen verbundene Sollbesteuerung

---

64 *U. Di Fabio*, JZ 2007, 749, 752.

65 *H.-J. Papier*, DStR 2007, 973, 975.

66 BVerfGE v. 25. 9. 1992 – 1 BvL 5/91, BVerfGE 87, 153, 169; vgl. *H.-J. Papier*, DStR 2007, 973, 974: Existenznotwendiges Erwerbseinkommen ist ausschließlich privatnützig, liegt also unter der Schwelle des „zugleich" sozialgebundenen Ergebnisses eigener Leistung.

67 BVerfG v. 22. 2. 1984 – 1 BvL 10/80, BVerfGE 66, 214, 222 f. (zwangsläufiger Unterhaltsaufwand); BVerfG v. 4. 10. 1984 – 1 BvR 789/79, BVerfGE 67, 291, 297.

68 BVerfG v. 3. 11. 1982 – 1 BvR 670/78, BVerfGE 61, 319, 344; BVerfG v. 29. 5. 1990 – 1 BvL 20/84, BVerfGE 82, 60 (steuerfreies Existenzminimum); BVerfG v. 17. 10. 1984 – 1 BvR 527/80, BVerfGE 68, 143, 152 f.

nicht gewährleisten kann, dass dem Steuerpflichtigen genügend Einkommen für den Lebensunterhalt verbleibt. Der 11. Senat des BFH hat diesbezüglich ernsthafte Zweifel an der Verfassungsmäßigkeit der Mindestbesteuerung des § 2 Abs. 3 EStG 1999 geäußert[69]. Ähnliche Probleme wirft die Streichung der Entfernungspauschale für Wege unterhalb von 21 Kilometern auf[70].

Bisher nicht entschieden hat das Bundesverfassungsgericht, ob auch die Abzugsfähigkeit existenzsichernder Vorsorgeaufwendungen, also nicht nur das aktuelle Existenzminimum, sondern auch der Schutz vor zukünftigen Existenzgefährdungen verfassungsrechtlich garantiert ist. Diese Frage stellt sich im Vorlagebeschluss des BFH zur Beschränkung des Sonderausgabenabzugs für Krankenversicherungsbeiträge insb. unter dem Gesichtspunkt der Krankenversicherungsbeiträge für unterhaltsberechtigte Kinder, die innerhalb der geltenden Höchstgrenzen des § 10 Abs. 3 EStG 1997 nicht zum Abzug gebracht werden können[71].

2. Art. 6 Abs. 1 GG

Besonders wirkungsvoll hat sich in steuerrechtlichen Verfahren der besondere Gleichheitssatz des Art. 6 Abs. 1 GG erwiesen. Sobald es um den Schutz von Ehe und Familie geht, steigt die Erfolgsquote signifikant an. Das war – mit wenigen Ausnahmen[72] – bereits vor *Paul Kirchhof* so und hat sich auch seit seinem Ausscheiden nicht erkennbar verändert[73]. Gefestigt ist mittlerweile, dass existenzsichernder Unterhaltsaufwand für Kinder in realitätsgerechter Höhe leistungsfähigkeitsmindernd berücksichtigt werden muss. Mindestens bedingt dies eine Freistellung in Höhe des sozialhilfe-

---

69 BFH v. 6.3.2003 – XI B 7/02, BStBl. II 2003, 516 und XI B 76/02, BStBl. II 2003, 523.

70 BFH v. 10.1.2008 – VI R 27/07, DStR 2008, 188, VI.3 b) aa); *H.-J. Papier,* DStR 2007, 973, 976, das Ergebnis offen lassend.

71 BFH v. 14.12.2005 – X R 20/04, BStBl. II 2006, 312; dazu *J. Englisch,* NJW 2006, 1025 mit Hinweis auf BVerfG v. 8.6.1977 – 1 BvR 265/75, BVerfGE 45, 104, 134 f.: „kindbedingtes gesteigertes Vorsorgebedürfnis".

72 BVerfG v. 23.11.1976 – 1 BvR 150/75, BVerfGE 43, 108 (Kinderfreibetrag); BVerfG v. 8.6.1977 – 1 BvR 265/75, BVerfGE 45, 104; BVerfG v. 11.10.1977 – 1 BvR 343/73, BVerfGE 47, 1 (Haushaltshilfe), wo das Gericht dem Gesetzgeber Gestaltungsfreiheit hinsichtlich der Art und Weise der Berücksichtigung kindbedingter Lasten zugebilligt hatte und ein verfassungsrechtliches Gebot eines Unterhaltsabzugs verneint hatte.

73 BVerfG v. 16.3.2005 – 2 BvL 7/00, BVerfGE 112, 268 (§ 33 Abs. 3 EStG); BVerfG v. 11.1.2005 – 2 BvR 167/02, BVerfGE 112, 164 (verfassungskonforme Auslegung von § 32 Abs. 4 Satz 2 EStG).

rechtlichen Existenzminimums[74]. Ob sich auch das aus der *Kirchhof*-Ära stammende Gebot der Berücksichtigung nichtmonetären Betreuungs- und Erziehungsaufwandes[75] erneut aus Art. 6 GG wird ableiten lassen, ist indes fraglich, zumal es sich einkommensteuersystematisch um einen Fremdkörper handelt.

Eine interessante neue Entwicklung zeichnet sich auf der Ebene des objektiven Nettoprinzips ab. Während der Schutz von Ehe und Familie traditionell auf der Ebene des subjektiven Nettoprinzips angesiedelt war, hat der Beschluss zur doppelten Haushaltsführung vom 4. 12. 2002 mit der Unterscheidung zwischen freier oder beliebiger Einkommensverwendung und „zwangsläufigem, pflichtbestimmtem Aufwand"[76] Art. 6 GG zur Grenzziehung im Bereich gemischter Veranlassung herangezogen. Einerseits billigt das Gericht dem Gesetzgeber bei der Entscheidung, ob er gemischt veranlassten Aufwand zum Abzug zulassen will, weiten Gestaltungsspielraum zu[77], andererseits soll dieser aber durch den Schutz von Ehe und Familie beschränkt sein. Wohin diese neue Argumentationslinie führen wird, ist noch unklar[78].

Waren die Art. 6 Abs. 1 GG-Judikate bis Ende der 1990er Jahre in erster Linie gegen Benachteiligungen von Steuerpflichtigen mit Kindern gerichtet, reflektieren die Entscheidungen zur doppelten Haushaltsführung[79] ebenso wie zur Zweitwohnungsteuer für Eheleute[80] die gestiegenen Mobilitätsanforderungen der Arbeitswelt und ihre Auswirkungen auf die Vereinbarkeit von Ehe und Beruf. Damit einher zu gehen scheint auch ein Wandel des Verständnisses, wann das Steuerrecht die gebotene Neutralität gegenüber der Ausgestaltung der Ehe aufweist. Die Entscheidung zur doppelten Haushaltsführung postuliert einen verfassungsrechtlich gebotenen Schutz der Doppelverdienerehe[81]. Dies klang in den Kindergeldbeschlüssen noch an-

---

74 BVerfG v. 10.11.1998 – 2 BvL 42/93, BVerfGE 99, 246, 259, Leitsatz 1b (Kinderexistenzminimum I); striktes Gebot der Steuerfreiheit nur hinsichtlich des sozialhilferechtlichen Existenzminimums auch *L. Osterloh* in M. Sachs (Hrsg.), GG, 4. Aufl., 2007, Art. 3 Rz. 158.

75 BVerfG v. 10.11.1998 – 2 BvR 1057/91, BVerfGE 99, 216, 231, 240.

76 BVerfG v. 4.12.2002 – 2 BvR 400/98, BVerfGE 107, 27, 1. Leitsatz; in diese Richtung auch schon BVerfG v. 22.2.1984 – 1 BvL 10/80, BVerfGE 66, 214, 223 (zwangsläufiger Unterhaltsaufwand).

77 BVerfG v. 4.12.2002 – 2 BvR 400/98, BVerfGE 107, 27, 50.

78 S. insofern auch BFH Vorlagebeschluss zur Einschränkung der Entfernungspauschale, BFH v. 10.1.2008 – VI R 27/07, DStR 2008, 188 – VI. 4.

79 BVerfG v. 4.12.2002 – 2 BvR 400/98, BVerfGE 107, 27 (Doppelte Haushaltsführung).

80 BVerfG v. 11.10.2005 – 1 BvR 1232/00, BVerfGE 114, 316 (Zweitwohnungsteuer Eheleute).

81 BVerfG v. 4.12.2002 – 2 BvR 400/98, BVerfGE 107, 27, 53.

ders. Dort hatte das Gericht aus dem Neutralitätsanspruch ein Verbot der Unterscheidung zwischen Fremdbetreuung und Eigenbetreuung abgeleitet und war zu dem Schluss gekommen, dass statt des Abzugs der tatsächlichen Kosten der Fremdbetreuung beiderseits berufstätiger Eltern allen Eltern ein der Höhe nach eng begrenzter Abzug des nichtmonetären Erziehungs- und Betreuungsaufwandes zu gewähren sei[82]. Dass ein dergestalt begrenzter Abzug die Entscheidung zwischen Kindern und Berufstätigkeit verzerrt, liegt auf der Hand. Falls jemals die Frage der Verfassungsmäßigkeit der Höchstgrenzen des in § 4f EStG halbherzig als Quasibetriebsausgabe zuge-lassenen Abzugs für Kinderbetreuungskosten ihren Weg vor das Bundesver-fassungsgericht findet, dürfte sich zeigen, ob das Familienbild des Bundes-verfassungsgerichts tatsächlich einem Wandel unterlegen hat. 1977 hatte das Gericht einen Anspruch beiderseits berufstätiger Eltern auf Anerken-nung von Kinderbetreuungskosten noch nicht aus Art. 6 Abs. 1 GG ableiten können[83].

IV. Besteuerungsgleichheit

1. Art. 3 Abs. 1 GG als Magna Charta des Steuerrechts

Allen interpretatorischen Übungen an den Freiheitsrechten zum Trotz liegt – soweit nicht Art. 6 Abs. 1 GG einschlägig ist – das Schwergewicht der ver-fassungsgerichtlichen Überprüfung steuerrechtlicher Normen beim allge-meinen Gleichheitssatz. Öffentliche Lasten, insbesondere gegenleistungs-los erhobene Steuern, gewinnen ihre freiheitsrechtliche Rechtfertigung in erster Linie durch ihre gleichmäßige Verteilung[84]. Bereits in den ersten ver-fassungsgerichtlichen Entscheidungen zum Steuerrecht war der Grundsatz der Lastengleichheit das tragende Moment[85]. Seither sind die gleichheits-rechtlichen Maßstäbe permanent fortentwickelt und in mancher Hinsicht präzisiert worden[86].

---

82 BVerfG v. 10.11.1998 – 2 BvR 1057/91, BVerfGE 99, 216, 233f.
83 BVerfG v. 11.10.1977 – 1 BvR 343/73, BVerfGE 47, 1, 1. Leitsatz.
84 BVerfG v. 27.6.1991 – 2 BvR 1493/89, BVerfGE 84, 239, 268f. (Zinsurteil).
85 Z.B. BVerfG v. 17.1.1957 – 1 BvL 4/54, BVerfGE 6, 55, 70 (Haushaltsbesteue-rung) i.V.m. Art. 6 Abs. 1 GG; BVerfG v. 9.3.1960 – 1 BvL 16/57, BVerfGE 10, 372 (Grundsteuerbeihilfe). Historisch aufgearbeitet in BVerfG v. 27.6.1991 – 2 BvR 1493/89, BVerfGE 84, 239, 268f.
86 So die zutreffende Einschätzung in BVerfG v. 9.3.2004 – 2 BvL 17/02, BVerfGE 110, 94, 112 (Spekulationsgewinn).

2. Rechtsanwendungsgleichheit und strukturelles Erhebungsdefizit

Als Rechtsanwendungsgleichheit stellt Art. 3 Abs. 1 GG sicher, dass die Steuerlast nicht nur auf dem Papier steht, sondern Gleichheit auch im tatsächlichen Belastungserfolg erreicht wird. Dieser 1991 im Zinsurteil[87] entwickelte Grundsatz ist in der Tipke-Klage vom 9. 3. 2004[88] bestätigt worden, wohlgemerkt nach dem Ausscheiden von *Paul Kirchhof*, dem der kongeniale Schluss vom strukturellen Erhebungsdefizit auf die Gleichheitswidrigkeit der materiellen Rechtslage zu verdanken ist.

Dass das Urteil zu den Spekulationsgewinnen weniger folgenreich war als die Zinsentscheidung, liegt vor allem daran, dass das Gericht, obzwar es zu der scharfen Sanktion der ex tunc-Nichtigkeit gegriffen hat[89], seinen Entscheidungsausspruch auf die Veranlagungszeiträume 1997 und 1998 beschränkt und den Gesetzgeber damit keinem unmittelbaren Anpassungsdruck ausgesetzt hatte[90]. Anders als noch im Zinsurteil[91] hat sich der 2. Senat zudem[92] konkreten Schlussfolgerungen für die Ausgestaltung der Veräußerungsgewinnbesteuerung, insbesondere zur Möglichkeit der Einführung einer Abgeltungsteuer, enthalten.

3. Die Bedeutung des Leistungsfähigkeitsprinzips als materialer Gerechtigkeitsmaßstab

Für die Ausgestaltung des materiellen Steuerrechts leitet das Bundesverfassungsgericht aus Art. 3 Abs. 1 GG die bereichsspezifische Konkretisierung der horizontalen und vertikalen Steuergerechtigkeit[93] als Grundsatz

---

87 BVerfG v. 27. 6. 1991 – 2 BvR 1493/89, BVerfGE 84, 239 (Zinsurteil).
88 BVerfG v. 9. 3. 2004 – 2 BvL 17/02, BVerfGE 110, 94 (Spekulationsgewinn). Dabei betont das Gericht mit Hinweis auf *B.-O. Bryde*, Die Effektivität von Recht als Rechtsproblem, 1993, 20 f. und *R. Eckhoff*, Rechtsanwendungsgleichheit im Steuerrecht, 1999, 527 ff., den Aspekt der Widersprüchlichkeit von materieller Norm und Erhebungsregel als Grund der Verfassungswidrigkeit.
89 BVerfG v. 9. 3. 2004 – 2 BvL 17/02, BVerfGE 110, 94, 137.
90 Kritisch gegenüber dem zurückhaltenden Entscheidungsausspruch *J. Hey*, DB 2004, 724, 726 f.
91 Dort BVerfG v. 27. 6. 1991 – 2 BvR 1493/89, BVerfGE 84, 239, 282 (Zinsurteil).
92 Es findet sich allein ein knapper Hinweis auf die Möglichkeit der Erhebung von Quellensteuern, s. BVerfG v. 9. 3. 2004 – 2 BvL 17/02, BVerfGE 110, 94, 112 (Spekulationsgewinn).
93 BVerfG v. 16. 3. 2005 – 2 BvL 7/00, BVerfGE 112, 268, 279 (Kinderbetreuungskosten). Dem zum Teil im Zusammenhang mit dem Leistungsfähigkeitsprinzip genannten Gebot der Steuergerechtigkeit kommt allerdings keine eigenständige Bedeutung zu. Horizontale Steuergerechtigkeit ist verwirklicht, wenn Steuerpflichtige mit gleicher Leistungsfähigkeit gleich besteuert werden, vertikale Steuergerechtigkeit, wenn Steuerpflichtige mit höherer Leistungsfähigkeit höher besteuert werden als Steuerpflichtige mit geringerer Leistungsfähigkeit.

gleichmäßiger Besteuerung nach der wirtschaftlichen Leistungsfähigkeit ab[94]. Zwar soll das Leistungsfähigkeitsprinzip nicht unmittelbar aus der Verfassung folgen, es ist aber Vergleichsmaßstab im Rahmen von Art. 3 Abs. 1 GG. Damit beschränkt das Leistungsfähigkeitsprinzip die grundsätzliche Gestaltungsfreiheit des Gesetzgebers, die Sachverhalte tatbestandlich zu bestimmen, an die das Gesetz dieselben Rechtsfolgen knüpft[95].

4. Freiheit bei der Auswahl der Steuerquellen – Bindung durch das Gebot der Folgerichtigkeit

Seit Ende der 1960er Jahre[96] differenziert das Gericht dabei in ständiger Rechtsprechung zwischen der Auswahl der Steuergegenstände und der sich anschließenden Ausgestaltung des Steuertatbestandes. Bei der Auswahl des Steuergegenstandes und der Bestimmung des Steuersatzes habe der Gesetzgeber einen weitreichenden Gestaltungsspielraum. Nach Regelung dieses Ausgangstatbestandes müsse die einmal getroffene Belastungsentscheidung jedoch folgerichtig im Sinne der Belastungsgleichheit umgesetzt werden[97]. Indem das Gericht die Auswahl der Steuerquelle als Vorfrage deklariert, ist sie der verfassungsrechtlichen Kontrolle allerdings nicht ganz

---

94 BVerfG v. 24. 1. 1961 – 1 BvR 845/58, BVerfGE 13, 331, 338 (personenbezogene Kapitalgesellschaft); BVerfG v. 9. 7. 1969 – 2 BvL 20/65, BVerfGE 26, 302, 310 (Veräußerungsgewinne); BVerfG v. 23. 11. 1976 – 1 BvR 150/75, BVerfGE 43, 108, 118 f. (Kinderfreibetrag); BVerfG v. 3. 11. 1982 – 1 BvR 620/78, BVerfGE 61, 319, 343 f. (Halbfamilien); BVerfG v. 22. 2. 1984 – 1 BvL 10/80, BVerfGE 66, 214, 223 (zwangsläufiger Unterhaltsaufwand); BVerfG v. 28. 11. 1984 – 1 BvR 1157/82, BVerfGE 68, 287, 310 (Pensionsrückstellung); BVerfG v. 10. 2. 1987 – 1 BvL 18/81, BVerfGE 74, 182, 199 (Einheitswerte I).
95 BVerfG v. 6. 3. 2002 – 2 BvL 17/99, BVerfGE 105, 73, 125 (Alterseinkünfte III).
96 Vgl. BVerfG v. 13. 5. 1969 – 1 BvR 25/65, BVerfGE 26, 1, 8 (Gewerbesteuer); BVerfG v. 9. 7. 1969 – 2 BvL 20/65, BVerfGE 26, 302, 310 (Veräußerungsgewinne); BVerfG v. 8. 12. 1970 – 1 BvR 95/68, BVerfGE 29, 327, 335 (Schankerlaubnissteuer); BVerfG v. 1. 4. 1971 – 1 BvL 22/67, BVerfGE 31, 8, 25 (Vergnügungssteuer); BVerfG v. 19. 12. 1978 – 1 BvR 335/69, BVerfGE 50, 57, 77 (Nominalwertprinzip); BVerfG v. 27. 6. 1991 – 2 BvR 1493/89, BVerfGE 84, 239, 271 (Zinsurteil) und sehr deutlich BVerfG v. 17. 11. 1998 – 1 BvL 10/98, BStBl. II 1999, 509 zur Begründung der Zurückweisung der Vorlage des Nieders. FG zur Gewerbesteuer.
97 Grundlegend BVerfG v. 27. 6. 1991 – 2 BvR 1493/89, BVerfGE 84, 239, 271; seither BVerfG v. 22. 6. 1995 – 2 BvL 37/91, BVerfGE 93, 121, 136 (Vermögensteuer); BVerfGE 93, 165, 172; BVerfG v. 30. 9. 1998 – 2 BvR 1818/91, BVerfGE 99, 88, 95 (§ 22 Nr. 3 EStG); BVerfG v. 11. 11. 1998 – 2 BvL 10/95, BVerfGE 99, 280, 290 (Zulage Ost); 101, 132, 138; 101, 151, 155; 105, 17, 47; BVerfG v. 6. 3. 2002 – 2 BvL 17/99, BVerfGE 105, 73, 126 (Alterseinkünfte III); BVerfG v. 4. 12. 2002 – 2 BvR 400/98, BVerfGE 107, 27, 47 (Doppelte Haushaltsführung); BVerfG v. 21. 6. 2006 – 2 BvL 2/99, BVerfGE 116, 164, 180 (§ 32c EStG); BVerfG v. 7. 11. 2006 – 1 BvL 10/02, NJW 2007, 573, 574 (Erbschaftsteuer II).

entzogen. Die Entscheidung, die eine Steuerquelle zu erschließen, die andere nicht, muss auf sachgerechten Erwägungen finanzpolitischer, volkswirtschaftlicher, sozialpolitischer oder steuertechnischer Art beruhen[98]. Trotzdem bleibt der Gesetzgeber weitgehend frei. Überprüft wird nur die Einhaltung äußerster Grenzen im Rahmen der Willkürformel[99]. Auch in der Kirchhof-Ära ist die Dichotomie zwischen Auswahl- und Ausgestaltungsentscheidung nicht angetastet worden[100].

Eine tragfähige Begründung hat das Gericht trotz der anhaltenden Kritik[101] nie gegeben, obwohl auf der Hand liegt, dass die ungleiche Ausschöpfung von wirtschaftliche Leistungsfähigkeit begründenden Steuerquellen Art. 3 Abs. 1 GG verletzen kann. Hinzu kommt, dass keineswegs feststeht, wann eine der Überprüfung weitgehend entzogene Entscheidung über die Ausschöpfung einer Steuerquelle vorliegt und wann der Gesetzgeber durch das Folgerichtigkeitsgebot gebunden ist. Während noch im 26. Band[102] die unterschiedliche Erfassung der Veräußerungseinkünfte als eine Frage der Erschließung von Steuerquellen dem Bereich der Gestaltungsfreiheit zugewiesen wurde, nimmt das Gericht in jüngerer Zeit an, der Gesetzgeber bedürfe für einkunftsartenspezifische Sondervorschriften einer besonderen Rechtfertigung, weil das geltende Einkommensteuerrecht grundsätzlich von der Gleichwertigkeit sämtlicher Einkunftsarten ausgehe[103]. Aus der historischen Aufteilung auf die sieben Einkunftsarten folge keine Abschwächung der Bindungswirkung des Gesetzgebers.

Die Verknüpfung des Prüfungsmaßstabs mit der einfachgesetzlichen Rechtslage birgt insofern eine erhebliche Unsicherheit, als es dem Gesetzgeber unbenommen scheint, eine neue Belastungsentscheidung zu postulieren und sich damit von den Ketten des Folgerichtigkeitsgebots zu befreien. Deutlich wird das Problem an der Einführung der Abgeltungsteuer, und zwar nicht nur hinsichtlich des Sondersteuersatzes, sondern insbesondere im Hinblick auf das auch bei Veranlagung eingreifende Verbot des Abzugs von Werbungskosten (§ 2 Abs. 2 Satz 2 i. V. m. § 20 Abs. 9 Satz 1, 2. Halbsatz EStG i. d. F. des UntStRefG 2008). Im Rahmen der bisherigen Nettoein-

---

98 BVerfG v. 5. 2. 2002 – 2 BvR 305/93, BVerfGE 105, 17, 46 (Sozialpfandbriefe).
99 Vgl. BVerfG v. 9. 7. 1969 – 2 BvL 20/65, BVerfGE 26, 302, 310 (Veräußerungsgewinne).
100 Siehe z. B. BVerfG v. 30. 9. 1998 – 2 BvR 1818/91, BVerfGE 99, 88, 95 (§ 22 Nr. 3 EStG); BVerfG v. 11. 11. 1998 – 2 BvL 10/95, BVerfGE 99, 280, 289 (Zulage Ost).
101 S. insb. K. *Tipke*, StuW 2007, 201, 207 ff.
102 Vgl. BVerfG v. 9. 7. 1969 – 2 BvL 20/65, BVerfGE 26, 302, 310, 312 (Veräußerungsgewinne).
103 BVerfG v. 21. 6. 2006 – 2 BvL 2/99, BVerfGE 116, 164, 180 (§ 32c EStG).

kommensteuer wäre dies eine rechtfertigungsbedürftige Durchbrechung des objektiven Nettoprinzips. Kann sich der Gesetzgeber nunmehr darauf berufen, dass er mit Einführung der Abgeltungsteuer eine neue Belastungsentscheidung zugunsten einer Bruttobesteuerung getroffen hat?

5. Rechtfertigung ungleicher Besteuerung

5.1 Willkürverbot oder neue Formel?

Das Gros der steuerrechtlichen Verfahren wird auf der Ebene der Rechtfertigung entschieden. Umso erstaunlicher ist, dass die Handhabung von Rechtfertigungsgründen durch das Bundesverfassungsgericht weit weniger reflektiert wird als die leidige Frage der Eröffnung des Schutzbereichs von Art. 14 GG. Der zur Anwendung gebrachte Rechtfertigungsmaßstab[104] ist nach wie vor weitgehend unklar. Reicht es aus, dass der Gesetzgeber einen nachvollziehbaren Grund für die Ungleichbehandlung angibt (Willkürkontrolle)? Oder ist zu prüfen, ob die Ungleichbehandlung im Hinblick auf den mit ihr verfolgten Zweck geeignet, erforderlich und angemessen ist (neue Formel)? Das Gericht lässt den Maßstab bewusst offen[105]. Nicht nur schwankt die Rechtsprechung zwischen Willkürkontrolle und Verhältnismäßigkeitsprüfung[106], oft wird noch nicht einmal klar, welcher Maßstab zur Anwendung kommt oder es werden beide Maßstäbe vermischt. Richtigerweise müsste im Hinblick auf den mit der Steuerpflicht verbundenen Eingriff in Art. 14 Abs. 1 GG stets die Verhältnismäßigkeit der Ungleichbehandlung überprüft werden[107]. Aber auch innerhalb des Folgerichtigkeitsgebots wird die Verhältnismäßigkeit selten schulmäßig durchgeprüft. Sprachlich variieren die Anforderungen zwischen lediglich „sachgerechten"

---

104 Allgemein zur Anwendung von Art. 3 GG durch das BVerfG *R. Herzog* in Maunz/Dürig, GG, Anhang Art. 3.

105 BVerfG v. 6. 3. 2002 – 2 BvL 17/99, BVerfGE 105, 73, 110 (Alterseinkünfte III): Genauere Maßstäbe und Kriterien dafür, unter welchen Voraussetzungen im Einzelfall das Willkürverbot oder das Gebot verhältnismäßiger Gleichbehandlung durch den Gesetzgeber verletzt ist, sollen sich nicht abstrakt und allgemein, sondern nur bezogen auf die jeweils betroffenen unterschiedlichen Sach- und Regelungsbereiche bestimmen lassen; ebenso BVerfG v. 4. 12. 2002 – 2 BvR 400/98, BVerfGE 107, 27 C. I. a (Doppelte Haushaltsführung). Dem ist zwar grundsätzlich zuzustimmen. Freilich ließe sich eine bereichsspezifische Festlegung für das Steuerrecht durchaus vornehmen: im Hinblick auf die stets durch den Besteuerungseingriff tangierten Freiheitsrechte, insb. Art. 14 Abs. 1 GG, muss grundsätzlich von der Anwendung der neuen Formel ausgegangen werden.

106 Zur dogmatischen Einordnung grundlegend *J. Englisch*, Wettbewerbsgleichheit, Kölner Habilitationsschrift 2007, 2. Kap.

107 *P. Kirchhof*, Besteuerung im Verfassungsstaat, 2000, 36 f.; *J. Englisch*, IFSt.-Schrift 432, 94; *ders.*, Wettbewerbsgleichheit im grenzüberschreitenden Handel, Kölner Habilitationsschrift 2007.

Gründen[108] bzw. „vernünftigen, sich aus der Natur der Sache ergebenden oder sonstwie einleuchtenden Gründen"[109] und „*besonderen* sachlichen Gründen"[110], jedoch ohne dass sich ein Einfluss auf die Prüfintensität nicht feststellen lässt. Mit der Forderung eines „hinreichenden" sachlichen Grundes bringt das Gericht zum Ausdruck, dass Rechtfertigungsgründe und Ungleichbehandlung ins Verhältnis zu setzen sind[111]. Dennoch bleiben die Prüfungsstufen der Erforderlichkeit und Angemessenheit der Ungleichbehandlung im Verhältnis zum verfolgten Zweck in der Regel aus[112].

Entgegen verbreiteter Interpretation hat sich der gleichheitsrechtliche Prüfungsmaßstab in den Entscheidungen der letzten Jahre allerdings nicht grundsätzlich abgeschwächt[113]. Lediglich im Bereich der Sozialzwecknormen scheint sich das Gericht – darauf wird noch einzugehen sein – stärker zurückzunehmen. Davon abgesehen, ist ein genereller Übergang zu einer bloßen Willkürkontrolle jedoch nicht feststellbar. Eine weitere Abschwächung der Prüfintensität würde der Kontrollfunktion des Bundesverfassungsgerichts auch nicht gerecht[114]. Judicial self-restraint kann nicht

---

108 Schon BVerfG v. 20. 7. 1954 – 1 BvR 459/52, BVerfGE 4, 7, 18 (Investitionshilfe); BVerfG v. 3. 12. 1958 – 1 BvR 488/57, BVerfGE 9, 3, 10; seither ständige Rspr.; aktuell BVerfG v. 21. 6. 2006 – 2 BvL2/99, BVerfGE 116, 164, 180 (§ 32c EStG).
109 BVerfG v. 6. 3. 2002 – 2 BvL 17/99, BVerfGE 105, 73, 110 (Alterseinkünfte III); erstmals BVerfG v. 23. 10. 1951 – 2 BvG 1/51, BVerfGE 1, 14, 52 (Neugliederung).
110 BVerfG v. 21. 6. 2006 – 2 BvL 2/99, BVerfGE 116, 164, 180 (§ 32c EStG); BVerfG v. 30. 9. 1998 – 2 BvR 1818/91, BVerfGE 99, 88, 95; BVerfG v. 11. 11. 1998 – 2 BvL 10/95, BVerfGE 99, 280, 290 (Zulage Ost); BVerfG v. 6. 3. 2002 – 2 BvL 17/99, BVerfGE 105, 73, 126 (Alterseinkünfte III); BVerfG v. 4. 12. 2002 – 2 BvR 400/98, BVerfGE 107, 27, 47 (Doppelte Haushaltsführung). Lassen sich einzelne Ungleichbehandlungen nur durch unterschiedliche Gründe rechtfertigen, dürfen diese Gründe zueinander nicht in Widerspruch stehen, sondern müssen innerhalb eines vertretbaren gesetzgeberischen Konzepts aufeinander abgestimmt sein, vgl. BVerfG v. 21. 6. 2006 – 2 BvL2/99, BVerfGE 116, 164, 181 (§ 32c EStG).
111 BVerfG v. 21. 6. 2006 – 2 BvL 2/99, BVerfGE 116, 164, 181 (§ 32c EStG).
112 Am nächsten kommt BVerfG v. 30. 9. 1998 – 2 BvR 1818/91, BVerfGE 99, 88, 97 (§ 22 Nr. 3 EStG) einer klassischen Verhältnismäßigkeitsprüfung, wenn das Gericht ausführt, der völlige Ausschluss der Verlustverrechnung sei auch im Hinblick auf das Ziel des Ausschlusses von Verlustverrechnungsgestaltungen unangemessen.
113 So aber *J. Wieland*, Stbg. 2006, 573, 576, der BVerfGE 116, 164 dahingehend interpretiert, dass der 2. Senat die Gebote der Besteuerung nach der wirtschaftlichen Leistungsfähigkeit und Folgerichtigkeit deutlich zurücknimmt: „Steuerrechtliche Regelungen werden nicht mehr wie vor einigen Jahren vom Bundesverfassungsgericht bevorzugt aus dem Grundgesetz abgeleitet, sondern dem demokratisch legitimierten politischen Prozess überlassen".
114 A. A. *J. Wieland*, Stbg. 2006, 573, 576: „In einer parlamentarischen Demokratie sollte aber das Verfassungsrecht auch für das Steuerrecht nur einen Rahmen

bedeuten, dass man den Steuerpflichtigen gesetzgeberischer Beliebigkeit aussetzt, indem schlicht unterstellt wird, dass die vorgebrachten Gründe für eine Ungleichbehandlung hinreichend sind, die Ziele nicht auf schonendere Weise erreicht werden können.

5.2 Einzelne Rechtfertigungsgründe

5.2.1 Fiskalzwecke

Betrachtet man die einzelnen zur Verteidigung steuergesetzlicher Ungleichbehandlungen vorgebrachten Rechtfertigungsgründe, erweist sich die Rechtsprechung dahingehend als äußerst stabil, dass der staatliche Finanzbedarf oder eine defizitäre Haushaltslage nicht geeignet sind, Abweichungen von den steuerrechtlichen Grundentscheidungen zu legitimieren[115].

Sehr wohl spielen die finanziellen Auswirkungen einer Entscheidung dagegen bei der Ausgestaltung der zeitlichen Entscheidungswirkungen eine Rolle. Pro-Futuro-Aussprüche sind in aller Regel weder ein Gebot der Gewaltenteilung noch des Vertrauensschutzes, sondern dienen dem staatlichen Budgetschutz[116]. Das Bundesverfassungsgericht urteilt also keineswegs frei von finanziellen Erwägungen.

5.2.2 Sozialzwecke: Weiter Gestaltungs- und Beurteilungsspielraum

Gegenüber der Verfolgung von Förder- und Lenkungszielen zeigt sich das Gericht dagegen traditionell großzügig. Der Steuergesetzgeber ist nicht gehindert, aus Gründen des Gemeinwohls Ausnahmen vom Grundsatz gleichmäßiger Besteuerung nach der finanziellen Leistungsfähigkeit anzuordnen[117]. Steuervergünstigungen werden seit jeher lediglich einer grobma-

---

ziehen und nicht den politischen Prozess des Ringens um die richtige Lösung überlagern. Das Verfassungsrecht gibt in diesem Sinne keine Lösungen vor, sondern setzt dem Bemühen des Parlaments um Lösungen nur Grenzen". Noch deutlicher, ausschließlich für Überprüfung äußerster Willkürgrenzen: *H.-E. Kiehne*, Grundrechte und Steuerordnung in der Rechtsprechung des BVerfG, 2004, 8 f., 16.

115 Vgl. BVerfG v. 17. 1. 1957 – 1 BvL 4/54, BVerfGE 6, 55, 80 (Haushaltsbesteuerung); BVerfG v. 29. 5. 1990 – 1 BvL 20/84, BVerfGE 82, 60, 89 (steuerfreies Existenzminimum); BVerfG v. 21. 6. 2006 – 2 BvL2/99, BVerfGE 116, 164, 182 (§ 32c EStG).

116 *K.-D. Drüen*, Haushaltsvorbehalt bei der Verwerfung verfassungswidriger Steuergesetze?, FR 1999, S. 289, 290 f.

117 BVerfG v. 22. 6. 1995 – 2 BvL 37/91, BVerfGE 93, 121, 147 (Vermögensteuer); BVerfG v. 11. 11. 1998 – 2 BvL 10/95, BVerfGE 99, 280, 296 (Zulage Ost); BVerfG v. 6. 3. 2002 – 2 BvL 17/99, BVerfGE 105, 73, 112 (Alterseinkünfte III); *H. D. Jarass* in Jarass/Pieroth, GG, 8. Aufl., München 2006, Art. 3 Rz. 46.

schigen Überprüfung unterzogen[118]. Hieran hat sich über die Jahrzehnte wenig geändert.

Ob es volkswirtschaftlich sinnvoller ist, die Verbreitung von Immobilienanlagen durch den REIT, den Erwerb selbstbewohnter Eigenheime durch die Eigenheimzulage oder im Rahmen der Altersvorsorge zu begünstigen, lässt sich zwar diskutieren, ist aber in der Tat eine Frage politischer Prioritäten. Dass das Bundesverfassungsgericht in Fragen der Ausgestaltung der Wirtschaftsordnung durch den Gesetzgeber größtmögliche Zurückhaltung übt, ist zwingender Ausdruck des Gewaltenteilungsgrundsatzes und leuchtet unmittelbar ein, soweit es um die *Festlegung der Förderziele* geht. Weniger plausibel ist, dass sich das Gericht auch hinsichtlich der *Ausgestaltung der Fördertatbestände* zurücknimmt[119]. Statt Folgerichtigkeit der nachfolgenden Ausgestaltungsentscheidung zu fordern, soll nur eine der Lebenserfahrung geradezu widersprechende Würdigung der jeweiligen Lebensverhältnisse die Verfassungswidrigkeit begründen. Das Gericht greift nur dann ein, wenn die Verschonung einzelner Gruppen ein „Mindestmaß an zweckgerechter Ausgestaltung des Vergünstigungstatbestands" vermissen lässt. In der Regel sind dies – wie die Entscheidungen zur Rentenbesteuerung[120] oder zur Erbschaftsteuer[121] zeigen – Fälle, in denen bereits die Begünstigungsabsicht unklar ist.

Sobald der Förderungs- und Lenkungszweck aber von einer erkennbaren gesetzgeberischen Entscheidung getragen ist, bedarf es nicht viel für eine gleichheitsgerechte Ausgestaltung. Dem Gesetzgeber wird nicht nur hinsichtlich der wirtschaftspolitischen Diagnose und Prognose und der Wahl der Mittel ein weiter Beurteilungs- und Gestaltungsspielraum eingeräumt. Auch in der Entscheidung darüber, welche Personen oder Unternehmen durch finanzielle Zuwendung oder Verschonung von der Besteuerung durch den Staat gefördert werden sollen, bindet das Gericht den Gesetzgeber nur durch das Willkürver-

---

118 Größere Gestaltungsfreiheit im Bereich der gewährenden Staatstätigkeit als im Bereich der Eingriffsverwaltung BVerfG v. 17.1.1957 – 1 BvL 4/54, BVerfGE 6, 55, 77 (Haushaltsbesteuerung); BVerfG v. 5.4.1960 – 1 BvL 31/57, BVerfGE 11, 50, 60; BVerfG v. 21.2.1961 – 1 BvL 29/57, BVerfGE 12, 151, 166 (Ehegattenfreibetrag); BVerfG v. 12.2.1964 – 1 BvL 12/62 BVerfGE 17, 210, 216 (Wohnungsbauprämie).
119 S. insofern auch die Kritik an der Ökosteuerentscheidung von *R. Wernsmann*, Viel Lärm um nichts? – Die Ökosteuer ist verfassungsgemäß, NVwZ 2004, 819, 820 f.; *E. Haas*, Ist die sog. Ökosteuer verfassungsgemäß?, in Festschrift für R. Mußgnug, Heidelberg 2005, 205, 211 ff.
120 BVerfG v. 6.3.2002 – 2 BvL 17/99, BVerfGE 105, 73, 112 (Alterseinkünfte III).
121 BVerfG v. 22.6.1995 – 2 BvR 552/91, BVerfGE 93, 165 (Erbschaftsteuer I); BVerfG v. 7.11.2006 – 1 BvL 10/02, NJW 2007, 573 (Erbschaftsteuer II).

bot[122]. Vor allem die Ökosteuer-Entscheidung vom 20. 4. 2004 zeigt, dass sich der Maßstab auch dann nicht verschärft, wenn es um die Rechtfertigung Art. 12 und 14 GG relevanter Wettbewerbsverzerrungen geht[123].

Nur wenige Entscheidungen fallen – aus meiner Sicht positiv – aus dem Rahmen. Hervorzuheben ist das – wiederum *Paul Kirchhof* zuzuschreiben-de – Zulage Ost[124]-Judikat. Der 2. Senat monierte sowohl die Ausgestaltung der Begünstigung im Hinblick auf ihre tatbestandliche Bestimmtheit als auch, dass sie nur öffentlich Bediensteten gewährt wurde, obwohl private Arbeitnehmer sich in der gleichen Situation befanden und – ein legitimes Lenkungsinteresse unterstellt – ebenfalls eines Anreizes zur Aufnahme einer Beschäftigung in den neuen Bundesländern bedurft hätten[125]. Ähnlich rigoros hat das Gericht auch hinsichtlich des personalen Zuschnitts der Umsatzsteuerbefreiung für ärztliche Leistungen in der sog. Schwarzwaldklinikentscheidung[126] geurteilt. So begrüßenswert es ist, dass sich das Bundesverfassungsgericht hier nicht von der gesetzgeberischen Begünstigungsrhetorik hat einlullen lassen, es handelt sich um Einzelfallentscheidungen[127], von denen sich das Gericht inzwischen leider wieder entfernt hat.

5.2.3 Vereinfachungszwecke: Grenzen der Typisierungskompetenz

Eine weitere Abschwächung des gleichheitsrechtlichen Prüfungsmaßstabs folgt aus der Typisierungs- und Pauschalierungskompetenz des Gesetzgebers. Es entspricht ständiger Rechtsprechung, dass der Gesetzgeber berechtigt ist,

---

122 BVerfG v. 12. 2. 1964 – 1 BvL 12/62, BVerfGE 17, 210, 216 (Wohnungsbauprämie); BVerfG v. 10. 4. 2004 – 1 BvR 905/02, BVerfGE 110, 274, 293 (Ökosteuer); BVerfG v. 25. 7. 2007 – 1 BvR 1031/07, BFH/NV 2007, Beilage 4, 441 (Biokraftstoffe).
123 BVerfG v. 10. 4. 2004 – 1 BvR 905/02, BVerfGE 110, 274, 289 ff. (Ökosteuer) hat – im Hinblick auf die erheblichen Wettbewerbswirkungen – wenig nachvollziehbar die Berufung auf Art. 12 und 14 GG bereits für unzulässig erachtet.
124 BVerfG v. 11. 11. 1998 – 2 BvL 10/95, BVerfGE 99, 280 (Zulage Ost).
125 In der Zulage Ost-Entscheidung Feststellung der Verfassungswidrigkeit u. a. wegen unsachgerechtem Ausschluss in privaten Arbeitsverhältnissen beschäftigter Arbeitnehmer, obwohl hier – den Lenkungszweck als legitim unterstellt – ein identisches Anreizbedürfnis bestand (BVerfG v. 11. 11. 1998 – 2 BvL 10/95, BVerfGE 99, 280, 297 (Zulage Ost).
126 BVerfG v. 10. 11. 1999 – 2 BvR 2861/93, BVerfGE 101, 151 (Schwarzwaldklinik), wo es allerdings nicht um die gesetzgeberische Entscheidung, sondern die Interpretation von § 4 Nr. 14 UStG durch den BFH ging.
127 Die These vom weitgehenden Spielraum des Gesetzgebers bei der Ausgestaltung von Sozialzwecknormen findet sich in beiden Senaten, und zwar auch in Judikaten die während der Zugehörigkeit von Paul Kirchhof ergangen sind vgl. BVerfG v. 7. 11. 1995 – 2 BvR 413/88, BVerfGE 93, 319, 350 (Wasserpfennig): Sachbezogene Argumente stehen dem Gesetzgeber in weitem Umfang zu Gebote; ferner BVerfG v. 8. 6. 1988 – 2 BvL/85, BVerfGE 78, 249, 277 (Fehlbelegungsabgabe) und Nachweise in Fn. 122.

zur Ordnung von Massenerscheinungen typisierende und pauschalierende Regelungen zu treffen, ohne wegen der damit unvermeidlich verbundenen Härten gegen den allgemeinen Gleichheitssatz zu verstoßen[128]. Er darf jedoch für eine gesetzliche Typisierung keinen atypischen Fall als Leitbild wählen, sondern muss realitätsgerecht einen Durchschnittsfall als Maßstab zugrunde legen[129]. Zudem dürfen die Vorteile der Verwaltungsvereinfachung nicht außer Verhältnis zu der notwendig mit der Typisierung verbundenen Ungleichbehandlung stehen. Eine Ungleichbehandlung ist nur insofern zu tolerieren, als die durch sie eintretenden Härten oder Ungerechtigkeiten nur eine verhältnismäßig kleine Zahl von Personen betreffen und der Verstoß gegen den Gleichheitssatz nicht sehr intensiv ist[130].

Im Ergebnis ist das Gericht jedoch recht großzügig. Fälle, in denen die Realitätsgerechtigkeit der Typisierung beanstandet wurde, betreffen vor allem die Festsetzung persönlicher Freibeträge und Abzüge[131]. Sie erklären sich aus der strikten Handhabung des Grundsatzes der Steuerfreiheit des Existenzminimums. Im Übrigen sind Entscheidungen, in denen das Bundesverfassungsgericht die Realitätsgerechtigkeit steuergesetzlicher Typisierungen verneint oder ihre vergröbernde Wirkung im Hinblick auf den Vereinfachungserfolg als unverhältnismäßig eingestuft hat, rar[132].

In engem Zusammenhang mit der gesetzgeberischen Typisierungskompetenz steht die Frage nach den verfassungsrechtlichen Anforderungen an

---

128 Vgl. BVerfG v. 31. 5. 1988 – 1 BvR 520/83, BVerfGE 78, 214, 226 f. m. w. N. (Existenzminimum); BVerfG v. 30. 5. 1990 – 1 BvL 2/83, BVerfGE 82, 126, 151 f.; BVerfG v. 8. 10. 1991 – 1 BvL 50/86, BVerfGE 84, 348, 359 m. w. N. (Lohnsteuerkarte); BVerfG v. 10. 4. 1997 – 2 BvL 77/92, BVerfGE 96, 1, 6 (Weihnachts- und Arbeitnehmerfreibetrag); BVerfG v. 11. 11. 1998 – 2 BvL 10/95, BVerfGE 99, 280, 290 (Zulage Ost); BVerfG v. 6. 3. 2002 – 2 BvL 17/99, BVerfGE 105, 73, 127 (Alterseinkünfte III).

129 BVerfG v. 11. 1. 2005 – 2 BvR 167/02, BVerfGE 112, 164, 180 f. (Familienleistungsausgleich – Sozialversicherungsbeiträge); BVerfG v. 10. 3. 2005 – 2 BvL 7/00, BVerfGE 112, 268, 280 f. (Kinderbetreuungskosten – Zumutbarkeit).

130 Z. B. BVerfG v. 8. 2. 1983 – 1 BvL 28/79, BVerfGE 63, 119, 128.

131 BVerfG v. 22. 2. 1984 – 1 BvL 10/80, BVerfGE 66, 214, 2. Leitsatz (zwangsläufiger Unterhaltsaufwand).

132 Weiter Typisierungsspielraum s. z. B. BVerfG v. 10. 4. 1997 – 2 BvL 77/92, BVerfGE 96, 1, (Weihnachts- und Arbeitnehmerfreibetrag); BVerfG v. 7. 12. 1999 – 2 BvR 301/98, BVerfGE 101, 297, 310 (häusliches Arbeitszimmer); anders BVerfG v. 8. 10. 1991 – 1 BvL 50/86, BVerfGE 84, 348, 365 (Lohnsteuerkarte): Verfassungswidrigkeit der Differenzierung zwischen lohnsteuerpflichtigen Steuerpflichtigen und zur Einkommensteuer veranlagten vorauszahlungspflichtigen Steuerpflichtigen hinsichtlich der Eintragung von Absetzungen, da die erheblichen Abweichungen vom Gleichheitssatz nicht nur eine verhältnismäßig kleine Anzahl von Personen betrafen und nicht dargelegt werden konnte, dass eine schonendere Zwischenlösung aus sachlichen Gründen nicht möglich ist.

steuerrechtliche Missbrauchsvermeidungsvorschriften. Unzweifelhaft hat der Gesetzgeber ein legitimes Interesse, Steuerumgehungen zu verhindern[133]. Fraglich ist in erster Linie, inwieweit er zu diesem Zweck typisieren darf. Zwar hat das Bundesverfassungsgericht in der Entscheidung zu § 22 Nr. 3 EStG Zielgenauigkeit der Maßnahme gefordert[134]. Eine Vorschrift wie § 8c KStG dürfte die Anforderungen an eine hinreichend genaue tatbestandliche Vorzeichnung des gesetzgeberischen Missbrauchsvermeidungszwecks nicht erfüllen. Anders als der Europäische Gerichtshof mit seiner Forderung nach Einzelfallprüfung[135] dürfte das Bundesverfassungsgericht unter dem Aspekt notwendiger Vollzugsvereinfachung *unwiderlegliche* Vermutungen aber auch dann akzeptieren, wenn zugleich in gewissem Umfang nicht durch Missbrauch gekennzeichnete Fälle erfasst werden[136].

5.3 Zur Rolle des Steuerwettbewerbs in der Rechtsprechung des Bundesverfassungsgerichts

Die größte Herausforderung stellt sich dem Bundesverfassungsgericht in der Bewertung der gesetzgeberischen Reaktion auf den internationalen und europäischen Steuerwettbewerb. Zum einen ist die Frage zu beantworten, ob eine Entlastung mobiler Einkommensquellen mit dem allgemeinen Gleichheitssatz vereinbar ist. Zum anderen geht es im europäischen Kontext darum, ob sich Verletzungen des objektiven Nettoprinzips durch Vorschriften, die sich gegen die Verlagerung von Steuersubstrat richten, damit rechtfertigen lassen, dass eine auf Auslandssachverhalte beschränkte Anwendung europarechtswidrig wäre[137].

---

133 Bei dessen Erreichung allerdings andere verfassungsrechtliche Wertentscheidungen – wie der Schutz von Ehe und Familie – zu berücksichtigen sind, vgl. BVerfG v. 15.7.1969 – 1 BvL 22/65, BVerfGE 26, 321, 326 (KVStG 1959).

134 BVerfG v. 30.9.1998 – 2 BvR 1818/91, BVerfGE 99, 88, 97, 99 (§ 22 Nr. 3 EStG).

135 EuGH v. 8.7.1999 – Rs. C-254/97, Slg. 1999, I-4809, Rz. 19 (Baxter); EuGH v. 17.7.1997 – Rs. C-28/95, Slg. 1997, I-4161, Rz. 41 ff. (Leur Bloem); EuGH v. 11.3.2004 – Rs. C-9/02, DStR 2004, 551, Rz. 59 f. (Lasteyrie).

136 Einschränkungen können sich aber aus Art. 6 Abs. 1 GG ergeben vgl. BVerfG v. 12.3.1985 – 1 BvR 571/81, BVerfGE 69, 188 (Betriebsaufspaltung); BVerfG v. 7.11.1995 – 2 BvR 802/90, BStBl. II 1996, 34 (Oderkonto); einschränkend ebenfalls – allerdings im Hinblick auf Art. 6 Abs. 1 GG – BVerfG v. 10.6.1963 – 1 BvR 345/61, BVerfGE 16, 203, 210; BVerfG v. 6.11.1985 – 1 BvL 47/83, BVerfGE 71, 146, 157: Der Gesetzgeber könne weniger einschneidende Mittel der Missbrauchsbekämpfung wählen.

137 Ausführlich *J. Hey*, Erosion nationaler Besteuerungsprinzipien im Binnenmarkt? – zugleich zu den Rechtfertigungsgründen der „Europatauglichkeit" und „Wettbewerbsfähigkeit" des Steuersystems, StuW 2005, 317, 321 f.

Bereits im Zinsurteil von 1991 hatte der 2. Senat die gesamtwirtschaftlichen Zwänge offener Volkswirtschaften als Rechtfertigung differenzie-
render Besteuerung anerkannt. Zwar hielt das Gericht die Berufung auf
gesamtwirtschaftliche Gründe nicht für geeignet, das bestehende Voll-
zugsdefizit zu rechtfertigen, wohl aber sei der Gesetzgeber von Verfas-
sungs wegen nicht gehindert, die Besteuerung der Kapitaleinkünfte auf
die besondere Mobilität von Kapitalvermögen auszurichten und dementsprechend zu differenzieren[138]. 15 Jahre später ist die Frage der Wettbewerbsfähigkeit des Steuersystems im § 32c EStG-Beschluss als Rechtfertigungsgrund offen thematisiert[139], wenngleich nicht abschließend
beantwortet. Der Senat konnte sich auf eine Kombination von Rechtfertigungsgründen zurückziehen. Nachdem er § 32c EStG i. d. F. des Stand-
ortsicherungsgesetzes v. 13. 9. 1993 in erster Linie als Vorschrift zur Kompensation der gewerbesteuerrechtlichen Zusatzbelastung gerechtfertigt
hatte, ließ er – dort wo diese Rechtfertigung nicht ausreiche – die auf die
Sicherung des Standorts Deutschland gerichteten wirtschaftspolitischen
Förderungs- und Lenkungsziele hinzutreten. Ob diese Ziele auch für sich
genommen hinreichend legitimierende Kraft entfalten können, hat der
Senat ausdrücklich offen lassen[140].

Dass die Positionierung Deutschlands im internationalen Wettbewerb
längst einen festen Platz im Arsenal bundesverfassungsgerichtlicher Argu-
mentationstopoi einnimmt, zeigt die Ökosteuerentscheidung aus 2004
ebenso wie der bereits erwähnte Beschluss zur Existenz von Belastungsobergrenzen vom 18. 1. 2006. Die Befreiung besonders energieintensiver
Branchen von der Stromsteuer sei zur Erhaltung der internationalen Wettbewerbsfähigkeit dieser Branchen gerechtfertigt[141]. Bei der Beurteilung der
Verhältnismäßigkeit der Höhe des steuerlichen Zugriffs sei auch die Situation im Ausland zu berücksichtigen[142]. Und bereits Ende der 1970er Jahre[143]
hatte das Bundesverfassungsgericht die Förderung der internationalen
Wettbewerbsfähigkeit deutscher Unternehmen als Rechtfertigungsgrund
für die Gewährung von Steuervergünstigungen anerkannt.

Das Gericht kann die Augen vor der wirtschafts- und steuerpolitischen
Wirklichkeit nicht verschließen. Die Erhaltung der Wettbewerbsfähigkeit

---

138 BVerfG v. 27. 6. 1991 – 2 BvR 1493/89, BVerfGE 84, 239, 282 (Zinsurteil).
139 BVerfG v. 21. 6. 2006 – 2 BvL2/99, BVerfGE 116, 164, 184 (§ 32c EStG).
140 BVerfG v. 21. 6. 2006 – 2 BvL 2/99, BVerfGE 116, 164, 191 (§ 32c EStG).
141 BVerfG v. 10. 4. 2004 – 1 BvR 905/02, BVerfGE 110, 274, 295 (Ökosteuer).
142 BVerfG v. 18. 1. 2006 – 2 BvR 2194/99, BVerfGE 115, 81 (Belastungsobergrenzen).
143 BVerfG v. 19. 4. 1978 – 1 BvR 596/77, BVerfGE 48, 206, 226.

des Standorts ist ein Gemeinwohlziel von höchstem Rang[144]. Freilich darf sich das Verfassungsrecht nicht völlig zurückziehen. Der Gesetzgeber mag bei der Wahl standortpolitischer Maßnahmen einen Gestaltungs- und Beurteilungsspielraum beanspruchen können, er ist aber nicht frei, standortpolitische Vergünstigungen mehr oder weniger beliebig auszuteilen[145]. Inwieweit sich das Bundesverfassungsgericht der Aufgabe stellen wird, den Gesetzgeber an seine verfassungsrechtliche Optimierungspflicht zu erinnern, ist aus meiner Sicht noch nicht abschließend erkennbar. Der § 32c EStG-Beschluss lässt eigentlich nur erkennen, dass das Gericht das Problem erkannt, bisher aber kein Konzept hat. Es wird sich in Zukunft insbesondere dahingehend positionieren müssen, ob es in Vergünstigungen für mobiles Kapitaleinkommen Sozialzwecknormen sieht, die als punktuelle Durchbrechungen des Prinzips der Gleichwertigkeit der Einkunftsarten gerechtfertigt werden müssen, oder ob es sich der Optimalsteuertheorie als Grundlage einer konsumbasierten Einkommensteuer zuwendet. Die Konsumsteuertheorie, in der die Steuerbefreiung von Kapitaleinkommen nicht rechtfertigungsbedürftige Ausnahme, sondern Ausdruck richtiger Besteuerung ist, könnte einen willkommenen Ausweg aus dem Rechtfertigungsdilemma bieten. Indes hat das Bundesverfassungsgericht – ökonomischer Theorie ohnehin eher fern – diesen Weg bisher nicht beschritten, ja noch nicht einmal erkennen lassen, ob es den lebenszeitlichen Ansatz der Konsumsteuertheorie überhaupt zur Kenntnis genommen hat[146]. Es wird ihn möglicherweise auch nicht beschreiten, weil die Verwirklichung von Gleichheit in der Zeit mit dem der Konsumsteuertheorie zugrunde liegenden Lebenseinkommenskonzept nur schwer vereinbar ist[147].

---

144 Ebenso *J. Lang*, Die gleichheitsrechtliche Verwirklichung der Steuerrechtsordnung, StuW 2006, 22, 28: „existentiellen Rahmenbedingungen einer Volkswirtschaft".

145 Gleichfalls *W. Schön*, Steuergesetzgebung zwischen Markt und Grundgesetz, StuW 2004, 62, 74; *J. Lang*, Die gleichheitsrechtliche Verwirklichung der Steuerrechtsordnung, StuW 2006, 22, 28, der fordert, nicht allein nach der *Geeignetheit* der Ungleichbehandlung für die Wettbewerbsfähigkeit des Steuersystems zu fragen, sondern nach der *Erforderlichkeit* der Ungleichbehandlung. Es müsse die Besteuerungsform gefunden werden, die Wettbewerbsfähigkeit herstellt und die zudem den Gleichheitssatz geringstmöglich verletzt.

146 Anlass hierzu hätte die Rentensteuerentscheidung gegeben, s. die diesbezügliche Kritik von *Chr. Dorenkamp*, Das BVerfG-Urteil zur Rentenbesteuerung und Pensionsbesteuerung, DStZ 2002, 668, 671, 673f.

147 S. *Chr. Dorenkamp*, Nachgelagerte Besteuerung von Einkommen, 2005, 117ff.

6. Steuerrechtliche Konkretisierungen des allgemeinen Gleichheitssatzes

6.1 Synthetische versus schedulare Besteuerung

Die Frage der Zulässigkeit standortpolitischer Maßnahmen ist eng verknüpft mit dem Schicksal der synthetischen Einkommensteuer. Wird das Verfassungsgericht den Weg in die Schedulensteuer ebnen[148]? Nachdem das Bundesverfassungsgericht noch Ende der 1960er Jahre an der Ungleichbehandlung einzelner Einkunftsarten keinen Anstoß nahm[149], entspricht es mittlerweile ständiger Rechtsprechung beider Senate, dass dem Einkommensteuergesetz trotz § 2 Abs. 1 EStG der Grundsatz der Gleichwertigkeit der Einkunftsarten zugrunde liegt. Der Beschluss zu § 32c EStG macht unmissverständlich deutlich[150], dass der Gesetzgeber, „wählt er im Sinne einer Schedulensteuer für verschiedene Arten von Einkünften unterschiedliche Tarifverläufe", hierfür „besondere Rechtfertigungsgründe" vorweisen muss[151]. Allein die systematische Unterscheidung zwischen verschiedenen Einkunftsarten (§ 2 Abs. 1 EStG) genügt dafür nicht. Für Sondertarife gelten keine geringeren Rechtfertigungsanforderungen als für Durchbrechungen des objektiven Nettoprinzips.

Da das Bundesverfassungsgericht seine Auffassung von der Gleichwertigkeit aller Einkunftsarten unmittelbar als Gebot horizontaler Steuergerechtigkeit mit dem Leistungsfähigkeitsprinzip begründet, dürfte wohl auch der Übergang zu einer echten dualen Einkommensteuer mit systematischer Unterscheidung zwischen Arbeits- und Kapitaleinkommen diesen Rechtfertigungsanforderungen unterworfen sein. Eine neue, dem Gleichheitssatz

---

148 So *H.-J. Kanzlers* Bewertung des § 32c-Beschlusses, s. NWB 2006, Fach 3, 14189, 14198.
149 BVerfG v. 9.7.1969 – 2 BvL 20/65, BVerfGE 26, 302: Die Steuerfreiheit privater Veräußerungsgewinne wurde gleichheitsrechtlich der Gestaltungsfreiheit des Gesetzgebers zugeordnet, weshalb sie keiner besonderen Rechtfertigung bedürfe.
150 BVerfG v. 21.6.2006 – 2 BvL2/99, BVerfGE 116, 164, 180 [§ 32c EStG].
151 Zuvor noch recht vage BVerfG v. 8.10.1991 – 1 BvL 50/86, BVerfGE 84, 348, 363 f. (Lohnsteuerkarte); deutlicher BVerfG v. 10.4.1997 – 2 BvL 77/92, BVerfGE 96, 1, 6 (Weihnachts- und Arbeitnehmerfreibetrag); BVerfG v. 30.9.1998 – 2 BvR 1818/91, BVerfGE 99, 88, 95 [§ 22 Nr. 3 EStG]; BVerfG v. 6.3.2002 – 2 BvL 17/99, BVerfGE 105, 73, 126 (Alterseinkünfte III): „Speziell zu dem Bereich des Belastungsvergleichs im Verhältnis unterschiedlicher Einkunftsarten zueinander ist in der neueren Rechtsprechung des Bundesverfassungsgerichts geklärt, dass jedenfalls die systematische Unterscheidung der Einkunftsarten durch den Gesetzgeber allein eine Ungleichbehandlung nicht rechtfertigen kann".

entzogene Belastungsentscheidung lässt sich ausgehend von dieser Argumentation nicht begründen[152].

Doch so vielversprechend der 2. Senat in die Überprüfung von § 32c EStG gestartet war, so großzügig war er in der Anerkennung der vom Gesetzgeber vorgebrachten Rechtfertigungsgründe[153]. Damit entspricht die Entscheidung zu § 32c EStG dem Muster neuerer Entscheidungen, die Erfüllung der zunächst postulierten hohen Anforderungen nur kursorisch zu prüfen. Optimallösungen werden dem Gesetzgeber nicht abverlangt.

Auch der Erbschaftsteuerbeschluss vom 7. 11. 2006 lässt erkennen, dass eine einzelne Vermögensarten begünstigende schedulare Ausgestaltung der Erbschaftsteuer zwar der Rechtfertigung bedarf, diese aber mit dem Hinweis etwa auf lenkungspolitische Zielsetzungen verhältnismäßig einfach zu erzielen ist. Der Erbschaftsteuerbeschluss mag zwar einen wichtigen Beitrag zur Transparenz steuerlicher Begünstigungen leisten[154], er zwingt den Gesetzgeber aber nicht dazu, über die Erforderlichkeit der durch vermögensartspezifische Steuervergünstigungen begründeten Ungleichbehandlungen Rechenschaft abzulegen.

6.2 Nettoprinzip

Ebenso wie das Prinzip der Gleichwertigkeit der Einkunftsarten gehört auch das objektive Nettoprinzip mittlerweile zum gesicherten Bestand folgerichtiger Ausgestaltung des Einkommensteuerrechts[155]. In deutlicher Abkehr der bis in die 1970er Jahre praktizierten Rechtsprechung[156]

---

152 So aber Sachverständigenrat zur Begutachtung der gesamtwirtschaftlichen Entwicklung, Jahresgutachten 2003/04, 349 und andeutungsweise *U. di Fabio,* JZ 2007, 749, 753, dann aber wieder einschränkend a. a. O., 755; a. A. *J. Englisch,* Die Duale Einkommensteuer – Reformmodell für Deutschland, IFSt-Schrift Nr. 432, 95 ff.

153 S. auch die Kritik von *M. Wendt,* FR 2006, 775: Mit der Forderung nach „besonderen" Rechtfertigungsanforderungen für die Legitimation einer Schedulensteuer sei es nicht weit her, wenn ein vager Hinweis auf den Standortwettbewerb reiche.

154 *H.-J. Papier,* DStR 2007, 973, 976.

155 Aus ökonomischer Sicht Gebot der Produkteffizienz, vgl. *S. Homburg,* Allgemeine Steuerlehre, 5. Aufl., München 2007, 163, 166.

156 BVerfG v. 7. 11. 1972 – 1 BvR 338/68, BVerfGE 34, 103 (Aufsichtsratsvergütung): Kein Nettoprinzip im „strengen" Sinne in Einkommen- und Körperschaftsteuer. Die Gesetzeslage spreche dagegen, dass der Gesamtheit der gesetzlichen Regelung über die Einkommensermittlung das Nettoprinzip als vom Gesetzgeber statuierte Sachgesetzlichkeit zugrunde liege. Ob dies bei finanzwissenschaftlicher Betrachtung der Fall ist oder steuerpolitisch erwünscht wäre, könne offenbleiben, da es nur auf die jeweilige rechtliche Ausgestaltung ankomme. Bei rechtlicher Betrachtung stünden die allgemeine Definition der

folgert das Gericht heute aus dem Umstand, dass der Gesetzgeber die maßgebliche finanzielle Leistungsfähigkeit nach dem objektiven und subjektiven Nettoprinzip bemisst, ein besonderes Rechtfertigungsbedürfnis jeder Abweichung[157]. Dies lässt hoffen, dass das Bundesverfassungsgericht den jüngsten Einschnitten beim Abzug von Erwerbsaufwendungen (z. B. Einschränkung der Entfernungspauschale, Zinsschranke und Untergang von Verlustvorträgen bei Anteilseignerwechsel) Einhalt gebieten wird[158].

Bemerkenswert ist allerdings, dass das Gericht einer eindeutigen Festlegung hinsichtlich des Stellenwertes des Nettoprinzips bisher stets ausgewichen ist[159]. Offen gelassen hat es insbesondere, ob das Nettoprinzip – wie überwiegend im Schrifttum vertreten[160] – unmittelbar aus dem Leistungsfähigkeitsprinzip und damit aus dem Gebot der Steuergerechtigkeit folgt, oder ob es sich lediglich um eine einfachgesetzliche Konkretisierung handelt[161].

Erheblichen Gestaltungsspielraum misst das Gericht dem Gesetzgeber zudem im Bereich gemischter Aufwendungen zu. Der Gleichheitssatz fordere nicht, dass der Gesetzgeber stets den gewillkürten tatsächlichen Aufwand berücksichtigt, vielmehr könne es auch genügen, dass er für be-

---

Betriebsausgaben und Werbungskosten und die speziellen Vorschriften nicht im Verhältnis von Regel und Ausnahme, sie ergeben vielmehr als gleichwertige Normen selbst eine einheitliche Regelung. In Fällen dieser Art könne der allgemeinen Vorschrift nicht die Funktion einer Sachgesetzlichkeit mit der behaupteten Folge der Selbstbindung des Gesetzgebers beigemessen werden.

157 BVerfG v. 4. 12. 2002 – 2 BvR 400/98, BVerfGE 107, 27, 48 (doppelte Haushaltsführung).

158 Siehe etwa die fundamentale Kritik von *K. Tipke,* Das Nettoprinzip – Angriff und Abwehr, dargestellt am Beispiel des Werkstorprinzips, BB 2007, 1525; *J. Lang,* Der Stellenwert des objektiven Nettoprinzips im deutschen Einkommensteuerrecht, StuW 2007, 3.

159 S. BVerfG v. 23. 1. 1990 – 1 BvL 4/87, BVerfGE 81, 228, 237 (Geldbußen); BVerfG v. 7. 12. 1999 – 2 BvR 301/98, BVerfGE 101, 297, 310 (häusliches Arbeitszimmer); BVerfG v. 4. 12. 2002 – 2 BvR 400/98, BVerfGE 107, 27, 48 (doppelte Haushaltsführung).

160 Vgl. *J. Lang* in Tipke/Lang, Steuerrecht, 18. Aufl., Köln 2005, § 4 Rz. 14, 17; § 9 Rz. 54 f.; *C. Schlotter,* Teilwertabschreibung und Wertaufholung zwischen Steuerbilanz und Verfassungsrecht, 2005, 223; *W. Schön,* FR 2001, 381, 382 f.; *J. Schulze-Osterloh,* DStJG Bd. 23 (2000), 67, 69.

161 Diese Frage könnte im Hinblick auf den Werbungskostenausschluss im Rahmen der Abgeltungssteuer Bedeutung erlangen, wenn man sich auf den Standpunkt stellt, hiermit habe der Gesetzgeber sich in einem Teilbereich für eine Bruttobesteuerung entschieden, weshalb der Ausschluss des Abzugs der tatsächlich entstandenen Werbungskosten (§ 2 Abs. 2 Satz 2 i. V. m. § 20 Abs. 9 Satz 1, 2. Halbsatz EStG 2009) kein Verstoß, sondern ganz im Gegenteil geradezu Ausdruck der Folgerichtigkeit der Belastungsentscheidung sei.

stimmte Arten von Aufwendungen nur den Abzug eines in realitätsgerechter Höhe typisierten Betrages gestattet[162]. Dies soll insbesondere dann gelten, wenn die Erwerbsaufwendungen die Kosten der allgemeinen Lebensführung i. S. des § 12 EStG berühren und der Gesetzgeber vermittels der Typisierung Ermittlungen in der Privatsphäre des Steuerpflichtigen vermeiden will. Einschränkungen hat das Gericht bisher allenfalls unter dem Gesichtspunkt von Art. 6 Abs. 1 GG bejaht[163].

Deshalb ist außer im Fall pendelnder Ehegatten auch der Ausgang des vom Niedersächsischen Finanzgericht und vom Bundesfinanzhof angestrengten Normenkontrollverfahrens zur Einschränkung der Entfernungspauschale[164] keineswegs gesichert. Im 27. Band hielt das Gericht – allerdings in einer Zeit, als das Nettoprinzip nicht seinen heutigen Stellenwert hatte – die Herabsetzung der damaligen Kilometerpauschale von 0,50 auf 0,36 DM ohne weiteres als durch das verkehrspolitische Anliegen für gerechtfertigt[165]. Freilich dürfte es dem Gesetzgeber schwer fallen, ein widerspruchsfreies verkehrspolitisches Ziel für die Streichung der Entfernungspauschale für die ersten 20 Kilometer darzulegen.

Ebenso wenig lässt sich prognostizieren, wie das Gericht die Einschränkung des objektiven Nettoprinzips durch die Mindestbesteuerung einordnen wird. Einerseits rechtfertigt das Ziel der Haushaltsentlastung keine Durchbrechungen des Nettoprinzips, andererseits hat das Gericht den Inhalt des objektiven Nettoprinzpis in zeitlicher Hinsicht bisher nicht konkretisiert. Insbesondere ist seine Haltung zum materiellen Gehalt des Jährlichkeitsprinzips bisher unklar. Es mag sich also auf den Standpunkt stellen, dass eine bloße Streckung von Verlustvorträgen keiner Rechtfertigung bedarf[166], zumal dann, wenn sie nicht auf einzelne Einkunftsarten begrenzt ist.

---

162 S. BVerfG v. 23. 1. 1990 – 1 BvL 4/87, BVerfGE 81, 228, 237 (Geldbußen); BVerfG v. 10. 4. 1997 – 2 BvL 77/92, BVerfGE 96, 1, 9 (Weihnachts- und Arbeitnehmerfreibetrag); BVerfG v. 7. 9. 1999 – 2 BvR 301/98, BVerfGE 101, 297, 310 (häusliches Arbeitszimmer).

163 BVerfG v. 4. 12. 2002 – 2 BvR 400/98, BVerfGE 107, 27 (doppelte Haushaltsführung).

164 Vorlagebeschluss FG Niedersachsen v. 27..2. 2007 – 8 K 549106, EFG 2007, 690; BFH v. 10. 1. 2008 – VI R 27/07, DStR 2008, 188.

165 BVerfG v. 2. 10. 1969 – 1 BvL 12/68, BVerfGE 27, 58, 66, wo allerdings bereits unklar war, ob es sich um eine – auch aus rein haushalterischen Gründen – kürzbare Steuervergünstigung handelt.

166 In diese Richtung BFH v. 9. 5. 2001 – XI B 151/00, BStBl. II 2001, 552, 554; BFH v. 6. 3. 2003 – XI B 7/02, BStBl. II 2003, 516, 517; BFH v. 6. 3. 2003 – XI B 76/02, BStBl. II 2003, 523, 524.

6.3 *Verfassungsrechtliche Maßstäbe der Unternehmensbesteuerung*

Weitgehend im Dunkeln liegen die verfassungsrechtlichen Maßstäbe der Unternehmensbesteuerung. Dies liegt in erster Linie an der Abstinenz des Bundesverfassungsgerichts[167], zu unternehmensteuerrechtlichen Fragen Stellung zu nehmen. Während das verfassungsrechtliche Terrain des Existenzminimums und der Familienbesteuerung gut bestellt ist, erfährt der Gesetzgeber für die Ausgestaltung der Unternehmensbesteuerung wenig Anleitung. An diesen Defiziten hat auch die *Kirchhof*-Ära wenig geändert. Anders als der Europäische Gerichtshof, der auch vor kompliziertesten Normen des Unternehmenssteuerrechts nicht zurückschreckt, entscheidet das Bundesverfassungsgericht vornehmlich über tatbestandlich einfach gelagerte Fälle. Verfassungsbeschwerden zum Unternehmenssteuerrecht mögen große finanzielle Auswirkungen haben, dies besagt aber nicht, dass sie die Hürde der Annahme nehmen. Je komplexer der zugrunde liegende Sachverhalt und je kleiner die betroffene Gruppe, desto eher lässt sich die grundsätzliche Bedeutung (§ 93a BVerfGG) verneinen. Dies macht es nur schwer vorstellbar, dass sich das Gericht mit der Verfassungsmäßigkeit etwa der Zinsschranke oder der Besteuerung von Funktionsverlagerungen befassen wird.

Soweit sich das Gericht geäußert hat, betont es die Gestaltungsfreiheit des Gesetzgebers. Zuletzt hat es sich im Beschluss zu § 32c EStG vom 21. 6. 2006 ausdrücklich gegen ein verfassungsrechtliches Gebot der Rechtsformneutralität für den Bereich der Ertragsteuern ausgesprochen[168]. Vielmehr stehe es dem Gesetzgeber frei, an zivilrechtliche Unterschiede anzuknüpfen. Zuvor war spekuliert worden, ob sich die sog. Schwarzwaldklinik-Entscheidung[169], in der ein Gebot der Rechtsformneutralität für die Umsatzsteuer aufgestellt worden war, auf die Ertragsteuern übertragen lasse[170]. Dies hat der § 32c EStG-Beschluss jedoch zu Recht aufgrund der unterschiedlichen Systematik verneint. Insofern kann dem zweiten Senat nicht der Vorwurf eines Rückschritts gemacht werden. Doch ist das Gericht letztlich nicht

---

167 *J. Schulze-Osterloh*, Das BVerfG und die Unternehmensbesteuerung, in Festschrift für A. Raupach, Köln 2006, 531, bescheinigt dem Bundesverfassungsgericht eine „auffallende Zurückhaltung" gegenüber unternehmenssteuerrechtlichen Normen.

168 BVerfG v. 21. 6. 2006 – 2 BvL2/99, BVerfGE 116, 164 (§ 32c EStG); zuvor BVerfG v. 18. 6. 1975 – 1 BvR 528/72, BVerfGE 40, 109, 116 (Schachtelprivileg); BVerfG v. 24. 1. 1962 – 1 BvR 845/58, BVerfGE 13, 331 ff.; BVerfG v. 15. 7. 1969 – 1 BvR 457/66, BVerfGE 26, 327, 335; differenzierte Analyse der Entscheidungen *J. Hey*, Besteuerung von Unternehmensgewinnen und Rechtsformneutralität, DStJG Bd. 24 (2001), 155, 162 ff. mit Fn. 32 f.

169 BVerfG v. 10. 11. 1999 – 2 BvR 2861/93, BVerfGE 101, 151 (Schwarzwaldklinik).

170 So *P. Kirchhof*, StuW 2002, 3, 11, 18; *ders.*, StbJb. 2002/2003, 7.

über die Entscheidungen aus den 1970er Jahren hinausgekommen[171]. Der seither zu verzeichnende Rechtsprechungsfortschritt wird nicht reflektiert. Insbesondere bleibt unklar, warum die Unterscheidung zwischen den sieben Einkunftsarten Unterschiede nicht per se rechtfertigen soll, die Aufteilung in verschiedene Steuern wohl. Die formale Anknüpfung an vermeintliche zivilrechtliche Unterschiede passt nicht zu dem vom Gericht angelegten materialen Gerechtigkeitsmaßstab des Leistungsfähigkeitsprinzips. Auch wenn sich dem Grundgesetz sicherlich kein Gebot formaler Gleichbehandlung unterschiedlicher Rechtsformen entnehmen lässt, ist doch zu fragen, ob der Hinweis auf die Abschirmwirkung der Kapitalgesellschaft jegliche Ungleichbehandlung der Überprüfung entzieht bzw. rechtfertigt.

Ebenso unklar ist die Rolle des Gebots der Wettbewerbsgleichheit[172] und des Äquivalenzprinzips. Auch zur Geltung des Individualsteuerprinzips im Unternehmenssteuerrecht fehlt bisher jede Aussage.

Immerhin verspricht die Vorlage des Niedersächsischen Finanzgerichts[173] zur Gewerbesteuer – sollte sich der 1. Senat diesmal bereit finden, in der Sache zu entscheiden[174] – Klärung hinsichtlich des Stellenwertes des Äquivalenzprinzips insbesondere im Verhältnis zum Leistungsfähigkeitsprinzip. Neue Erkenntnisse sind allerdings nur dann zu erwarten, wenn sich das Gericht von seiner früheren, sehr formalen Rechtsprechung zur Gewerbesteuer löst[175]. Der bloße Umstand, dass die Belastung auf zwei unterschied-

---

171 BVerfG v. 21.6.2006 – 2 BvL2/99, BVerfGE 116, 164 (§ 32c EStG), liegt in der Tradition einer Entscheidung aus dem Jahr 1975 (BVerfG v. 18.6.1975 – 1 BvR 528/72, BVerfGE 40, 109), in der das Gericht eine Doppelbelastung auf Gesellschafts- und Anteilseignerebene ebenfalls im Hinblick auf die zivilrechtliche Selbständigkeit der Kapitalgesellschaft für unbedenklich erachtet hatte.

172 Dazu aus verfassungsrechtlicher Sicht *J. Englisch,* Wettbewerbsgleichheit im grenzüberschreitenden Handel, Habil., Köln 2007, 3. Kap., Teil C.

173 Vorlagebeschluss FG Niedersachsen v. 21.4.2004 – 4 K 317/91, EFG 2004, 1065 (betrifft das Jahr 1988, d.h. Gewerbekapitalsteuer existierte noch); zuvor FG Niedersachen v. 23.7.1997 – IV 317/91, EFG 1997, 1456; FG Niedersachen v. 24.6.1998 – IV 317/91, FR 1998, 1041.

174 Als unzulässig zurückgewiesen durch BVerfG v. 17.11.1998 – 1 BvL 10/98, BStBl. II 1999, 509; s. ferner die Zurückweisung der parallel gelagerten Verfassungsbeschwerden: BVerfG v. 14.2.2001 – 2 BvR 460/93, NJW 2001, 1853; BVerfG v. 14.2.2001 – 2 BvR 1488/93, NJW 2001, 1854.

175 Entscheidungen BVerfG v. 21.12.1966 – 1 BvR 33/64, BVerfGE 21, 54, 63ff. (Zulässigkeit der Lohnsummensteuer); BVerfG v. 13.5.1969 – 1 BvR 25/65, BVerfGE 26, 1 (Hinzurechnung Dauerschuldzinsen): Das Sozialstaatsprinzip verbietet es nicht, Steuern zu erheben, die von der Leistungsfähigkeit des Inhabers der zu besteuernden Wirtschaftseinheit abstrahieren, zumal wenn eine solche Objektsteuer im Rahmen eines Steuersystems erhoben wird, das der persönlichen Leistungsfähigkeit der Steuerpflichtigen in vielfältiger Weise Rechnung trägt; ferner BVerfG v. 25.10.1977 – 1 BvR 15/75, BVerfGE 46, 224, 233ff. (Gewerbesteuerpflicht selbständiger Handelsvertreter).

liche Steuerarten aufgeteilt ist, sollte den Blick nicht verstellen[176], dass es sich letztlich um einen Sondertarif für eine einzelne Einkunftsart handelt, für die das Bundesverfassungsgericht in gefestigter Rechtsprechung von einem besonderen Rechtfertigungsbedürfnis ausgeht.

V. Rechtsstaatlichkeit der Besteuerung

Die Rechtsprechung des Bundesverfassungsgerichts zur Rechtsstaatlichkeit des Steuerrechts ist von zwei Konstanten bestimmt: Zum einen hat das Bundesverfassungsgericht noch nie eine Norm des materiellen Steuerrechts für mit dem rechtsstaatlichen Bestimmtheitsgebot unvereinbar erklärt, zum anderen hat es noch nie im Fall einer lediglich unechten Rückwirkung dem Vertrauensschutz des Steuerpflichtigen vor dem Änderungsinteresse des Gesetzgebers den Vorrang eingeräumt. Trotz der Formulierung vielversprechender Obersätze war dem Bedürfnis des Steuerpflichtigen nach Rechtssicherheit bisher wenig gedient. Dies könnte sich jedoch in Zukunft ändern.

1. Gebot der Normenklarheit – Aussicht auf verfassungsgerichtliche Begrenzung steuergesetzlicher Normenhypertrophie?

Das Steuerrecht – so hat das Gericht schon im 13. Band formuliert – „lebt aus dem Dictum des Gesetzgebers"[177]. Der Steuerpflichtige müsse die auf ihn entfallende Steuerlast vorausberechnen können. Das rechtsstaatliche Gebot der Voraussehbarkeit und Berechenbarkeit der Steuerlasten und die Besteuerungsgleichheit fordere eine Einfachheit und Klarheit der gesetzlichen Regelungen, die dem nicht steuerrechtskundigen Pflichtigen erlauben, seinen – strafbewehrten – Erklärungspflichten sachgerecht zu genügen[178]. Doch den markigen Forderungen zum Trotz ist das Gericht bisher nie zu dem Ergebnis gelangt, dass der Gesetzesinhalt nicht wenigstens un-

---

176 Ohne jede Sensibilität noch BVerfG v. 13. 5. 1969 – 1 BvR 25/65, BVerfGE 26, 1, 8 ff.: „Es verstößt nicht gegen den Gleichheitssatz, dass nur Gewerbebetriebe, nicht dagegen Betriebe der Land- und Forstwirtschaft und der freien Berufe der Gewerbesteuer unterliegen. Der Gesetzgeber kann grundsätzlich selbst die Sachverhalte auswählen, an die er dieselbe Rechtsfolge knüpft, die er also im Rechtssinne als ‚gleich' ansehen will. Es steht ihm deshalb grundsätzlich frei, einzelne Berufsgruppen steuerlich zu belasten, andere dagegen von der Steuer freizustellen".

177 BVerfG v. 24. 1. 1962 – 1 BvR 232/60, BVerfGE 13, 318, 328; wörtlich übernommen von *Bühler/Strickrodt*, Steuerrecht, 3. Aufl. 1960, S. 658.

178 BVerfG v. 10. 11. 1998 – 2 BvR 1057/91, BVerfGE 99, 216, 243.

ter Zuhilfenahme von Rechtsprechung und Verwaltungsvorschriften bestimmbar gewesen sei[179].

Die Zurückhaltung des Bundesverfassungsgerichts, den abstrakt aufgestellten Maßstab an einer konkreten Norm zu exemplifizieren, dürfte zum einen an der ebenfalls vom Gericht betonten widerstreitenden Notwendigkeit der Entwicklungsoffenheit steuergesetzlicher Tatbestände liegen. Der Bestimmtheitsgrundsatz ist Prinzip, nicht Norm. Vorausberechenbarkeit meint nicht arithmetisch genaue Berechenbarkeit, sondern ein Mindestmaß an Orientierungssicherheit. Zum anderen liegt die letzte ausführliche Entscheidung zur Bestimmtheit eines steuergesetzlichen Tatbestandes knapp 30 Jahre zurück[180], spiegelt die heutige Gesetzeshypertrophie also noch nicht wider. Schließlich ist bisher kein Verfahren zum eigentlichen Kern des Problems vorgedrungen. Dies liegt in dem – prozessual zugegebenermaßen schwer greifbaren – Phänomen der Normenflut[181]. Denn mangelnde Orientierungssicherheit ist lediglich zum Teil auf die Verwendung einzelner besonders unbestimmter Rechtsbegriffe zurückzuführen, sondern hat ihre Ursache vor allem in der vielfach unklaren Regelungskonzeption, die der Gesetzgeber durch ein Übermaß an Detailregelungen zu kompensieren sucht. Die schlichte Normmasse macht Vorschriften undurchschaubar, wie § 4h EStG eindrucksvoll belegt. Mangelnde Abstimmung einzelner Normkomplexe[182] und widersprüchliche Regelungen belasten die Vorhersehbarkeit der Rechtsfolge stärker als ein einzelnes besonders offen

---

179 BVerfG v. 10.10.1961 – 2 BvL 1/59, BVerfGE 14, 34 (Kapitalverkehrsteuer); BVerfG v. 14.12.1965 – 1 BvR 571/60, BVerfGE 19, 253 (Hamburger Kirchensteuer); BVerfG v. 14.3.1967 – 1 BvR 334/61, BVerfGE 21, 209 (Lastenausgleich); BVerfG v. 19.4.1978 – 2 BvL 2/75, BVerfGE 48, 210 (§ 34c Abs. 3 EStG); BVerfG v. 11.5.1988 – 1 BvR 520/83, BVerfGE 78, 214, 229 (Existenzminimum); gründliche Analyse der Rechtsprechung bei *C. Jehke*, Bestimmtheit und Klarheit im Steuerrecht, Berlin 2005, 49–175; krit. *H.-J. Papier*, DStJG Bd. 12 (1989), 61.

180 BVerfG v. 19.4.1978 – 2 BvL 2/75, BVerfGE 48, 210 (§ 34c Abs. 3 EStG).

181 Ähnlich *C. Jehke*, 190 ff.: Unterscheidung zwischen rechtspolitischer Vereinfachungsforderung und verfassungswidrigem vollständigem Verlust der Steuerungsfähigkeit.

182 Das Problem erfasst BVerfG v. 9.4.2003 – 1 BvL 1/01, BVerfGE 108, 52, 75: „Das Rechtsstaatsprinzip gebietet dem Gesetzgeber, bei der von ihm gewählten Ausgestaltung eines Familienausgleichs Normen zu schaffen, die *auch in ihrem Zusammenwirken* dem Grundsatz der Normenklarheit entsprechen.", und noch deutlicher: „Soweit die praktische Bedeutung einer Norm für den Normunterworfenen nicht nur von der Geltung und Anwendung einer Einzelnorm abhängt, sondern vom Zusammenspiel von Normen unterschiedlicher Regelungsbereiche, hier Kindergeld, Unterhalts-, Steuer- und Sozialhilferecht, müssen Klarheit des Norminhalts und Voraussehbarkeit der Ergebnisse der Normanwendung gerade auch im Hinblick auf dieses Zusammenwirken gesichert sein".

gehaltenes Tatbestandsmerkmal. Bezeichnenderweise sind es insbesondere spezielle Missbrauchsvermeidungsvorschriften wie § 8a KStG a. F. oder der in der Ablösung begriffene § 8 Abs. 4 KStG, die dem Vorwurf mangelnder Bestimmtheit ausgesetzt sind[183], obwohl sie darauf abzielen, die Generalklausel des § 42 Abs. 1 AO zu konkretisieren, Rechtssicherheit also gerade schaffen sollen.

Dabei lehrt die Ersetzung von § 8 Abs. 4 KStG durch § 8c KStG, dass der Gesetzgeber nichts dazu lernt, obwohl die Änderung allein mit dem angeblichen Vereinfachungsinteresse begründet wurde[184]. In der Tat hat die Auslegung des Tatbestandsmerkmals der Fortführung in einem „nach dem Gesamtbild der wirtschaftlichen Verhältnisse vergleichbaren Umfang" in § 8 Abs. 4 KStG erhebliche Schwierigkeiten bereitet[185]. Doch statt auf bis zur Grenze der Unbestimmbarkeit offene Tatbestandsmerkmale zu verzichten, bedient sich der Gesetzgeber, in § 8c KStG neuer, mindestens ebenso unbestimmterer Rechtsbegriffe, um auch noch den letzten von ihm vermeintlich als Missbrauch eingestuften Sachverhalt einzufangen. Zu diesem Zweck ordnet er an, dass der Untergang der Verlustvorträge auch bei einer Anteils- oder Stimmrechtsübertragung „vergleichbaren" Sachverhalten eingreifen soll. Der Übertragung an einen Erwerber wird die Übertragung an eine Erwerbergruppe mit „gleichgerichteten Interessen" gleichgesetzt.

Es wäre dringend an der Zeit, dass das Bundesverfassungsgericht der nahezu hemmungslosen Komplizierungswut des Gesetzgebers Einhalt gebietet. Denn für handwerklich fehlerhafte Gesetze, für Normen mit unklarem Regelungsplan gibt es – anders als für den notwendigerweise entwicklungsoffenen Tatbestand – keine Rechtfertigung. Deshalb ist zu hoffen, dass das Bundesverfassungsgericht die Richtervorlage des 11. Senats des Bundesfinanzhofs zur Bestimmtheit von § 2 Abs. 3 Satz 2–8 EStG 1999[186] nutzt, um Grenzen aufzuzeigen.

Nachdem sich der Bundesfinanzhof infolge des gescheiterten Normenkontrollantrags[187] zur Bestimmtheit des Tatbestandsmerkmals der „volkswirt-

---

183 *J. Schulze-Osterloh* in Festschrift für A. Raupach, Köln 2006, 531, 533, nimmt insb. den Umstand umfangreicher Anwendungsschreiben etwa zu § 8a KStG, zum Umwandlungssteuergesetz oder zu § 4 Abs. 4a EStG zum Anlass, an der Bestimmtheit zu zweifeln.

184 BT-Drucks. 16/4841, 75.

185 Überblick *J. Hey* in Tipke/Lang, Steuerrecht, 18. Aufl., Köln 2005, § 11 Rz. 51; *N. Herzig*, DStJG Bd. 28 (2005), 185, 195 ff.

186 BFH v. 6. 9. 2006 – XI R 26/04, BStBl. II 2007, 167; zustimmend *K.-F. Kohlhaas*, DStR 2006, 2240.

187 BFH v. 13. 1. 1966 – IV 166/61, BStBl. III 1966, 556.

schaftlichen Gründe" in § 34c EStG [188] dreißig Jahre lang mit Vorlagen zurückgehalten hatte, stützt er seine Vorlage zu § 2 Abs. 3 EStG auf das in neuerer Zeit gestärkte Gebot der Normenklarheit[189]. In der Vergangenheit häufig synonym für Bestimmtheit verwendet, bildet es sich in der Rechtsprechung des Bundesverfassungsgerichts allmählich als eigenständiger Topos heraus. In außersteuerlichen Entscheidungen erweist sich der Klarheitsgrundsatz (häufig als Gebot der Widerspruchsfreiheit) bereits seit längerem als effektiver als der Bestimmtheitsgrundsatz[190]. Mit der Entscheidung zum automatisierten Kontenabruf vom 13. 6. 2007 hat das Gericht den Klarheitsgrundsatz nunmehr erstmals mit Erfolg auch im Steuerrecht eingesetzt, wenn auch nur anhand einer verfahrensrechtlichen Norm[191]. Ebenso findet sich in den neueren Entscheidungen zu Lenkungsnormen neben dem eher Art. 3 Abs. 1 GG zuzuordnenden Gebot der Zielgenauigkeit die Forderung hinreichender tatbestandlicher Bestimmtheit des Lenkungsziels[192].

2. Rückwirkende Steuergesetzgebung – Hinwendung zu einem Dispositionsschutzkonzept?

Besonders spannend ist die weitere Entwicklung der Rechtsprechung zur Zulässigkeit rückwirkender Steuerverschärfung, denn mit der Entscheidung zur Abschaffung von Steuervergünstigungen für Schiffsbeteiligungen vom 3. 12. 1997 zeichnet sich ein – allerdings noch nicht in letzter Konsequenz vollzogener – Rechtsprechungswechsel hin zu einem Dispositions-

---

188 BVerfG v. 19. 4. 1978 – 2 BvL 2/75, BVerfGE 48, 210, 222 (§ 34c Abs. 3 EStG).
189 S. insb. BVerfG v. 9. 4. 2003 – 1 BvL 1/01, BVerfGE 108, 52, 74 f.; BVerfG v. 3. 3. 2004 – 1 BvF 3/92, BVerfGE 110, 33, 53 ff. (Überwachung Postverkehr).
190 Erfolgreich BVerfG v. 30. 5. 1956 – 1 BvF 3/53, BVerfGE 5, 25, 31 ff. (Apothekenerrichtung); BVerfG v. 11. 4. 1967 – 2 BvG 1/62, BVerfGE 21, 312, 323 f. (Wasserstraßen); BVerfG v. 3. 3. 2004 – 1 BvF 3/92, BVerfGE 110, 33, 61 ff. (Überwachung Postverkehr): Unklare Verweistechnik; s. außerdem die Aufforderung zu gesetzgeberischer Klarheit im Kindergeldbeschluss BVerfG v. 10. 11. 1998 – 2 BvR 1057/91, BVerfGE 99, 216, 243.
191 BVerfG v. 13. 6. 2007 – 1 BvR 1550/03, NJW 2007, 2464 Tz. 93 (gestützt auf die Rechtsprechung zum Recht auf informationelle Selbstbestimmung); zurückhaltender noch im Verfahren der einstweiligen Anordnung BVerfG v. 22. 3. 2005 – 1 BvR 2357/04, 1 BvQ 2/05, BVerfGE 112, 284, 300 (Kontenstammdaten).
192 BVerfG v. 7. 11. 2006 – 1 BvL 10/02, NJW 2007, 573 (Erbschaftsteuer II); tragender Grund in BVerfG v. 11. 11. 1998 – 2 BvL 10/95, BVerfGE 99, 280, 296 f. (Zulage Ost); anders noch BVerfG v. 19. 4. 1978 – 2 BvL 2/75, BVerfGE 48, 210, 222 (§ 34c Abs. 3 EStG). Kritisch gegenüber der Forderung, das Lenkungsziel müsse im Tatbestand zum Ausdruck kommen *R. Wernsmann*, NVwZ 2004, 819, 820.

schutzkonzept ab[193]. Zwar sind im Detail noch viele Fragen offen, doch hat das Gericht zu erkennen gegeben, dass es an seiner bereits im 13. Band entwickelten und im 72. Band nochmals ausdrücklich bestätigten formalen Veranlagungszeitraumrechtsprechung nicht länger festhalten will. Auch innerhalb eines Veranlagungszeitraums kann es abgeschlossene Sachverhalte geben, die eines höheren Vertrauensschutzes bedürfen.

Dass der Richtungswechsel noch nicht deutlicher ausgefallen ist, mag auch daran liegen, dass es oft die Besonderheiten des dem Gericht zugespielten Fallmaterials sind, die klare und eindeutige Aussagen verhindern. Dies lässt sich sowohl für die Schiffsbeteiligungsentscheidung aus 1997 als auch für die Sozialpfandbriefentscheidung aus 2002 konzedieren. In beiden Fällen handelte es sich um – volkswirtschaftlich zweifelhafte – Steuervergünstigungen, im Fall der Sozialpfandbriefe mit der Besonderheit extrem langer Laufzeiten, die eine Beendigung unter Gewährung von Vertrauensschutz erschwerten. Dank der umsichtigen Vorlagepolitik des Bundesfinanzhofs und einzelner Finanzgerichte kann das Gericht nun aber aus dem Vollen schöpfen. Nahezu sämtliche Streitfragen sind mit den Fällen zur rückwirkenden Verlängerung der Spekulationsfristen sowie zur Abschaffung der Begünstigungen für Entlassungsentschädigungen (§ 3 Nr. 9; § 34 EStG) abgedeckt[194]. Die Sachverhalte sind verhältnismäßig einfach gelagert, so dass sie Verallgemeinerungen zulassen.

Allerdings weisen beide verfassungsgerichtlichen Rückwirkungsjudikate der neuen „Ära" das von der Ausweitung grundrechtlicher Schutzbereiche bekannte Muster auf[195]: Die Erweiterung der Vertrauensschutzposition des Steuerpflichtigen ging einher mit der Extension der bisher anerkannten Rechtfertigungsgründe[196]. Insbesondere das Argument der Vorhersehbarkeit der Rechtsänderung – im Steuerrecht angesichts der Änderungsdichte fast immer zutreffend – könnte den Vertrauensschutzgewinn wieder aufzehren[197]. Die Argumentation wandelt sich zwar, doch die Vorschriften

---

193 Plädoyer für Fortsetzung des begonnenen Richtungswechsels s. *K.-D. Drüen,* Rechtsschutz gegen rückwirkende Gesetze – Eine Zwischenbilanz, StuW 2006, 358.

194 S. Fn. 41.

195 S. hierzu auch *J. Wieland,* Stbg. 2006, 573, 574.

196 Dazu *J. Hey,* Steuerplanungssicherheit als Rechtsproblem, Köln 2002, S. 217.

197 Sehr deutlich in der jüngsten Entscheidung (Nichtannahmebeschluss) BVerfG v. 25.7.2007 – 1 BvR 1031/07, GewArch 2007, 379 (Biokraftstoffe): Eingeschränkte Schutzwürdigkeit, da die Gesetzeslage von Beginn an durch mehrfache Änderungen, Ankündigungen eines Systemwechsels und Überprüfungsvorbehalte als Vertrauensgrundlage für Investitionen in ihrer Verlässlichkeit eingeschränkt war und diese Vertrauensbasis von zahlreichen davon unabhängigen, für den Investitionserfolg aber wesentlichen Marktbedingungen überlagert war.

bleiben verfassungskonform. Beeindruckend konstant ist die Erfolgsquote: nämlich konstant null! Die Erwartungen an die Entscheidung der finanzgerichtlichen Vorlagen sollten also nicht zu hoch geschraubt werden.

VI. Resümee und Ausblick

Ist die Rechtsprechung des Bundesverfassungsgerichts zum Steuerrecht im Wandel? Die Antwort ist eindeutig: Ja! Aber der Wandel ist möglicherweise weniger einschneidend, als es auf den ersten Blick scheint.

Die spektakulären Entscheidungen der *Kirchhof*-Ära scheinen der Vergangenheit anzugehören. Manche der *Kirchhof*-Entscheidungen sind schon deshalb nicht wiederholbar, weil sie in ihrer Diktion einzigartig sind und sich bei näherer Betrachtung recht weit von der hergebrachten steuerrechtlichen Dogmatik[198] entfernen. Doch – und man möchte sofort hinzufügen: zum Glück! – heißt dies keineswegs, dass das Bundesverfassungsgericht zu der in den 60er und 70er Jahren praktizierten reinen Willkürrechtsprechung zurückkehrt. Die Zeiten, in denen das Bundesverfassungsgericht sich weigerte, die Systematik des Steuerrechts zur Kenntnis zu nehmen, dürften endgültig überwunden sein. Dass die Entscheidungen dennoch häufig enttäuschen, liegt in erster Linie an der wenig stringenten Handhabung der Rechtfertigungsebene. Dort spielt die Musik. Denn wer auf Tatbestandsebene zunächst bestätigt bekommt, dass seine berechtigten Vertrauensschutzinteressen verletzt, systemtragende Prinzipien durchbrochen werden, hat keineswegs schon obsiegt. Das Gericht mag eine besondere Rechtfertigung fordern, hinreichende sachliche Gründe, doch es wendet Art. 3 Abs. 1 GG nicht als Optimierungsgebot an. Besonders dem Lenkungsgesetzgeber gesteht es nach wie vor weitgehende Beurteilungs- und Gestaltungsspielräume zu.

Die Handhabung der Rechtfertigungsprüfung im Rahmen von Art. 3 Abs. 1 GG wird darüber entscheiden, ob das Verfassungsrecht jenseits von Existenzminimum und Familienbesteuerung einen disziplinierenden Einfluss auf die Steuergesetzgebung ausübt. Je weniger die Steuergesetzgebung Argumenten ökonomischer Vernunft zugänglich ist, desto mehr ist das Bundesverfassungsgericht gefordert. Es wäre fatal, wenn es sich gerade in einer

---

198 So unterscheidet etwa BVerfG v. 30.9.1998 – 2 BvR 1818/91, BVerfGE 99, 88, 95, zwischen Erwerbsgrundlage (Zustandstatbestand), deren Nutzung (Handlungstatbestand) und einem daraus sich ergebenden Gewinn oder Überschuss (Erfolgstatbestand), s. *P. Kirchhof*, EStG KompaktKommentar, 7. Aufl., Heidelberg 2007, Einleitung Rz. 13. Da sich die Kirchhofsche Steuertatbestandslehre bisher nicht allgemein durchgesetzt hat, ist es nicht verwunderlich, dass das Bundesverfassungsgericht an diesen Formulierungen nicht festhält.

solchen Situation zurückzieht. Begründung, um die das Bundesverfassungsgericht mit seinen ausführlichen Entscheidungen in neuerer Zeit bemüht ist, bedeutet Rationalitätsgewinn. Doch mit der Begründung allein ist es nicht getan. Was der Gesetzgeber benötigt, sind klare Grenzen. Ob das Bundesverfassungsgericht sich in die Auseinandersetzung zwischen Steuerpflichtigen und Staat einmischt, ist keine Frage gebotenen judicial self-restraint, vielmehr ist die Sicherung der rechtsstaatlichen und grundrechtlichen Grenzen der Besteuerung vornehmste Aufgabe des Bundesverfassungsgerichts.

3. Leitthema:
Besteuerung privater Kapitalanleger

Kapitaleinkünfte und Abgeltungsteuer

Dr. Friedrich E. Harenberg
Vorsitzender Richter am Finanzgericht Niedersachsen, Hannover

Inhaltsübersicht

I. Neue Entwicklungen in der Rechtsprechung[1]

1. Das Besteuerungssystem des BFH für Kapitalerträge aus finanzinnovativen Schuldverschreibungen

Der VIII. Senat des BFH hat sich 2006 in Fortsetzung seiner Rechtsprechung aus dem Jahr 2000 zur „Floater-Besteuerung"[2] in mehreren Entscheidungen zur Steuerbarkeit von realisierten Wertveränderungen bei finanzinnovativen Schuldverschreibungen (so genannten Finanzinnovationen) geäußert und den betroffenen § 20 Abs. 2 Satz 1 Nr. 4 Satz 2 EStG „konkretisiert". Die nunmehr gefundene tatbestandseingrenzende, systemgerechte Auslegung dieser Rechtsnorm hat die „drohende" Vorlage an das BVerfG zur Überprüfung eines Gleichheitsverstoßes entbehrlich gemacht.

1.1 Ungewollter Systembruch durch den Gesetzgeber

Ausgangspunkt war das Zins-Urteil des BVerfG aus dem Jahr 1991 und die dadurch bedingten Einführung des Zinsabschlags[3] zum 1.1.1993 und des § 20 Abs. 2 Satz 1 Nr. 4 Buchst. a-d EStG[4] als Reaktionen auf die Innovationskraft des Bankgewerbes. Infolge des Zinsabschlags wurden neuartige (innovative) Schuldverschreibungen entwickelt, deren Grundmodell die sog. Kombi-Anleihen waren, eine Kombination aus Zerobonds und Festzinsschuldverschreibung.[5] Die Bedingungen eines solchen Wertpapiers sehen z. B. vor, dass in den ersten fünf Jahren einer 10-jährigen Laufzeit keinerlei Zinsen gezahlt werden. Ab sechstem Jahr zahlt der Emittent einen weit über dem Kapitalmarktzins des Emissionszeitpunkts liegenden Zins. Der Ersterwerber dieser Anleihe hatte also in den ersten fünf Jahren keiner-

---

1 Der Beitrag ist die erweiterte Fassung des Vortrags v. 23.10.2007. Die Vortragsform wurde nicht beibehalten.

2 BFH, Urt. v. 24.10.2000 – VIII R 28/99, BStBl. II 2001, 97.

3 „Zinsabschlaggesetz" v. 9.11.1992, BGBl. I 1992, 1853 = BStBl. I 1992, 682.

4 Gesetz zur Bekämpfung des Missbrauchs und zur Bereinigung des Steuerrechts (Missbrauchsbekämpfungs- und Steuerbereinigungsgesetz – StMBG), BStBl. I 1994, S. 50.

5 Bereits vor 1993 sah § 20 Abs. 2 Satz 1 Nr. 4 EStG eine Besteuerung des Verkaufs- oder Einlösungsentgelt für ab- oder aufgezinste Schulverschreibungen (Disagio-Anleihen) vor.

lei laufende Zinserträge zu versteuern. Verkaufte er die Schuldverschreibung kurz vor dem Einsetzen der Verzinsung, konnte er einen hohen Kursgewinn – seinen Kapitalertrag – realisieren, da der Kurs der Schuldverschreibung stieg, je näher der erste Zinstermin rückte. Der dabei erzielte Kursgewinn war nach altem Recht bis 1993 wegen der damals kurzen Spekulationsfrist von sechs Monaten steuerfrei.

Dieser aus der fiskalischer Sicht unerwünschten Entwicklung begegnete die Finanzverwaltung zunächst mit einem BMF-Schreiben vom 30. 4. 1993[6]. Kurze Zeit später reagierte der Gesetzgeber im Missbrauchsbekämpfungs- und Steuerbereinigungsgesetz vom 21. 12. 1993[7] und regelte in § 20 Abs. 2 Satz 1 Nr. 4 EStG erstmals die Besteuerung der Einnahmen aus Zwischenveräußerung, Abtretung und Einlösung innovativer Zinspapier, die später als Finanzinnovationen typisiert wurden.

Die steuerrechtlichen Vorschriften selbst enthalten keine generalklauselartige Definition, welche Finanzinstrumente darunter zu verstehen sind. Vielmehr ist in § 20 Abs. 2 Satz 1 Nr. 4 EStG ein Katalog typisierender Strukturelemente bestimmter Schuldverschreibungen aufgenommen, bei denen die auf die Besitzzeit des Anlegers entfallende, bei Ausgabe des Wertpapiers als erzielbar mitgeteilte Rendite, die sog. Emissionsrendite, im Falle der Veräußerung, Abtretung oder Einlösung der Besteuerung unterworfen wird. Dazu gehören in erster Linie Disagio-Anleihen, Stripped- Bonds; Flat-Anleihen, Anleihen bei denen die Zinserträge von einem ungewissen Ereignis abhängen, und Stufen- sowie Gleitzinsanleihen. Der steuerpflichtige Kapitalertrag ist allerdings nicht nach der Emissionsrendite zu bemessen, sondern nach der Marktrendite (Kursdifferenz-Methode) zu ermitteln, soweit das Wertpapier oder die Kapitalforderung keine Emissionsrendite haben, oder – sofern sie eine haben – diese vom Steuerpflichtigen nicht nachgewiesen wird. Damit hat der Steuerpflichtige nach Auffassung der Literatur[8] faktisch ein Wahlrecht, die Ermittlung des steuerpflichtigen Kapitalertrags bei der Veräußerung, Abtretung oder Einlösung nach der Marktrendite oder der Emissionsrendite vorzunehmen. Dieses Wahlrecht steht seit der Anpassung des § 20 Abs. 2 Satz 1 Nr. 4 Satz 4 EStG durch das Steueränderungsgesetz 2001[9] bereits dem Ersterwerber zu, der das Wertpapier oder die Kapi-

---

6 BMF, Schr. v. 30. 4. 1993 – IV B 4, S 2252 – 480/9, BStBl. I 1993, 343.
7 Gesetz zur Bekämpfung des Missbrauchs und zur Bereinigung des Steuerrechts (Missbrauchsbekämpfungs- und Steuerbereinigungsgesetz) – StMBG; BStBl. I 1994, 50.
8 *Harenberg/Irmer*, Die Besteuerung privater Kapitaleinkünfte, 4. Aufl. 2007, S. 330 ff.
9 Gesetz zur Änderung steuerlicher Vorschriften (Steueränderungsgesetz 2001 – StÄndG 2001), BStBl. I 2001, 4.

talforderung unmittelbar vom Emittenten erwirbt[10]. Diese Neuregelung sollte gem. § 52 Abs. 37 EStG in allen noch offenen Fällen anwendbar sein.

In der Praxis führte diese Rechtslage dazu, dass Kapitalanleger und ihre steuerlichen Berater nach der Analyse der Wertpapiere zur optimalen Gestaltung der Anlage KAP in jedem Einzelfall hätten berechnen müssen, ob die besitzzeitanteilige Emissionsrendite oder die Marktrendite zu erklären ist. Während nämlich die Emissionsrendite niemals negativ sein kann, führt der Ansatz der Marktrendite zu einem „negativen Kapitalertrag", wenn der Anleger mit seinem Wertpapier beim Verkauf oder der Einlösung einen Kursverlust realisiert hat, die Differenz zwischen Veräußerungsentgelt und Anschaffungspreis also negativ ist.

1.2 Die Floater-Entscheidung des BFH vom 24. 10. 2000

Nach der bis zur Änderung durch das Steueränderungsgesetz 2001 gültigen Fassung des § 20 Abs. 2 Satz 1 Nr. 4 EStG war nach der Rechtsprechung des BFH[11] die Vorschrift nicht auf Schuldverschreibungen anwendbar, die von vornherein keine bezifferbare Emissionsrendite berechnen lassen (z. B. Index-Anleihen, Floater, Revers Floater etc.). Nach Auffassung des VIII. Senats war das Vorhandensein einer Emissionsrendite in § 20 Abs. 2 Satz 1 Nr. 4 Satz 2 EStG a. F. ein rechtsfolgenkonstituierendes Tatbestandsmerkmal für § 20 Abs. 2 Satz 1 Nr. 4 EStG a. F. Ließ sich die Emissionsrendite nicht errechnen, so konnte die Veräußerung oder Einlösung zu keiner steuerpflichtigen Einnahme aus § 20 EStG führen. Das bislang dem Steuerpflichtigen auch von der Finanzverwaltung zugestandene, freie Wahlrecht zwischen dem Ansatz der immer positiven Emissionsrendite und der im Einzelfall negativen Marktrendite erkannte der BFH im Floater-Urteil so nicht an, sondern sah darin lediglich eine Beweislastregelung, die an den Tatbestand des vorangehenden Satzes 1 in § 20 Abs. 2 Satz 1 Nr. 4 EStG anknüpfe. Ihr fehle aber die Grundlage und sie sei nicht anwendbar, wenn der Tatbestand des Satzes 1 nicht erfüllt sein könne, weil die konkrete Kapitalanlage ihrer Art nach keine Emissionsrendite im Sinne des Gesetzes habe.

Die Besteuerung des Kapitalertrags nach der Marktrendite (Kursdifferenz) stellt eine massive Durchbrechung des für Überschusseinkünfte geltenden

---

10 Durch das StÄndG 2001 wurden in Satz 4 des § 20 Abs. 2 Satz 1 Nr. 4 EStG die Wörter „durch den zweiten oder jeden weiteren Erwerber" gestrichen. Bis dahin war der Ersterwerber im sog. Durchhaltefall von der Besteuerung nach der Marktrendite ausgeschlossen. Der Kapitalertrag wurde nach § 20 Abs. 1 Nr. 7 EStG besteuert.

11 BFH, Floater-Urt. v. 24. 10. 2000 – VIII R 28/9, BStBl. II 2001, 97; BFH, Urt. v. 10. 7. 2001 – VIII R 22/99, BFH/NV 2001, 1555.

allgemeinen Grundprinzips dar, das da lautet: Wertänderungen auf der Vermögensebene, also Wertänderungen am Kapitalstamm werden nur – ausnahmsweise – in den Fällen der §§ 17 und 23 EStG steuerrechtlich erfasst.
Diese systemwidrige Durchbrechung kann sich für den Steuerpflichtigen
bei negativen Wertveränderungen allerdings auch als vorteilhaft erweisen,
da realisierte Wertverluste am Kapitalstamm unter Ansatz der Marktrendite bei der Einkommensteuer – unabhängig von der Besitzzeit – als negativer
Kapitalertrag geltend gemacht werden können. Dazu führt das FG Berlin im
Urteil vom 22. 4. 2004[12] treffend aus, „negative Einnahmen aus Kapitalvermögen" seien *„sprachlicher Unfug"*, aber sachlich notwendiges Korrelat zu
zuvor erzielten Einnahmen im Falle des Rückflusses. Ein „negativer Ertrag"
aus der Überlassung von Kapital zur Nutzung durch Dritte hingegen sei weder sprachlich richtig noch würde damit etwas sachlich Zutreffendes (fehlerhaft) beschrieben.

Der Marktrendite als Bemessungsgrundlage des Kapitalertrags in § 20
Abs. 2 EStG wurde vom VIII. Senat des BFH im Floater-Urteil ebenfalls als
Systembruch angesehen, weil Wertänderungen ohne den Charakter eines
Nutzungsentgelts als Kapitalertrag fingiert werden. Der Senat verlangte,
dass bei einem solchen Eingriff in ein bestehendes Besteuerungssystem die
tatbestandlichen Voraussetzungen, unter denen die systemwidrigen Rechtsfolgen eintreten sollen, eindeutig und unmissverständlich festgelegt werden. Geschehe dies nicht, liege jedenfalls im Zweifel eine restriktive Auslegung näher als eine extensive, zumal nach der Rechtsprechung des BVerfG
die Systemwidrigkeit einen Verstoß gegen den Gleichheitssatz indizieren
könne[13].

1.3 Systemgerechte, tatbestandsbegrenzende Auslegung des § 20 Abs. 2 Satz 1 Nr. 4 EStG

Nach der Floater-Entscheidung und im Zuge der Finanzkrise Argentiniens,
das viele den Kriterien des § 20 Abs. 1 Satz 1 Nr. 4 Buchst. a-d EStG entsprechende Staats-Schuldverschreibungen emittiert hatte, mussten sich
Finanzgerichte und in Folge der BFH mit einer Reihe von innovativen Formen unterschiedlicher Schuldverschreibungen beschäftigen, aus denen
sich hauptsächlich drei steuerrechtliche Fragen ergaben:

– Ist der Ansatz der (negativen) Marktrendite als Bemessungsgrundlage für
   den steuerpflichtigen Kapitalertrag auch dann möglich, wenn die Schuld-

---

12 FG Berlin, Urt. v. 22. 4. 2004 – 1 K 1100/03, EFG 2004, 1450; BFH, Urt. v.
     13. 12. 2006 – VIII R 48/04, Rev. wurde aus anderen Gründen zurückgewiesen.
13 BVerfG, Beschl. v. 7. 11. 1972 – 1 BvR 338/68, BVerfGE 34, 103, 115; v. 22. 2. 1984
     – 1 BvL 10/80, BVerfGE 66, 214, 224 m. w. N.

verschreibung aufgrund ihrer Ausstattung eine Emissionsrendite errechnen lässt (Wahlrecht)?

– Ist der Ansatz der (negativen) Marktrendite als Bemessungsgrundlage für den Kapitalertrag dann möglich, wenn die Schuldverschreibung keine Emissionsrendite berechnen lässt?

Zu diesen Fragen hat der BFH in einer Reihe von Urteilen 2006 Stellung bezogen, die nachfolgend näher betrachtet werden sollen.

1.3.1 Gleit- und Stufenzins-Anleihen

Im Urteilsfall VIII R 67/04 vom 11. 7. 2006,[14] hatte der Anleger aus der vorzeitigen Rückzahlung einer Stufen-Zinsanleihe[15] einen Einlösungs- bzw. Rückzahlungsverlust von 374 305 DM realisiert. Die Schuldverschreibungen wurden 1997 zum Kurs von 101 v. H. erworben und vom Emittenten 1998 nur zu einem Bruchteil (4,023 v. H.) zurückgezahlt. Der Zinssatz sollte in Stufen von zunächst 3 v. H. auf 14 v. H. steigen und danach auf 10 v. H. fallen. Die nach § 20 Abs. 2 Satz 1 Nr. 4 EStG als Kapitalertrag geltend gemachte negative Marktrendite erkannte das Finanzamt und letztlich auch der BFH nicht an. Während des Verwaltungsverfahrens legte der Anleger offensichtlich die Emissionsbedingungen der Schuldverschreibung vor, aus denen sich die Emissionsrendite ergab. Eine Stufen- oder Gleitzins-Schuldverschreibung lässt grundsätzliche eine Emissionsrendite berechnen. Diesen Fall nahm der BFH zu Anlass, dem Anleger ein sich aus § 20 Abs. 2 Satz 1 Nr. 4 Satz 2 EStG ergebendes klassisches „Wahlrecht" zwischen Emissionsrendite oder Marktrendite zu versagen. Wie schon im Floater-Urteil aus dem Jahr 2000 führte der VIII. Senat erneut aus, § 20 Abs. 2 Satz 1 Nr. 4 Satz 2 EStG eröffne für den Steuerpflichtigen kein Wahlrecht im juristischen Sinne. Etwas anderes folge auch nicht daraus, dass der Steuerpflichtige in bestimmten Fallgestaltungen diese Beweislastregelung dazu nutzen könne, den Ansatz der Marktrendite herbeizuführen. Wenn diese Möglichkeit zum Teil als Wahlrecht des Steuerpflichtigen verstanden werde, statt zur Besteuerung nach der Emissionsrendite zur Besteuerung nach der Differenzmethode zu optieren, indem er den Nachweis der Emissionsrendite nicht erbringe[16], könne dieser Auffassung nicht gefolgt werden. Der

---

14 BFH, Urt. v. 11. 7. 2006 – VIII R 67/04, DStR 2007, 106.

15 Der BFH bezeichnet das Wertpapier im Urteil ungenau als Gleitzins-Anleihe, obwohl die Emissionsbedingungen keinen gleitenden Zinssatz, sondern eine stufenweise Veränderung der Verzinsung vorsahen.

16 S. z. B. *Harenberg* in Herrmann/Heuer/Raupach, EStG/KStG, § 20 EStG Anm. 1122; *Geurts* in Bordewin/Brandt, EStG, § 20 EStG Rz. 721; *Korn*, DStR 2001, 1507, 1509; *Harenberg/Irmer*, aaO (Fn. 8), S. 336; OFD Frankfurt v. 23. 10. 2003 – S 2252 A-42-St II 3.04.

Senat mutet in diesem Fall der Finanzbehörde zu, da der Anleger die zur Berechnung der Emissionsrendite notwendigen Daten mitgeteilt hatte, die Emissionsrendite zu berechnen. Die Verpflichtung dazu leitet der BFH aus Untersuchungsgrundsatz des § 88 Abs. 1 Satz 1 AO her, grenzt zugleich aber ein, die Finanzbehörde sei nicht zur Ermittlung, etwa durch Einholung einer Auskunft des Emittenten, verpflichtet.[17] Nur dann, wenn der Steuerpflichtige den Nachweis der Emissionsrendite oder die zu ihrer Berechnung notwendigen Emissionsdaten nicht erbringt und der Finanzbehörde nicht alle für die Ermittlung der Emissionsrendite erforderlichen Daten vorliegen, ist das Finanzamt befugt, den steuerpflichtigen Kapitalertrag nach Maßgabe der Differenzmethode, also als Marktrendite zu ermitteln. Will der Steuerpflichtige einen Verlust nach Maßgabe der Marktrendite geltend machen, trifft ihn für das Vorliegen der Voraussetzungen die Feststellungslast. Er muss nachweisen, zumindest aber glaubhaft machen, dass er die Emissionsrendite nicht ermitteln kann und die Beschaffung der Emissionsbedingungen mit einem vertretbaren Aufwand unmöglich ist. Diese Situation tritt insbesondere bei Schuldverschreibungen ausländischer Emittenten ein.

1.3.2 Reverse Floating Rate Notes

Schuldverschreibungen mit einem hohen, über dem Kapitalmarktzins des Emissionszeitpunkts liegenden Nominalzinssatz werden als Reverse Floating Rate Notes, kurz: Reverse Floater, bezeichnet, wenn nach den Ausgabebedingungen zur Berechnung des effektiven Zinssatzes von dem Nominalzinssatz ein bestimmter Referenzzins (EURIBOR oder LIBOR) in Abzug zu bringen ist. Beispiel: Verzinsung nominal 15 v. H. jährlich; effektiver Zins 15 v. H. minus Sechs-Monats-Euribor von 4 v. H., Verzinsung effektiv mithin 11 v. H. Die Höhe der Zinserträge hängt bei einem solchen Wertpapier von einem ungewissen Ereignis, der Entwicklung des Referenzzinses, ab, weshalb das Papiere die Voraussetzungen des § 20 Abs. 2 Satz 1 Nr. 4 Buchst. c EStG erfüllt. Mit umgekehrten Floatern spekuliert der Anleger – im Gegensatz zum herkömmlichen Floater – auf fallende Zinssätze, denn je niedriger der Referenzzins, desto höher die effektive Verzinsung. Bei Floatern und Reverse Floatern lässt sich aufgrund der Abhängigkeit und Anpassung der Verzinsung von und an einen Referenzzins keine Emissionsrendite berechnen. Im Urteilsfall VIII R 97/02 vom 20. 11. 2006[18] hatte der Kläger aus der Zwischenveräußerung einer solchen Schuldverschreibung einen Kursgewinn von 17 440 DM realisiert, den das Finanzamt – mangels Emis-

---

17 Noch weitergehend *Schlotter* in Littmann/Bitz/Pust, Das Einkommensteuerrecht, § 20 EStG Rz. 1125; *Geurts* in Bordewin/Brandt, § 20 EStG Rz. 721; OFD Frankfurt v. 23. 10. 2003 – S 2252 A-42-St II 3.04.
18 BFH, Urt. v. 20. 11. 2006 – VIII R 97/02, BB 2007, 480.

sionsrendite – als Kapitalertrag der Besteuerung unterzog. Dieser Sachverhalt stellte den BFH vor die Entscheidung, die Vorschrift § 20 Abs. 2 Satz 1 Nr. 4 EStG entweder verfassungskonform, einschränkend auszulegen oder im Wege der Vorlage nach Art. 100 Abs. 1 GG die Verfassungswidrigkeit vom BVerfG prüfen zu lassen.

Der bereits beschriebene Systembruch innerhalb des § 20 EStG wird an diesem Fall eklatant deutlich. Neben die Besteuerung der laufenden Zinserträge nach § 20 Abs. 1 Nr. 7 EStG erfasst § 20 Abs. 2 Satz 1 Nr. 4 EStG auch Vermögensmehrungen des Privatvermögens, die nach den noch geltenden Vorschriften des EStG nur ausnahmsweise (§§ 17, 23 EStG) der Besteuerung unterliegen. Zugleich liegt in der Beteuerung des realisierten Kursgewinns ein Gleichheitsverstoß, denn es ist kein sachlicher Grund erkennbar, warum der Inhaber einer Festzins-Schuldverschreibung seinen Kursgewinn nicht zu versteuern hat, wenn die Frist des § 23 Abs. 1 Satz 1 Nr. 2 EStG abgelaufen ist, der Inhaber einer Schuldverschreibung mit variablen Verzinsung mit dem aus der Zwischenveräußerung erzielten Kursgewinn – unabhängig von einer Frist – immer in den Anwendungsbereich des § 20 Abs. 2 Satz 1 Nr. 4 EStG gerät. Der Gleichheitsverstoß ist offensichtlich; die Vorlage an das BVerfG war nur durch die vorrangige systemgerechte, tatbestandseingrenzende Auslegung vermeidbar. Gegen den ausdrücklichen Wortlaut hat der BFH die betroffene Vorschrift dahin ein- und den Anwendungsbereich begrenzt, dass Schuldverschreibungen, bei denen die Ausgabebedingungen keine Vermengung von Ertrags- und Vermögensebene enthalten, bei denen also eine Unterscheidung von Nutzungsentgelt und Kursgewinn ohne großen Aufwand möglich ist, entgegen dem ausdrücklichen Wortlaut, nicht in den Anwendungsbereich des § 20 Abs. 2 Satz 1 Nr. 4 EStG fallen. Bei Floatern ist die Unterscheidung zwischen Fruchtziehung aus der Kapitalüberlassung und kapitalmarktbedingtem Kursgewinn leicht zu treffen. Früchte sind die laufend ausgezahlten, variablen Zinsen, der realisierte Kursgewinn aus der Zwischenveräußerung oder Einlösung ist der Vermögensebene zuzuordnen und systematisch nicht im Rahmen des § 20 EStG, sondern allenfalls im Bereich des § 23 Abs. 1 Satz 1 Nr. 2 EStG zu erfassen. Da im Urteilsfall die Behaltensfrist des § 23 Abs. 1 Satz 1 Nr. 1 Satz 1 EStG abgelaufen war, unterlag der Kursgewinn nicht der Besteuerung als Kapitalertrag.

1.3.3 *Umgeschlüsselte argentinische Staatsschuldverschreibungen*

In Folge der Finanzkrise Argentiniens im Jahr 2002 und der Zins- und Tilgungsaussetzung bei argentinischen Staatsanleihen kam es zu massiven Kursverlusten. Die deutschen Banken rechneten Verkäufe und Käufe von Staatsanleihen nur noch ohne gesonderte Stückzinsberechnung ab; argentinische Schuldverschreibungen wurden nur noch flat gehandelt.[19] Der Anleger hatte im Urteil vom 13. 12. 2006 – VIII R 62/04[20] seine Argentinien-Anleihe 2003 ohne besondere Stückzinsabrechnung über die Börse veräußert und dadurch einen Kursverlust von 135 765 Euro erzielt, den er nach § 20 Abs. 2 Satz 1 Nr. 4 Satz 2 EStG als negativen Kapitalertrag (Marktrendite) erklärte. Die Ausgabebedingungen des Wertpapiers sahen neben der Stückzinsabrechnung bei Zwischenveräußerung einen Zinssatz von 11,75 v. H. und einen variablen Satz von 8 v. H. bis 15 v. H. vor. Der BFH lehnte es zutreffend ab, die Schuldverschreibung in § 20 Abs. 2 Satz 1 Nr. 4 Buchst. c EStG einzuordnen. Die Wertpapiere waren von der Emission an mit Zinsscheinen ausgestattet; die Ausgabebedingungen sahen keinen Flat-Handel vor. Die Einstellung der Stückzinsberechnung durch die Deutsche Börse AG und die anschließend von den Banken vorgenommene Umschlüsselung der Anleihen änderten an den ursprünglichen Emissionsbedingungen nichts. Diese wurden durch die abrechnungstechnischen Maßnahmen der Banken nicht geändert. Maßgeblich für die steuerrechtliche Einordnung seien immer Bedingungen im Ausgabezeitpunkt. Allerdings war auch der Wortlaut der Vorschrift des § 20 Abs. 2 Satz 1 Nr. 4 Buchst. d EStG erfüllt, denn bei Ausgabe der Anleihen waren Zinserträge in unterschiedlicher Höhe vereinbart worden. Entsprechend der neuen Auslegungssystematik ordnete der BFH den Veräußerungsverlust der Vermögensebene zu und sah in dem nach der Marktrendite berechneten Betrag keinen negative Einnahmen aus Kapitalvermögen – gegen den ausdrücklichen Wortlaut der Vorschrift. Aufgrund ihrer von vornherein feststehenden Verzinsung hatten die Anleihen eine Emissionsrendite, deren Höhe der Anleger im Besteuerungsverfahren hätte mitteilen müssen. Das freie Wahlrecht zwischen Emissionsrendite und Marktrendite verneinte der BFH auch in diesem Fall.

1.3.4 Down-Rating-Anleihen

Eine Schuldverschreibung, die in ihren Ausgabebedingung die Anpassung des Basis-Zinssatzes für den Fall vorsieht, dass sich das Bonitäts-Rating des Emittenten während der Laufzeit des Wertpapiers verschlechtern sollte, erfüllt den Wortlaut des § 20 Abs. 2 Satz 1 Nr. 4 Buchst. c und d EStG. Einerseits sind die Zinsen abhängig von einem ungewissen Ereignis (Buchst. c), andererseits werden Zinsen in unterschiedlicher Höhe gezahlt (Buchst. d). Eine Emissionsrendite lassen diese Rating-Anleihen deshalb nicht berechnen. Im Urteil vom 13. 12. 2006 – VIII R 6/05 hatte es der BFH mit einer

---

19 Einzelheiten dazu *Harenberg*, NWB Fach 3, S. 13151, 13154; *Engelsberger*, FR 2002, 1280.
20 BFH, Urt. v. 13. 12. 2006 – VIII R 62/04, DStR 2007, 338.

positiven Marktrendite (Kursgewinn) zu tun, die die Finanzverwaltung bei der Veräußerung des Wertpapiers nach Ablauf der Frist des § 23 Abs. 1 Satz 1 Nr. 2 Satz 2 EStG neben den Zinserträgen als Kapitalertrag besteuern wollte. Als Bemessungsgrundlage blieb nur die – hier positive – Kursdifferenz. Den Systembruch des Gesetzes korrigierte der BFH in diesem Fall zugunsten der Steuerpflichtigen. Der Systembruch sei nur gerechtfertigt bei Kapitalanlagen, bei denen das Kapital-Nutzungsentgelt nicht von der möglichen Wertänderung des Kapitals (Kapitalmarktschwankungen) eindeutig abgrenzbar sei. Das Binnensystem des § 20 EStG verlange, dass nur die Früchte der Kapitalüberlassung zum Gegenstand der Besteuerung herangezogen werden. Soweit diese eindeutig und leicht feststellbar sind, komme zusätzlich eine Versteuerung der Einnahmen aus einer Zwischenveräußerung oder Einlösung der Wertpapiere in Form der positiven Marktrendite nicht in Betracht. Ein negativer Betrag sei nicht verrechenbar. Im Streitfall ließ sich das Nutzungsentgelt eindeutig in Form der unterschiedlichen hohen Zinserträge bestimmen. Damit entzog der BFH den realisierten Kursgewinn – entgegen dem Wortlaut der Vorschrift, aber systemgerecht – der Besteuerung als Kapitalertrag.

1.3.5 DAX-Zertifikate mit Kapitalrückzahlungs-Garantie

Mit der ebenfalls vom 13. 12. 2007 stammenden Entscheidung VIII R 79/03[21] musste sich der VIII. Senat erstmals mit den seit einigen Jahren bei privaten Anleger attraktivsten Anlageform, den Zertifikaten, befassen. Dem Urteil lag ein Zertifikat der einfachsten Form zugrunde. Der Anleger hatte ein Zertifikat auf den DAX erworben und sollte am Ende der Laufzeit den Index-Stand in DM ausgezahlt erhalten. Die Bedingungen enthielten zudem eine Mindestrückzahlungsgarantie von 1500 DM je Zertifikat. Mit der tatsächlichen Rückzahlung erhielt der Anleger als Zweiterwerber, einen Betrag von 24 170 DM neben seinem Anschaffungspreis ausgezahlt, den das Finanzamt und der BFH als steuerpflichtigen Kapitalertrag ansahen.

Zertifikate sind ihrer Rechtsnatur nach Schuldverschreibungen mit der Besonderheit, dass keine laufenden Zinsen gezahlt werden, sondern der Rückzahlungsbetrag von der Wertentwicklung eines anderen Wirtschaftsguts oder – wie im Urteilsfall – vom Stand eines Index anhängt. Diese Anleihen erfüllen den Wortlaut des § 20 Abs. 2 Satz 1 Nr. 4 Buchst. c EStG, denn die Kapitalerträge sind von einem ungewissen Ereignis, der Wertentwicklung des hinterlegten Basisguts, abhängig. Eine Emissionsrendite lässt sich folglich nicht errechnen. Das Tatbestandsmerkmal „Kapitalforderung" i. S. des § 20 Abs. 1 Nr. 7 EStG bejahte der BFH zutref-

---

21 BFH, Urt. v. 13. 12. 2007 – VIII R 79/03, DStR 2007, 286.

fend. Diese Vorschrift greift u. a. dann ein, wenn bei ungewissen Zinserträgen, jedenfalls die Kapitalrückzahlung zugesichert oder gewährt wird. Nach den Bedingungen handelte es sich um ein Garantie-Zertifikat, das mit der Mindestrückzahlung einen Totalverlust des Kapitals verhinderte. Die zuvor vom VIII. Senat aufgestellte Bedingung, dass eine positive oder negative Marktrendite nicht zum Ansatz kommen soll, wenn Kapitalertrag und Vermögensmehrung (Kursgewinn) eindeutig voneinander abgrenzbar sind, war hier nicht eingetreten. Der Einlösungsgewinn über 24 170 DM (Rückzahlung insgesamt: 43 670 DM) ließ sich nicht in einen Kapitalertrag und Kursgewinn zerlegen. Auch hier sah der BFH zutreffend eine Systemabweichung innerhalb des § 20 EStG, hielt diese aber für sachlich gerechtfertigt: Das Binnensystem des § 20 EStG müsse an neue wirtschaftliche Lebenssachverhalte angepasst werden, wenn bei bestimmten Kapitalanlageprodukten nicht mehr zwischen Ertrags- und Vermögensebene unterschieden werde könne.

1.3.6 Die Fremdwährungsschuldverschreibungen

Schuldverschreibungen im fremder Währung enthalten ein zusätzliches, spekulatives Element: das Währungsrisiko. Im Urteil vom 20. 11. 2006 – VIII R 43/05[22] hatte sich dieses Risiko für den Steuerpflichtigen in dramatischer Weise verwirklicht. Aus der Veräußerung seiner in südafrikanischem Rand begebenen Nullkupon-Anleihe (Zero-Bonds) realisierte er 1998 einen Kursverlust von 272 919 DM, da sich die Währungsparitäten während der Besitzzeit – aus Anlegersicht – verschlechtert hatten. Der Kläger hatte die negative Marktrendite in Euro durch Ansatz des Devisenkurses im Verkaufs- und Ankaufszeitpunkt ermittelt. Die Finanzverwaltung erkannte den Betrag zunächst nicht als negativen Kapitalertrag i. S. des § 20 Abs. 2 Satz 1 Nr. 4 Satz 1 Buchst. a, Satz 2 EStG an. Nach Inkrafttreten des StÄndG 2001 vom 20. 12. 2001 und der darin vorgesehenen Änderung des § 20 Abs. 2 Satz 1 Nr. 4 Sätze 2 und 4 EStG wurde ein Betrag von 125 357 DM als negative Marktrendite steuermindernd angesetzt, weil die Anwendungsvorschrift § 52 Abs. 37b EStG vorgab, die Änderung auf alle noch offene Streitfälle anzuwenden. Mit der Gesetzänderung schrieb der Gesetzgeber nunmehr vor, die Marktrendite zunächst in der Fremdwährung zu berechnen und anschließend das Ergebnis in die Steuerwährung „Euro" umzurechnen. Diese Berechnungsmethode verhindert, dass Währungsschwankungen im Rahmen des § 20 EStG – systemwidrig – als Kapitalertrag erfasst werden. Der VIII. Senat hob die klageabweisende Vorentscheidung auf, verweis die Sache aber an das FG zurück. Der Senat konnte nicht durchentscheiden, weil Feststellungen des FG dazu fehlten, ob der

---

22 BFH, Urt. v. 20. 11. 2006 – VIII R 43/05, DStR 2007, 290.

Kläger die Emissionsrendite nachgewiesen hatte. Die Rückwirkungsproblematik des § 52 Abs. 37b EStG i. d. F. des StÄndG 2001 musste der Senat deshalb nicht entscheiden. Diese Streitfrage wäre nur relevant geworden, wenn unzweifelhaft die Marktrendite als Kapitalertrag anzusetzen gewesen wäre. Die Entscheidung enthält aber den Hinweis, dass der BFH nicht von einer unzulässigen Rückwirkung ausgehe. In der Sache knüpft der Senat an seine systemgerechte, tatbestandseingrenzende Auslegung bei Zinserträgen aus Zerobonds an, die dem Wortlaut nach unter § 20 Abs. 2 Satz 1 Nr. 4 Buchst. a EStG (abgezinste Schuldverschreibungen ohne Zinsscheine) zu subsumieren sind. Zerobonds haben naturgemäß eine Emissionsrendite, so dass der Ansatz einer positiven wie negativen Marktrendite von vornherein ausfällt. Fraglich ist nur, ob sie der Steuerpflichtige nachweist, ob er die Kriterien zu ihrer Berechnung liefert und ob und wie weit die Finanzverwaltung die Emissionsrendite selbst ermitteln bzw. berechnen darf und muss.

1.4 Zusammenfassung

Die für die Praxis entscheidende Frage, wann können nach dem neuen Besteuerungssystem des BFH noch realisierte Kursverluste im Rahmen des § 20 EStG als negativer Kapitalertrag geltend gemacht werden, stellt sich in der Zusammenschau folgendermaßen dar:

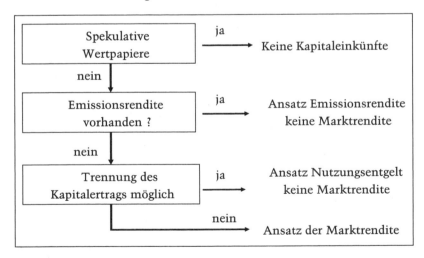

2. Reaktion der Finanzverwaltung

Die Finanzverwaltung hat mit BMF-Schreiben vom 18. 7. 2007[23] auf die Rechtsprechung des BFH reagiert und sowohl für die Anwendung der Kapitalertragsteuer-Vorschriften als auch für die ertragsteuerrechtliche Behandlung Vorgaben gemacht.

2.1 Keine Anwendung der Rechtsprechung für den Kapitalertragsteuer-Abzug

Bei der Erhebung des Zinsabschlags soll die neue Rechtsprechung keine Anwendung finden. Sowohl für die Zinserträge als auch die steuerpflichtigen Einlösung- und Veräußerungsentgelte findet also § 43a Abs. 2 Satz 2 bis 5 EStG weiterhin Anwendung. Danach bemisst sich der Zinsabschlag – unabhängig von der ertragsteuerrechtlichen Behandlung – nach der Kursdifferenz (Marktrendite) zwischen den Einnahmen aus der Veräußerung/Einlösung des Wertpapiers und dem Entgelt für den Erwerb. Dies gilt also auch, wenn der Steuerpflichtige ertragsteuerrechtlichen den Kapitalertrag in Höhe der besitzzeitanteiligen Emissionsrendite zu versteuern hat. Sofern das Kreditinstitut den Anschaffungskurs des Wertpapiers nicht kennt, z. B. im Fall des Depotübertrags, hat es nach § 43a Abs. 2 Satz 3 EStG als Bemessungsgrundlage 30 v. H. des Veräußerungs- bzw. Einlösungsbetrags dem 30-prozentigen Zinsabschlag zu unterziehen. Die sog. Ersatzbemessungsgrundlage ist allerdings nur für den Kapitalertragsteuer-Abzug relevant.

Ausgenommen davon sollen allerdings Reverse Floater und Down-Rating-Anleihen sein, wenn die Emittenten bei dem Wertpapier-Mitteilungen-Datenservice[24] eine Umschlüsselung der Schuldverschreibungen von der Finanzinnovation hin zur Schlüsselung als herkömmlich verzinste Schuldverschreibung vor genommen haben. In einem solchen Fall unterliegt nicht mehr die Kursdifferenz, sondern nur der tatsächlich ausgezahlte Zinsbetrag dem Zinsabschlag.

---

23 BMF, Schr. v. 18. 7. 2007 – IV B8 – S2252/0, FR 2007, 807.
24 Der WM Datenservice, 1947 gegründet, ist der Finanz-Informationsdienstleister für die gesamte Finanzindustrie. Er ist die verantwortliche Stelle für die Vergabe der WKN/ISIN in Deutschland und Mitglied bei ANNA Association of National Numbering Agencies (www.anna-web.com). Der Dienst vertritt in enger Abstimmung mit dem Finanzmarkt gemeinschaftlich die Interessen bei nationalen und internationalen Standardisierungsgremien, z. B. DIN (Deutsches Institut für Normung) und ISO (International Standard Organisation), um den Markt durch allgemein gültige Konventionen (Standards) beim globalen STP zu unterstützen.

2.2 *Grundsätzlich Veranlagung der Kapitaleinkünfte nach Erklärung*

Im Rahmen der Veranlagungen sollen die Finanzämter weiterhin den Erklärungen der Steuerpflichtigen in der Anlage KAP zur Höhe der Erträge aus finanzinnovativen Wertpapieren folgen. Damit werden die Finanzämter es nicht beanstanden, wenn ein Steuerpflichtiger statt einer besitzzeitanteiligen Emissionsrendite die niedriger (positive) Marktrendite erklärt – auch wenn es kein Wahlrecht zwischen beiden Größen mehr geben soll. Wird dagegen eine negative Marktrendite erklärt *kann* das Finanzamt den Steuerpflichtigen auffordern, die Emissionsrendite nachzuweisen, die – wenn es gelingt, sie festzustellen – anstelle der erklärten Marktrendite der Besteuerung zugrunde gelegt wird.

Schuldverschreibungen ohne Emissionsrendite, bei denen die Trennung zwischen Kapitalertrag als Nutzungsentgelt und Wertänderungen auf der Vermögensebene nur mit größerem Aufwand möglich ist, sollen weiterhin als Finanzinnovation i. S. des § 20 Abs. 2 Satz 1 Nr. 4 EStG eingestuft werden mit der Folge, dass die Marktrendite der Besteuerung zugrunde zu legen ist.[25] Darunter fallen m. E. Schuldverschreibungen mit variabler Verzinsung (alle Arten von Floatern) oder Schuldverschreibungen mit fester Verzinsung aber ungewisser Kapitalrückzahlung (Aktien- und Umtauschanleihen) nicht. In diesen Fällen ist das Entgelt für die Kapitalnutzung auf Zeit stets der in den Emissionsbedingungen ausgewiesene feste oder variable (ausgezahlte) Zinsbetrag, so dass eine steuerliche Berücksichtigung des Kursgewinns/-verlusts aus der Zwischenveräußerung oder Einlösung ausscheidet.

3. Auswirkungen in der Praxis

3.1 *Mitwirkungspflichten des Anlegers*

Der BFH versagt dem Kapitalanleger bei Zwischenveräußerung oder Einlösung seiner Schuldverschreibungen den Ansatz der (negativen) Marktrendite als Kapitalertrag, wenn das Wertpapier nach seinen Ausgabebedingungen grundsätzlich eine bezifferbare Emissionsrendite berechnen lässt. Dem Finanzamt obliegt es, den Kapitalertrag im Rahmen des Untersuchungsgrundsatzes aus § 88 Abs. 1 AO zu ermitteln. Dem Steuerpflichtigen obliegt es, aufgrund seiner Mitwirkungsverpflichtung die dazu erforderlichen Angaben zu machen und Unterlagen vorzulegen.[26] Kommt er dieser Verpflichtung nach, ist das Finanzamt in der Lage, den Kapitalertrag in Form der besitzzeitanteiligen Emissionsrendite zu berechnen. Gelingt es dem

---

25 Das bedeutet in Ergebnis aber auch, dass bei der Realisierung von Kursverlusten die negative Marktrendite angesetzt werden kann.
26 BFH, Gleitzins-Urt. v. 11. 7. 2006 – VIII R 67/04 unter 2 b) bb), DStR 2007, 106.

Steuerpflichtigen dagegen nicht, die erforderlichen Emissionsbedingungen von seiner Depotbank zu beschaffen, ist die Finanzbehörde selbst nicht verpflichtet, eigene, zur Ermittlung der Berechnungsgrundlagen erforderliche Unterlagen zu beschaffen. Es kommt in einem solchen Fall zu einem so genannten „non liquet", das nach Auffassung des VIII. Senats dann den Ansatz der (negativen) Markrendite nach § 20 Abs. 2 Satz 1 Nr. 4 Satz 2 EStG rechtfertigt. Welche Anstrengungen der Anleger allerdings unternehmen muss, um seiner Mitwirkungspflicht nach zu kommen, sagt der Senat nicht. Bei Schuldverschreibungen von ausländischen Emittenten zeigen die Erfahrungen, dass die inländischen Kreditinstitute und Sparkassen oft nicht in der Lage sind, die Emissionsrendite und die zur Berechnung erforderlichen Emissionsbedingungen zu beschaffen. Wie weit die Mitwirkungsverpflichtung des Kapitalanlegers im Einzelnen geht, darüber ist den Urteilen des BFH bedauerlicherweise nichts zu entnehmen. Die Schwierigkeiten der Praxis scheinen bei der Rechtsfindung kein Entscheidungskriterium gewesen zu sein. Bestehen in der Praxis Nachweisprobleme, sollte eine Bestätigung der Bank über die erfolglosen Ermittlungsbemühungen ausreichen, um – trotz einer grundsätzlich berechenbaren Emissionsrendite – zum Ansatz der negativen Marktrendite zu kommen.

3.2 Ermittlungen des Finanzamts

Kann die Depotbank die maßgeblichen Ausgabebedingungen eine Wertpapiers nicht beschaffen, bleibt abzuwarten, wie in Finanzverwaltung auf solche Fälle reagieren wird. Nach dem VIII. Senat des BFH ist das Finanzamt jedenfalls nicht in der Pflicht, die Emissionsrendite eigenständig zu ermitteln bzw. die zur Berechnung erforderlichen Unterlagen selbst zu ermitteln. Zur Berechnung notwendig sind folgende Angaben[27]:

Emissionswert der Schuldverschreiben (Ausgabepreis)

Rücknahmewert am Ende der Laufzeit

die Gesamtlaufzeit

Einzelheiten zur Berechnung und Rechenbeispiele lassen sich dem Zero-Bond-Erlass des BMF vom 24. 1. 1985[28] entnehmen.

---

27 Es existieren unterschiedliche Formeln zur Berechnung der Emissionsrendite bei den Kreditinstituten; eine aus dem Zero-Bond-Erlass v. 24. 1. 1985 abgeleitet Formel findet sich in *Harenberg/Irmer*, aaO (Fn. 8), S. 331.

28 BMF, Schr. v. 24. 1. 1985 – IV – S 2252 – 4/85, BStBl. I 1985, 77.

II. Die Abgeltungsteuer

1. Überblick

Das Unternehmensteuerreformgesetz 2008 vom 14. 8. 2007[29] sieht nicht nur vor, dass Kapitalgesellschaften ihre Gewinne künftig nur noch mit 29,83 statt wie bisher mit knapp 39 v. H. versteuern müssen. Es enthält auch alle Punkte zur Abgeltungsteuer auf Kapitaleinkünfte, die zum 1. 1. 2009 eingeführt wird. Die Abgeltungsteuer soll zu Mindereinnahmen von im Schnitt 1,3 Mrd. Euro jährlich führen. Im Erstjahr 2009 werden es allerdings nur 320 Mio. Euro sein.

Die Abgeltungsteuer von 25 v. H. plus Solidaritätszuschlag bringt nicht nur völlig neue Steuerregeln für die Kapitalerträge. Im gleichem Zug kommt es auch noch zu einem Wegfall der einjährigen Haltefrist des § 23 Abs. 1 Satz 1 Nr. 2 Satz 1 EStG a. F., sodass Veräußerungsgewinne generell steuerpflichtig werden. Immerhin müssen Anleger ihre Aktien oder anderen Wertpapiere Ende 2008 nicht fluchtartig verkaufen, um die Veräußerungsfrist zu retten, denn vor 2009 erworbene Wertpapiere können weiterhin – mit Ausnahme finanzinnovativer Schuldverschreibungen i. S. d. § 20 Abs. 2 Satz 1 Nr. 4 EStG a. F. – nach einem Jahr steuerfrei verkauft werden.

Durch dieses Gesetz wird es künftig für Anleihen attraktiver, bei Aktien deutlich ungünstiger und Risiko-Zertifikate bleiben erstmalig nicht steuerfrei. Im Rahmen der Abgeltung wird die Steuer auf Zinsen und Dividenden pauschal mit einem festen Satz von 25 v. H. erhoben. Das bedeutet für Anleger mit hohem Einkommen eine deutliche Verbesserung. Der Steuerabzug wird direkt von der Bank oder dem Gläubiger der Zinserträge vorgenommen und an das Finanzamt abgeführt.

In der Steuererklärung tauchen diese Kapitalerträge in der Regel nicht mehr auf. Gleiches gilt für Veräußerungsgewinne, unabhängig von einer Haltefrist. Liegen Sparer mit ihrer individuellen Progression unter dem Pauschalsatz, können sie die Einnahmen wie bisher auf Antrag in der Steuererklärung angeben. Dann wird die Abgeltungsteuer – wie heute der Zinsabschlag – angerechnet. Das Verfahren bringt Anlegern mit mittlerem Einkommen eine gewisse Erleichterung, sie müssen ihre Kapitaleinnahmen und Belege nicht mehr für die Steuererklärung aufbereiten.

2. Auswirkung auf die anderen Einkünfte

Kapitalerträge, die nach § 32d Abs. 1 EStG mit einem besonderen Steuersatz besteuert wurden oder die der Abgeltungsteuer nach § 43 Abs. 5 EStG n. F.

---

29 BGBl. I 2007, 1912.

unterlegen sind, werden für Zwecke der Einkommensteuer bei der Ermittlung der Einkünfte nicht berücksichtigt.

Ausnahmen:

– Spendenabzug als Sonderausgaben, soweit dies vom Steuerpflichtigen beantragt wird;

– Einkommen für die Berücksichtigung eines Kindes nach § 32 Abs. 2 EStG;

– Ermittlung der zumutbaren Belastung bei außergewöhnlichen Belastungen nach § 33 EStG;

– Einkünfte zur Ermittlung des Unterhalts oder eines Ausbildungsfreibetrags nach § 33a Abs. 1 und 2 EStG.

Das gilt aber nicht mehr, wenn die besondere Besteuerung von Kapitalerträgen ausgeschlossen ist oder die tarifliche Einkommensteuer auf Antrag angewendet wird. Für außersteuerliche Zwecke sind die der Abgeltungsteuer unterliegenden Kapitaleinkünfte hinzuzurechnen, denn hier ist die Höhe der Einkünfte maßgebend und nicht die Tatsache, dass sie einem besonderen Steuersatz unterworfen sind.

Nach § 2 Abs. 1 EStG n. F. werden Kapitalerträge, deren Besteuerung nach § 43 Abs. 5 EStG n. F. abgegolten ist, nicht in das zu veranlagende Einkommen einbezogen, weshalb sie auch nicht in der Einkommensteuererklärung anzuführen sind.

Nach § 32 Abs. 4 Satz 4 EStG n. F. wird der Sparer-Pauschbetrag nicht zu den eigenen Bezügen des Kindes bei der Gewährung des Kinderfreibetrages für Kinder ab 18 Jahren erhöhend hinzugerechnet.

3. Wegfall des Halbeinkünfteverfahrens

Im Bereich des erweiterten neuen § 20 EStG entfällt das Halbeinkünfteverfahren für natürliche Personen vollständig; Dividenden, GmbH-Gewinnausschüttungen und realisierte Kursgewinne mit Aktien und anderen Wertpapieren werden somit in voller Höhe erfasst. Das gilt bei Aktien- und Wertpapierverkäufen aber nur, wenn diese nach dem 31. 12. 2008 erworben worden sind. Ansonsten gilt der derzeitige § 23 EStG a. F. unverändert weiter. Begründet wird dieser Nachteil mit dem gesunkenen Körperschaftsteuertarif. Bei Auslandsaktien verbleibt es hingegen bei der Verschlechterung, da diese nicht von der deutschen Steuersatzsenkung profitieren.

4. Werbungskostenabzug

Der Werbungskosten-Pauschbetrag des § 9a Nr. 2 EStG a. F. geht zusammen mit dem Sparerfreibetrag im einheitlichen Sparer-Pauschbetrag nach § 20 Abs. 9 EStG n. F. in Höhe von 801 Euro bzw. 1602 Euro auf. Der Ansatz der tatsächlichen Werbungskosten ist grundsätzlich ausgeschlossen, sowohl im Abgeltungsverfahren als auch über die Veranlagung mit der individuellen Progression. Dabei wird sowohl eine Typisierung hinsichtlich der Höhe der Werbungskosten in den unteren Einkommensgruppen vorgenommen als auch berücksichtigt, dass mit einem Proportionalsteuersatz von 25 v. H. die Werbungskosten in den oberen Einkommensgruppen mit abgegolten werden. Die bisherigen Regelungen für die Fälle der Zusammenveranlagung von Ehegatten bleiben erhalten.

Der Werbungskostenabzug bleibt lediglich erhalten, wenn für Kapitalerträge nach § 32d Abs. 2 Nr. 1 EStG kein abgeltender Steuersatz von 25 v. H. Anwendung findet. Insoweit gilt hier gemeinsam für alle Einkünfte der progressive Einkommensteuertarif, abzüglich der Erwerbsaufwendungen. Das betrifft Einkünfte im Zusammenhang mit Darlehensvereinbarungen sowie mit einer Beteiligung als stiller Gesellschafter, wenn

– Gläubiger und Schuldner einander nahe stehende Personen sind,

– sie von einer Kapitalgesellschaft oder Genossenschaft an einen Anteilseigner gezahlt werden, der zu mindestens 10 v. H. an der Gesellschaft beteiligt ist. Dies gilt auch bei nahe stehenden Personen,

– ein Dritter die Kapitalerträge schuldet, der seinerseits Kapital an einen Betrieb des Gläubigers überlassen hat.

5. Verfahrensvorschriften

Die für die Veranlagung erforderlichen Daten sind in der neu gestalteten Steuerbescheinigung nach § 45a Abs. 2 EStG n. F. enthalten. § 45a Abs. 2 EStG n. F. ersetzt die bisherige Steuerbescheinigung durch eine Bescheinigung, die die für die besondere Besteuerung von Kapitalerträgen nach § 32d EStG Abs. 4 erforderlichen Angaben enthält. Dazu gehört auch die Konfessionszugehörigkeit.

Bei der Meldung im Rahmen von § 45d EStG n. F. entfällt die bisherige Differenzierung zwischen Dividenden und Zinsen bei den Mitteilungen an das Bundeszentralamt für Steuern (BZSt) über die Höhe des ausgeschöpften Freistellungsauftrages. Es ist nur noch zwischen Kapitalerträgen, bei denen vom Steuerabzug Abstand genommen worden ist, und Kapitalerträgen, bei denen die Erstattung von Kapitalertragsteuer beim BZSt beantragt worden ist, zu unterscheiden.

6. Das neue Abgeltungsverfahren

Die Vorschrift des neuen § 32d EStG ist die Hauptnorm für die Abgeltungsteuer. Die Einkommensteuer für Einkünfte aus Kapitalvermögen beträgt grundsätzlich 25 v. H. der Bemessungsgrundlage und wird an der Quelle mit abgeltender Wirkung einbehalten. Die Abgeltungsteuer ersetzt Zinsabschlag und Kapitalertragsteuer, die lediglich eine Vorauszahlung auf die spätere Einkommensteuerschuld darstellen.

Von der abgeltenden Wirkung ausgenommen sind Kapitaleinkünfte, die auf Grund der Subsidiaritätsregel des § 20 Abs. 8 EStG n. F. zu anderen Einkunftsarten gehören. Sie unterliegen zwar auch der Abgeltungsteuer, die aber – wie bisher – über die Veranlagung angerechnet wird. Im Rahmen der Abgeltung mindert die anrechenbare ausländische Quellensteuer die Einkommensteuer. Bei der Berücksichtigung ausländischer Steuern gilt § 34c Abs. 1 EStG sinngemäß mit der Maßgabe, dass bei jedem ausländischen Kapitalertrag die ausländische Steuer auf die deutsche Steuer anzurechnen ist.

Aufgrund des entfallenden Sonderausgabenabzugs mindert sich der Abgeltungsatz um 25 v. H. der auf die Kapitalerträge entfallenden Kirchensteuer. Die Einkommensteuer beträgt damit

$$\frac{\text{Kapitaleinkünfte} - 4 \times \text{anrechenbare ausländische Steuer}}{4 + 1/100 \text{ des Kirchensteuersatzes}}$$

Beispiel: Kapitaleinkünfte von 4000 Euro, die anrechenbare Quellensteuer beträgt 600 Euro und der Kirchensteuersatz 8 v. H.: (4000 – 4 × 600) / (4 + 0,08) = 392,16 Euro. Die Kirchensteuer beträgt dann (392,16 × 0,08) 31,37 Euro.

Erträge, die nicht der Kapitalertragsteuer unterliegen (Veräußerungsgewinne aus GmbH-Anteilen oder ausländische Zinseinkünfte) sind in der Veranlagung zu berücksichtigen, so dass sie in der Einkommensteuererklärung weiterhin anzugeben sind. Hier wird der Abgeltungsatz im Nachhinein – bei der Veranlagung – angewendet.

7. Ausnahmen von der Abgeltungsteuer

Hier sind drei Sachverhalte zu unterscheiden:

– Kapitalerträge, die nicht dem Steuerabzug an der Quelle unterliegen und dann über die Veranlagung mit 25 v. H. erfasst werden:

   – Verkauf von Lebensversicherungen,

   – Verkauf eines GmbH-Anteils bei nicht wesentlicher Beteiligung,

   – Zinszahlungen zwischen Privatpersonen,

- Steuererstattungszinsen,
- Erträge, die über Auslandskonten/-depots erzielt werden.
- Ausnahme vom Steuerabzug:
    - Es liegt eine NV-Bescheinigung vor.
    - Die Erträge bleiben unterhalb des erteilten Freistellungsauftrags.
    - Über den Verlustverrechnungstopf werden negative Bestände (Verluste) gegengerechnet.
- Kapitalerträge, die generell nicht der Abgeltungsteuer unterliegen:
    - nur zur Hälfte steuerpflichtige Kapitallebensversicherungen (Neuverträge),
    - vor 2005 abgeschlossene und damit steuerfreie Lebensversicherungen,
    - Darlehensvereinbarungen zwischen nahe stehenden Personen.

Nach § 32d Abs. 2 Nr. 1 EStG unterliegen nicht alle Kapitalerträge dem abgeltenden Steuersatz von 25 v. H. Insoweit gilt hier gemeinsam mit den Einkünften der progressive Einkommensteuertarif. Das betrifft Einkünfte gem. § 20 Abs. 1 Nr. 4 und Nr. 7 sowie Abs. 2 Satz 1 Nr. 4 und Nr. 7 EStG n. F., also insbesondere Einkünfte im Zusammenhang mit Darlehensvereinbarungen sowie im Zusammenhang mit einer Beteiligung als stiller Gesellschafter. Nach § 32d Abs. 2 Nr. 1 Buchst. a EStG entfällt die Abgeltungsteuer bei Beteiligungen oder Kapitalüberlassungsverträgen zwischen nahe stehenden Personen, sowohl für die Erträge als auch für Veräußerungsgewinne. Dieses Verhältnis liegt vor, wenn die Person auf den Steuerpflichtigen einen beherrschenden Einfluss ausüben kann oder umgekehrt.[30]

- § 32d Abs. 2 Nr. 1 Buchst. b EStG regelt die Ausnahme vom gesonderten Steuersatz bei der Kapitalüberlassung an Körperschaften, an denen der Steuerpflichtige zu mindesten 1 v. H. beteiligt ist, sowie von Personen, die dem Beteiligten nahe stehen.
- Nach § 32d Abs. 2 Nr. 1 Buchst. c EStG unterliegen sog. Back-to-back-Finanzierungen dem progressiven Einkommensteuersatz. Das gilt für Fälle, in denen z. B. der Gesellschafter oder eine ihm nahe stehende Person bei einer Bank eine Einlage unterhält und die Bank in gleicher Höhe einen Kredit an die Gesellschaft vergibt. Der durch das UntStRefG 2008 eingeführte § 32d Abs. 2 Nr. 1 Buchst. c EStG n. F. wurde durch das

---

30 Siehe dazu § 8a Abs. 2 KStG n. F., § 1 Abs. 2 AStG und § 138 InsO, auf die aber weder im neuen § 20 EStG noch im § 32d EStG verwiesen wird.

JStG 2008 noch vor seinem Inkrafttreten geändert. Die vermeintliche Präzisierung des Gesetzestextes versucht nun einen Spagat zwischen der Verhinderung unerwünschter Gestaltungen, z. B. durch Einschaltung zwei verschiedener Banken, für die Kapitalanlage einerseits und Darlehensgewährung andererseits (Doppelbankenfall), und der Sicherstellung des sog. Hausbankenprinzips, d. h. die Einschaltung eines Kreditinstituts für Kapitalanlage und betrieblich veranlasster Kreditaufnahme[31]. Die Einkünfte aus der Einlage unterliegen, sofern die Bank auf den Gesellschafter oder die nahe stehende Person auf Grund eines rechtlichen Anspruchs (z. B. Bürgschaft) oder einer dinglichen Sicherheit wie z. B. Grundschuld zurückgreifen kann.

Diese Ausnahme soll Gestaltungen verhindern, bei denen auf Grund der Steuersatzspreizung betriebliche Gewinne in Form von Darlehenszinsen abgesaugt werden und so die Steuerbelastung auf den Abgeltungsteuersatz reduziert wird. Mit dieser Regelung wird erreicht, dass unternehmerische Entscheidungen über die Finanzierungsstruktur eines Unternehmens steuerlich unverzerrt bleiben.

8. Veranlagungsoptionen

8.1 Wahlveranlagung mit Abgeltungssatz

Bei den der Abgeltungsteuer unterliegenden Kapitaleinkünften besteht ein Wahlrecht, diese im Rahmen der Veranlagung geltend zu machen. Dabei gilt der Abgeltungssatz von 25 v. H., um den sich dann die tarifliche Einkommensteuer zur Ermittlung der festzusetzenden Steuer erhöht. Dabei wird die einbehaltene Abgeltungsteuer angerechnet. Dies kann zu einer Einkommensteuererstattung führen. Diese freiwillige Veranlagung zum Abgeltungstarif ist immer dann ratsam, wenn im Abgeltungsverfahren nicht alle begünstigten Tatsachen berücksichtigt worden sind oder die Bemessungsgrundlage nicht korrekt ermittelt worden ist.

Denkbar sind beispielsweise folgende Fälle:

– Ein Verlustvortrag aus Jahren vor 2009 soll berücksichtigt werden.

– Der verbliebene negative Verlustverrechnungstopf bei Bank A soll mit positiven Erträge der Bank B ausgeglichen werden.

– Der Sparer-Pauschbetrag hat sich durch eine ungünstige Verteilung des Freistellungsaufträge nicht optimal ausgewirkt.

– Um die noch nicht als Sonderausgabe bei der Bemessungsgrundlage für die Einkommensteuer berücksichtigte Kirchensteuer steuermindernd geltend zu machen, wenn der steuermindernde Effekt der Kirchensteuer-

---

31 *Häuselmann*, BB 2008, 20.

zahlung noch nicht berücksichtigt wurde (z. B. bei Dividenden) oder kein Kirchensteuerabzug durch die Bank beantragt war.

– Bei Veräußerungsfällen sind von der Bank Anschaffungskosten nicht berücksichtigt.

– Im Fall eines Depotwechsels wurde die Ersatzbemessungsgrundlage angesetzt.

– Verschenkte Wertpapiere hat das Kreditinstitut mangels Unterrichtung über die Unentgeltlichkeit als Veräußerungsvorgang eingestuft.

– Bei entgeltlich erworbenen Versicherungen können die Anschaffungskosten nur über die Veranlagung korrigiert werden.

– Der Abzugsverpflichtete (auszahlende Stelle oder Schuldner) hat die Bemessungsgrundlage für die Abgeltungsteuer falsch ermittelt, so dass eine Berichtung über die Veranlagung erfolgen soll.

8.2 Pflichtveranlagung mit Pauschaltarif

Sofern Kapitalerträge nicht vom Steuerabzug erfasst werden, muss dies im Rahmen eines besonderen Veranlagungsverfahren unter Anwendung des Satzes von 25 v. H. nachgeholt werden (§ 32d Abs. 3 EStG). Das ist der Fall bei

– Verkauf von nach dem 31. 12. 2004 abgeschlossenen Lebensversicherungen

– Verkauf eines GmbH-Anteils bei nicht wesentlicher Beteiligung

– Zinsen zwischen Privatpersonen

– Steuererstattungszinsen

– Erträgen, die über Auslandskonten bezogen werden

8.3 Pflichtveranlagung zum individuellen Steuersatz

Diese Option kommt zur Anwendung, wenn Kapitalerträge über § 20 Abs. 8 EStG n. F. zu einer anderen Einkunftsart gehören oder ausdrücklich von der abgeltenden Wirkung ausgenommen sind. Dann kommt es zum individuellen Steuersatz im Rahmen des allgemeinen Veranlagungsverfahrens, z. B. bei

1. Verkauf eines GmbH-Anteils bei wesentlicher Beteiligung. Dies fällt unter § 17 EStG,

2. Erträge im Betriebsvermögen, die entweder über die §§ 13, 15, 18 EStG oder das KStG fallen,

3. Darlehenserträge zwischen nahe stehenden Personen,

4. Darlehenserträge, wenn der Empfänger zu mindestens einem Prozent an der Kapitalgesellschaft oder Genossenschaft beteiligt ist,

5. Back-to-back-Finanzierungen,

6. Kapitaleinnahmen von nach 2004 abgeschlossenen Lebensversicherungen, die unter die halbierte Besteuerung des § 20 Abs. 1 Nr. 6 Satz 2 EStG fallen.

Bei den ersten fünf Sachverhalten ist der Werbungskosten-Abzug möglich, in allen Fällen gelten die allgemeinen Verlustverrechnungsregeln mit anderen Einkunftsarten.

8.4 Günstiger-Prüfung

§ 32d Abs. 6 EStG regelt die Veranlagungsoption, Einkünfte aus Kapitalvermögen den allgemeinen einkommensteuerrechtlichen Regelungen zur Ermittlung der tariflichen Einkommensteuer zu unterwerfen, § 2 Abs. 5b S. 2 EStG n. F. Damit wird für Anleger mit geringem Steuersatz die Möglichkeit geschaffen, die Einkünfte niedriger besteuern zu lassen. Diese Wahlmöglichkeit ist im Rahmen der Veranlagung geltend zu machen. Das Finanzamt macht dazu eine Günstigerprüfung. Liegt der persönliche Steuersatz über dem Abgeltungsteuersatz, gilt der Antrag als nicht gestellt. Die Wahlmöglichkeit kann für den jeweiligen Veranlagungszeitraum nur einheitlich für alle Kapitalerträge geltend gemacht werden. Eheleute können bei der Zusammenveranlagung die Wahlmöglichkeit nur einheitlich stellen. Ein Werbungskosten-Abzug ist in diesem Verfahren gleichwohl nicht möglich.

9. Die neue Einstufung von Kapitalerträgen

Zu den bereits derzeit unter § 20 EStG a. F. aufgeführten Kapitaleinnahmen kommen weitere hinzu, darüber hinaus erfolgen Erweiterungen des Tatbestands.

– Nach § 20 Abs. 1 Nr. 6 Satz 3 EStG n. F. treten bei entgeltlichem erworbenen Versicherungen die Anschaffungskosten an die Stelle der vor dem Erwerb entrichteten Beiträge. Damit wird eine Übermaßbesteuerung verhindert, da der Kaufpreis höher ist als die bis zum Erwerbszeitpunkt entrichteten Beiträge. Hierin fließen auch die auf den Sparanteil aufgelaufenen Erträge ein. Somit hat der Neubesitzer nur die Erträge zu versteuern, die in der anschließenden Zeit entstanden sind. Dies ermöglicht es geschlossenen Fonds, künftig auch wieder vermögensverwaltend tätig zu werden.

– § 20 Abs. 1 Nr. 7 EStG n. F. wird insoweit geändert, dass hierunter auch sonstige Kapitalforderungen fallen, bei denen sowohl die Höhe des Entgelts als auch die Höhe der Rückzahlung von einem ungewissen Ereignis abhängen. Hierdurch wird der Anwendungsbereich der Vorschrift wesentlich um die derzeitigen Finanzinnovationen erweitert, deren volle oder teilweise Rückzahlung weder rechtlich noch faktisch garantiert wird. Das gilt aber nicht für die realisierten Kurserträge, die fallen unter den neuen § 20 Abs. 2 Nr. 7 EStG n. F.

– Unter den neuen § 20 Abs. 1 Nr. 11 EStG n. F. fallen Stillhalterprämien, die für die Einräumung von Optionen vereinnahmt werden. Die Prämien aus dem anschließenden Glattstellungsgeschäft vermindern die Einnahmen. Derzeit unterliegen Stillhalterprämien der Besteuerung nach § 22 Nr. 3 EStG. Zukünftig werden sie einheitlich im Rahmen des § 20 EStG besteuert. Dabei wird nur der beim Stillhalter nach Abschluss eines Gegengeschäfts verbliebene Vermögenszuwachs erfasst (Nettoprinzip). Eine Glattstellung liegt vor, wenn der Stillhalter eine Option der gleichen Art unter Closing–Vermerk kauft, wie er sie zuvor verkauft hat.

– Unter § 20 Abs. 2 EStG n. F. fallen die Wertzuwächse, die durch die Veräußerung der Kapitalanlagen unabhängig von der Haltedauer und bei Termingeschäften unabhängig vom Zeitpunkt der Beendigung des Rechts zufließen.

– § 20 Abs. 2 Nr. 1 EStG n. F.: Gewinne aus der Veräußerung von Anteilen an einer Körperschaft (Aktien, GmbH-Anteile), Genussrechten (Beteiligung am Gewinn und Liquidationserlös), Wandlungsrechte aus Schuldverschreibungen nach § 221 Abs. 1 AktG oder ähnlichen in- und ausländischen Beteiligungen.

– § 20 Abs. 2 Nr. 2 EStG n. F.: Veräußerung von Dividendenscheinen ohne Stammrecht und der isolierte Verkauf oder die Einlösung von Zinsscheinen oder Zinsforderungen.

– § 20 Abs. 2 Nr. 3 EStG n. F.: Gewinne bei Termingeschäften durch Differenzausgleich oder den Wert einer veränderlichen Bezugsgröße sowie aus der Veräußerung eines als Termingeschäft ausgestalteten Finanzinstruments. Der Begriff des Termingeschäfts umfasst nach Auffassung des Gesetzgebers sämtliche als Options- oder Festgeschäft ausgestaltete Finanzinstrumente sowie Kombinationen zwischen Options- und Festgeschäften, deren Preis unmittelbar oder mittelbar abhängt vom Börsenpreis eines Basiswertes. Dabei ist es ohne Bedeutung, ob das Termingeschäft in einem Wertpapier verbrieft ist und ob es an der Börse abgeschlossen wird. Zu den Termingeschäften sollen insbesondere Optionsgeschäfte, Swaps, Devisentermingeschäfte, Forwards oder Futures gehören.

- § 20 Abs. 2 Nr. 4 EStG n. F.: Wertzuwächse, die aufgrund der Abtretung von Forderungen aus einem partiarischen Darlehen oder bei Beendigung der Laufzeit des Darlehens zufließen. Hinzu kommt die Veräußerung einer stillen Beteiligung an Gesellschaftsfremde sowie das Auseinandersetzungsguthaben bei der Auflösung der Gesellschaft.

- § 20 Abs. 2 Nr. 5 EStG n. F.: Gewinn aus der Übertragung von Hypotheken, Grundschulden sowie Rentenschulden.

- § 20 Abs. 2 Nr. 6 EStG n. F.: Gewinn aus der Veräußerung einer Versicherungspolice nach § 20 Abs. 1 Nr. 6. Hierunter fallen Verträge, in denen die Ansprüche des Versicherungsnehmers insbesondere aus Kapitallebensversicherungen abgetreten werden, sowie Verträge, durch die ein Dritter selbst die Ansprüche durch Eintritt in den Versicherungsvertrag als Versicherungsnehmer übernimmt. Als Anschaffungskosten gelten die entrichteten Beiträge. Das Versicherungsunternehmen hat nach Kenntniserlangung von einer Veräußerung unverzüglich Mitteilung an die für den Steuerpflichtigen zuständige Finanzbehörde zu machen.

- § 20 Abs. 2 Nr. 7 EStG n. F.: Auffangtatbestand für die Besteuerung aus der Veräußerung, Abtretung oder Endeinlösung von sonstigen Kapitalforderungen. Das betrifft Finanzinnovationen, die derzeit unter § 20 Abs. 2 Satz Nr. 4 EStG a. F. fallen. Insbesondere sind damit Garantie-Zertifikate erfasst.

- § 20 Abs. 2 Nr. 8 EStG n. F.: Gewinn aus der Übertragung oder Aufgabe einer Rechtsposition. das gilt für Mitglieder oder Gesellschafter eines Versicherungsvereins aG, eines Vereins oder einer Stiftung.

- § 20 Abs. 2 Satz 2 EStG n. F.: Als Veräußerung gilt auch die Einlösung, Abtretung oder verdeckte Einlage. Hierunter fällt die Abtretung oder Endeinlösung einer Forderung oder eines Wertpapiers. Entsprechendes gilt für die verdeckte Einlage von Wirtschaftsgütern.

- § 20 Abs. 3 EStG n. F.: Zu den Einkünften aus Kapitalvermögen gehören auch besondere Entgelte oder Vorteile. Damit fällt neben der Veräußerung einer Beteiligung auch die Veräußerung der anteiligen Wirtschaftsgüter unter § 20 EStG. Damit wird erreicht, dass die Veräußerung eines Anteil an einer Personengesellschaft, die z. B. Wertpapiere hält, zu Einkünften aus Kapitalvermögen gehört. Der Gesamthandanteil selbst gilt hingegen als Wirtschaftsgut gem. § 23 EStG, so dass die dortige Veräußerungsfrist des § 23 Abs. 1 Nr. 2 EStG gilt. Somit kann über eine Personengesellschaft nicht der Wertzuwachs bei Wertpapieren außerhalb der Spekulationsfrist steuerfrei verkauft werden.

- Ausschüttungen von Investmentfonds, sofern es sich um realisierte Veräußerungsgewinne auf der Ebene des Fonds handelt. Nicht erfasst werden hingegen Stillhalterprämien sowie Immobilienveräußerungen des Investmentverögens nach Ablauf von zehn Jahren.

10. Die Berechnung der Kurserträge

§ 20 Abs. 4 EStG n. F. bestimmt die Steuerbemessungsgrundlage für die Veräußerungsfälle:

– Gewinn ist der Unterschied zwischen den Einnahmen aus der Veräußerung und den Anschaffungskosten. Zu den abziehbaren Aufwendungen gehören wie bei § 23 EStG auch Veräußerungskosten oder bei Ausübung von Verkaufsoptionen mit Andienung des Basiswertes die durch den Optionsnehmer bereits geleistete Optionsprämien. Diese Regelung gilt grundsätzlich im Rahmen der Abgeltungsteuer an der Quelle aber nur, wenn dasselbe Kreditinstitut über die gesamte Haltedauer depotführende Stelle war.

Ausnahme: Bei einem Depotübertrag ab 2009 teilt die übertragende inländische Bank die Anschaffungskosten mit. Dann ist die Kursdifferenz maßgebend.

Ausnahme: Das übertragende Kreditinstitut ist in der EU oder einem EWR Staat ansässig und der Anleger weist die Anschaffungskosten durch eine Bescheinigung der Bank nach. Auch dann ist der Unterschiedsbetrag die Bemessungsgrundlage für die Abgeltungsteuer. Nicht ausreichend sind hingegen die eigenen Kaufbelege des Anlegers.

Ausnahme: Sofern das übertragende Institut in einem Drittstaat sitzt, der Nachweis der Anschaffungskosten ansonsten nicht möglich ist oder einfach nicht erfolgt, sind im Abzugsverfahren als Bemessungsgrundlage (sog. Ersatzbemessungsgrundlage) 30 v. H. des Veräußerungserlöses maßgebend (§ 43a Abs. 2 EStG); die mindernde Korrektur kann dann nur über die nachgelagerte freiwillige Veranlagung zum Pauschalsatz erfolgen.

– Bei der verdeckten Einlage gilt als Veräußerungserlös der gemeine Wert.

– Beim Termingeschäft ist der Differenzausgleich oder der durch die Bezugsgröße bestimmte Geldbetrag oder Vorteil maßgebend. Unter die Gewinnermittlung fallen auch weiterhin Werbungskosten, die im Zusammenhang mit dem Termingeschäft anfallen.

– Bei unentgeltlichem Erwerb gelten die Beträge des Rechtsvorgängers. Im Rahmen des Steuerabzugs an der Quelle wird die Übertragung nach § 43 Abs. 1 Satz 4 EStG n. F. erst einmal als Veräußerung behandelt. Als Veräußerungspreis gilt hier der Börsenkurs beim Übertrag oder als Gewinn fiktiv 30 Prozent der Anschaffungskosten. Der Anleger kann der Bank jedoch eine unentgeltliche Übertragung mittels Erklärung anzeigen.

– Bei vertretbaren Wertpapieren in Sammelverwahrung gilt die FiFo-Methode.

– Für die Ermittlung des Gewinns in einer ausländischen Währung ist der Wert des Wirtschaftsguts im Zeitpunkt der Anschaffung sowie Veräußerung jeweils in Euro anzusetzen. Damit werden auch die sich aus den Währungsschwankungen ergebenden Gewinne – wie zuvor in § 23 Abs. 1 Satz 1 Nr. 2 EStG a. F. – einkommensteuerrechtlich erfasst.

– Bei einer vorherigen Entnahme gilt der angesetzte Wert. Damit wird berücksichtigt, dass der Besteuerung nach § 20 EStG lediglich die im Privatvermögen zugeflossenen Wertzuwächse unterfallen.

– Bei der Veräußerung einer Lebensversicherung gelten die bis dahin entrichteten Beiträge als Anschaffungskosten. Wurde der Anspruch entgeltlich erworben, sind sowohl die Erwerbsaufwendungen als auch die nach dem Erwerb entrichteten Beiträge Anschaffungskosten. Dieser Ansatz kann allerdings erst im Rahmen der Veranlagung erfolgen.

– Verlustverrechnung, -ausgleich und -abzug: § 20 Abs. 6 EStG n. F. sowie § 43a Abs. 3 EStG n. F. enthalten die Regelungen im Zusammenhang mit Verlusten aus Kapitalvermögen im Rahmen der Veranlagung sowie beim Abzug an der Quelle über den Verlustverrechnungstopf. Diese Verluste aus Kapitalvermögen gleichen nicht Einkünfte aus anderen Einkunftsarten aus und können auch nicht nach § 10d EStG abgezogen werden. Die Verluste mindern jedoch die Einkünfte der folgenden Veranlagungszeiträume aus Kapitalvermögen.

– Negative Kapitaleinnahmen fließen bei einer Bank ab 2009 in den neuen Verlustverrechnungstopf und werden mit positiven Einnahmen verrechnet. Ein verbleibendes Minus wird auf das Folgejahr vorgetragen.

– Der Anleger kann von seiner Bank bis zum 15. 12. des jeweiligen Jahres verlangen, den verbleibenden Verlust zu bescheinigen. Dann steht der Verlust nicht mehr für die Folgejahre zur Verfügung, kann aber in der Veranlagung geltend gemacht werden.

– Bei einem Depotübertrag muss die Bank dem neuen Institut die noch nicht verrechneten Verluste mitteilen.

– Innerhalb einer Bank nicht ausgeglichene Verluste können über die freiwillige Veranlagung mit positiven Einnahmen eines anderen Instituts verrechnet werden.

- Verbleibende positive Kapitaleinkünfte sind nach der Verrechnung gem. § 43a Abs. 3 EStG n. F. an der Quelle zunächst mit Altverlusten aus privaten Veräußerungsgeschäften bis Ende 2008 zu verrechnen (§ 23 Abs. 3 Satz 9 und 10 EStG). Das erfolgt letztmalig im Veranlagungszeitraum 2013.

- Die positiven Kapitaleinkünfte nach § 20 Abs. 2 EStG n. F. (Veräußerungsgewinne), die nicht (Verkauf von GmbH-Anteilen) der Abgeltungsteuer unterliegen oder bereits vorab erfasst wurden (Wertpapiergeschäfte), sind nach Ausgleich über den neuen Verrechnungstopf des § 43a Abs. 3 EStG n. F. bei der Kapitalertragsteuer in einer ersten Stufe mit Altverlusten zu verrechnen. Es ist nicht möglich, die Altverluste bereits im Verrechnungstopf zu berücksichtigen. Erst dann erfolgt der Ausgleich mit Verlusten aus dem gleichen Veranlagungszeitraum. Da die Altverluste lediglich bis einschließlich 2013 vorgetragen werden, sollen diese vorrangig ausgeglichen werden. Anschließend können diese Altverluste nur noch im sehr begrenzten Rahmen des § 23 EStG berücksichtigt werden (Immobilienverluste, sonstige private Vermögensgegenstände).

- Ein Verlustrücktrag ist nicht möglich, Anleger haben nur die Möglichkeit, die Verluste in den folgenden Veranlagungszeiträumen abzuziehen.

- Verluste, die der Kapitalertragsteuer „unterlegen" haben, dürfen außerhalb des Verlustverrechnungstopfes nur dann verrechnet werden, wenn die Bankbescheinigung nach § 43a Abs. 3 EStG n. F. vorliegt. Dann wird der Verrechnungstopf geschlossen, so dass die Verluste beim Kreditinstitut keine Berücksichtigung mehr finden und in der Veranlagung geltend gemacht werden müssen. Beantragt der Kunde keine Bescheinigung, werden die Verluste weiterhin im Verrechnungstopf mit zukünftig zufließenden Einkünften aus Kapitalvermögen verrechnet.

11. Der schlankere § 23 EStG

Da die Veräußerung von Wertpapieren und Terminmarktgeschäfte beim Erwerb nach dem 31. 12. 2008 unter § 20 EStG n. F. fallen, ergeben sich eine Reihe von redaktionellen Änderungen. Dabei wird § 23 EStG neu gefasst.

- § 23 EStG mit Rechtsstand Ende 2008 gilt weiter für vor 2009 erworbene Wertpapiere und eingegangene Termingeschäfte. Sie werden innerhalb der einjährigen Spekulationsfrist erfasst, für Aktien gilt das Halbeinkünfteverfahren.

- § 23 Abs. 1 Nr. 1 EStG regelt unverändert die Besteuerung die Immobilien und grundstücksgleichen Rechte im Privatvermögen. Die zehnjährige Spekulationsfrist hat Bestand, auch innerhalb offener Immobilienfonds.

- Der neue § 23 Abs. 1 Nr. 2 EStG enthält weiterhin einen Veräußerungstatbestand bei anderen privaten Wirtschaftsgütern (Edelmetalle, Kunstgegenstände, Sammlungen, Antiquitäten). Hier ist die einjährige Spekulationsfrist weiterhin maßgebend.

- Die Spekulationsfrist erhöht sich auf zehn Jahre bei Wirtschaftsgütern, aus deren Nutzung als Einkunftsquelle zumindest in einem Kalenderjahr Einkünfte erzielt werden. Das dient der Vermeidung von Steuersparmodellen, die sich bei der Vermietung von beweglichen Wirtschaftsgütern auf Grund der Umgehung der Veräußerungsgewinnbesteuerung nach Ablauf der Veräußerungsfrist gebildet haben (geschlossene Containerfonds).

- Die jährliche Freigrenze wird von 512 Euro auf 600 Euro angehoben.

- Altverluste bis Ende 2008 aus Wertpapierverkäufen und Terminmarktgeschäften können bis 2013 sowohl mit Gewinnen aus privaten Veräußerungsgeschäften als auch mit Erträgen aus Kapitalanlagen verrechnet werden. Anschließend werden sie über den Verlustvortrag unbegrenzt weiter im Rahmen des § 23 EStG berücksichtigt.

- Ab 2009 realisierte Verluste mit Immobilien oder sonstigen privaten Wirtschaftsgütern innerhalb der Spekulationsfrist können nur noch innerhalb dieses begrenzten Kreises verrechnet werden.

12. Die Regelungen zum Steuerabzug in § 43 EStG

Neben den bislang bereits der Kapitalertragsteuer und dem Zinsabschlag unterliegenden Einnahmen kommen im Rahmen der Abgeltungsteuer noch weitere, zu erfassende Tatbestände hinzu. Dabei entfällt die Unterscheidung zwischen Kapitalertragsteuer und Zinsabschlag, es gibt nur noch einen Abzug vom Kapitalertrag, den § 43 EStG weiterhin als Kapitalertragsteuer bezeichnet. Der volle Abzug erfolgt ungeachtet des neuen Teileinkünfteverfahrens (Kapitalvermögen im Betriebsvermögen) und § 8b KStG (95 Prozent Steuerfreiheit bei Beteiligungen an Kapitalgesellschaften).

Dabei kommt es zu folgenden nennenswerten Unterschieden im Vergleich zur geltenden Regelung:

- Der Steuerabzug erfolgt auch bei ausländischen Kapitalerträgen (ausländische Dividenden) über inländische Depots, was derzeit nicht der Fall ist. Anders als bei inländischen Dividenden wird der Steuerabzug nicht vom Schuldner der Kapitalerträge (AG), sondern von der auszahlenden

Stelle im Inland (Depotbank) vorgenommen. Dabei wird die Quellensteuer mindernd berücksichtigt.

– Bei steuerpflichtigen Versicherungsleistungen gilt als Bemessungsgrundlage der Unterschiedsbetrag nach § 20 Abs. 1 Nr. 6 EStG. Die Anschaffungskosten aus einem entgeltlichen Erwerb bleiben im Abzugsverfahren unberücksichtigt. Dieser Ansatz an Stelle der entrichteten Beiträge kann nur im Rahmen der Veranlagung geltend gemacht werden.

– Die bisherigen Bagatellregeln für bestimmte Kapitalerträge ohne Zinsabschlag entfällt (Sichteinlagen mit maximal ein Prozent Verzinsung, bestimmte Bausparverträge, Guthaben mit maximal 10 Euro Gutschrift). Diese Tatbestände werden der Kapitalertragsteuer unterworfen, da sie ansonsten häufig nachzuerklären wären.

– Stillhalterprämien (Nettobesteuerung).

– Veräußerung von Aktien.

– Veräußerung von Zinsscheinen und Veräußerung oder Einlösung sonstiger Kapitalforderungen jeder Art.

– Termingeschäfte, sonstige Finanzinstrumente.

– Gewinn aus der Übertragung von Anteilen an Körperschaften, die keine Kapitalgesellschaften sind.

– Übertragung eines Wirtschaftsgutes i. S. d. § 20 Abs. 2 EStG auf einen anderen Gläubiger als Veräußerung. Das gilt nicht, wenn der auszahlenden Stelle mitgeteilt wird, dass es sich um eine unentgeltliche Übertragung handelt.

– Besondere Entgelte oder Vorteile, die neben den vorgenannten Einnahmen oder an deren Stelle gewährt werden (§ 20 Abs. 3 EStG). Das bisher in § 43 Abs. 1 Satz 1 Nr. 7 Buchst. b Satz 4 EStG enthaltene Bankenprivileg (kein Einbehalt, wenn Gläubiger der Kapitalerträge ein inländisches Kreditinstitut ist) wird auf alle neu hinzugekommen Kapitalertragsteuer-Tatbestände ausgeweitet. Für Kapitalerträge, die der Kapitalertragsteuer unterlegen haben, ist die Einkommensteuer abgegolten (§ 43a Abs. 5 EStG n. F.).

Dies gilt nicht

– für Kapitalerträge, die zu den Einkünften aus §§ 13, 15, 18, 21 EStG gehören.

– auf Antrag, dann werden Kapitalerträge in die besondere Besteuerung einbezogen. Die Berechnung des Abzugsbetrags Der Abgeltungssatz beträgt einheitlich 25 v. H., damit entfallen die bisherigen geteilten Tarife 20, 25 und 30 Prozent. Auch ein erhöhter Steuersatz bei Tafelgeschäften ist nicht mehr vorgesehen. Nur bei Leistungen bzw. Gewinnen von Betrieben gewerblicher Art mit oder ohne eigene Rechtspersönlichkeit (§ 20 Abs. 1 Nr. 10 EStG) wird ein Steuersatz von 15 v. H. bestimmt. Im Falle der Kirchensteuerpflicht ermäßigt sich die Kapitalertragsteuer um 25 v. H. der auf die Kapitalerträge entfallenden Kirchensteuer.

Die Formel:

$$\frac{\text{Kapitaleinkünfte} - 4 \times \text{anrechenbare ausländische Steuer}}{4 + 1/100 \text{ des Kirchensteuersatzes}}$$

Mit dieser Regelung wird die Abziehbarkeit der Kirchensteuer als Sonderausgabe pauschal berücksichtigt.

– Dem Steuerabzug unterliegen die vollen Kapitalerträge ohne Abzug. Das gilt auch beim Wertpapierverkauf, wenn die von der auszahlenden Stelle erworben und seitdem verwahrt worden sind.

– Ausländische Quellensteuer ist sofort mit der Abgeltungsteuer zu verrechnen.

Beispiel:

Auslandsdividende	100
Abgeltungsteuer 25 v. H.	25
abz. Quellensteuer	15
Einbehalt	10

– Bei einem Depotwechsel hat die abgebende inländische auszahlende Stelle der übernehmenden Bank die Anschaffungsdaten mitzuteilen. Handelt es sich bei der abgebenden um ein Institut mit Sitz in einem anderen EU oder EWR-Staat, kann der Anleger den Nachweis nur durch eine Bescheinigung des ausländischen Instituts führen. In allen anderen Fällen ist ein Nachweis nicht zulässig. Sind die Anschaffungsdaten nicht nachgewiesen, beträgt der Steuerabzug 30 v. H. der Veräußerungs- oder Einlösungserlöse.

– Bei einem unentgeltlichen Übergang gilt der Börsenpreis zum Zeitpunkt der Übertragung als Einnahme aus der Veräußerung, ansonsten 30 v. H. der Anschaffungskosten. Das gilt aber nur, wenn der Anleger der Bank keine unentgeltliche Übertragung anzeigt.

– Negative Kapitalerträge einschließlich gezahlter Stückzinsen sind bis zur Höhe der positiven Kapitalerträge auszugleichen. Der bisherige Stückzinstopf wird erheblich ausgeweitet und in einen Verlustverrechnungstopf umgewandelt. Damit wird erreicht, dass insbesondere auch bei Bezug von mit ausländischer Quellensteuer vorbelasteten Dividenden, von gezahlten Stückzinsen oder bei Veräußerungsverlusten die Kapitalertragsteuer in zutreffender Höhe einbehalten wird und durch die Berücksichtigung dieser Tatbestände im Quellensteuerabzug zusätzliche Veranlagungsfälle vermieden werden.

– Der nicht ausgeglichene Verlust ist auf das nächste Kalenderjahr zu übertragen. Auf Verlangen des Gläubigers ist eine Bescheinigung zu erteilen, der Verlustübertrag entfällt in diesem Fall. Der unwiderrufliche Antrag auf Erteilung der Bescheinigung muss bis zum 15. 12. des laufenden Jahres der Bank zugehen.

– Bei Körperschaften erfolgt eine Abstandnahme von der Erhebung der Kapitalertragsteuer auf Veräußerungsgewinne. Hier erfolgt die Festsetzung der Körperschaftsteuer in Höhe von 15 v. H. im Veranlagungs- und Vorauszahlungsverfahren.

13. Einführungs- und Übergangsregeln

Die Abgeltungsteuer ist grundsätzlich auf ab 1. 1. 2009 zufließende Kapitalerträge anzuwenden (§ 52a Abs. 1 EStG n. F). Der Wegfall des Halbeinkünfteverfahrens im Privatbereich und das neue Teileinkünfteverfahren in §§ 3 Nr. 40, 3c EStG n. F. (40 Prozent bleiben steuerfrei, 60 Prozent Kostenabzug) gelten ebenso ab dem Veranlagungszeitraum 2009 wie der Wegfall des Werbungskostenabzugs.

Besonderheiten:

– Bei Gewinnausschüttungen nach 2008 gilt das Halbeinkünfteverfahren auch dann nicht mehr, wenn Aktien oder GmbH-Anteile vor 2009 erworben worden sind.

– Gewinne aus vor 2009 erworbenen Wertpapieren und Kapitalforderungen, die keine Finanzinnovationen im heutigen Sinne von § 20 Abs. 2 Satz 1 Nr. 4 EStG sind, fallen bei der Veräußerung innerhalb eines Jahres unter § 23 EStG alter Fassung. Bei Aktien gilt hier weiter das Halbeinkünfteverfahren.

– Für Finanzinnovationen nach derzeitigem Recht erfolgt der Übergang zur Abgeltungsteuer ohne Ausnahmeregelungen. Damit unterliegen Verkäufe ab 2009 generell der Abgeltungsteuer (§ 52a Abs. 10 S. 5 EStG n. F.). Das bedeutet im Falle der Verlustrealisierung oder beim Ansatz von Wechselkursveränderungen, dass diese sofort berücksichtigt werden. Der vorrangige Ansatz der Emissionsrendite endet 2008.

– Bei Risiko-Zertifikaten ohne Kapitalgarantie sind die neuen Vorschriften anzuwenden auf alle Erträge, die nach dem 30. 6. 2009 zufließen unabhängig von Anschaffungszeitpunkt. Nur für Zertifikate, die vor dem

15. 3. 2007 erworben wurden, gelten die alten Regelungen (§ 52a Abs. 10 EStG n. F.)

– Die Einlage von Wirtschaftsgütern nach § 20 Abs. 2 EStG n. F. (Teilwert, höchstens Anschaffungs- oder Herstellungskosten) gilt für nach dem 31. 12. 2008 erfolgte Einlagen.

– Der Werbungskosten-Pauschbetrag von 51 Euro entfällt ab dem Veranlagungszeitraum 2009.

– Der Sonderausgabenabzug für die Kirchensteuer im Abzugsverfahren entfällt ab 2009.

– Die neue Berechnung der Erlöse beim Erwerb einer Versicherung (Kaufpreis statt vor dem Erwerb entrichteter Beiträge) gilt für Erwerbe ab dem 1. 1. 2008.

– Die Anwendung der Neuregelung für die Besteuerung der Gewinne aus der Veräußerung von Lebensversicherungen gilt für Verkäufe ab 2009, sofern es sich um einen nach dem 31. 12. 2004 abgeschlossen Versicherungsvertrag (Steuerpflicht durch Alterseinkünftegesetz) handelt.

– Der erweiterte § 20 Abs. 1 Nr. 7 EStG n. F. (Kapitalerträge, auch wenn weder Rückzahlung noch Zahlung eines Entgelts für die Nutzungsüberlassung sicher sind) gilt grundsätzlich beim Zufluss ab 2009. Für zuvor erworbene Wertpapiere gilt jedoch weiterhin die bisherige Fassung des § 23 EStG.

– Stillhalterprämien fallen bei Zufluss ab dem 1. 1. 2009 unter § 20 Abs. 1 Nr. 11 EStG n. F. und bis dahin unter § 22 Nr. 3 EStG a. F.

– Termingeschäfte fallen beim Rechtserwerb ab dem 1. 1. 2009 unter § 20 Abs. 2 Satz 1 Nr. 3 EStG n. F. und ansonsten unter den § 23 Abs. 1 Nr. 4 EStG a. F.

– Gewinne aus der Veräußerung stiller Beteiligung, Hypotheken und bestimmter Körperschaften, Personenvereinigungen und Vermögensmassen fallen beim Rechtserwerb ab dem 1. 1. 2009 unter § 20 EStG n. F.

– § 23 Abs. 1 Nr. 2 EStG n. F. ist erstmals auf Veräußerungsgeschäfte anzuwenden, bei denen die Wirtschaftsgüter nach dem 31. 12. 2008 angeschafft wurden. Die vorherige Fassung gilt noch für Veräußerungsgeschäfte, bei denen die Wirtschaftsgüter vor 2009 erworben wurden.

– Für Leerverkäufe ist der aktuelle § 23 Abs. 1 Nr. 3 EStG letztmals auf Veräußerungsgeschäfte anzuwenden, bei denen die Veräußerung auf einem vor 2009 abgeschlossenen Vertrag beruht.

- Die erweiterte Verrechnung für Altverluste mit einem Teil der Kapitaleinkünfte ist lediglich bis einschließlich Veranlagungszeitraum 2013 möglich. Ein danach verbleibendes Minus kann nur noch mit Gewinnen aus privaten Veräußerungsgeschäften verrechnet werden.

14. Verfassungsrechtliche Fragen

Die Einführung einer proportionalen Kapitalertragsteuer mit abgeltender Wirkung und der damit verbundene Eingriff in fundamentale Grundprinzipien des Steuerrechts werfen unter verschiedenen Gesichtspunkten verfassungsrechtliche Fragen auf[32], die nachfolgend nur überblicksartig dargestellt gestellt werden.

Unter verfassungsrechtlichen Gesichtspunkten sind folgende Bereiche hervorzuheben:

- Zulässigkeit des Systemwechsels von der synthetische Einkommensteuer zu einem Schedulensystem;

- Abschaffung des Dualismus der Einkunftsarten (bisher: Gewinneinkunftsarten, Überschusseinkunftsarten, jetzt zusätzlich Bruttobesteuerung);

- Verletzung des Gleichheitsgrundsatzes durch niedrigen Abgeltungsteuersatz; hohes Belastungsgefälle zwischen Kapital- und Arbeitseinkommen;

- Abkehr von bisherigen Nettoprinzip zur Bruttobesteuerung bei einer Einkunftsart;

- Ausschluss des Werbungskosten-Abzugs auch bei Ansatz der Kapitaleinkünfte im Veranlagungswege (Veranlagungsoption);

- Doppelbesteuerung der Gewinnausschüttung durch Abschaffung des Halbeinkünfte-Verfahrens[33];

- Beschränkung der Verlustverrechnung aus Aktiengeschäften (Schedule in der Schedule);

- Beschränkung der Verlustverrechnung von Altverlusten bis 2013;

- Keine Folgerichtigkeit im Bereich der Besteuerung von Stillhalterprämien; in § 20 Abs. 1 Nr. 11 EStG n. F. wird – innerhalb derselben Ein-

---

32 Dazu *Hey*, Verletzung fundamentaler Besteuerungsprinzipien durch Gegenfinanzierungsmaßnahmen des Unternehmenssteuerreformgesetzes 2008, BB 2007, 1303.

33 Dazu *Intemann*, Einbeziehung der Dividenden in die Abgeltungsteuer verfassungswidrig?, DB 2007, 1658.

kunftsart – ein Abzug der Glattstellungsaufwendungen (Werbungskosten) zugelassen;

- Verletzung des Bestimmtheitsgrundsatzes in § 20 Abs. 2 Satz 1 Nr. 3 Buchst. b EStG n. F. („als Termingeschäft ausgestaltetes Finanzinstrument");

- Verletzung des Gleichheitsgrundsatzes durch vorgezogene zeitliche Anwendung bei Index-Zertifikaten, nicht aber bei börsengehandelten Index-Fonds (ETFs).

15. Einzelprobleme

15.1 Systemwidrige Erweiterung des § 20 EStG

Verbunden mit der Einführung der Abgeltungsteuer ist eine unsystematische Erweiterung des § 20 EStG, der in seinem bisherigen Tatbestand Einnahmen aufzählte, die zu Einkünften aus Kapitalvermögen führen. Besteuerungsgegenstand waren bislang einerseits die Gewinnausschüttungen und sonstige Bezüge aus der Beteiligung an Körperschaften als Anteilseigner (§ 20 Abs. 1 Nr. 1–2 EStG), andererseits Nutzungsentgelte für die Kapitalüberlassung auf Zeit in Form von Zinsen (§ 20 Abs. 1 Nr. 4–8 EStG). Seit 1993 enthält § 20 Abs. 2 Satz 1 Nr. 4 EStG zudem einen Tatbestand, mit dem Veräußerungs- und Einlösungsentgelte aus Geschäften mit besonders ausgestatteten Schuldverschreibungen (Finanzinnovationen) als Einnahmen aus Kapitalvermögen, nicht aber als Veräußerungsgewinn, erfasst werden.

Zu diesen Tatbeständen sind nunmehr im neuen § 20 Abs. 2 EStG alle Gewinne aus der Veräußerung von Kapitalanlagen wie sie im bisherigen § 20 Abs. 1 EStG normiert sind, hinzugekommen. Der Gesetzgeber hat sich allerdings nicht damit begnügt, die Einnahmen aus den Veräußerungsgeschäften des heutigen § 23 Abs. 1 Satz 1 Nr. 2 EStG in den § 20 EStG hineinzuschreiben. Vielmehr ist zusätzlich der Tatbestand des § 23 Abs. 1 Satz 1 Nr. 4 EStG (Gewinne aus Termingeschäften) und aus § 22 Nr. 3 EStG (sonstige Leistungen in Form der Stillhalterprämie) in § 20 EStG überführt worden. Sowohl die Termingeschäfte als auch die Stillhalterprämien passen nicht ins System der Einnahmen aus Kapital. Beiden Einnahmearten liegt weder eine Kapitalbeteiligung noch eine Kapitalüberlassung gegen Nutzungsentgelt zugrunde.

15.2 Veräußerung von als Termingeschäft ausgestalteten Finanzinstrumenten

Neben den Gewinnen aus der Beendigung von Termingeschäften (§ 20 Abs. 2 Satz 1 Nr. 3 Buchst. a EStG) enthält der neue § 20 EStG in Abs. 2 Satz 1 Nr. 3 Buchst. b EStG einen Tatbestand, der Gewinne aus „als Termingeschäft ausgestalteten Finanzinstrument" zu steuerbaren Einnahmen aus Kapitalvermögen erklärt. Eine nähere Umschreibung, was der Gesetzgeber unter unbestimmten Rechtsbegriffen versteht, fehlt. Der Gesetzestext stellt nicht auf die Veräußerung des Termingeschäfts als solches, sondern stellt in unbestimmter Weise auf die Veräußerung eines als Termingeschäfts ausgestalteten Finanzinstruments ab. Angesichts der Vielfältigkeit der heutigen Finanzprodukte scheint der Wortlaut bedenklich unbestimmt. In der Gesetzesbegründung[34] wird dazu beispielhaft die Veräußerung von Optionen genannt. Wegen der fehlenden Begriffsbestimmung zum Termingeschäft ist aber schon zweifelhaft, ob Optionen überhaupt unter die Tatbestände der Nr. 3 fallen. Sowohl börsliche als auch außerbörsliche Optionsgeschäfte können als Finanzinstrumente bezeichnet werden, sind aber zivilrechtlich keine Termingeschäfte, sondern nach der vorherrschende Trennungstheorie (Trennung von Options- und Ausführungsgeschäft) Kassageschäfte[35]. Das Wertpapierhandelsgesetz enthält in § 2 Abs. 2b Satz 1 WpHG eine Definition des Finanzinstruments, auf die in § 20 Abs. 2 Satz 1 Nr. 3 Buchst. b EStG n. F. jedoch keinen Bezug nimmt.

Ebenso unklar ist, ob Zertifikate, die bislang in § 23 Abs. 1 Satz 1 Nr. 4 Satz 2 EStG geregelt waren, unter diesen neuen Tatbestand fallen. War zudem schon nach aktuellem Recht fraglich, ob die an deutschen Börsen gehandelten Zertifikate von der Vorschrift erfasst werden[36], so dürfte die Besteuerung der Erträge aus Zertifikaten nach der neuen Formulierung noch fragwürdiger sein, da Zertifikate ebenfalls nicht als Termingeschäfte, sondern als Inhaberschuldverschreibungen (Anleihen) ausgestaltet sind.

15.3 Besteuerung von Finanzinnovationen unter der Abgeltungsteuer

Die Diskussion um die Besteuerung der Einnahmen aus einer Zwischenveräußerung oder Einlösung von innovativen Schuldverschreibungen i. S. d. § 20 Abs. 2 Satz 1 Nr. 4 Buchst. a – d EStG als Kapitalertrag war geprägt von der Frage, ob der Steuerpflichtige ein Wahlrecht zwischen dem Ansatz der immer positiven Emissionsrendite oder der im Einzelfall günstigeren oder negativen Marktrendite (Kursdifferenz-Besteuerung) hat. Die Rechtsprechung des BFH hat dieses Wahlrecht nunmehr endgültig verneint und den Abzug der negativen Marktrendite nur dann zugelassen, wenn die Schuld-

---

34 BT-Drucks. 16/14841, 73.
35 BFH, Urt. v. 17. 4. 2007 – IX R 40/06, DStR 2007, 1075; *Harenberg* in Herrmann/Heuer/Raupach, EStG/KStG, § 23 EStG Anm. 182.
36 Dazu *Harenberg* in Herrmann/Heuer/Raupach, EStG/KStG, § 23 EStG Anm. 200 ff.

verschreibung keine Emissionsrendite hat oder diese – trotz aller Bemühungen des Steuerpflichtigen – nicht nachzuweisen ist.

Mit der Neufassung des § 20 EStG hat sich diese Rechtsproblematik erübrigt, da über § 20 Abs. 2 EStG alle Veräußerungs- und Einlösungsgewinne, auch solche aus innovativen Schuldverschreibungen, erfasst werden. Allerdings stellt sich für diese Produkte ein Problem, das sich aus den Vorschriften über die zeitliche Anwendung der Neuregelungen ergibt. Nach § 52a Abs. 10 EStG ist § 20 Abs. 2 Satz 1 Nr. 7 EStG n. F., der die Besteuerung der Gewinne aus der Veräußerung von Schuldverschreibungen regelt, auf alle Einnahmen anzuwenden, die nach dem 31. 12. 2008 zufließen, nicht jedoch für Schuldverschreibungen, die vor dem 1. 1. 2009 angeschafft wurden. Dies gilt allerdings nur für Schuldverschreibungen, die keine Finanzinnovationen i. S. d. bisherigen § 20 Abs. 2 Satz 1 Nr. 4 EStG sind. Veräußerungsgewinne herkömmlicher Schuldverschreibungen sind also erst dann steuerpflichtig, wenn sie nach dem 31. 12. 2008 angeschafft und veräußert werden. Dagegen sind Veräußerungsgewinne finanzinnovativer Schuldverschreibungen unabhängig von ihrer Anschaffung immer steuerpflichtig, wenn sie nach dem 31. 12. 2009 veräußert werden.

15.4 Ausweitung der Steuerpflicht bei Disagio-Anleihen

Die Ausweitung des § 20 EStG erfasst neben den bisher nach Ablauf der Jahresfrist steuerfreien Veräußerungsgewinne auch bisher grundsätzliche steuerfreie Einnahmen aus Schuldverschreibungen, die zur Anpassung des Zinssatzes an das aktuelle Kapitalmarktniveau mit einem Disagio (Emissionsdisagio) auf den Nennwert emittiert worden sind. Dieses Disagio ist bei Rückzahlung zum Nennwert Kapitalertrag i. S. d. § 20 Abs. 1 Nr. 7 EStG[37]. Aus Vereinfachungsgründen beließ die Finanzverwaltung jedoch ein Disagio steuerfrei, wenn es sich innerhalb der Disagio-Staffel des BMF-Schreibens vom 24. 11. 1986[38] bewegte. Mit Einführung des neuen Veräußerungstatbestands in § 20 Abs. 2 Satz 1 Nr. 7 EStG unterliegt im Fall der Zwischenveräußerung oder der Endeinlösung das Emissionsdisagio der Besteuerung.

15.5 Ungleichbehandlung von Index-Zertifikaten und Index Fonds

Die Vorschriften über den Anwendungszeitpunkt der neuen Regelungen enthalten hinsichtlich des zeitlichen Anwendungsbereichs in § 52a Abs. 10 EStG für Zertifikate eine von der Grundregel abweichende Bestimmung.

---

37 BFH, Urt. v. 13. 10. 1987 – VIII R156/84, BStBl. II 1988, 252.
38 Emissionsdisagio-Erlass, Az. IV B 4 – S 2252 – 180/86, BStBl. I 1986, 539; dazu *Harenberg/Irmer*, Die Besteuerung privater Kapitaleinkünfte, 4. Aufl., S. 521.

Der jetzt auch Risiko-Zertifikate erfassende neue § 20 Abs. 1 Nr. 7 EStG und die entsprechende Regelung für die Veräußerungsgewinne in § 20 Abs. 2 Satz 1 Nr. 7 EStG sind auf alle Erträge aus Zertifikaten, insbesondere Index-Zertifikaten, anzuwenden, die nach dem 14. 3. 2008[39] angeschafft wurden und dem Steuerpflichtigen nach dem 30. 6. 2009 zufließen. Darin liegt eine verfassungsrechtlich bedenkliche Ungleichbehandlung im Vergleich zu börsengehandelten Index-Fonds, die der allgemeine Regelung unterfallen. Ihre Veräußerungsgewinne sind erst dann nach den Neuregelungen steuerpflichtig, wenn die Fondsanteile nach dem 31. 12. 2008 angeschafft und die Einnahmen ab 2009 zufließen. Beide Anlageinstrumente, Index-Zertifikate und Index-Fonds, unterscheiden sich nur in der rechtlichen Form. Zertifikate sind als Schuldverschreibungen konstruiert, Index-Fonds sind Investmentanteile und unterliegen damit der Besteuerung nach dem § 2 InvStG i. V. m. § 20 Abs. 2 Satz 1 Nr. 7 EStG.

16. Fazit

Durch die Abgeltungsteuer sollte im Rahmen der Unternehmensteuerreform die Besteuerung von Kapitalerträgen vereinfacht werde. Bürokratiekosten bei Anlegern, Finanzämtern und Banken sollten gesenkt und der deutsche Finanzstandort gefördert werden. Diese Ziele sind durch die Vorschriften des Unternehmensteuerreformgesetzes vom 14. 8. 2007 nicht erreicht. Die Übergangsvorschriften sind komplex, unübersichtlich und z. T. verfassungsrechtlich bedenklich. Die Verfahrensregelungen in § 32d EStG sind schwer verständlich. Die verschiedenen Veranlagungsmöglichkeiten und Ausnahmen von der Definitivsteuer haben einen erhöhten Beratungsbedarf zur Folge.

Von der Abgeltungsteuer profitieren nur Steuerpflichtige mit hohen individuellen Grenzsteuersätzen. Verlierer sind Anleger, die aus Gründen der Altersvorsorge ihr Wertpapiervermögen im Vertrauen auf die Steuerfreiheit der Veräußerungsgewinne aufgebaut haben und nunmehr die Wertsteigerungen bei Veräußerung ohne Haltfrist versteuern müssen. Die private Altersvorsorge wird dadurch behindert und nicht gefördert. Verlierer sind aber auch alle Steuerpflichtigen, die ihr Einkommen aus Arbeit erzielen. Sie unterliegen nach wie vor dem progressiven Steuertarif. Nachbesserungen sind deshalb dringend erforderlich.

---

39 Tag der Veröffentlichung des Referentenentwurfs eines Unternehmenssteuerreformgesetz 2008.

Das Gesetz über deutsche Immobilienaktiengesellschaften mit börsennotierten Anteilen (REITG)

Professor Dr. Andreas Lohr
Steuerberater und Wirtschaftsprüfer, Düsseldorf

Inhaltsübersicht

I. Die Entstehungsgeschichte der Real Estate Investment Trusts (REITs)

Der Begriff „REIT" bezeichnet Immobilien-Aktiengesellschaften mit börsennotierten Anteilen.

Während diese Form indirekter und steuertransparenter Immobilienanlage zum Jahr 2007 in Deutschland neu eingeführt wurde, sind REITs seit längerer Zeit international anerkannt und in ca. 15 Staaten eine gängige Anlageform.

Mutterland der REITs sind die USA. Nachdem bereits 1880 erste REITs geschaffen worden waren, erfolgte durch den Real Estate Investment Trust von 1960 eine erste Kodifizierung.

In Europa wurden vergleichbare Immobilienaktiengesellschaften bislang in den Niederlanden, Italien, Belgien, Frankreich und dem Vereinigten Königreich verwirklicht. In Finnland, Rumänien und Italien sind REITs derzeit in Vorbereitung.

Das REIT-Gesetz (REITG)[1] geht auf eine Planung des Bundesministeriums der Finanzen im Jahr 2005 zurück. Nach längerer Bedenkzeit und Recherche folgte am 26. 9. 2006 ein Referentenentwurf des Finanzministeriums[2]; am 2. 11. 2006 brachte das Bundeskabinett einen Regierungsentwurf[3] ein. Dieser wurde am 23. 2. 2007 vom Bundestag beschlossen. Am 30. 3. 2007 verabschiedete der Bundesrat das REITG, welches auf Vorschlag von Wirtschaftsverbänden und Vertretern der Immobilienwirtschaft mit zahlreichen Änderungen gegenüber dem Kabinettsentwurf versehen wurde und sich stark an das britische REIT-Modell anlehnt. Das deutsche REITG trat sodann rückwirkend zum 1. 1. 2007 in Kraft.

Die Motive der Gesetzesinitiative sind unterschiedlicher Art. Während die Schaffung eines international anerkannten Kapitalanlageprodukts zwecks Stärkung der Wettbewerbsfähigkeit mit ausländischen Finanz- und Immobilienstandorten im Mittelpunkt stand, strebte der Gesetzgeber auch eine Mobilisierung des Immobilienmarktes an, indem er einen Anreiz für Unternehmen schuf, ihre nicht betriebsnotwendigen Immobilien zu veräußern und dabei stille Reserven aufzudecken, die dann zur Investition in Produktivvermögen zur Verfügung stehen.

---

1 Gesetz v. 28. 5. 2007, BGBl. I 2007, 914.
2 Vgl. *Schmidt/Behnes*, BB 2006, 2329; *Schultz/Thießen*, DB 2006, 2144.
3 BR-Drucks. 779/06, BT-Drucks. 16/4026.

II. Qualifikation einer Gesellschaft als REIT

1. Gesellschaftsrechtliche Grundlagen

Gemäß § 1 des REITG sind REITs in Deutschland als Sonderform der börsennotierten Aktiengesellschaft ausgestaltet[4].

Für die REIT-AG gelten zunächst die allgemeinen Vorschriften des Aktiengesetzes und anderer Gesetze, soweit das REITG nichts Abweichendes vorschreibt. Neben dem REITG sind somit auf REIT-AGs über § 1 Abs. 3 des REITG auch die Vorschriften des Handelsgesetzbuches sowie des Wertpapierhandelsgesetzes anwendbar.

Die REITG-AG stellt keine neue Gesellschaftsform dar, sondern schafft einen gesellschafts- und steuerrechtlichen Sonderstatus der Aktiengesellschaft. Die REIT-AG weist jedoch gegenüber der gewöhnlichen Aktiengesellschaft besondere Strukturmerkmale auf. Das bedeutendste Strukturmerkmal, die Beschränkung des Unternehmensgegenstandes, ist in § 1 REITG niedergelegt. Danach sind REIT-AGs Aktiengesellschaften, deren Unternehmensgegenstand auf Rechte an inländischem oder ausländischem unbeweglichen Vermögen, Anteilen an Immobilienpersonengesellschaften, an REIT-Dienstleistungsgesellschaften, an Auslandsobjektgesellschaften oder sonstigen Kapitalgesellschaften, deren Aktien zum Handel am organisierten Markt im Sinne des § 2 Abs. 4 WpHG zugelassen sind, beschränkt ist.[5]

1.1 Die Gründungsphasen der REIT-AG

Nach § 2 REITG soll – ähnlich der Vor-GmbH – eine Vor-REIT-Gesellschaft gegründet werden können. Der Vor-REIT stellt keine eigene Gesellschaftsform dar, sondern bezeichnet eine Aktiengesellschaft mit Sitz im Geltungsbereich des REITG, die beim Bundeszentralamt für Steuern als Vor-REIT registriert ist.[6]

Grund für die Schaffung des Vor-REIT ist die Möglichkeit der Gesellschaft, bereits vor Erlangen des REIT-Status die sog. Exit-Tax-Regelung anwenden zu können. Erreicht wird damit unter anderem eine zeitliche Vorverlagerung der angestrebten Mobilisierung des Immobilienvermögens.

Im Gegensatz zum Regierungsentwurf des REITG vom 12. 1. 2007[7] werden an den Unternehmensgegenstand und die Vermögens- und Ertragsstruktur bei Gründung des Vor-REIT zunächst keine speziellen Anforderungen ge-

---

4 *Hahn*, ZGR 2006, 805; *Ziemons*, BB 2007, 449.
5 *Haase/van Dreveldt*, Stbg 2007, 329 (330); *Schacht/Gänsler*, DStR 2006, 1518.
6 *Sieker/Göckeler/Köster*, DB 2007, 933 (935).
7 BT-Drucks. 16/4026, 7.

stellt. Erforderlich ist lediglich, dass die Aktiengesellschaft, die den Status „Vor-REIT" erwerben möchte, ihren statutarischen Sitz im Geltungsbereich des REITG hat.

Die Gesellschaft hat in den der Registrierung folgenden Geschäftsjahren gemäß § 2 REITG insbesondere die nachfolgenden Voraussetzungen zu erfüllen:

Der Vor-REIT hat zum Ende des ersten Geschäftsjahres nach Registrierung gegenüber dem Bundeszentralamt für Steuern nachzuweisen, dass der Unternehmensgegenstand der REIT-AG aus § 1 Abs. 1 Ziffer 1–5 des REITG erreicht und die Vermögens- und Ertragsanforderungen aus § 12 des REITG eingehalten wurden. Bei Nichterfüllen einer dieser Voraussetzungen entfällt der Status als Vor-REIT zum Ende des Geschäftsjahres, § 2 Satz 4 REITG.

Der Status als Vor-REIT entfällt gemäß § 10 Abs. 3 REITG ebenfalls, wenn die Gesellschaft innerhalb von drei Jahren nach Anmeldung als Vor-REIT keinen Antrag auf Börsenzulassung gestellt hat oder ein solcher in verbindlicher Form abgelehnt wurde. Dabei ist eine Fristverlängerung seitens der Bundesanstalt für Finanzdienstleistungsaufsicht um ein Jahr möglich.

1.2 Der beschränkte Unternehmensgegenstand der REIT-AG

§ 1 Abs. 1 Ziffer 1–5 des REITG enthält einen numerus clausus der zulässigen Unternehmensgegenstände der REIT-AG. So sind insbesondere der Erwerb, die Haltung und Verwaltung sowie die Veräußerung von Eigentum oder sonstigen dinglichen Rechten an inländischem unbeweglichen Vermögen mit Ausnahme von Bestandsmietwohnimmobilien oder an ausländischem unbeweglichen Vermögen, soweit dort Eigentumsfähigkeit der Gesellschaft, Körperschaft oder Masse anerkannt ist, vorgesehen.

Der Begriff „Bestandsmietwohnimmobilien" bezeichnet inländische Immobilien, die vor dem 1.1.2007 erbaut wurden und zu mehr als 50% Wohnzwecken dienen. Die Aussonderung der Bestandsmietwohnimmobilien aus dem Unternehmensgegenstand einer REIT-AG wurde im Gesetzgebungsverfahren lange diskutiert. Die Befürworter der Eliminierung der Bestandswohnimmobilien aus dem Unternehmensgegenstand begründeten diesen Schritt im Wesentlichen mit Mieterschutzerwägungen.

Zulässige Unternehmensgegenstände sind insbesondere der Erwerb, die Haltung und Verwaltung sowie Veräußerung von Anteilen an Immobilienpersonengesellschaften, REIT-Dienstleistungsgesellschaften, Auslandsobjektgesellschaften oder Anteilen an Kapitalgesellschaften, die persönlich haftende Gesellschafter einer Immobilienpersonengesellschaft sind, ohne an dieser vermögensmäßig beteiligt zu sein.

Definitionen der Begriffe „Immobilienpersonengesellschaften", „REIT-Dienstleistungsgesellschaften" und „Auslandobjektgesellschaften" sieht das REIT-Gesetz in § 3 vor.

Eine weitere wichtige Beschränkung des Unternehmensgegenstandes der REIT-AG folgt aus § 1 Abs. 2 des REITG, wonach entgeltliche Nebengeschäfte für Dritte ausschließlich über REIT-Dienstleistungsgesellschaften erbracht werden dürfen. Fraglich sind die Rechtsfolgen einer Überschreitung des Unternehmensgegenstandes.

Für den Fall, dass die Satzung einen unzulässigen Unternehmensgegenstand beschreibt, ist die Rechtsfolge, dass die REIT-AG nicht ins Handelsregister eingetragen werden kann. Bei einer faktischen Überschreitung ist die Rechtsfolge hingegen umstritten: während eine Ansicht[8] unter Berücksichtigung der Regelungen für allgemeine Aktiengesellschaften keine Sanktionen verhängen möchte, verlangt eine andere Ansicht[9] zumindest bei nachhaltiger Verletzung des § 1 REITG eine Löschung der Firma bzw. des Rechtsformzusatzes „REIT" im Handelsregister.

1.3 Welche Voraussetzungen muss eine Gesellschaft erfüllen, um als REIT-AG bezeichnet werden zu können?

Neben der Beschränkung des Unternehmensgegenstandes als eines der wesentlichen Charakteristika der REIT-AG benennen die §§ 16 Abs. 1 i. V. m. §§ 8–15 des REITG weitere essentielle Voraussetzungen für die Qualifikation als REIT-AG.

Zunächst ist die Firma der REIT-Aktiengesellschaft bei dem zuständigen Amtsgericht zur Eintragung in das Handelsregister anzumelden, § 8 REITG.

Die REIT-AG muss sowohl ihren Sitz als auch ihre Geschäftsleitung in Deutschland haben (§ 9 REITG).

Die Aktien der REIT-AG müssen zum Handel an einem organisierten Markt im Sinne des § 2 Abs. 5 WpHG in einem Mitgliedstaat der Europäischen Union oder in einem anderen Vertragsstaat des Abkommens über den Europäischen Wirtschaftsraum zugelassen sein (§ 10 Abs. 1 REITG). Dabei muss der Antrag auf Zulassung zum organisierten Markt innerhalb von drei Jahren nach Anmeldung der Aktiengesellschaft als Vor-REIT gestellt werden, wobei eine Fristverlängerung möglich ist (§ 10 Abs. 2 REITG). Die Frist versteht sich als Zeitfenster, innerhalb dessen die REIT-AG ihre

---

8 *Frey/Harbath*, ZIP 2007, 1177 (1179); *Ziemons*, BB 2007, 449; *Quass/Becker*, AG 2007, 421 (424).

9 *Wiesbrock* in Helios/Wewel/Wiesbrock, Kommentar zum REITG, § 1 REITG Rz. 37.

Börsenreife erreichen muss. Andernfalls droht ein Verlust des Status als Vor-REIT (§ 2 Satz 4 REITG).

§ 11 des REITG stellt besondere Anforderungen an die Streuung der Aktien. Nach dieser Vorschrift darf kein Anleger direkt 10 % oder mehr der Aktien oder Stimmrechte an der REIT-AG halten. Im Zeitpunkt der Börsenzulassung müssen sich mindestens 25 % der Aktien im Streubesitz befinden, später sind es nur noch 15 % der Aktien.[10] Aus Kapitalmarktgründen soll damit einerseits eine Mindeststreuung der Aktien im Anlegerpublikum erreicht werden, andererseits soll für die im Fall von qualifizierten Beteiligungen bestehenden internationalen Schachtelprivilegien gemäß Doppelbesteuerungsabkommen, die Deutschland abgeschlossen hat, bei ausländischen Anlegern das deutsche Besteuerungsrecht erhalten bleiben, d. h. das internationale Schachtelprivileg, das die meisten deutschen Doppelbesteuerungsabkommen enthalten, wird nicht angewendet.

Verstöße gegen die vorgeschriebene Aktionärsstruktur, die Mindeststreubesitzquote und den maximalen Anteilsbesitz je Anteilseigner ziehen den Verlust der Steuerbefreiung nach sich, falls die Voraussetzungen in drei aufeinander folgenden Jahren nicht erfüllt werden (§ 18 Abs. 3 und 4 REITG).

Des Weiteren stellt das REITG in § 12 besondere Anforderung an die Vermögens- und Ertragslage der REIT-AG.

In diesem Zusammenhang ist insbesondere hervorzuheben, dass mindestens 75 % der Aktiva der REIT-AG am Ende eines Geschäftsjahres zum unbeweglichen Vermögen zählen müssen. Weiterhin müssen mindestens 75 % der Umsatzerlöse aus Vermietung und Verpachtung, Leasing oder Veräußerung von unbeweglichen Vermögen stammen (§ 12 Abs. 2a und Abs. 3a REITG). Das bilanzielle Eigenkapital der REIT-AG muss mindestens 45 % des unbeweglichen Vermögens der REIT-AG betragen (§ 15 REITG)[11].

Die vorbenannten Vorschriften sollen sicherstellen, dass das Kerngeschäft der REITG-AG die Immobilientätigkeit darstellt. Die Ausrichtung der REIT-AG auf die gewünschte Immobilientätigkeit wird daher neben der Beschränkung des Unternehmensgegenstandes in § 1 Abs. 1 REITG insbesondere durch die §§ 12, 14 und 15 REITG erreicht.

§ 13 des REITG fordert eine mindestens 90 %-ige Ausschüttung des handelsrechtlichen Jahresüberschusses an die Aktionäre, und zwar bis zum Endes des folgenden Geschäftsjahres. Der handelsrechtliche Jahresüber-

---

10 *Ebner,* NWB 2007, 14537 ff., daneben sind die börsenrechtlichen Vorschriften der BörsZulVO und des BörsG zu beachten.

11 Vgl. zur Thematik *Haase/Dreveldt,* Stbg 2007, 329; *Breinersdorfer/Schütz,* DB 2007, 1487.

schuss i. S. d. § 275 HGB – gemindert um die Dotierung der Rücklage nach § 13 Ziffer 3 Satz 1 REITG und erhöht um die Auflösung der Rücklage nach § 13 Ziffer 3 Satz 2 REITG – ist Grundlage für die Berechnung der Ausschüttungshöhe.

Eine weitere Beschränkung des Unternehmensgegenstandes über § 1 Abs. 1 Ziffer 1–5 des REITG hinaus weist § 14 aus: danach ist der REIT-AG ein Handeltreiben mit unbeweglichem Vermögen untersagt. Dabei bezeichnet „Handeltreiben" gemäß § 14 Abs. 2 REITG Veräußerungen, bei welchen Erlöse erzielt werden, die in keinem angemessenen Verhältnis zum durchschnittlichen Immobilienbestand der Gesellschaft mehr stehen. Konkret fingiert das Gesetz einen Handel erst dann, wenn der REIT in einem Zeitraum von fünf Jahren mehr als die Hälfte des Marktwertes seines durchschnittlichen unbeweglichen Vermögens veräußert. Damit will der Gesetzgeber die Geschäftstätigkeit der Gesellschaft auf das Halten und Verwalten von Immobilien richten und den Handel, d. h. den An- und Verkauf von Immobilien, weitgehend einschränken.

2. Besonderheiten der Vermögens- und Ertragslage der REIT-AG

Grundlage der Ermittlung von Strukturkennzahlen sind die Jahresabschlüsse. Zur Beurteilung der Vermögens- und Ertragslage nach Maßgabe der §§ 12, 14 und 15 REITG ist gemäß § 12 Abs. 1 REITG von einem gemäß §§ 315a bzw. 325 Abs. 2a HGB zu erstellenden Konzern- oder Einzelabschluss nach internationalen Rechnungslegungsstandards (IFRS) auszugehen. Hinsichtlich der Zeitbewertung von Teilen des Vermögens kann, sofern diese die Anforderungen des § 12 Abs. 1 Satz 2 und 3 REITG nicht einhalten können, eine Anpassung über eine Nebenrechnung gemäß § 12 Abs. 4 Satz 3 REITG stattfinden. Die Nebenrechnung beinhaltet sodann eine modifizierte Gewinn- und Verlustrechnung und eine Bilanz nach IFRS-Standard. Die Pflicht zur Erstellung einer Nebenrechnung entfällt, sofern der IFRS-Abschluss der REIT-AG nach §§ 315a bzw. 325 Abs. 2a HGB die Vorgaben zur Vermögens- und Ertragsstruktur der REIT-AG erfüllen kann.

Zu beachten ist weiterhin die Pflicht zur Veröffentlichung des IFRS-Abschlusses im Bundesanzeiger, um die Informationsinteressen der Anleger zu wahren.

2.1 Die Vermögensanforderungen

Hervorzuheben sind insbesondere die Anforderungen, welche das REITG in § 12 Abs. 2 an das Aktivvermögen der REIT-AG stellt. Bezogen auf die Summe der Aktiva gemäß Einzel- bzw. Konzernabschluss abzüglich der Ausschüttungen und Rücklagen müssen zum Ende eines jeden Geschäftsjahres mindestens 75 % der Aktiva zum unbeweglichen Vermögen zählen.[12] § 3 Abs. 8 des REITG definiert den Begriff des „unbeweglichen Vermögens" dergestalt, dass Grundstücke sowie grundstücksgleiche Rechte nach in- und ausländischen Rechtsordnungen hiervon erfasst werden.

Als weitere Anforderung an das Aktivvermögen der REIT-AG bestimmt § 12 Abs. 2 REITG, dass der Anteil der REIT-Dienstleistungsgesellschaften zum Geschäftsjahresende lediglich 20 % betragen darf, wobei nur Vermögenswerte aus konzerninternen Dienstleistungen, nicht jedoch diejenigen aus entgeltlichen Nebengeschäften erfasst werden. Sofern diese Vermögenswerte von der REIT-AG selbst gehalten werden, fallen sie nicht mehr in die Obergrenze, da § 12 Abs. 2 Buchst. b REITG an die Vermögenswerte anknüpft, die von einer REIT-Dienstleistungsgesellschaft gehalten werden.[13]

Die vorbenannten Vermögensanforderungen zielen auf die Ausrichtung der REIT-AG auf die gewünschte Immobilientätigkeit ab. Zur Ermittlung der Bezugsgröße wird die Summe der Aktiva der nach § 12 Abs. 1 REITG erstellten IFRS-Bilanz um die gemäß § 13 Abs. 3 REITG im handelsrechtlichen Einzelabschluss der REIT-AG passivierten Rücklagen für Veräußerungsgewinne und die Ausschüttungsverpflichtung nach § 13 Abs. 1 REITG gekürzt.

Zuletzt darf gemäß § 15 des REITG das Eigenkapital der REIT-AG am Ende eines Geschäftsjahres 45 % des Betrages, mit welchem Immobilien im Einzel- oder Konzernabschluss angesetzt werden (Zeitwert, IAS 40)[14], nicht unterschreiten. Hintergrund dieser Regelung ist einerseits die Beschränkung der Fremdfinanzierung aus Anlegerschutzgründen, andererseits die Eingrenzung spekulativer bzw. fremdfinanzierter Immobilienerwerbe auf 45 % vom Zeitwert des unbeweglichen Vermögens gemäß IFRS-Abschluss.

2.2 Die Ertragsanforderungen

§ 12 Abs. 3 des REITG legt die Ertragsstruktur der REIT-AG folgendermaßen fest:

Zunächst muss die REIT-AG 75 % der gesamten Umsatzerlöse zuzüglich der sonstigen Erträge aus unbeweglichem Vermögen eines Geschäftsjahres gemäß Einzel- bzw. Konzernabschluss aus Vermietung und Verpachtung, Leasing oder Veräußerung von unbeweglichem Vermögen generieren.

Bezüglich der REIT-Dienstleistungsgesellschaften, die in den Konzernabschluss der REIT-AG einzubeziehen sind, besteht die Besonderheit, dass die

---

12 *Breinersdorfer/Schütz*, DB 2007, 1487.
13 *Sieker/Göckeler/Köster*, DB 2007, 933 (937).
14 *Ebner*, NWB 2007, 14535; *van Kann/Krämer*, DStR 2007, 787 (789).

Summe aus ihren Umsatzerlösen zuzüglich der sonstigen Erträge aus unbeweglichem Vermögen eines Geschäftsjahres höchstens 20% der Summe aus Umsatzerlösen und sonstigen Erträgen aus unbeweglichem Vermögen im gesamten Konzern betragen darf.

Dabei gehören zu den sonstigen Erträgen aus unbeweglichem Vermögen nicht wiederkehrende Erträge, erfolgswirksam erfasste Bewertungsgewinne und -verluste, realisierte Veräußerungsverluste sowie Erträge aus Vermietung, Leasing, Verpachtung und Veräußerung von unbeweglichem Vermögen, soweit sie nicht unter den Umsatzerlösen zu erfassen sind.

Das Gesetz legt fest, dass die Ermittlung der Bewertungsgewinne und -verluste aus dem Ansatz des als Finanzinvestition gehaltenen unbeweglichen Vermögens im Einzel- bzw. Konzernabschluss mit dem beizulegenden Zeitwert (IAS 40) zu erfolgen hat. Sofern der Ansatz des als Finanzinvestition gehaltenen unbeweglichen Vermögens im Einzel- und Konzernabschluss der REIT-AG gemäß IAS 40 mit den fortgeführten Anschaffungskosten erfolgt, sind die Bewertungsgewinne und -verluste unter Hinzusetzung der sonstigen Erträge in einer Nebenrechnung zu ermitteln.

3. Die Ausschüttungsverpflichtung der REIT-AG

§ 13 REITG bestimmt, das 90% des Jahresüberschusses der REIT-AG an die Aktionäre auszuschütten sind. Berechnungsgrundlage ist hierbei der handelsrechtliche Jahresabschluss i. S. d. § 275 HGB, wobei Rücklageneinstellungen und -auflösungen beachtlich sind.[15]

Bei der Ermittlung der Mindestausschüttung wird – anders als in des §§ 12, 14 und 15 des REITG – nicht auf den nach internationalen Maßstäben erstellten Konzernabschluss, sondern auf den handelsrechtlichen Einzelabschluss der REIT-AG abgestellt. Der Grund hierfür ist, dass der IFRS-Abschluss als Bezugsgröße für die Ausschüttung insofern ungeeignet ist, als er auch nicht realisierte Gewinne ausweist.

Gemäß § 13 Abs. 2 REITG sind bei der Ermittlung des Jahresüberschusses planmäßige Abschreibungen nur in gleichbleibenden Jahresraten zulässig. Diese Vorschrift dient der Vergleichbarkeit der REIT-AGs untereinander sowie einer Optimierung des Ausschüttungsvolumens[16]. Gewinne aus Immobiliengeschäften können in eine Rücklage eingestellt werden; diese ist innerhalb zweier Geschäftsjahre unter Erhöhung des Ausschüttungsbetrages aufzulösen, soweit sie nicht vorher durch Anschaffungen aufgelöst worden ist.

---

15 *van Kann/Just/Krämer*, DStR 2007, 787 (789); *Kühnberger*, BB 2007, 489 (491).
16 *Kühnberger*, BB 2007, 489 (491); *Ziemons*, BB 2007, 449 (453).

4. Die Sanktionen des REITG bei Verletzung der Vermögens- und Ertragsanforderungen

Insbesondere bei Verletzung der vorbenannten Vermögens- und Ertragsanforderungen sowie der Ausschüttungsverpflichtung der REIT-AG droht ein zweistufiges Sanktionssystem, welches in § 16 Abs. 3 bis 6 und § 18 Abs. 3 bis 5 REITG seinen Niederschlag gefunden hat.

Für Verstöße gegen die Vorgaben des § 12 REITG zur Vermögens- und Ertragslage, gegen die Mindestausschüttungsverpflichtung des § 13 REITG sowie gegen die Begrenzung der entgeltlichen Dienstleistungstätigkeit der REIT-AG oder der ihr nachgeordneten Dienstleistungsgesellschaften setzt die Finanzbehörde gemäß § 16 Abs. 3 bis 6 REITG in gebundener, d. h. in ermessensfreier Entscheidung Zahlungen gegen die Gesellschaft fest.

§ 18 REITG nennt einen Tatbestandskatalog, welcher zur Beendigung der Steuerbefreiung führt. Bei Verlust der Börsenzulassung bzw. bei Handeltreiben mit unbeweglichem Vermögen entfällt die Steuerbefreiung bereits bei einmaligem Verstoß. Bei Verletzung der Vorschriften über Streubesitzquote, Höchstbeteiligung und Mindesteigenkapital tritt der Verlust der Steuerbefreiung erst ein, wenn ein Verstoß in drei aufeinander folgenden Jahren vorliegt. In Hinblick auf die § 16 Abs. 3 bis 6 REITG führt ein Verstoß gegen einer der Vorschriften erst nach fünf aufeinander folgenden Jahren zum Verlust der Steuerbefreiung.

5. Prüfung durch den Abschlussprüfer

Die Aufgaben des Abschlussprüfers legt § 1 Abs. 4 REITG fest. So hat der Abschlussprüfer über seine gängigen Aufgaben hinaus zu prüfen, ob die Berechnungen des Streubesitzes und des maximalen Anteilsbesitzes je Aktionär mit den Meldungen zum Bilanzstichtag übereinstimmen. Ferner hat er Feststellungen zur Einhaltung der Ausschüttungsvorschriften zu treffen. Für den Fall, dass ein Konzernabschluss nicht erstellt wird, bleibt zu überprüfen, ob die Anforderungen, welche das REITG an die Vermögens- und Ertragslage der REIT-AG stellt, eingehalten und das Verbot des Immobilienhandels beachtet wird. Der Abschlussprüfer hat hierüber einen Prüfvermerk nach § 323 HGB zu erstellen.

III. Die Steuerbefreiung der REIT-AG[17]

1. Umfang der Steuerbefreiung

Sofern eine Gesellschaft unbeschränkt körperschaftsteuerpflichtig ist, nicht gemäß DBA in einem anderen Vertragsstaat ansässig ist und die Voraussetzungen der §§ 8–15 des REITG erfüllt, ist sie nach § 16 Abs. 1 Satz 1 REITG körperschaftsteuer- und gemäß § 16 Abs. 1 Satz 2 REITG gewerbesteuerbefreit.[18] Der Gesetzgeber hat sich sonst für eine transparente Besteuerung des REIT ausgesprochen, denn die Besteuerung der Immobilieneinkünfte findet vollständig auf Anlegerebene statt, vgl. § 19 REITG.

Im Folgenden sollen die Voraussetzungen der §§ 8–15 des REIT-Gesetzes in kurzer Form dargestellt werden:

Diese setzen voraus, dass die Gesellschaft zum Handelsregister angemeldet ist, Sitz und Geschäftsleitung im Inland liegen, die Gesellschaft zur Börse zugelassen ist und eine Streuung der Aktien vorweisen kann, die Vermögens- und Ertragsanforderungen erfüllt, ihrer Ausschüttungsverpflichtung nachkommt und keinen Handel mit Immobilien im Sinne des REIT-Gesetzes betreibt.

Mit Ausnahme des § 3 Nr. 70 EStG finden auf den Vor-REIT die allgemeinen körperschaftsteuerlichen Regelungen Anwendung, wobei der Vor-REIT nicht ertragsteuerbefreit ist.

Die Steuerbefreiung der REIT-AG erfasst nicht andere Steuerarten, wie z. B. die Umsatzsteuer, die Grundsteuer und die Grunderwerbsteuer. Insoweit gelten die Vorschriften für inländische Aktiengesellschaften. Die Steuerbefreiung erfasst auch nur die REIT-AG und nicht ihre Tochtergesellschaften.

Die Befreiung der REIT-AG von der Körperschaft- und Gewerbesteuer hat allerdings zur Folge, dass die REIT-AG keine Organträgerin für Zwecke der Körperschaft- und Gewerbesteuer sein kann, eine gewinnneutrale Verschmelzung einer anderen AG auf die REIT-AG gemäß § 11 Abs. 2 UmwStG ebenso entfällt wie eine gewinnneutrale Einbringung eines Unternehmens oder Betriebsteils nach § 20 Abs. 2 UmwStG[19].

---

17 Gemäß Anordnung der OFD Münster v. 3. 7. 2007 – S 1983 – 132 – St 13–33, DB 2007, 1602 wurde für REITs mit Sitz in NRW eine Zentralzuständigkeit beim FA Köln-Mitte begründet.
18 BMF v. 10. 7. 2007 – IV B 8 – S 1983/07/0001, BStBl. I 2007, 527.
19 Zur Thematik *Wimmer*, Die Besteuerung des G-REIT, 2007.

2. Wann beginnt die Steuerbefreiung?

Die Steuerbefreiung nach § 16 des REITG tritt rückwirkend zu Anfang des Wirtschaftsjahres ein, in welchem die REIT-AG ins Handelsregister eingetragen wird. Unter Anwendung des § 13 Abs. 1 und 3 KStG werden mit Beginn der Steuerbefreiung stille Reserven durch Ansatz der Teilwerte in einer Schlussbilanz aufgedeckt. Über § 7 GewStG gilt § 13 Abs. 1 und 3 KStG auch für die Gewerbesteuer.

Hervorzuheben ist in diesem Zusammenhang, dass über § 17 Abs. 2 des REITG die Vorschrift des § 3 Nr. 70 Satz 1 Buchst. b und § 3c EStG Anwendung findet. Eine hälftige Steuerbefreiung für stille Reserven ist gegeben, wenn die Steuerbefreiung der REIT-AG spätestens zum 1.1.2010 eintritt, zudem Grund, Boden oder Gebäude betroffen sind und diese Wirtschaftsgüter bereits vor dem 1.1.2005 angeschafft oder hergestellt wurden.

§ 17 Abs. 3 des REITG bestimmt für Beteiligungen der REIT-AG an Immobilienpersonengesellschaften, dass deren unbewegliches Vermögen mit dem Teilwert in einer Schlussbilanz nach § 13 Abs. 1 und 3 KStG anzusetzen ist; dies gilt über Satz 2 auch für mittelbare Beteiligungen dieser Art. Nach Aussage des Finanzausschusses des Bundestages soll § 17 Abs. 3 REITG klarstellen, dass eine Pflicht zur Aufdeckung stiller Reserven auch in Beteiligungen an Immobilienpersonengesellschaften besteht[20].

3. Die Prüfung der Steuerfreiheit durch die Finanzverwaltung

Das Bundesfinanzministerium hat mit Schreiben vom 10.7.2007 die Prüfungsschritte der Finanzverwaltung konkretisiert[21]. Wie bereits oben angesprochen, gilt die Steuerbefreiung erstmals für das Wirtschaftsjahr, in welchem die Gesellschaft in das Handelsregister eingetragen wird und die Bezeichnung „REIT-AG" trägt. Da vom Handelsregister die notwendigen Unterlagen wie Satzung und Börsenzulassung überprüft werden, wird nach Auskunft des Bundesfinanzministeriums von Seiten der Finanzverwaltung im Zeitraum der erstmaligen Eintragung der Gesellschaft keine eigene Prüfung des REIT-Status erfolgen. Somit wird dem Antrag der Gesellschaft auf Anpassung der Steuervorauszahlungen grundsätzlich entsprochen. Ob die Voraussetzungen für die Steuerbefreiung vorliegen, ist gemäß § 21 Abs. 2 REITG regelmäßig, auch im ersten Jahr der Steuerbefreiung der Gesellschaft, auf Grundlage der Steuererklärung für den abgelaufenen Veranlagungszeitraum zu prüfen.

---

20 BT-Drucks. 16/4779, 57 (Begründung zu § 17 Abs. 3 und 4).
21 BMF, Schreiben v. 10.7.2007 – IV B 8 – S 1983/07/0001, BStBl. I 2007, 527.

4. Das Ende der Steuerbefreiung

Die Steuerbefreiung der REIT-AG endet unter den Voraussetzungen des § 18 des REITG. Diese Vorschrift ist Teil der Sanktionen, welche sich an die Missachtung der Statusvoraussetzungen, der Vermögens- und Ertragsanforderungen sowie der Ausschüttungsverpflichtungen anschließen und mehrere zeitliche Stufen vorsehen.[22] Die Stufen differenzieren nach einmaliger Verletzung der Vorschriften, nach Verletzung derselben Vorschrift innerhalb eines Dreijahreszeitraumes und der Verletzung einzelner Vorschriften im Fünfjahreszeitraum, vgl. § 18 Abs. 1 bis 4 und Abs. 5 i. V. m. § 16 REITG. Bei wechselnder Missachtung der Vorschriften ist hingegen ein Fünfjahreszeitraum maßgebend, § 18 Abs. 5 Satz 2 REITG.

Mit dem Ende der Steuerbefreiung erfolgt ein Statuswechsel von der steuerbefreiten REIT-AG zur steuerpflichtigen AG. Das Ende der Steuerbefreiung hat gem. § 18 Abs. 6 REITG weiterhin zur Folge, dass die REIT-AG eine Anfangsbilanz zu erstellen hat. Dabei ist § 13 Abs. 2 KStG mit der Modifikation anzuwenden, dass die Wirtschaftsgüter in der Anfangsbilanz mit dem Wert anzusetzen sind, der sich ausgehend von der Anfangsbilanz der inländischen REIT-AG bei ununterbrochener Steuerpflicht ergeben würde. § 13 Abs. 2 und Abs. 3 KStG sieht vor, dass in der Anfangsbilanz die Wirtschaftsgüter mit dem Teilwert anzusetzen sind, wodurch eine steuerfreie Aufdeckung der stillen Reserven in den Wirtschaftsgütern erreicht würde. § 18 Abs. 6 KStG sieht hingegen vor, dass die Wirtschaftsgüter mit den fortgeführten steuerlichen Anschaffungs- und Herstellungskosten (fortgeführter Buchwert) anzusetzen sind.

Im ersten Jahr der Steuerpflicht sind der thesaurierte Teil des Jahresabschlusses sowie die Rücklagen für Veräußerungsgewinne der REIT-AG zur Nachversteuerung fällig.

IV. Die Besteuerung der Anteilseigner

1. Die steuerliche Behandlung der Ausschüttungen

Die Ausschüttungen der REIT-AG führen zu Einkünften des Aktionärs aus Kapitalvermögen i. S. d. § 20 Abs. 1 Nr. 1 EStG, für welche nach § 19 Abs. 3 des REITG das Halbeinkünfteverfahren nicht zur Anwendung gelangt. Die REIT-AG hat gemäß § 43 Abs. 1 Satz 1 Nr. 1 und Satz 2 EStG Kapitalertragsteuer einzubehalten. Der Kapitalertragsteuersatz beträgt nach § 20 Abs. 2 REITG 25,5 % zuzüglich 5,5 % Solidaritätszuschlag und ist dabei höher als

---

22 *Sieker/Göckeler/Köster*, DB 2007, 933 (937).

bei sonstigen Kapitalgesellschaften mit durchschnittlich 20,0 % zuzüglich 5,5 % Solidaritätszuschlag.

Bei Kapitalgesellschaften als Anteilseignern führen die Ausschüttungen der REIT-AG nach § 15 Abs. 1 Nr. 1 EStG zu Einkünften aus Gewerbebetrieb, welche als Dividendeneinkünfte der Körperschaftsteuer unterliegen. Wegen § 19 Abs. 3 REITG findet § 8b Abs. 1 des KStG keine Anwendung.

2. Die Besteuerung der Veräußerungsgewinne

Für die Besteuerung der Veräußerungsergebnisse gilt Folgendes:

Die §§ 17 sowie 22 Nr. 2 i. V. m. § 23 Abs. 1 Satz 1 Nr. 2 EStG finden auf Gewinne aus der Veräußerung von Aktien an einer REIT-AG, die im Privatvermögen gehalten wird, Anwendung. Wegen Ausschlusses des Halbeinkünfteverfahrens werden Veräußerungsgewinne/-verluste vollständig berücksichtigt (keine Geltung des § 3c Abs. 2 EStG).

Wenn die Beteilung unter 1 % liegen sollte, findet keine Besteuerung des Veräußerungsgewinns statt, sofern die Veräußerung innerhalb der Jahresfrist des § 23 Abs. 1 Satz 1 Nr. 2 EStG erfolgt.

Werden Beteiligungen im Betriebsvermögen von Personengesellschaften gehalten, stellen die Ausschüttungen Einkünfte aus Gewerbebetrieb nach § 20 Abs. 3 i. V. m. § 15 Abs. 1 Nr. 1 EStG dar. Auch hier ist das Halbeinkünfteverfahren im Sinne des § 3 Nr. 40 EStG nach § 19 Abs. 3 REITG ausgeschlossen.

Ist der Anteilseigner eine Kapitalgesellschaft, führen Gewinne aus der Veräußerung von Aktien an einer REIT-AG auf Ebene des Anteilseigners zu Einkünften aus Gewerbebetrieb und sind infolge des Ausschlusses des § 8 b KStG in voller Höhe zu besteuern.

3. Anteile an ausländischen REITs

Ausländische REITs werden in § 19 Abs. 5 des REIT-Gesetzes definiert. Dies sind nicht im Inland ansässige Körperschaften, Personenvereinigungen oder Vermögensmassen, deren Bruttovermögen zu mehr als 2/3 aus unbeweglichem Vermögen besteht und deren Bruttoerträge sich zu mehr als 2/3 aus Vermietung und Verpachtung, Leasing oder Veräußerung unbeweglichen Vermögens zusammensetzen. Die Ausschüttungen der zum Handel am organisierten Markt zugelassenen REITs dürfen im Ausland keiner mit der deutschen Körperschaftsteuer vergleichbaren Besteuerung unterliegen.

Das REITG sieht keine Befreiung ausländischer REITs von Körperschaft- und Gewerbesteuer vor. Aus europarechtlicher Sicht ist die Versagung der

Steuerbefreiung für ausländische REITs mangels Rechtfertigungsgrund als äußerst problematisch anzusehen[23].

V. Die Durchführung der Hinzurechnungsbesteuerung

Der Gesetzgeber wollte verhindern, dass unbeschränkt Steuerpflichtige der Versagung des Halbeinkünfteverfahrens auszuweichen suchen, indem sie REIT-Aktien über eine ausländische Gesellschaft halten.

Der Gesetzgeber begegnete dieser Gestaltungsmöglichkeit durch Änderungen der §§ 7 Abs. 8, 8 Abs. 1 Nr. 9 und 14 Abs. 2 AStG. Für den Fall, dass eine ausländische Gesellschaft gemäß § 7 AStG an einer REIT-AG beteiligt ist, werden nach diesen Vorschriften die Einkünfte der REIT-AG der ausländischen Gesellschaft entsprechend ihrer Beteiligungsquote zugerechnet. Aufgrund der Hinzurechnung nach §§ 7–12 AStG stellen diese Einkünfte gemäß § 10 AStG beim unbeschränkt steuerpflichtigen Gesellschafter der ausländischen Gesellschaft Einkünfte aus Kapitalvermögen dar.

Auch das Verfahren der Hinzurechnungsbesteuerung begegnet europarechtlichen Bedenken. Der Europäische Gerichtshof hat entschieden[24], dass die Hinzurechnungsbesteuerung zumindest in den Fällen, in welchen kein Umgehungstatbestand vorliegt, mit europarechtlichen Grundsätzen nicht zu vereinbaren ist.

VI. Konsequenzen aus der Unternehmensteuerreform 2008 – Einführung der Abgeltungsteuer

Im Zuge der Umsetzung des Unternehmensteuerreformgesetzes 2008 wird zum 1.1.2009 eine sog. Abgeltungsteuer[25] eingeführt. Ziel des Gesetzgebers ist die einheitliche Besteuerung der einem Privatvermögen zufließenden Kapitaleinkünfte mit einer 25%-igen Abgeltungsteuer. Einkünfte aus Kapitalvermögen (§ 20 ESTG) und private Veräußerungsgewinne (§ 23 EStG) unterliegen einem einheitlichen Steuersatz von 25%.

Aufgrund der Ertragsteuerbefreiung auf Gesellschafterebene werden Ausschüttungen des REIT mit der Abgeltungsteuer im Vergleich zur Immobili-

---

23 Vgl. zur Problematik auch *Ebner*, NWB 2007, 14535 (14544); *Sieker/Göckeler/ Köster*, DB 2007, 933 (942).
24 EUGH, Urt. v. 12.9.2006 – Rs. C-196/04 – (Cadbury Schweppes); dazu BMF, Schr. v. 8.1.2007, DB 2007, 137.
25 § 32d EStG-E i.d.F. des Gesetzentwurf der Fraktionen der CDU/CSU und SPD v. 27.3.2007, BT-Drucks. 16/4841.

en-AG deutlich günstiger besteuert. Der REIT kann einen höheren Ertrag nach Steuern aufweisen. Auf Ebene der Gesellschaft tritt eine Befreiung von der Körperschaft- und Gewerbesteuer ein; die Ausschüttungen unterliegen einer 25 % Abgeltungsteuer.

VII. Exit Tax – die hälftige Steuerbefreiung

Die sog. „Exit Tax" hat ihren Ursprung in § 17 Abs. 2 REITG mit seinem Rechtsfolgenverweis auf § 3 Nr. 70, § 3 c Abs. 3 EStG und bezeichnet die hälftige Steuerbefreiung für den Fall des Wechsels aus einer steuerpflichtigen Gesellschaft in den steuerbefreiten REIT-Status. Der Gesetzgeber sieht neben der Übertragung des begünstigten Immobilienvermögens alternativ die Umwandlung einer (Immobilien)-AG in einen REIT vor.

Die durch Übertragung des Immobilienvermögens bzw. im Zeitpunkt der Annahme des steuerbegünstigten Status aufgedeckten stillen Reserven unterliegen einer nur hälftigen Ertragsbesteuerung. Die andere Hälfte der Veräußerungsgewinne ist gemäß § 3 Nr. 70 EStG von der Einkommen- und Gewerbesteuer sowie gemäß § 8 Abs. 1 KStG von der Körperschaftsteuer befreit. Dazu korrespondierend dürfen Betriebsausgaben dann auch nur hälftig steuermindernd berücksichtigt werden.

Die Voraussetzungen, unter welchen die Exit Tax zur Anwendung gelangt, sind die Folgenden:

Zunächst muss der Abschluss des Rechtsgeschäfts, welches auf die Übertragung des Immobilienvermögen bzw. auf die Umwandlung einer (Immobilien)-AG in einen REIT gerichtet ist, zwischen dem 31. 12. 2006 und dem 1. 1. 2010 zur Wirksamkeit gelangen. Weiterhin ist der Statuswechsel durch Umwandlung oder Übertragung vollzogen werden, wobei der Übernehmer entweder VOR-REIT oder REIT sein muss. Zuletzt müssen sich die Immobilien zum 1. 1. 2007 seit mindestens fünf Jahren im Anlagevermögen eines inländischen Betriebsvermögens befinden. Eine kürzere Haltefrist von zwei Jahren gilt nur im Fall der Umwandlung einer AG in eine REIT-AG.[26]

Die Steuerbefreiung der REIT-AG entfällt gemäß § 3 Nr. 70 Satz 3 und 4 EStG dann, wenn der Erwerber die Immobilien innerhalb von vier Jahren wieder veräußert oder der REIT in keinem der auf die Übertragung oder Umwandlung folgenden vier Veranlagungszeiträumen die Voraussetzungen der REIT-AG erfüllt.

---

26 Vgl. zur Thematik *Paukstadt*, BBEV 2007, 146.

Dabei trifft die Haftung für das eintretende Steuerrisiko sowohl den Veräußerer als auch den Erwerber. Um die Steuerbefreiung aufrecht zu erhalten, könnten häufig Sale-and-lease-back-Konstruktionen angewendet werden, bei welchen Gesellschaften ihre Immobilien an eine REITG-AG veräußern und diese Gebäude gleichzeitig durch Abschluss langfristiger Mietverträge betrieblich nutzen[27].

Der Vorteil dieses Verfahrens ist die Anwendbarkeit der Exit Tax bei eigengenutzten Immobilien ohne Änderung ihres Verwendungszweckes; andererseits liegt der Nachteil darin, dass der Veräußerer auch nur für begrenzte Zeit eine mittelbar beherrschende Stellung zu halten vermag.

Viele Unternehmen bereiten sich derzeit darauf vor, den Status der steuertransparenten Immobilienaktiengesellschaft dadurch zu erreichen, dass sie mittels Immobilienzukäufen ihre Portfolios erweitern. Der Gesetzgeber lässt die Exit Tax jedoch rückwirkend entfallen, wenn die Vor-REIT vier Jahre seit Vertragsschluss noch nicht als REIT-AG eingetragen ist. Für die Nachversteuerung haftet auch der Veräußerer des Grundstücks.

Eine Möglichkeit, den Veräußerer vor der Nachversteuerung zu schützen, wird –neben entsprechenden Vertragsgestaltungen – in der Praxis geschaffen, wenn die Börsennotierung zunächst mit einem feststehenden Aktionärskreis vollzogen wird, welcher sich gegenüber der Emissionsbank verpflichtet, die entsprechenden Aktien zu erwerben. Ist das Unternehmen an der Börse zugelassen, kann eine Eintragung als REIT-AG betrieben werden. Die aufschiebend bedingten Einbringungsverträge werden vollzogen. Dadurch wird das Risiko der Nachversteuerung der Grundstücksveräußerer wegen Wegfalls der Exit Tax ausgeräumt.

Die Veräußerer werden dadurch nicht mit der steuerlichen Nachhaftung belastet. Voraussetzung für diese Variante ist, dass neben dem Hauptaktionär mindestens neun unverbundene Aktionäre vorhanden sind, wovon jeder weniger als 3 % der Stimmrechte an der REIT-AG halten darf, um die gesetzlich geforderte Mindeststreuung von 25 % bei Börsenzulassung zu erfüllen.[28]

---

27 Vgl. zur Thematik *Breinerdorfer/Schütz*, DB 2007, 1487 (1489).
28 *Schroeder*, Handelsblatt 2007-Nr. 192, B 13.

VIII. Fazit

Nach Verabschiedung des REIT-Gesetzes im März 2007 hat sich im Oktober 2007 das SDAX Unternehmen Alstria Office AG als erstes deutsches Unternehmen in eine REIT-AG umgewandelt.[29] Zahlreiche deutsche Unternehmen kündigten ebenfalls bereits eine Umwandlung in einen REIT an. Der Umwandlungsschritt erfährt jedoch bei vielen Unternehmen durch die Krise im Kreditbereich, welche durch die Probleme mit US-Immobilienkrediten ausgelöst wurden, eine Verzögerung.

Zum Jahr 2008 werden aufgrund der Unternehmensteuerreform zahlreiche REIT-Umwandlungen erwartet. Viele verkaufende Unternehmen wollen den durch die Umwandlung in einen REIT eintretenden Steuervorteil weiter optimieren. Denn im Rahmen der Unternehmensteuerreform 2008 wird der Körperschaftsteuersatz von 25 auf 15 Prozent gesenkt, so dass sich auch die Exit Tax von 12,5 auf 7,5 Prozent absenkt.

Insofern, als Deutschland mit Einführung des REITG einen international längst eingeführten Standard der Immobilienanlage erreicht, wird natürlich die internationale Wettbewerbsfähigkeit gestärkt. Einen Wettbewerbsimpuls spürt jedoch auch der inländische Immobilienanlagemarkt, da durch die Einführung des REITs die Vorzüge des offenen Immobilienfonds und der Immobilien-AG kombiniert werden und daher für Anleger attraktiv ist. Attraktiv ist für Anleger weiterhin auch die gesetzlich festgelegte hohe Ausschüttungsquote, wobei die Kurse der REITs im Vergleich zu anderen Immobilienanlageformen allerdings eine höhere Volatilität aufweisen[30].

Verbesserungsbedarf ist insbesondere in den Fällen mit Auslandsbezug gegeben. Neben der Gefahr der Doppelbesteuerung, wenn Ausschüttungen bereits ausländischer Besteuerung unterlagen oder wenn bei Beteiligung an ausländischen REITs inländisches Immobiliarvermögen gehalten wird, sollte die indirekte Diskriminierung ausländischer Gesellschaften durch Versagung der Steuerbefreiung ausgeräumt werden.

---

29 *rrl/kol*, Handelsblatt 2007, Nr. 197, B.
30 Vgl. zur Thematik *Schlachtner*, BBEV 5/2007, 139; *Paukstadt*, BBEV 5/2007, 146.

Besteuerung privater Kapitalanleger

Dr. Hans Georg Reuter
Rechtsanwalt, Frankfurt

Inhaltsübersicht

3.3.1 Grundfall: Identität zwischen Gläubiger der Kapitalerträge und Schuldner des Kredites	3.3.2 Alternative: Kreditgewährung an einen Dritten mit Verbindung zum Gläubiger der Kapitalerträge

I. Besteuerung der Fondsanlage im Rahmen der Abgeltungsteuer

Die mit dem Unternehmensteuerreformgesetz 2008[1] eingeführte Abgeltungsteuer auf private Kapitalerträge hat massive Auswirkungen auch auf die Besteuerung der privaten Kapitalanlage in Investmentfonds. Mit dem Gesetz zur Änderung des Investmentgesetzes[2] hat der Gesetzgeber darüber hinaus den Begriff des ausländischen Investmentanteils eingeschränkt, was in der Praxis insbesondere bei der Kapitalanlage in sog. illiquid assets ebenfalls von grosser Bedeutung sein wird.

1. Änderungen des Begriffs des ausländischen Investmentanteils

1.1 Formeller vs. materieller Fondsbegriff

In Anlehnung an den für deutsche Investmentanteile geltenden formellen Fondsbegriff sind nach der Neufassung des § 2 InvG als ausländische Investmentanteile nur noch Anteile an ausländischen Vermögen zu qualifizieren, welche die bereits bisher in § 2 Abs. 9 i. V. m. § 1 Abs. 1 Satz 2 InvG enthaltenen Kriterien:

– ausländischem Recht unterstehend,

– zur gemeinschaftlichen Anlage

– in qualifizierende Wirtschaftsgüter und

– nach dem Grundsatz der Risikodiversifikation angelegt,

erfüllen und zusätzlich entweder dem Anleger ein Recht auf Rückgabe gewähren oder ein solches Recht nicht gewähren, aber die ausländische Investmentgesellschaft, die das Vermögen verwaltet, in ihrem Sitzstaat einer Aufsicht über Vermögen zur gemeinschaftlichen Kapitalanlage unterstellt ist.

Die Auswirkungen dieser Änderung auf die steuerlichen Behandlung bestehender Investments, aber auch für die Strukturierung neuer Investment-

---

1 Das Unternehmensteuerreformgesetz 2008 wurde am 14. 8. 2007 verabschiedet, BGBl. I 2007, 1912.
2 Das Gesetz zur Änderung des Investmentgesetzes und zur Anpassung anderer Vorschriften wurde am 21. 12. 2007 verabschiedet, BGBl. I 2007, 3089.

produkte, sind massiv. Beteiligungen an ausländischen Vermögen, die weder dem Anleger ein Recht zur Rückgabe einräumen noch in ihrem Sitzstaat der Investmentaufsicht unterliegen, fallen damit künftig aus dem Anwendungsbereich sowohl des Investment- als auch des Investmentsteuergesetzes. Für steuerliche Zwecke sind sie dann nicht mehr als Fondsanteile sondern mit allen steuerlichen Konsequenzen als Beteiligung an einer ausländischen Kapital- oder Personengesellschaft oder als schuldrechlicher Anspruch zu qualifizien. Je nach Ansässigkeit des Fondsmanagements sind auch Fälle denkbar, in denen ein ehemals ausländischer Fondanteil nunmehr als Beteiligung an einer in Deutschland ansässigen Personengesellschaft zu qualifizieren ist. Anbieter und Investoren müssen daher sämtliche Strukturen auf etwaige steuerliche Folgen untersuchen, die aus diesen Änderungen resultieren können.

Darüber hinaus steht zu erwarten, dass die Finanzverwaltung nach Verabschiedung dieser Änderungen im Investmentgesetz die Teilziffern 6–8 des BMF-Schreibens zum Investmentsteuergesetz vom 2.6.2005[3] in dieser Form nicht weiter aufrecht erhalten wird. Mit diesen Teilziffern hatte die Finanzverwaltung Beteiligungen an ausländischen Immobilienaktiengesellschaften, an Personengesellschaften sowie an Gesellschaften, die Asset Backed Securities oder ganz allgemein Collateralized Debt Obligations ausgeben, unter gewissen Voraussetzungen von dem Anwendungsbereich des InvStG ausgenommen. Diese häufig bemühten Einschränkungen des Anwendungsbereiches des Investmentsteuergesetzes waren als Korrektiv des weiten Wortlauts des § 2 Abs. 9 InvG für die Praxis unverzichtbar, konnten aber allenfalls mit der ratio des Investmentsteuergesetzes begründet werden. Auch im Hinblick auf die Ungewissheit hinsichtlich der Fortgeltung dieser Ausnahmevorschriften ist es unerlässlich, die etwaigen steuerlichen Auswirkungen ihres Wegfalls auf bestehende Investments zu ermitteln.

1.2. Steuerliche Folgen für gesellschaftsrechtliche Beteiligungen an ausländischen Wertpapiervermögen in Form von Kapitalgesellschaften

Ausländischen Kapitalgesellschaften, deren Gesellschaftsanteile bisher als ausländische Fondsanteile in Deutschland vertrieben wurden, unterliegen regelmäßig keiner Besteuerung in ihrem Sitzland und erzielen – zumindest auch – Zwischeneinkünfte mit Kapitalanlagecharakter. Nach einem Wegfall der Fondseigenschaft kann sich ein deutscher Anteilseigner nicht mehr auf die Abschirmwirkung des § 7 Abs. 7 AStG berufen. Die Beteiligung un-

---

3 BMF, Schreiben v. 2.6.2005 – IV C 1 – S 1980 – 1 – 87/05 – Investmentsteuergesetz (InvStG), Zweifels- und Auslegungsfragen, BStBl. I 2005, 728.

terwirft ihn daher künftig unabhängig von seiner Beteiligungsquote der Hinzurechnungsbesteuerung nach dem Aussensteuergesetz.

Die Besteuerung nach den Vorschriften des Außensteuergesetzes führt im Vergleich zu einer Besteuerung nach dem Investmentsteuergesetz regelmäßig zu einer Verschlechterung der steuerlichen Situation des Privatanlegers.

Die Thesaurierung von Gewinnen aus Wertpapierveräußerungen oder Termingeschäften auf Ebene der ausländischen Kapitalgesellschaft bewirkt unter Geltung des AStG nur eine kurzzeitige Steuerstundung, während diese Gewinne nach dem Investmentsteuer-Gesetz bislang gänzlich steuerfrei waren und ab dem 1. 1. 2009 erst im Zeitpunkt der Ausschüttung oder der Veräußerung der nach diesem Zeitpunkt angeschafften Beteiligung zu versteuern sind.

Die Hinzurechnungsbeträge unterliegen beim Anleger dem progressiven Individualsteuersatz und profitieren somit künftig nicht von dem günstigen Abgeltungsteuersatz (§ 10 Abs. 2 Satz 3 AStG).

Einzig der Investor in einen Fonds, der die Mitteilungs-, Veröffentlichungs- und Erklärungspflichten des § 5 Abs. 1 InvStG nicht erfüllt (sog. „schwarze Fonds"), stellt sich bei Geltung des AStG unter Umständen besser, denn er vermeidet die Mindestbesteuerung nach § 6 Satz 1 InvStG i. H. v. mindestens 6 % des Anteilspreises, die dem Investor zum Ende eines jeden Kalenderjahres zugerechnet wird.

Allerdings bestehen auch für Zwecke des AStG bestimmte Mitwirkungspflichten des Steuerpflichtigen, die es ermöglichen sollen, die Bemessungsgrundlage nach deutschen steuerlichen Ermittlungsvorschriften festzustellen. Diese Mitwirkungspflichten zu erfüllen, dürfte dem deutschen Investor bei einer „fondstypischen" Beteiligungsquote an einem schwarzen Fonds regelmäßig nahezu unmöglich sein, so dass dieser Anleger die Nachteile einer Hinzurechnungsbesteuerung auf Basis einer nach § 162 AO geschätzten Bemessungsgrundlage zu befürchten hat.

Es bleibt abzuwarten, ob ausländische Kapitalgesellschaften, die bereit waren, den Ermittlungs- und Veröffentlichungspflichten nach dem Investmentsteuergesetz zu genügen, in Zukunft auch eine Überleitungsrechnung zur Verfügung stellen werden, die es ermöglicht, den Hinzurechnungsbetrag korrekt zu ermitteln und eine Schätzung der Besteuerungsgrundlagen zu vermeiden.

1.3 Steuerliche Folgen für gesellschaftsrechtliche Beteiligungen an ausländischen Wertpapiervermögen in Form von Personengesellschaften

Gesellschaftsrechtliche Beteiligungen an ausländischen Personengesellschaften werden dem Gesellschafter in der Regel kein jederzeitiges Anteilsrückgaberecht einräumen und sind in diesem Fall auch keine typischen Anlagevehikel, deren Verwalter der Investmentaufsicht unterliegen, so dass diese Gesellschaften künftig mit hoher Wahrscheinlichkeit nicht in den Anwendungsbereich des InvStG fallen werden. Sie unterfielen jedoch bereits bisher nach Tz. 6 des BMF-Schreibens vom 2. 6. 2005[4] ohnehin nur in Ausnahmefällen dem InvStG – und zwar unabhängig davon, ob es sich um vermögensverwaltende oder um gewerblich-geprägte Personengesellschaften handelte. Für bestehende Engagements ist somit in den meisten Fällen keine Änderung der Steuerrechtslage zu befürchten.

Die Besteuerung des Investors in Deutschland unterscheidet sich bei diesen Investments danach, ob es sich bei dem Anlagevehikel um eine vermögensverwaltende oder um eine gewerblich-geprägte Personengesellschaften handelt und ob je nach Existenz und Ausgestaltung sowie nach Umfang der Investitionstätigkeit DBA-Schutz erlangt werden kann. In jedem Fall tritt bei Beteiligung von mehr als einem deutschen Gesellschafter an Stelle der Ermittlungs- und Veröffentlichungspflichten nach § 5 InvStG die Verpflichtung zur Abgabe einer Erklärung zu einheitlichen und gesonderten Feststellung.

1.4 Schuldrechtliche Partizipation an ausländischen Wertpapiervermögen

Substantiell sind jedoch die Änderungen bei schuldrechtlich vermittelter Partizipation an einem Wertpapiervermögen, soweit diese einer ausländischen Rechtsordnung untersteht. Das schuldrechtliche Instrument kann dabei verbrieft oder unverbrieft sein, zu denken ist etwa an Genussrechte, partiarische Darlehen, typische stille Beteiligungen oder sog. prepaid oder funded total return swaps. Unterfielen solch schuldrechtliche Beteiligungen bisher dem Investmentgesetz, so erfüllen sie künftig die Voraussetzungen für die Investmentanteilseigenschaft regelmäßig nicht mehr, da sie typischerweise dem Anleger kein Rechts zu jederzeitigen Rückgabe einräumen.

Diese schuldrechtlichen Beteiligungen unterliegen nach Wegfall der Investmentanteilseigenschaft nicht mehr der jährlichen Zurechnung ausschüttungsgleicher Erträge nach dem InvStG noch kommt es statt dessen zur Besteuerung eines Hinzurechnungsbetrages nach dem AStG. Sie vermitteln künftig Kapitaleinkünfte, die erst mit Zufluss beim Gläubiger der Besteue-

---

4 BMF, Schreiben v. 2. 6. 2005 – IV C 1 – S 1980 – 1 – 87/05, BStBl. I 2005, 728.

rung unterliegen, wodurch eine Verschiebung des Besteuerungszeitpunktes erreicht werden kann. Die nach dem 31. 12. 2008 zugeflossenen Einkünfte unterliegen zudem dem Abgeltungsteuersatz. Wie bei der Anlage in einen Investmentfonds profitiert der inländische Anleger bei schuldrechtlichen Beteiligungen wirtschaftlich auch von einem Betriebsausgabenabzug. Denn der Emittent wird regelmäßig nur das Anlageergebnis nach Abzug der damit im Zusammenhang stehenden Ausgaben schulden, das dann auch nur von dem Anleger zu versteuern ist. Zugleich unterliegen weder der Investor noch die ausländische Gesellschaft kostentreibenden Ermittlungs-, Erklärungs-, Veröffentlichungs- oder Mitwirkungspflichten die im Zusammenhang mit der Besteuerung in Deutschland zu erfüllen sind.

2. Besteuerung von Privatanlegern in Investmentfonds nach Einführung der Abgeltungsteuer

2.1 *Erweiterung der steuerpflichtigen Tatbestände*

Die bislang geltende Investmentsteuerrecht kennt die folgenden drei Steuertatbestände, die beim privaten Anleger zu Einkünften aus Kapitalvermögen führen: Ausschüttungen, ausschüttungsgleiche Erträge und gezahlter oder erzielter Zwischengewinn. Diese Steuertatbestände des Investmentsteuergesetzes werden mit Geltung ab dem 1. 1. 2009 um einen haltedauerunabhängigen Veräußerungstatbestand erweitert. Daneben wird der Umfang der in Ausschüttungen enthaltenen steuerpflichtigen *ausgeschütteten Erträge* und der steuerpflichtigen *ausschüttungsgleichen Erträge* an den künftig bei der Direktanlage geltenden, erweiterten Begriff der Kapitaleinkünfte angepasst.

Der steuerliche Charakter von Investmentfonds als „halbtransparente Nicht-Steuersubjekte" bleibt somit erhalten. Der Gesetzgeber konnte sich offenkundig aus fiskalischen Gründen nicht zu einer radikalen Vereinfachung der Fondsbesteuerung durchringen, bei der die Abgeltungsteuer lediglich bei Ausschüttung und Anteilsveräußerungen erhoben wird. Die Entscheidung für die Beibehaltung und Anpassung der bisherigen, administrativ ungleich aufwendigeren Lösung ist dem Gesetzgeber dabei wohl im Hinblick darauf leichter gefallen, dass die Finanzverwaltung den administrativen Aufwand weder technisch umzusetzten, noch wirtschaftlich zu tragen hat. Eine von der Finanzverwaltung zunächst präferierte Lösung, Kapitalerträge bereits auf Fondsebene der Besteuerung mit abgeltender Wirkung zu unterwerfen und so Ausschüttungen und die Veräußerung von Fondsanteilen auf Anlegerebene nicht mehr zu besteuern, wurde glücklicherweise ebenfalls verworfen. Ausländische Fonds, die man nicht zum Einbehalt verpflichten kann, hätten in diesem Falle im Gegensatz zu deutschen Fonds keine Mittelabflüsse in Form von Steuerzahlungen aus ihrem

Fondsvermögen hinnehmen müssen. Insbesondere bei thesaurierenden, aber auch bei ausschüttenden Fonds, hätte dies zu einem strukturimmanenten Performance-Nachteil von deutschen Fonds geführt, der für die Deutsche Fondsindustrie existenzbedrohend gewesen wäre.

2.1.1 Ausgeschüttete Erträge

Die steuerpflichtigen ausgeschütteten Erträge umfassen künftig insbesondere auch die in der Ausschüttung enthaltenen Gewinne aus den bisherigen privaten Veräußerungsgeschäften (i. S. v. § 23 Abs. 1 Nr. 2 bis 4 EStG a. F.), also Gewinne aus der Veräußerung und Einlösung von Wertpapieren, ausgeschüttete Gewinne aus Termingeschäften i. S. d. § 20 Abs. 2 Nr. 3 EStG[5] und aus vereinnahmten Stillhalterprämien i. S. d. § 20 Abs. 1 Nr. 11 EStG. Auch im Falle der Ausschüttung nicht steuerpflichtig sind weiterhin die Gewinne aus der Veräußerung von Grundstücken außerhalb der Zehn-Jahresfrist und Währungsgewinne, die nicht Teil eines Gewinnes aus der Veräußerung eines Wertpapieres sind.

2.1.2 Ausschüttungsgleiche Erträge

Der Umfang der ausschüttungsgleichen Erträge bleibt hingegen weitgehend unverändert, ausdrücklich ausgenommen werden Gewinne aus der Veräußerung und Einlösung von Wertpapieren, ausgeschüttete Gewinne aus Termingeschäften i. S. d. § 20 Abs. 2 Nr. 3 EStG und aus vereinnahmten Stillhalterprämien i. S. d. § 20 Abs. 1 Nr. 11 EStG. Mit dem Wegfall der Umqualifizierung von Gewinnen aus der Veräußerung oder Einlösung sog. Finanzinnovationen in Zinserträge, fallen diese Gewinne künftig unter die Gewinne aus der Veräußerung oder Einlösung von Wertpapieren, die erst bei Ausschüttung der Besteuerung unterliegen.

2.1.3 Zwischengewinn

Die o. g. Änderung des Zinsbegriffs wirkt sich auch auf den Umfang des Zwischengewinns aus. Daneben werden gezahlte Entgelte und vereinnahmte Gewinne aus der Veräußerung von Zinsscheinen und Zinsforderungen in den Zwischengewinn einbezogen (§ 1 Abs. 4 Nr. 1 und Nr. 2 InvStG).

---

5 Einkommensteuergesetz in der Fassung der Bekanntmachung vom 19. 10. 2002, letztmalig geändert durch das Jahressteuergesetz 2008 vom 20. 12. 2007, BGBl. I 2007, 3150.

2.1.4 *Veräußerung des Investmentanteils*

Die Veräußerung von Investmentanteilen ist künftig ein im Investment-steuergesetz geregelter Steuertatbestand der zu Einkünften aus Kapitalver-mögen führt, § 8 Abs. 5 Satz 1 InvStG i. V. m. § 20 Abs. 2 Satz 2 Nr. 1 EStG. Der Besteuerung unterliegt die Veräußerung oder Rückgabe von Anteils-scheinen, die nach dem 31. 12. 2008 angeschafft wurden.

Die Bemessungsgrundlage ist durch Abzug der Anschaffungskosten des In-vestmentanteils von dessen Veräußerungserlös zu ermitteln.

Dabei ist zunächst der Veräußerungserlös um den bei Veräußerung reali-sierten Zwischengewinn, der zu Einkünften i. S. d. § 20 Abs. 1 Nr. 1 EStG führt, zu kürzen. Eine Entscheidung des Gesetzgebers, am Konzept des ver-einnahmten Zwischengewinns auch nach der Einführung einer Veräuße-rungsgewinnbesteuerung festzuhalten, ist angesichts des administrativen Aufwandes der Ermittlung und Veröffentlichung des Zwischengewinns nur schwer begründbar. Eine Besteuerungslücke bestünde bei Abschaffung der isolierten Besteuerung des vereinnahmten Zwischengeweinns nur für ver-einnahmte Zwischengewinne, die bei einer Veräußerung von Fondsantei-len anfallen, welche vor dem 1. 1. 2009 angeschafft wurden.

Der Veräußerungserlös ist weiterhin um die in dem Fonds thesaurierten und vom Anleger bereits versteuerten ausschüttungsgleichen Erträge zu mindern. Sind versteuerte ausschüttungsgleiche Erträge in Folgejahren aber während der Besitzzeit des Anlegers ausgeschüttet worden, so unterbleibt die Minderung insoweit. Zusätzlich ist der Veräußerungserlös um den the-saurierten steuerfreien Immobiliengewinn, sowie andere steuerfreie the-saurierte Erträge zu kürzen.

In einem zweiten Schritt sind die ursprünglichen Anschaffungskosten (ge-zahlter Anteilspreis inklusive eines etwaigen Ausgabeaufschlages und et-waiger Transaktionskosten) um den im Erwerbszeitpunkt gezahlten Zwi-schengewinn zu kürzen.

Die Einführung des Veräußerungstatbestandes machte eine entsprechende Erweiterung der Publikationspflichten nach § 5 Abs. 1 Nr. 1 InvStG erforder-lich. Zur Ermittlung einer etwaigen Minderung des Veräußerungserlöses we-gen bereits versteuerter ausschüttungsgleicher Erträge der Vorjahre, sind diese künftig getrennt nach den einzelnen Geschäftsjahren auszuweisen.

2.2 *Werbungskostenabzug, Kürzungspauschale und Anrechnung ausländischer Steuern*

Dem Direktanleger ist bei der Ermittlung von Einkünften aus Kapitalver-mögen ein Abzug von Werbungskosten in ihrer tatsächlichen Höhe ab dem VZ 2009 nicht mehr möglich, § 2 Abs. 2 Satz 2 i. V. m. § 20 Abs. 9 Satz 1

Halbsatz 2. EStG. Diese Einschränkung gilt nicht auf Fondsebene für die Erträge des Investmentvermögen. Bei diesen kann der Abzug weiterhin gemäß § 3 Abs. 1 InvStG i. V. m. § 2 Abs. 2 Satz 1 Nr. 2 EStG vorgenommen werden. Die auf Fondsebene anfallenden Kosten, die nicht in wirtschaftlichem Zusammenhang mit Einnahmen stehen, für die Deutschland nach einem DBA kein Besteuerungsrecht zusteht, sind somit grundsätzlich abzugsfähig. In der Praxis ist dies insbesondere im Hinblick auf die im Fonds anfallenden Managment- bzw. Verwaltungsgebühren aber auch für Fremdkapitalzinsen bei Hedgefonds von großer Bedeutung. Die pauschale Kürzung der verbleibenden Werbungskosten um 10 % bleibt weiterhin anwendbar. Die entsprechende Kürzungsvorschrift des § 3 Abs. 3 Satz 2 Nr. 2 InvStG wird Teil derjenigen steuerlichen Vorschriften, deren Existenz systematisch oder wirtschaftlich nicht zu erklären ist sondern sich allein aus der Gesetzeshistorie erschließt. Mangels Geltung des Teileinkünfteverfahrens nach § 3 Nr. 40 EStG für Privatanleger kommt eine weitergehende Kürzung der Werbungskosten nach § 3 Abs. 3 Satz 2 Nr. 3 InvStG künftig nicht mehr in Betracht, so dass auf Fondsebene ein 90-%iger Abzug der Werbungskosten möglich bleibt, die nicht in wirtschaftlichem Zusammenhang mit Einnahmen stehen, für die Deutschland nach einem DBA kein Besteuerungsrecht zusteht.

Ausländische Steuern auf die Erträge von Fonds sind für den Anleger auch künftig wahlweise voll anrechenbar oder zu 90 % abzugsfähig. Wie bisher auch, gibt es bei der Anrechnung auf Fondserträge keine per country limitation und auch eine Berücksichtigung von mit den ausländischen Einkünften direkt oder indirekt im Zusammenhang stehenden Werbungskosten ist nicht vorgesehen.

2.3 Verlustverrechnung im Fonds

Wie bisher ist eine Verrechnung negativer Erträge auf Fondsebene nur mit positiven Erträgen gleicher Art zulässig. Eine Verrechnung mit Erträgen einer anderen Art ist nicht vorgesehen. Nicht ausgeglichene negative Erträge sind stattdessen zeitlich unbegrenzt vortragsfähig und verrechenbar. Die Unterscheidung unterschiedlicher Arten von Erträgen ist auch künftig weiterhin notwendig, weil die einzelnen Ertragsarten dem Anteilseigner für steuerliche Zwecke zu unterschiedlichen Zeitpunkten zufließen bzw. Eingang in den Zwischengewinn finden. Auch existieren mit Immobiliengewinnen und steuerbefreiten ausländischen Erträgen weiterhin Ertragsarten die nicht steuerbar oder steuerbefreit sind. Dabei gilt die folgende Matrix:

Gewinne aus ⟶ mit Verlusten aus ↓	– Zinsen – inländischen Mieten – sonstigen Erträgen	Dividenden	– Wertpapierveräuße-rungen – Leerverkäufen (nicht Immobilien) – Optionsprämien – Termingeschäften, z. B. Swaps
– Zinsen – inländische Mieten – sonstigen Erträgen	Ja	Nein	Nein
Dividenden	Nein	Ja	Nein
– Wertpapierveräu-ßerungen – Leerverkäufen (nicht Immobilien) – Optionsprämien – Termingeschäften, z. B. Swaps	Nein	Nein	Ja

2.4 Erhebung der Abgeltungsteuer

Die Abgeltungsteuer auf Ausschüttungen, vereinnahmte Zwischenge-winne und Veräußerunsgerlöse erfolgt bei Verwahrung in einem Depot bei einem inländischen Kreditinstitut oder einer inländischen Kapitalanlage-gesellschaft durch die depotführende Stelle.

Bei ausschüttungsgleichen Erträgen deutscher Fonds wird die bereits für Ka-pitalertragsteuerzwecke bestehende Einbehaltungs- bzw. Abführungsver-pflichtung der Kapitalanlagegesellschaft auch für Abgeltungsteuerzwecke beibehalten und um Erträge in From von ausländischen Dividenden erwei-tert. Bei kirchensteuerpflichtigen Steuerpflichtigen ist jedoch immer eine Veranlagung durchzuführen, da Kapitalanlagegesellschaften anders als Kreditinstitute nicht in jedem Fall Kenntnis von einer etwaigen Kirchenzu-gehörigkeit ihrer Anleger haben.

Bei ausschüttungsgleichen Erträgen ausländischer Investmentsfonds kommt es nicht zum Einbehalt der Abgeltungsteuer durch den Fonds und auch nicht durch ein inländisches Kreditinstitut, auch wenn die Anteilsscheine in einem Depot bei diesem verwahrt werden.

2.5 Übergangsregelungen

Die Besteuerung von Gewinnen aus der Veräußerung von Fondanteilen auf Anlegerebene gilt nur für Investmentanteile, die nach dem 31. 12. 2008 an-geschafft worden sind. Für Gewinne aus der Veräußerung von Anteilen, die vor diesem Zeitpunkt angeschafft wurden, gelten die bisherigen Regelungen fort (Jahresfrist des § 23 Abs. 1 Satz 1 Nr. 2 EStG ist zu beachten).

Die auf Fondsebene erzielten Gewinne aus der Veräußerung von Wertpapieren, die vor dem 1. 1. 2009 angeschafft und aus Termingeschäften, die vor dem 1. 1. 2009 abgeschlossen wurden, können auch nach dem 1. 1. 2009 steuerfrei ausgeschüttet werden. Für Anleger, die die Fondsanteile vor dem 1. 1. 2009 erworben haben, wird die Steuerfreiheit definitiv. Für Anleger, die die Fondsanteile nach dem 31. 12. 2008 erworben haben, erfolgt im Zeitpunkt der Rückgabe/Veräußerung der Anteile eine Hinzurechnung dieser ausgeschütteten Erträge zum Veräußerungserlös.

Werden auf Fondsebene Gewinne aus der Veräußerung von Wertpapieren, die nach dem 31. 12. 2008 angeschafft und aus Termingeschäften, die nach diesem Zeitpunkt abgeschlossen wurden, nicht ausgeschüttet, sondern thesauriert, so bleiben sie für Fondsanleger, die ihre Fondsanteile vor dem 1. 1. 2009 erworben haben auch im Falle der Veräußerung der Anteile steuerfrei.

Nachdem einige Finanzunternehmen mit den Vorteilen der Übergangsregelung in aggressiver Weise für die Gründung Luxemburger Spezialfonds geworben hatten, die seit Anfang des Jahres 2007 auch für vermögende Privatanleger zugänglich sind und diesen einer dauerhafte Steuerbefreiung von Veräußerungs- und Termingeschäftsgewinnen verschafft hätten, hat der Gesetzgeber mit dem Jahressteuergesetz 2008 die Übergangsregelung für Veräußerungen von Anteilen an Spezialsondervermögen und diesen ähnliche Fonds ausgeschlossen, sofern diese nach dem 9. 11. 2007 angeschafft wurden, § 18 Abs. 2a InvStG.

3. Fonds – Gewinner der Abgeltungsteuer?

Dem halbtransparenten steuerlichen Charakter von Investmentfonds entsprechend sind zur Beantwortung dieser Frage Fonds nach den unterschiedlichen Assetklassen zu unterscheiden, in die sie investieren. Anleger in klassische Rentenfonds, bei denen Veräußerungsgewinne regelmäßig einen geringeren Anteil an der Gesamtperformance ausmachen werden, profitieren – wie auch bei der Direktanlage in Renten – stark von der Abgeltungsteuer. Anleger in Aktienfonds dagegen kommen durch den Wegfall des Halbeinkünfteverfahrens unter dem Strich nicht in den Genuss einer echten Steuersatzreduzierung und sind zudem durch die Einbeziehung von Veräußerungsgewinnen in die Besteuerung besonders negativ betroffen. Bei Immobilienfonds hingegen kommt es zu einer Umqualifizierung von Mieteinkünften in Kapitaleinkünfte, was im Vergleich zur Direktanlage einen doppelten Vorteil bringt. Sie profitieren vom niedrigen Steuersatz ohne dass Veräußerungsgewinne in die Bemessungsgrundlage einbezogen werden.

Ausländische Mieteinkünfte unterliegen darüber hinaus nicht dem Progressionsvorbehalt.

Daneben gewähren die im Zusammenhang mit der Einführung der Abgeltungsteuer durchgeführten Gesetztesänderungen dem Fondsanleger Assetklassen-unabhängige Vorteile im Vergleich zum Direktanleger. Zu nennen sind insbesondere die unveränderte Abzugsfähigkeit von Betriebsausgaben, die vereinfachte Anrechung ausländischer Quellensteuern und die nach derzeitiger Gesetzesfassung anlegerfreundlichen Übergangsregelungen.

Auf der anderen Seite besteht bei der Anlage in einen ausländischen Fonds, der dem Anleger ausschüttungsgleiche Erträge vermittelt, auch bei Verwahrung in einem Depot bei einem deutschen Finanzinstitut die Notwendigkeit einer Veranlagung der Kapitaleinkünfte. Dies dürfte für viele Anleger ein Grund sein, solche Fonds zu meiden. Bei inländischen Fonds gilt entsprechendes sofern der Anleger der Kirchensteuerpflicht unterliegt.

II. Finanzierungen

Im Zusammenspiel mit den durch das Unternehmensteuerreformgesetz 2008 eingeführten Änderungen des ertragsteuerlichen Schuldzinsenabzuges auf Gesellschaftsebene wird die Einführung der Abgeltungsteuer massive Auswirkungen auch auf die Finanzierung von Unternehmen haben. Die Abgeltungsteuer beeinflusst dabei vor allem die Finanzierung von Kapitalgesellschaften, deren Anteile sich überwiegend in der Hand deutscher Investoren befinden oder die sich am deutschen Kapitalmarkt refinanzieren.

1. Besteuerung von Erträgen aus der Eigenkapitalüberlassung beim Privatanleger

1.1 Besteuerung von Dividenden im Privatvermögen,
§ 20 Abs. 1 Nr. 1 EStG

Nach der ursprünglichen durch das Unternehmensteuerreformgesetz 2008 eingeführten Gesetzesfassung unterlagen Dividenden i. S. d. § 20 Abs. 1 Nr. 1 EStG unabhängig von der Beteiligungsquote des Empfängers dem Abgeltungsteuersatz. Im Gegenzug wurde das Halbeinkünfteverfahren für diese Erträge mit dem Verweis auf die Absenkung der Ertragsteuerbelastung auf Gesellschaftsebene abgeschafft. Ein Abzug der mit der Beteiligung im Zusammenhang stehenden tatsächlichen Werbungskosten über den Sparerpauschbetrag hinaus war nicht möglich. Mit dem Jahressteuergesetz 2008 hat der Gesetzgeber auf die vielfach geäußerte Kritik reagiert und in § 32d Abs. 2 Nr. 3 EStG eine Optionsmöglichkeit hin zur Regelbesteuerung von Dividenden nach den allgemeinen Ermittlungsvorschriften und zu individuellen Steuersätzen vorgesehen, die auch den Werbungskostenabzug zulässt. Das Teileinkünfteverfahren findet in diesem Fall allerdings explizit keine Anwendung. Die Optionsmöglichkeit ist Gesellschaftern eingeräumt, die zu mindestens 25 % an der Gesellschaft beteiligt sind oder zu mindestens 1 % Prozent an ihr beteiligt und beruflich für sie tätig sind.

1.2 Besteuerung von Veräußerungsgewinnen aus Beteiligungen an Kapitalgesellschaften, § 20 Abs. 2 Satz 1 Nr. 1 EStG

Die Besteuerung der Erträge aus der Veräußerung oder Rückzahlung der Eigenkapitalbeteiligung an Kapitalgesellschaften unterscheidet sich je nach Beteiligungsquote. Der Abgeltungsteuersatz ist auf Gewinne aus der Veräußerung einer Beteiligung anwendbar, die nach dem 1.1.2009 angeschafft wurde und innerhalb der letzten fünf Jahre vor Veräußerung die Beteiligungsquote von 1 % zu keinem Zeitpunkt erreicht oder überschritten wurde. Veräußerungsverluste sind nur mit Gewinnen aus der Veräußerung von Anteilen an in- oder ausländischen Kapitalgesellschaften verrechenbar, die ebenfalls dem Abgeltungsteuersatz unterliegen. Ein Verlustrücktrag kommt nicht in Betracht, ein Vortrag ist zeitlich unbegrenzt möglich.

Gewinne aus der Veräußerung von Anteilen an Kapitalgesellschaften bei denen die 1-%ige Beteiligungsquote erreicht oder überschritten wurde, unterliegen nach dem unveränderten § 17 Abs. 1 Satz 1 EStG der Besteuerung zum individuellen Steuersatz des Anteilseigners unter Anwendung des das Halbeinkünfteverfahren ablösenden Teileinkünfteverfahrens, § 3 Nr. 40 EStG. Danach unterliegen künftig 60 % des Gewinns als gewerbliche Einkünfte der Besteuerung. Die Steuerpflicht für Veräußerungsgewinne gilt unabhängig vom Erwerbszeitpunkt. Veräußerungsverluste sind ebenfalls nur zu 60 % berücksichtigungsfähig. Da es sich um gewerbliche Einkünfte handelt, ist eine Verlustverrechnung nicht auf Gewinne aus der Veräußerung von Kapitalanteilen beschränkt sondern richtet sich nach den allgemeinen Regeln des § 10d EStG.

1.3 Übersicht der Besteuerungsfolgen bei unterschiedlichen Beteiligungsquoten

	< 1 %	≥ 1 %	> 10 %	gewerbl. PersG
Dividende	25 %	25 %	25 %**	45 % auf 60 % = 27 %
Veräußerungs-Gewinn	25 % *	45 % auf 60 % = 27 %	45 % auf 60 % = 27 %	45 % auf 60 % = 27 %
Werbungskosten-abzug	–	Nur im Jahr der Veräuße-rung	Nur im Jahr der Veräuße-rung**	immer 60 %
Steuersatz auf Zins aus Gesell-schafterdarlehen (vgl. III. 1.)	25 %	25 %	45 %	45 %

 * bei Erwerb nach dem 31. 12. 2008
 ** Optionsmöglichkeit zur Regelbesteuerung gegeben

Die obigen Ausführungen gelten entsprechend für aktienähnliche Genuss-rechte, deren Veräußerung künftig haltedauerunabhängig der Besteuerung nach § 17 Abs. 1 Satz 5 oder § 20 Abs. 2 Satz 1 Nr. 1 Satz 2 EStG unterliegt.

2. Besteuerung von Erträgen aus der Fremdkapitalüberlassung beim Privatanleger

Die mit der Abgeltungsteuer eingeführten Änderungen der Besteuerung von Kapitalerträgen aus der Fremdkapitalüberlassung unterscheiden nicht zwischen sog. unternehmenserfolgsabhängiger und festverzinslicher Ver-gütung für die Überlassung von Fremdkapital. Die Änderungen bestehen vor allem in der Herabsetzung des Steuersatzes und dem Verbot des Ab-zuges der tatsächlichen Werbungskosten, daneben werden bei allen Kapital-überlassungstatbeständen Gewinne aus der Veräußerung, Einlösung oder sonstigen Rückzahlung in die Besteuerung einbezogen. Die Änderungen gelten für alle gängigen Formen der Unternehmensfinanzierung, also bei typischer stiller Beteiligung, partiarischem Darlehen, Fremdkapitalgenuss-rechten, Darlehen aber auch bei anderen Formen verbriefter oder unver-briefter Kapitalgewährung. Besonderheiten sind jedoch bei der Kapitalüber-lassung durch den Gesellschafter zu beachten.

3. Gesellschafter-Fremdfinanzierung

3.1 Gesellschafter-Fremdfinanzierung bei Kapitalgesellschaften

Wegen der oben dargestellten Gleichstellung von Vergütungen für Eigenkapitalüberlassung mit denen für Fremdkapitalüberlassung unter der Abgeltungsteuer werden Gesellschafter von Kapitalgesellschaften in der Zukunft eine starke Präferenz für die Gesellschafter-Fremdfinanzierung entwickeln, wenn sie die Kapitalüberlassung mit eigenen Mitteln finanzieren können und der steuerliche Zinsausgabenabzug auf Gesellschaftsebene im Rahmen der Zinsschranke möglich ist. Die Gesellschafter-Fremdfinanzierung führt dabei im Vergleich zur Eigenkapitalfinanzierung zu einem Renditevorteil von ca. 22,5 % auf die Zinszahlungen der Gesellschaft[6].

Nach § 32d Abs. 2 Satz 1 Nr. 1 Buchstabe b EStG kommt der Abgeltungsteuersatz jedoch nicht auf solche Kapitalerträge zur Anwendung, die von einer Kapitalgesellschaft an einen Anteilseigner gezahlt werden, der zu mindestens 10 % an der Gesellschaft beteiligt ist oder die an eine Person gezahlt werden, die einem solchen Anteilseigner nahe steht. Die Kapitalerträge sind in diesem Fall zwingend in die Veranlagung zu individuellen Steuersätzen einzubeziehen. Diese Ausnahme gilt für Kapitalerträge nach § 20 Abs. 1 Nr. 4 und 7 sowie Abs. 2 Nr. 4 und 7 EStG. Erfasst werden davon damit die wichtigsten Fälle der Kapitalüberlassung in der Rechtsform von Darlehen, Schuldverschreibung, partiarischem Darlehen oder typischer stiller Beteiligung.

Die Ausnahme bezieht sich lediglich auf den Abgeltungsteuersatz, die mit Einführung der Abgeltungsteuer erweiterte Bemessungsgrundlage des § 20 EStG (also inklusive der Veräußerungstatbestände des § 20 Abs. 2 Satz 1 Nr. 4 und 7 EStG) findet hingegen Anwendung. Da es sich um einen Veranlagungsfall zum individuellen Steuersatz des Empfängers der Kapitalerträge handelt, sind auch die allgemeinen einkommensteuerlichen Regelungen zur Verlustverrechnung und zum Verlustausgleich sowie zum Werbungskostenabzug zu beachten. Dies ist insbesondere in den Fällen von großer praktischer Bedeutung, in denen der Gesellschafter bzw. eine diesem nahe stehende Person die Kapitalüberlassung fremdfinanziert hat.

Bei Eingreifen der Zinsschranke auf Gesellschaftsebene ist die Versagung des Abgeltungsteuersatzes allerdings höchst angreifbar, kann die Benachteiligung des Gesellschafters gegenüber einem Nicht-Beteiligten doch sicherlich nicht mit der Vermeidung der Steuersatzarbitrage begründet werden.

---

6 Bei einer unterstellten Ertragsteuerbelastung von 30 % auf Gesellschaftsebene und einem persönlichen Grenzsteuersatz des Gesellschafters von 45 %.

3.2 Gesellschafter-Fremdfinanzierung bei Personengesellschaften

Kapitalüberlassungen an Personengesellschaften sind durch die Einführung der Abgeltungsteuer nicht betroffen. Denn die Erträge aus der Kapitalüberlassung eines Gesellschafters an eine gewerbliche Personengesellschaft werden für steuerliche Zwecke in gewerbliche Einkünfte umqualifiziert und sind bei Kapitalüberlassung an eine vermögensverwaltende Personengesellschaft unbeachtlich.

3.3 Kombination von Darlehen und Einlagen/Back-to-back-Finanzierungen

Wie bei der Gesellschafter-Fremdfinanzierung von Kapitalgesellschaften ab einer bestimmten Beteiligungsquote versagt der Gesetzgeber auch dann die Anwendung des Abgeltungsteuersatzes, wenn die Kapitalanlage in einem schädlichen Zusammenhang mit einer Kapitalüberlassung erfolgt, die im wirtschaftlichen Zusammenhang mit einer Tätigkeit zur Einkünfteerzielung steht.

3.3.1 Grundfall: Identität zwischen Gläubiger der Kapitalerträge und Schuldner des Kredites

§ 32 d Abs. 2 Nr. 1 Buchstabe c Satz 1 EStG in der Fassung des Unternehmensteuerreformgesetzes 2008 ordnete an, dass bestimmte Kapitalerträge zwingend in die Veranlagung zu individuellen Steuersätzen einzubeziehen sind, soweit sie ein Dritter schuldet, der seinerseits Kapital an den Gläubiger überlassen hat, das dieser zur Erzielung steuerpflichtiger Einkünfte einsetzt. Erfasst werden sollten damit ausweislich der Gesetzesbegründung so genannte Back-to-back-Finanzierungen, d. h. Fälle, in denen z. B. ein Unternehmer bei einer Bank eine Einlage unterhält und die Bank in gleicher Höhe einen Kredit zur Finanzierung des Unternehmens vergibt. Der Gesetzgeber wollte damit Gestaltungen verhindern, bei denen Gewinne durch hohe Kreditzinsen vermindert werden (Steuerersparnis zum Normalsatz), während die Erträge aus einer gleichzeitigen Kapitalanlage bei dem Kreditgeber nur dem günstigeren Abgeltungsteuersatz unterliegen. Nachdem diese Vorschrift wegen ihres als zu weit empfundenen Anwendungsbereiches in der Praxis auf heftige Kritik gestoßen war, ist sie mit dem am 6. 11. 2007 verabschiedeten Jahressteuergesetzes 2008 wieder entschärft und zielgenauer ausgerichtet worden. Private Kapitaleinkünfte sind nunmehr nur dann von der Abgeltungsteuer ausgenommen und mit dem individuellen Steuersatz zu besteuern, soweit ein Dritter die Kapitalerträge schuldet und diese Kapitalanlage **im Zusammenhang mit einer Kapitalüberlassung** an einen Betrieb des Gläubigers steht.

Ein Zusammenhang ist anzunehmen, wenn die Kapitalanlage und die Kreditgewährung auf einem einheitlichen Plan beruhen. Dies ist insbesondere der Fall, wenn die Kreditgewährung in engem zeitlichen Zusammenhang mit der Kapitalanlage steht (insbesondere auch die Kreditlaufzeit in etwa der Dauer der Kapitalanlage entspricht) oder die jeweiligen Zinsvereinbarungen miteinander verknüpft sind. Ein Zusammenhang ist jedoch dann nicht anzunehmen, wenn die Zinsvereinbarungen marktüblich sind oder sich kein Belastungsvorteil für den Kunden ergibt. Die Regelungen erfassen damit – anders als in ihrer ursprünglichen Fassung – nicht die Fälle, in denen das Nebeneinander von Krediten und Guthaben nicht zielgerichtet der Steuerersparnis dient, sondern es sich um geschäftsübliches Verhalten handelt.

Wie auch bei der Ausnahme zur Gesellschafter-Fremdfinanzierung erfasst auch diese Alternative des § 32d Abs. 2 Satz 1 Nr. 1 EStG nur Kapitalerträge nach § 20 Abs. 1 Nr. 4 und 7 sowie Abs. 2 Nr. 4 und 7 EStG. Voraussetzung ist nach der modifizierten Vorschrift nun nicht mehr, dass der Schuldner der Kapitalerträge mit dem Kreditgeber identisch ist. Unter die Ausnahme fallen somit nicht nur Erträge aus Einlagen, die bei dem Kreditgeber unterhalten werden, sowie Erträge aus Anleihen und sonstigen Kapitalforderungen, die vom Kreditgeber emittiert worden sind, sondern beispielsweise auch Erträge aus Anleihen anderer Emittenten oder Einlagen bei anderen Kreditinstituten, wenn sie im Zusammenhang mit der Kapitalüberlassung stehen.

Ein solcher Zusammenhang ist m. E. jedoch in den Fälle nicht gegeben, in denen die Kapitalanlage durch Ansparen über einen der Darlehnslaufzeit entsprechenden Zeitraum erst aufgebaut wird, um dann zur Tilgung des Darlehens verwendet zu werden. Mangels Existenz einer Kapitalanlage bei Darlehnsaufnahme, kann ein Zusammenhang zwischen beiden Dispositionen nicht bestehen.

Auch können Dispositionen, die vor Verabschiedung des Unternehmensteuerreformgesetzes 2008 getätigt wurden, mangels Vorliegen eines einheitlichen Planes im Dispositionszeitpunkt nicht von der Vorschrift erfasst sein.

3.3.2 Alternative: Kreditgewährung an einen Dritten mit Verbindung zum Gläubiger der Kapitalerträge

Der Abgeltungsteuersatz ist ebenfalls nicht anwendbar, wenn Kredit gewährt wird

– an eine dem Gläubiger der Kapitalerträge nahe stehende Person,

– an eine Personengesellschaft, an der der Gläubiger der Kapitalerträge oder eine diesem nahe stehende Person als Mitunternehmer beteiligt ist oder

– an eine Kapitalgesellschaft oder Genossenschaft, an der der Gläubiger der Kapitalerträge oder eine diesem nahe stehende Person zu mindestens 10 % beteiligt ist und

soweit der Dritte auf den Gläubiger der Kapitalerträge oder eine diesem nahe stehende Person zurückgreifen kann, § 32d Abs. 2 Nr. 1 Buchstabe c Satz 2 EStG.

Bei Krediten an Gesellschaften, an denen der Gläubiger der Kapitalerträge oder eine diesem nahe stehende Person als Mitunternehmer oder zu mindestens 10 % beteiligt ist, findet der Abgeltungsteuersatz somit immer dann keine Anwendung, wenn nach den oben genannten Regeln ein Zusammenhang zwischen Kapitalanlage und Kreditaufnahme gegeben ist und zusätzlich der Kreditgeber auf den Gläubiger der Kapitalerträge oder die ihm nahe stehende Person zurückgreifen kann (wobei insoweit wohl jede Rückgriffsmöglichkeit ausreicht).

4. Leitthema:
Internationale Besteuerung

Funktionsverlagerung über die Grenze
Verrechnungspreise und Funktionsausgliederung

Dr. Michael Schwenke
Ministerialrat im Bayerischen Staatsministerium
der Finanzen, München

Inhaltsübersicht

Die Unternehmensteuerreform wird am 1. 1. 2008 in Kraft treten. Die Neuregelungen zur Funktionsverlagerung in § 1 Abs. 3 AStG stellen in diesem
Gesetzespaket mit Mehreinnahmen von 1,77 Mrd. Euro pro Jahr eine der
gewichtigsten – weil aufkommensstärksten – Gegenfinanzierungsmaßnahmen dar.

Wie schon bei den Dokumentationspflichten in § 90 Abs. 3 AO soll die gesetzliche Regelung des § 1 Abs. 3 AStG zunächst in einer Rechtsverordnung
erläutert werden, ehe dann in einem BMF-Schreiben Einzelheiten geregelt
werden sollen. Die sog. Funktionsverlagerungsverordnung (nachfolgend

FVerlV genannt) liegt in einer Fassung vom Juni 2007 vor. Offiziell ist die FVerlV allerdings noch nicht in das Gesetzgebungsverfahren eingebracht worden. Wichtigster Streitpunkt ist, ob die Fälle der sog. Funktionsverdoppelung als Funktionsverlagerung behandelt werden können.

Ich werde zunächst in meinem Vortrag näher darlegen, was als Funktionsverlagerung anzusehen ist. Hierzu werde ich auf die gesetzliche Regelung in § 1 Abs. 3 AStG sowie auf die geplanten Regelungen in der FVerlV verweisen. Die Frage, ob eine Funktionsverdoppelung als Funktionsverlagerung angesehen werden kann, wird hierbei der Schwerpunkt meiner Ausführungen sein. Im zweiten Teil meines Vortrages werde ich auf die zentralen Fragestellungen bei der Bewertung des sog. Transferpaketes eingehen. Auch hier werde ich die Bestimmungen des Gesetzes sowie der FVerlV darstellen. Zum Abschluss meines Vortrages werde ich die Regelungen zur Preisanpassungsklausel vorstellen.

I. Definition der Funktionsverlagerung

§ 1 Abs. 3 Satz 9 AStG enthält keine eigentliche Definition der Funktionsverlagerung. Satz 9 regelt lediglich, dass im Fall der Verlagerung einer „Funktion einschließlich der dazugehörigen Chancen und Risiken und der mitübertragenen oder überlassenen Wirtschaftsgüter und sonstigen Vorteile" der Steuerpflichtige das Entgelt auf der Grundlage einer Verlagerung der Funktion als Ganzes – dem sog. Transferpaket – zu bestimmen hat. Man mag dieses Fehlen einer gesetzlichen Definition der Funktionsverlagerung in § 1 Abs. 3 AStG beklagen, allerdings sollte man dem nicht allzu große Bedeutung beimessen, da in der FVerlV eine gesetzliche Definition der Funktionsverlagerung – wenn man so will – „nachgeholt" wird.

1. Funktion

Zunächst zur Definition einer Funktion. Eine Funktion ist gemäß § 1 Abs. 1 FVerlV-E[1] „eine Geschäftstätigkeit, die aus einer Zusammenfassung gleichartiger betrieblicher Aufgaben besteht, die von bestimmten Stellen und Abteilungen des Unternehmens erledigt werden." Eine Funktion wird daher von einem funktional zusammenhängenden Teil eines Unternehmens ausgeübt. Wichtig in diesem Zusammenhang ist dabei, dass der funktional zusammenhängende Teil des Unternehmens nicht die Voraussetzungen eines herkömmlichen Betriebs oder Teilbetriebs erfüllen muss. Ich werde hierauf an anderer Stelle meines Vortrages noch

---

1 Begriffsdefinition aus einer bisher nicht veröffentlichten aktuelleren Arbeitsfassung der FVerlV.

zurückkommen. Als Funktionen kommen demnach in Betracht: Geschäftsleitung, Forschung und Entwicklung, Materialbeschaffung, Lagerhaltung, Produktion, Vertrieb, Montage, Bearbeitung oder Veredelung von Produkten, Marketing, Kundendienst etc.

2. Verlagerung

Was unter dem Begriff „Verlagerung" zu verstehen ist, wird in § 1 Abs. 2 Satz 1 FVerlV-E[2] geregelt. Danach liegt eine Verlagerung vor, „wenn ein Unternehmen (das verlagernde Unternehmen) einem anderen, nahe stehenden Unternehmen (das übernehmende Unternehmen) Wirtschaftsgüter und sonstige Vorteile sowie damit verbundene Chancen und Risiken überträgt oder zur Nutzung überlässt oder Dienstleistungen erbringt, damit das übernehmende Unternehmen eine Funktion ausüben kann, die bisher von dem verlagernden Unternehmen ausgeübt worden ist, und dadurch die Ausübung der betreffenden Funktion durch das verlagernde Unternehmen eingeschränkt wird." Unerheblich soll in diesem Zusammenhang sein, ob das übernehmende Unternehmen die Funktion nur zeitweise oder teilweise übernimmt (§ 1 Abs. 2 Satz 2 FVerlV-E).

Was der Gesetzgeber hier mit vielen Worten ausdrückt ist letztlich, dass sowohl die endgültige Übertragung wie auch die zeitweise Überlassung, also die Lizenzierung, eine Funktionsverlagerung darstellen kann, wenn letztlich zwei Tatbestandsvoraussetzungen erfüllt sind: Zum einen muss ein Wirtschaftsgut übertragen oder überlassen werden, damit im Ausland eine Funktion ausgeübt werden kann und es muss zum anderen die betreffende Funktion im Inland eingeschränkt werden. Vereinfacht ausgedrückt erfordert eine Funktionsverlagerung also die Übertragung/Überlassung von materiellen/immateriellen Wirtschaftsgütern und in diesem Zusammenhang die Übertragung/Überlassung einer Funktion.

3. Negativabgrenzung

Eine Negativabgrenzung, die das Erfordernis beider Tatbestandsvoraussetzung einer „Verlagerung" noch einmal verdeutlicht, enthält § 1 Abs. 3 FVerlV-E. Danach liegt eine Funktionsverlagerung nicht vor, wenn nur Wirtschaftsgüter veräußert/überlassen werden, nur Dienstleistungen erbracht werden oder Personal im Konzern entsandt wird, ohne dass eine Funktion mit übergeht.

Ergänzend in diesem Zusammenhang noch der Hinweis, dass es sich bei der Einschaltung eines bloßen Auftragsfertigers zwar um eine Funktions-

---

2 Begriffsdefinition aus einer bisher nicht veröffentlichten aktuelleren Arbeitsfassung der FVerlV.

verlagerung handelt, die aber nach § 2 Abs. 2 FVerlV-E nicht als solche behandelt wird. Es kommt in diesem Fall nicht zur Bewertung der Funktion als Ganzes mit dem Transferpaket. Gleiches gilt, wenn im Rahmen einer Funktionsverlagerung lediglich unwesentliche immaterielle Wirtschaftsgüter übertragen/überlassen werden (§ 1 Abs. 3 Satz 10 Alt. 1 AStG, § 1 Abs. 7 FVerlV-E).

4. Funktionsverlagerung auf eine Betriebsstätte?

Keine Aussage trifft die FVerlV bislang zu der Frage, ob eine Funktionsverlagerung auch vom Stammhaus auf eine ausländische Betriebsstätte denkbar ist. Spätestens im BMF-Schreiben sollte hierzu jedoch eine Aussage getroffen werden, um der Praxis entsprechende Rechtssicherheit zu gewähren. M. E. ist diese Frage mit einem klaren Nein zu beantworten. Denn nach der von der Finanzverwaltung vertretenen eingeschränkten Selbstständigkeit der Betriebsstätte muss bei der Anwendung des Fremdvergleichsgrundsatzes im Rahmen von Art. 7 Abs. 2 OECD-MA beachtet werden, dass Betriebsstätten eben immer nur einen Teil des Gesamtunternehmens darstellen und deshalb nicht uneingeschränkt wie selbständige Unternehmen behandelt werden können. In der Konsequenz bedeutet dies, dass Vertragsgestaltungen, die es zivilrechtlich nicht gibt, nicht fingiert werden können. Schuldrechtliche Vereinbarungen, wie beispielsweise Darlehens-, Miet- und Lizenzverträge sind grundsätzlich nicht anzuerkennen, da es sich aus Sicht des Gesamtunternehmens um noch nicht realisierte Gewinne aus Innenumsätzen handelt. Unternehmensinterne Zinsvereinbarungen können nicht anerkannt werden, bei Nutzungsüberlassungen ist lediglich eine Verteilung der Kosten möglich, ebenso bei Dienstleistungen im Zusammenhang mit der allgemeinen Geschäftsleitung. Eine Aufteilung der Leistungen wird dagegen nach dem Fremdvergleichsgrundsatz vorgenommen, wenn die erbrachten Leistungen Gegenstand der ordentlichen Geschäftstätigkeit der leistenden Unternehmenseinheit sind und auf der Grundlage der Funktionsaufteilung zwischen Stammhaus und Betriebsstätte diese Leistungen eine sachgerechte Einkommensabgrenzung dokumentieren, d. h. wenn die entsprechenden Leistungen von dem Unternehmensteil auch im Außenverhältnis erbracht werden und seine wesentliche Haupttätigkeit darstellen[3]. Da die Funktionsverlagerung schon per definitionem kein Leistungsgegenstand der ordentlichen Geschäftstätigkeit, sondern ein außerordentlicher Vorgang ist, scheidet eine Zuordnung anhand des Fremdvergleichsgrundsatzes aus.

---

3 BMF, Schreiben v. 24. 12. 1999 – IV B 4 – S 1300 – 111/99 (Betriebsstätten-Verwaltungsgrundsätze), BStBl. I 1999, 1076 – Tz. 2.2; *Lehner* in Vogel, DBA, Art. 7 Rz. 79 f.

5. Erscheinungsformen der Funktionsverlagerung

Funktionsverlagerungen können in verschiedenen Erscheinungsformen auftreten. Klassische Formen sind die vollständige Aufgabe bestimmter Funktionen im Inland und deren Verlagerung auf ein anderes Unternehmen (sog. Funktionsausgliederung), die Verminderung von Funktionen im Inland (sog. Funktionsabschmelzung) sowie die Verlagerung einer (Teil-) Funktion auf einen Auftragnehmer (sog. Funktionsabspaltung). Heftig umstritten ist hingegen, ob die Fälle der Funktionsverdoppelungen als Funktionsverlagerung zu behandeln sind. Eine Funktionsverdoppelung ist dadurch gekennzeichnet, dass es gerade zu keiner Einschränkung der bisherigen Geschäftstätigkeit des Unternehmens im Inland kommt, im Ausland aber unter Nutzung von Wirtschaftsgütern oder sonstiger Vorteile von einem nahe stehenden Unternehmen eine Funktion neu ausgeübt wird.

5.1 Sonderfall Funktionsverdoppelung

Das BMF geht offensichtlich davon aus, dass die Fälle der Funktionsverdoppelung wie Funktionsverlagerungen zu behandeln sind (§ 1 Abs. 4 Satz 2 FVerlV-E). Es sieht sich mit dieser Regelung im Einklang mit den Vorgaben, die die Koalitionsfraktionen in den Beratungen des Finanzausschusses des Deutschen Bundestages festgehalten haben. Die entsprechende Passage in der BT-Drucksache 16/5491, S. 11 lautet wie folgt:

„Vor diesem Hintergrund stellten die Koalitionsfraktionen fest, sie gingen bezüglich der Funktionsverlagerungen davon aus, dass die Bundesregierung sich beim Erlass der Rechtsverordnung an der internationalen Praxis orientiere. Die Bundesregierung werde Funktionsverdoppelungen nach denselben Grundsätzen behandeln wie Funktionsverlagerungen und dies in der Rechtsverordnung zum Ausdruck bringen."

M. E. geht diese Interpretation des BMF jedoch allein schon deshalb fehl, weil durch die Formulierung „Die Bundesregierung werde (...)" eindeutig zum Ausdruck kommt, dass es sich hierbei lediglich um eine wiedergegebene Absichtserklärung der Bundesregierung hinsichtlich der noch zu erlassenden Rechtsverordnung handelt. Weitere Folgerungen lassen sich damit aus dieser Textpassage nicht ableiten. Es ist daher im Weiteren näher zu untersuchen, mit welcher Begründung das BMF derartige Fälle mit „echten" Funktionsverlagerungen gleichstellen will.

5.1.1 Funktionsverdoppelung wirtschaftlich vergleichbar?

Zunächst wird in der Verordnungsbegründung ausgeführt, dass die Gleichbehandlung erforderlich sei, „weil Funktionsverdoppelungen mit Funktionsverlagerungen wirtschaftlich vergleichbar sind und es betriebswirtschaftlich auch für die Verrechnungspreisbestimmung von Funktionsverdoppelungen auf die Gewinnaussichten (Investitionsrechnung) der beteiligten Unternehmen infolge der Funktionsveränderung ankommt."

Diese Argumentation ist m. E. bereits im Ansatz unzutreffend. Bei einer Funktionsverdoppelung bleiben, im Gegensatz zur Funktionsverlagerung, die in Deutschland entstandenen und zukünftigen stillen Reserven in Deutschland steuerverhaftet. Es werden lediglich die betreffenden – im Regelfall – immateriellen Wirtschaftsgüter zusätzlich genutzt, ohne dass betriebliche Aufgaben oder Funktionen im Inland abgebaut oder eingeschränkt werden. Damit ist der Fall der Funktionsverdoppelung überhaupt nicht mit dem Fall der Funktionsverlagerung vergleichbar. Es handelt sich vielmehr um typische Fälle der Lizenzierung von immateriellen Wirtschaftsgütern, mit deren Hilfe eine Funktion im Ausland neu aufgebaut bzw. erweitert wird.

5.1.2 Missbrauchsargumentation

Weiterhin wird in der Verordnungsbegründung zur Gleichbehandlung von Funktionsverdoppelungen mit Funktionsverlagerungen Folgendes ausgeführt:

„Würden die Fälle von Funktionsverdoppelungen nicht in gleicher Weise erfasst wie Funktionsverlagerungen, bestünde die Möglichkeit, die Mehrzahl der Funktionsverlagerungen als Funktionsverdoppelungen darzustellen, um insbesondere die Transferpaketbetrachtung zu Unrecht im Ansatz zu vermeiden. So könnte zunächst in einer Expansionsphase eine Funktionsverdoppelung erklärt werden; es würde sich ggf. erst in späteren Wirtschaftsjahren (z. B. in einer folgenden Rezessionsphase) herausstellen, dass die Geschäftstätigkeit des verlagernden Unternehmens zu Gunsten des übernehmenden Unternehmens tatsächlich eingeschränkt oder eingestellt wird und deshalb wirtschaftlich eine Funktionsverlagerung vorliegt."

Diese Missbrauchsargumentation ist schon deswegen unzutreffend, weil die Funktionsverdoppelung kein notwendiges Durchgangsstadium bzw. keine Vorstufe einer etwaigen Funktionsverlagerung ist. Die Funktionsverdoppelung ist etwas grundlegend Anderes, bei ihr verschwindet die betriebliche Funktion im Inland gerade nicht, sondern wird im Ausland nur zusätzlich neu aufgebaut.

5.1.3 Weitere Argumente gegen Einbezug

Die Begründung des BMF für einen Einbezug der Fälle der Funktionsverdoppelungen vermag somit nicht zu überzeugen. Im Gegenteil, es lassen sich unschwer weitere gravierende Argumente finden, die gegen einen Einbezug sprechen:

5.1.3.1 Gefahr von Doppelbesteuerungen

Die Transferpaketbetrachtung bei Funktionsverdoppelungen würde zu einer sofortigen hälftigen Abschöpfung des künftigen ausländischen Gewinnpotentials führen. Gegenwärtig wird bei der Lizenzierung – und nur um solche Fälle handelt es sich bei der Funktionsverdoppelung – in der Regel nur ein ausländischer Gewinnanteil von 20 bis 30 v. H. im Rahmen der Verrechnungspreisbildung berücksichtigt. Es erscheint äußerst unwahrscheinlich, dass ausländische Staaten diesen höheren deutschen Wertansatz akzeptieren werden, indem sie dem aufnehmenden Unternehmen einen entsprechenden Passivposten in der Höhe des vollen Transferpaketansatzes gewähren.

Hinzu kommt, dass sich derzeit der Steuerausschuss der OECD mit dem Bereich der Funktionsverlagerungen befasst. Ende 2008 soll ein Diskussionsentwurf vorgelegt werden. Gegenwärtig ist aber nicht erkennbar, dass Funktionsverdoppelungen mit Funktionsverlagerungen gleichgesetzt werden sollen. Textpassagen aus dem Entwurfskommentar der OECD sprechen lediglich von einem „transfer of assets" oder „the property leaves the purview of a tax jurisdiction". Dadurch entsteht der Eindruck, dass auf OECD-Ebene die Funktionsverdoppelung gar nicht diskutiert wird.

5.1.3.2 Missachtung des Willens der Koalitionsfraktionen

Die Koalitionsfraktionen haben in den Beratungen des Finanzausschusses des Deutschen Bundestages unmissverständlich zum Ausdruck gebracht, dass „die Bundesregierung sich beim Erlass der Rechtsverordnung an der internationalen Praxis orientiere(n)" solle[4]. Eine Gleichstellung der Funktionsverdoppelung mit den Fällen der Funktionsverlagerung würde aber genau diese internationale Praxis missachten.

5.1.3.3 Einbezug der Funktionsverdoppelung nicht von Ermächtigungsgrundlage gedeckt

§ 1 Abs. 3 Satz 13 AStG ermächtigt das BMF mit Zustimmung des Bundesrates „durch Rechtsverordnung Einzelheiten zur Anwendung des Fremdvergleichsgrundsatzes im Sinne des Absatzes 1 und der Sätze 1 bis 12 zu bestimmen". Der Verordnungsgeber darf eine Entscheidung des Gesetzgebers aber weder korrigieren noch abändern. Im Ergebnis ist nur die Funktionsverlagerung gesetzlich erwähnt; nur zu diesem Zweck darf daher eine Rechtsverordnung erlassen werden, die die Einzelheiten zur Anwendung des Fremdvergleichsgrundsatzes näher bestimmen soll.

---

4 BT-Drucksache 16/5491, S. 11.

Diese Auslegung der Verordnungsermächtigung ergibt sich m. E. zwingend aus dem Gesamtzusammenhang der gesetzlichen Regelung in § 1 Abs. 3 AStG, auf dessen Sätze 1 bis 12 die Verordnungsermächtigung verweist. Auf die Grundregel des § 1 Abs. 1 AStG kann hinsichtlich der Funktionsverdoppelung die Verordnungsermächtigung schon deshalb nicht gestützt werden, weil die Transferpaketbetrachtung lediglich in § 1 Abs. 3 AStG erwähnt ist. Im Übrigen ist der gesetzgeberische Wille durch die bloße Regelung der Funktionsverlagerung in § 1 Abs. 3 Satz 9 AStG abschließend zum Ausdruck gebracht worden.

5.1.3.4 Unternehmen würden in Stammhausstrukturen gedrängt

Die Anwendung der Transferpaketbetrachtung auf die Fälle der Funktionsverdoppelung verschärft die Umgehungsproblematik über die Stammhaus-Betriebsstätten-Lösung[5] erheblich, da im Gegensatz zur Funktionsverlagerung gerade keine Entstrickung inländischer immaterieller Wirtschaftsgüter, die über § 4 Abs. 1 Satz 3 bzw. § 12 KStG erfasst werden könnten. Damit wäre der steuerliche Anreiz für Konzernunternehmen groß, die Transferpaketbetrachtung dadurch zu umgehen, dass eine Flucht in die betriebswirtschaftlich weniger sinnvolle Stammhaus-Betriebsstätten-Konstruktion stattfindet.

5.1.4 Fälle der sog. „vorgeschalteten Funktionsverdoppelung"

Regelungsbedürftig sind jedoch m. E. Fälle, in denen es zu einer Funktionsverdoppelung im Ausland kommt und im Nachgang zu dieser Neuaufnahme einer Funktion im Ausland eine Abschmelzung derselben Funktion im Inland erfolgt. Ein derartiger Fall könnte derzeit nur schwerlich erfasst werden. Die Begründung hierfür liegt auf der Hand. Angenommen, es kommt erst im Jahr 05 zu einer Abschmelzung der Funktion im Inland, dann kann weder in den Jahren 01 bis 04 eine Funktionsverlagerung angenommen werden – in diesen Jahren wurde lediglich eine Funktion im Ausland aufgebaut – noch im Jahr 05, da in diesem Jahr keine tatbestandliche Verlagerung einer Funktion im Inland stattgefunden hat. Diese Fallkonstellation der „vorgeschalteten Funktionsverdoppelung" würde daher in einfacher Form zu einer Umgehung der Transferpaketbetrachtung führen. Es ist nur folgerichtig, wenn der Verordnungsgeber diese Fälle der quasi über mehrere Veranlagungszeiträume aufgesplitteten Funktionsverlagerung als einheitlichen Vorgang zu erfassen sucht.

---

5 Vgl. die Ausführungen oben zur Frage, ob eine Funktionsverlagerung vom Stammhaus auf eine ausländische Betriebsstätte möglich ist.

Aber auch bei einer derartigen Regelung ist sorgfältig darauf zu achten, dass nicht im Ergebnis wieder alle Fälle der Funktionsverdoppelung in die Transferpaketbetrachtung einbezogen werden. So ist m. E. sicherzustellen, dass eine enge wirtschaftliche Verknüpfung zwischen der Funktion, die im Ausland neu aufgenommen wurde, und der letztlich im Inland abgeschmolzenen Funktion besteht (Nämlichkeit der Funktion und wirtschaftlicher Zusammenhang zwischen Aufnahme und Abschmelzung). Als zeitliche Komponente für eine derartige Regelung sind derzeit fünf Jahre in der Diskussion.

5.2 Resümee

Zusammenfassend lässt sich festhalten, dass die Fälle der Funktionsverdoppelung nicht mit Fällen der Funktionsverlagerung gleichgestellt werden können. Es sollte daher in der FVerlV klargestellt werden, dass Fälle von Funktionsverdoppelungen nicht nach den Grundsätzen der Funktionsverlagerung zu behandeln sind. Es muss jedoch in der FVerlV eine Regelung für die Fälle der sog. „vorgeschalteten Funktionsverdoppelung" getroffen werden. Hilfreich wäre es für die Praxis in den Unternehmen sicher auch, wenn die sog. Wesentlichkeitsgrenze in § 1 Abs. 3 Satz 10 Alt. 1 AStG auf 20 v. H. angehoben werden könnte. Hierdurch ließe sich vermeiden, dass in Fällen, in denen lediglich wertmäßig kleine Funktionsveränderungen vorgenommen werden, in jedem Fall die Transferpaketbetrachtung zur Anwendung kommt.

II. Bewertung der Funktionsverlagerung

Die wesentliche Neuerung durch den Gesetzgeber besteht darin, dass der Steuerpflichtige das Entgelt für die Funktionsverlagerung auf der Grundlage einer Bewertung als Ganzes, dem sog. Transferpaket, zu bestimmen hat. § 1 Abs. 3 Satz 9 AStG schreibt vor, dass „der Steuerpflichtige den Einigungsbereich auf der Grundlage einer Verlagerung der Funktion als Ganzes (Transferpaket) unter Berücksichtigung funktions- und risikoadäquater Kapitalisierungszinssätze zu bestimmen" hat.

1. Einigungsbereich und Mittelwert

Durch die Bezugnahme auf den „Einigungsbereich" hat der Gesetzgeber deutlich gemacht, dass der Transferpaketansatz nur in den Fällen des hypothetischen Fremdvergleichs gemäß § 1 Abs. 3 Satz 5 AStG zur Anwendung kommt. Sind dagegen im Fall einer Funktionsverlagerung Fremdvergleichswerte verfügbar, liegt zwingend ein Fall des § 1 Abs. 3 Satz 1 bzw. 2 AStG vor.

Die Basis der Bestimmung des Transferpaketes bildet also der „Einigungsbereich". Dieser wird letztlich abgebildet durch die jeweiligen Gewinnpotentiale des abgebenden wie des übernehmenden Unternehmens. § 1 Abs. 3 Satz 6 AStG schreibt vor, dass der Steuerpflichtige „aufgrund einer Funktionsanalyse und innerbetrieblicher Planrechnungen den Mindestpreis des Leistenden und den Höchstpreis des Leistungsempfängers zu ermitteln" hat (Einigungsbereich) und der Einigungsbereich dabei von den jeweiligen Gewinnerwartungen (Gewinnpotentialen) bestimmt wird. Ist der Einigungsbereich ermittelt, kommt der Mittelwert zum Ansatz. § 1 Abs. 3 Satz 7 AStG gibt vor, dass der Mittelwert des Einigungsbereiches der Besteuerung zu Grund zu legen ist, falls kein anderer Wert glaubhaft gemacht wird.

Mit der Einführung des Transferpaketes in § 1 Abs. 3 Satz 9 AStG wird letztlich für den Bereich der Funktionsverlagerung der Grundsatz der Einzelbewertung aufgegeben. Zudem erfolgt über den Ansatz des Mittelwertes eine pauschale Besteuerung der ausländischen Gewinnpotentiale, die sich insbesondere aus den ausländischen Standortvorteilen ergeben, zu 50 v. H.

2. Escapeklauseln

Diese beiden Folgewirkungen der neuartigen Transferpaketbewertung haben dazu geführt, dass der Gesetzgeber sich veranlasst sah, Ausnahmeregelungen zu konstituieren. Es handelt sich um zwei sog. Escapeklauseln, die in § 1 Abs. 3 Satz 10 AStG aufgenommen worden sind.

Zunächst zur Escapeklausel in § 1 Abs. 3 Satz 10 Alt. 1 AStG. Sie gestattet den Steuerpflichtigen im Falle einer Funktionsverlagerung, wenn keine wesentlichen immateriellen Wirtschaftsgüter übergehen oder überlassen werden, eine Einzelbewertung vorzunehmen. In § 1 Abs. 7 FVerlV-E beabsichtigt der Verordnungsgeber, diese Wesentlichkeitsgrenze auf 5 v. H. der Summe der Einzelpreise aller Wirtschaftsgüter des Transferpaketes festzulegen. Diese Escapeklausel dürfte daher nur von praktischer Relevanz sein, wenn die Wesentlichkeitsgrenze deutlich heraufgesetzt wird. Sie wird dann insbesondere für Fälle der Teilfunktionsverlagerungen von Bedeutung sein.

Von zentraler Bedeutung für die Praxis ist hingegen die Escapeklausel in § 1 Abs. 3 Satz 10 Alt. 2 AStG. Danach ist eine Einzelbewertung der Besteuerung zu Grunde zu legen, wenn der Steuerpflichtige glaubhaft macht, dass das Gesamtergebnis der Einzelpreisbestimmungen der übergegangenen Wirtschaftsgüter und Dienstleistungen – gemessen an der Transferpaketbestimmung – dem Fremdvergleichsgrundsatz entspricht. Was mit dieser Regelung gemeint ist und von welcher praktischen Relevanz sie sein könnte, wird deutlich, wenn man sich die erläuternde Regelung in § 2 Abs. 5 FVerlV-E genauer betrachtet.

Danach ist erforderlich, dass das Gesamtergebnis der Einzelpreisbestimmung im Einigungsbereich der Transferpaketbewertung liegt. Mit dieser Escapeklausel will der Gesetzgeber den Unternehmen die Möglichkeit einräumen, im Falle von Funktionsverlagerungen über den Mittelwertansatz nicht mehr pauschal 50 v. H. der ausländischen Gewinnpotentiale versteuern zu müssen, sondern bei entsprechender Glaubhaftmachung nur noch z. B. 10 oder 20 v. H. Im Ergebnis wird den Unternehmen dadurch die Möglichkeit eröffnet, den „richtigen" Fremdvergleichspreis an die Stelle des pauschalen Fremdvergleichpreises infolge des Mittelwertansatzes zu setzen. Die Transferpaketbewertung dient in diesem Fall quasi nur noch der Verifizierung des Gesamtergebnisses der Einzelpreisbestimmung.

3. Kritik an der Transferpaketbewertung

M. E. kann über eine praxisgerechte Anwendung der Escapeklauseln auch dem Hauptkritikpunkt der Wirtschaft entgegen getreten werden, dass es bei der Besteuerung von Funktionsverlagerungen zu internationalen Doppelbesteuerungen komme. Werden die Escapeklauseln zur Anwendung gebracht, kommt es gerade nicht zum international unüblichen Ansatz eines Transferpaketes und möglicherweise zu Doppelbesteuerungen. Es bleibt in diesen Fällen bei der bewährten und international üblichen Einzelbewertung.

Was bleibt, ist der Vorwurf, dass im Ergebnis eine (Teil-)Betriebsveräußerung fingiert wird, um letztlich eine Goodwill-Besteuerung durchzusetzen. Dieser Kritik ist jedoch entgegenzuhalten, dass nach der Rechtsprechung des BFH[6] ein Geschäftswert auch dann übergehen kann, wenn nicht alle wesentlichen Betriebsgrundlagen übertragen werden, sondern einzelne wesentliche Betriebsgrundlagen beispielsweise lediglich verpachtet werden. M. E. kann diese Rechtsprechung unproblematisch auf die Fälle der Funktionsverlagerung übertragen werden. Es ist kein sachlicher Grund erkennbar, warum ein Geschäftswert nur übergeht, wenn ein Teilbetrieb oder Betrieb übertragen wird. Letztlich führt diese Betrachtung dazu, dass sowohl bei der Transferpaketbewertung wie bei der Einzelbewertung entsprechend beider Alternativen von § 1 Abs. 3 Satz 10 AStG neben den einzeln zu identifizierenden materiellen wie immateriellen Wirtschaftsgütern auch ein anteiliger Geschäftswert als identifizierbares immaterielles Wirtschaftsgut übertragen wird. Letztlich hat diese Betrachtung wenig gemein mit der oftmals als Grundlage für die Funktionsverlagerung genannte Geschäftschancenlehre des BFH. Der Ansatz des Gesetzgebers ist sehr viel weitergehend, lässt sich aber auf ein solides rechtliches Fundament gründen.

---

6 BFH, Urt. v. 27. 3. 2001 – I R 42/00, BStBl. II 2001, 771; v. 16. 6. 2004 – X R 34/03, BStBl. II 2005, 378; v. 15. 9. 2004 – I R 7/02, BStBl. II 2005, 867.

III. Preisanpassungsklauseln

Neben der Transferpaketbewertung hat auch die Preisanpassungsklausel in § 1 Abs. 3 Satz 11 und 12 AStG erhebliche Kritik von Seiten der Wirtschaft hervorgerufen. Es wird befürchtet, dass der Gesetzgeber der Finanzverwaltung ein Instrument an die Hand gegeben hat, mit der über einen Zeitraum von zehn Jahren jederzeit Preiskorrekturen zu Lasten des Steuerpflichtigen vorgenommen werden können.

In § 1 Abs. 3 Satz 11 AStG unterstellt der Gesetzgeber zunächst, dass fremde Dritte im Falle einer Funktionsverlagerung eine Preisanpassungsklausel vereinbart hätten. Dies wird immer dann widerlegbar vermutet, wenn wesentliche immaterielle Wirtschaftsgüter und Vorteile Gegenstand einer Geschäftsbeziehung sind und die tatsächliche spätere Gewinnentwicklung erheblich von der der ursprünglichen Verrechnungspreisbildung zugrunde gelegten Gewinnentwicklung abweicht. Wurde eine derartige Anpassungsregelung nicht vereinbart und tritt innerhalb von zehn Jahren nach Geschäftsabschluss eine erhebliche Abweichung ein, bestimmt § 1 Abs. 3 Satz 12 AStG, dass einmalig ein Anpassungsbetrag auf den ursprünglichen Verrechnungspreis zu versteuern ist. Diese Besteuerung soll in dem Jahr erfolgen, das dem Jahr folgt, in dem die Abweichung eingetreten ist.

Die Regelung in § 1 Abs. 3 Satz 11 und 12 AStG ist damit vom Gesetzgeber in mehrerlei Hinsicht tatbestandlich eingegrenzt worden:

– Zum einen muss es sich um eine „erhebliche Abweichung" von der ursprünglichen, der Verrechnungspreisbildung zugrunde gelegten Gewinnentwicklung handeln. § 9 Abs. 1 Satz 1 FVerlV-E sieht dies nur als gegeben an, „wenn der unter Zugrundelegung der tatsächlichen Gewinnentwicklung zutreffende Verrechnungspreis außerhalb des ursprünglichen Einigungsbereichs liegt".

– Weiter kommt die Regelung überhaupt nur zur Anwendung, wenn wesentliche immaterielle Wirtschaftsgüter und Vorteile Gegenstand einer Geschäftsbeziehung sind. Hier dürfte m. E. die gleiche Wertgrenze zum Ansatz kommen, wie schon bei der Escapeklausel in § 1 Abs. 3 Satz 10 Alt. 1 AStG. Bei entsprechender Anhebung dieser Wesentlichkeitsgrenze, dürfte sich schon aus diesem Grund der Anwendungsbereich der Preisanpassungsklausel erheblich reduzieren.

– Zudem – und dies wird immer wieder nicht zur Kenntnis genommen – kann die Preisanpassungsklausel nur bei der Übertragung von immateriellen Wirtschaftsgütern überhaupt zur Anwendung kommen, da in Lizenzierungsfällen jederzeit eine Anpassung der Lizenzierungssätze an gestiegene Gewinnentwicklungen vorgenommen werden kann und auch

muss. Eine entsprechende Klarstellung wird in der FVerlV noch vorgenommen werden.

- Zuletzt kommt die widerlegbare Vermutung einer Anpassungsregelung
nur zum Tragen, wenn „Unsicherheiten im Hinblick auf die Preisverein-
barung bestanden" haben. Dieses Tatbestandsmerkmal macht in besonderer Weise die Intention des Gesetzgebers deutlich, die hinter der Regelung steckt. Letztlich geht es um reine Missbrauchsfälle, bei denen der
Steuerpflichtige trotz Kenntnis gewisser erheblicher Unsicherheiten die
Finanzverwaltung mit einem „niedrigen" Verrechnungspreis „abge-
speist" hat. Nicht durch die Regelung erfasst werden sollen Fälle, in denen
sich beispielsweise ein Produkt aus dem Pharmabereich nachträglich zu
einem sog. Blockbuster entwickelt, wenn dies von den Beteiligten nicht
absehbar war bzw. wenn zusätzliche Entwicklungsarbeit beim übernehmenden Unternehmen zu dieser Gewinnentwicklung geführt hat. Auch
diese gesetzgeberische Intention sollte stärker herausgearbeitet werden.
Die richtige Verortung wäre hier das geplante BMF-Schreiben.

Insgesamt ist bezüglich der Preisanpassungsklauseln festzuhalten, dass die
Befürchtungen der Wirtschaft angesichts der oben geschilderten tatbestandlichen Eingrenzungen nur schwer nachvollziehbar sind.

Reaktionen von deutscher Gesetzgebung und Finanzverwaltung auf die EuGH-Rechtsprechung

Gert Müller-Gatermann
Ministerialdirigent, Bundesministerium der Finanzen, Berlin

Inhaltsübersicht

I. Vorbemerkung

Der Europäische Gerichtshof in Luxemburg hat insbesondere in den letzten zehn Jahren vermehrt zur EU-Konformität der direkten Steuern der Mitgliedsstaaten Stellung genommen und ist dabei häufig zu einem negativen Ergebnis gekommen. Aus deutscher Sicht hat hier die Entscheidung in der Rechtssache Schumacker[1] den Anfang gemacht; der deutsche Gesetzgeber hat daraufhin die so genannte fiktive unbeschränkte Steuerpflicht im Jahressteuergesetz 1996[2] geregelt.

Aus der Sicht eines Mitgliedsstaates sind nicht nur die Entscheidungen des Europäischen Gerichtshofes zu beachten, die sich konkret mit seinen eigenen nationalen Vorschriften beschäftigen. Auch Entscheidungen zu ver-

---

1 EuGH v. 14. 2. 1995 – Rs. C-279/93, Slg. 1995, I-225; vgl. genauer *Cordewener*, *Cécile Brokelind* (Hrsg.), Towards a homogeneous EC Direct Tax Law – An assessment to the Member States' responses to the ECJ's case law, IBFD Amsterdam 2007.
2 V. 11. 10. 1995, BGBl. I 1995, 1250 = BStBl. I 1995, 786.

gleichbaren Vorschriften anderer Mitgliedsstaaten können den einzelnen Mitgliedsstaat dazu zwingen, seine Vorschrift anzupassen, da der EuGH allgemein zur Auslegung europäischen Rechts Stellung nimmt. In der Literatur[3] wird daher die Europakonformität einer Vielzahl deutscher Vorschriften aus dem Bereich der direkten Steuern infrage gestellt.

Der EuGH entscheidet die Frage der Europarechtskonformität nationaler Vorschriften danach, ob die Grundfreiheiten – insbesondere die Niederlassungsfreiheit und die Kapitalverkehrsfreiheit – beachtet werden, die für die Realisierung des Binnenmarktes erforderlich sind. Dies wiederum führt zu der Forderung, dass der grenzüberschreitende Vorgang zur Vermeidung einer Diskriminierung nicht schlechter behandelt werden kann als der rein nationale Vorgang. Häufig werden hierdurch die nationalen Haushaltsinteressen tangiert, so dass sich daraus die Kritik an der EuGH-Rechtsprechung entzündet, die Kompetenz der Mitgliedsstaaten zur Regelung der direkten Steuern[4] oder gar das deutsche Verfassungsrecht werde verletzt[5].

Neben den rein rechtlichen Überlegungen, die die Mitgliedsstaaten zur Berücksichtigung der EuGH-Entscheidungen in ihrem nationalen Recht beachten müssen, sind die Mitgliedsstaaten auch dazu aufgerufen, den europäischen Binnenmarkt im Sinne der Lissabon-Ziele zur Verbesserung der Standortsituation des EU-Wirtschaftsraumes voranzubringen. Dieses Ziel kann mit dem Bestreben der Mitgliedsstaaten kollidieren, die nationalen Standortbedingungen zu verbessern, um auf diese Weise ihr Steuersubstrat zu erhöhen.

II. Handlungsoptionen der Mitgliedsstaaten

Die Mitgliedsstaaten haben verschiedene Möglichkeiten, auf die vorstehend beschriebene Situation zu reagieren. Der Hinweis auf ihre Zuständigkeit für die direkten Steuern trägt nicht, da sie ihre Befugnisse unter Wahrung des Gemeinschaftsrechts – und daher auch der Grundfreiheiten – ausüben müssen[6].

Ausgehend von Einzelfällen, die Gegenstand von Vorabentscheidungsersuchen an den EuGH oder gar von Vertragsverletzungsverfahren der Kommission sind, kann der Mitgliedsstaat versuchen, seine *nationalen Abwehrgesetze zu rechtfertigen*. Denn auch wenn der EuGH die nationalen

---

3 *Kessler/Spengel*, DB 2007, Beilage Nr. 1.
4 Z. B. *Wieland*, FS für M. Zuleeg, S.492 ff.
5 *Ahmann*, DStZ 2005, 75 ff.; *Fischer*, FR 2005, 457 ff.
6 EuGH z. B. i. d. Rs. C-279/93, a. a. O.

Steuergesetze streng unter dem Gesichtspunkt der Verletzung von Grundfreiheiten prüft, stehen den Mitgliedsstaaten eine Reihe von Rechtfertigungsgründen zur Verfügung, die es erlauben, ausnahmsweise in die Grundfreiheiten einzugreifen.

Hat der EuGH bereits in einem Einzelfall eine nationale Vorschrift für europarechtswidrig erklärt, muss der Mitgliedsstaat entscheiden, ob er entweder die Diskriminierung des grenzüberschreitenden Vorgangs dadurch beseitigt, dass er die diesen Vorgang regelnde *strengere Vorschrift entfallen lässt*[7] oder die strengere Regelung auch *auf nationale Vorgänge ausdehnt*. Entlastende Entscheidungen fallen dabei umso leichter, je geringer die Gefahr von Ausweichreaktionen mit Blick auf die steuerliche Situation im Ausland ist. Dabei ist das steuerliche Belastungsgefälle in der EU von besonderer Bedeutung, das der deutsche Gesetzgeber versucht hat, mit der Unternehmensteuerreform[8] zu senken.

Eine weitere Möglichkeit, auf die Europarechtswidrigkeit von nationalen Regelungen zu reagieren, besteht darin, die *nationale DBA-Politik neu auszurichten*. Als Beispiel hierfür kann die Regelung der grenzüberschreitenden Verlustverrechnung[9] angeführt werden, die vor dem EuGH auf dem Prüfstand steht und weiter unten angesprochen werden soll.

Nachdem von etlichen Mitgliedsstaaten die EuGH-Entscheidungen zu den direkten Steuern mitunter als einschneidende Eingriffe in ihre Haushaltshoheit empfunden werden und dieserhalb teilweise Kritik geübt worden ist, bemüht sich die EU-Kommission, die mögliche Europarechtswidrigkeit von nationalen Steuervorschriften dadurch zu vermeiden, dass sie zu *gemeinsamen Anstrengungen der Mitgliedsstaaten* aufruft, bestimmte Problembereiche einheitlich zu lösen[10].

III. Allgemeine Argumentationslinien gegenüber dem EuGH

Hinsichtlich der allgemeinen Argumentationsmöglichkeiten gegenüber dem EuGH ist zunächst auf die Frage nach dem *Verhältnis von EU-Recht und nationalem Verfassungsrecht* zu verweisen. Hierzu gibt es in der Literatur unterschiedliche Einschätzungen. Zum Teil wird dem deutschen Verfassungsrecht der Vorrang eingeräumt mit der Folge, dass die nationalen

---

7 *Cordewener*, a. a. O., kritisiert sowohl den Gesetzgeber als auch die Verwaltung wegen allzu großer Zurückhaltung in der Vergangenheit.
8 Unternehmensteuerreformgesetz v. 14. 8. 2007, BGBl. I 2007, 1912.
9 Vgl. unter V.7.
10 KOM (2006) 823 endgültig v. 21. 12. 2006.

Gerichte die „Auslegungshilfe" internationaler Gerichte in den betroffenen Teilrechtsbereich schonend „einzupassen" haben[11]. Auf der anderen Seite wird auf den grundsätzlichen Vorrang des EU-Rechts verwiesen und hinsichtlich möglicher Ausnahmen festgestellt, dass diese im Bereich der direkten Steuern nicht einschlägig seien, weil deutsches Verfassungsrecht und Gemeinschaftsrecht nicht gegenläufig seien[12]. Meines Erachtens kann bereits die Notwendigkeit der gegenseitigen Achtung von Verfassungsrecht und EU-Recht zu einer einschränkenden Auslegung der Grundfreiheiten zwingen.[13]

Bei der Frage, inwieweit die beschränkten Möglichkeiten des deutschen Fiskus' bei der grenzüberschreitenden *Steueraufsicht* trotz der Amtshilfe zu einem Eingriff in die Grundfreiheiten berechtigt, verweise ich auf meine Ausführungen auf dem 57. Fachkongress der Steuerberater im Jahre 2005. Die dort angesprochenen Regelungen zur so genannten Wegzugsbesteuerung und zur Entstrickung im betrieblichen Bereich sind zwischenzeitlich durch das SEStEG[14] umgesetzt worden.

Auch im Falle der *Kohärenz* verweise ich auf meine Ausführungen aus dem Jahre 2005. Zwischenzeitlich hat der EuGH in der Rechtssache Marks & Spencer[15] entsprechend dem Votum des Generalanwalts Maduro entschieden. Dabei mag es dahinstehen, ob die Anerkennung der „*Ausgewogenheit der Aufteilung der Besteuerungsbefugnis zwischen den Mitgliedsstaaten*" dem Vorschlag des Generalanwalts Maduro zu einem erweiterten Verständnis der Kohärenz entspricht[16] oder als möglicher eigener Rechtfertigungsgrund für die Beschränkung der Niederlassungsfreiheit interpretiert wird.[17] Im weitesten Sinne ließe sich auch die Steueraufteilung zwischen den Mitgliedsstaaten als Teil des nationalen Steuersystems im Sinne einer Systemkohärenz verstehen (insbesondere bei zwischenstaatlichen Vereinbarungen z. B. hinsichtlich der Berücksichtigung von BS-Verlusten – vgl. unter V.7.). Im Ergebnis wird das Recht der Mitgliedsstaaten zur Wahrung ihres Steueraufkommens grundsätzlich anerkannt.

Zur Bekämpfung des *Missbrauchs* als mögliche Rechtfertigung für den Eingriff in Grundfreiheiten liegt mittlerweile die Entscheidung in der Rechts-

---

11 *Ahmann*, DStZ 2005, 79.
12 *Wunderlich/Albath*, DStZ 2005, 547 ff. (550).
13 EuGH v. 13. 7. 1990 – Rs. C-2/88, Slg. 1990, I-3635, Rz. 17.
14 Vgl. Fn. 27.
15 EuGH v. 13. 12. 2005 – Rs. C-446/03, Slg. 2005, I-10837.
16 Schlussanträge v. 7. 4. 2005, Slg. 2005, I-10837, Rz. 65, vgl. ähnlich Schlussanträge der Generalanwältin *Kokott* in der Rs. C 319/02 „Manninen", Slg. 2004, I-7477, Rz. 61.
17 *Wunderlich* FIDE-Kongress 2006, Topic 1, S. 23.

sache Cadbury Schweppes[18] vor. Wegen der Einzelheiten wird auf die nachfolgenden Ausführungen zu dieser Rechtssache verwiesen.

Zu einer möglichen *Beschränkung der Urteilswirkungen* liegt ebenfalls eine Entscheidung des EuGH vor. Diese Entscheidung in der Rechtssache Meilicke[19] wird ebenfalls nachfolgend angesprochen und kommentiert.

IV. Konsequenzen aus bisherigen EuGH-Entscheidungen

Anhand der nachfolgenden Entscheidungen des EuGH sollen im Einzelnen die bisherigen Konsequenzen der deutschen Steuerverwaltung und des Gesetzgebers aus EuGH-Entscheidungen erläutert werden.

1. Rechtssache Lankhorst-Hohorst

In der Rechtssache Lankhorst – Hohorst[20] hat der EuGH § 8a KStG a. F. zur Gesellschafterfremdfinanzierung mit der Niederlassungsfreiheit nach § 43 EG für unvereinbar gehalten, weil die *Fiktion der verdeckten Gewinnausschüttung im Falle überhöhter Fremdfinanzierung* ausschließlich anwendbar war auf Vergütungen für Fremdkapital, das eine unbeschränkt steuerpflichtige Kapitalgesellschaft von einem nicht zur Anrechnung von Körperschaftsteuer berechtigten Anteilseigner – d. h. in der Regel von einer ausländischen Muttergesellschaft – erhalten hat. Diese Umqualifikation der Zinsen hatte zur Folge, dass die Zahlungen der Tochtergesellschaft für das Darlehen mit einem Steuersatz von 30 % besteuert wurden, während die Zinszahlungen bei einem ebenfalls gebietsansässigen Empfänger – also einem reinen Inlandsfall – als Betriebsausgaben hätten abgezogen werden können.

Eine Rechtfertigung dieser Ungleichbehandlung aus Gründen der Vermeidung von Steuerumgehungen oder wegen der Kohärenz des nationalen Steuersystems lehnte der EuGH ab. Den Hinweis darauf, dass die frühere Vorschrift des § 8a KStG keine Beschränkung auf Ausländer vorsah, sondern lediglich auf Nichtanrechnungsberechtigte im so genannten früheren körperschaftsteuerlichen Anrechnungsverfahren bezogen war (z. B. auch inländische gemeinnützige Stiftungen), hielt der EuGH nicht für überzeugend. Auch die Tatsache, dass der zur Entscheidung stehende Einzelfall wegen seiner besonderen Ausgestaltung als reiner Inlandsfall nach allgemeinen Grundsätzen ebenfalls zu einer Umqualifizierung des Fremdkapitals

---

18 EuGH v. 12. 9. 2006 – Rs. C-196/04, IStR 2006, 670.
19 EuGH v. 6. 3. 2007 – Rs. C-292/04, DStR 2007, 485.
20 EuGH v. 12. 12. 2002 – Rs. C-324/00, Slg. 2002, S. I-2409.

in Eigenkapital gezwungen hätte und damit Zinszahlungen auch zu verdeckten Gewinnausschüttungen geführt hätten, ging der EuGH in seinen Entscheidungsgründen nicht ein.

Wegen der Gefahr, durch überhöhte Fremdfinanzierungen und dadurch bedingte Gewinnverlagerungen ins Ausland erhebliches Steueraufkommen einzubüßen, sah sich der deutsche Gesetzgeber gezwungen, an der Fremdfinanzierungsregelung des § 8a KStG im Grundsatz festzuhalten. Zur Vermeidung einer Diskriminierung war es daher notwendig, die Vorschrift auf reine Inlandssachverhalte auszudehnen. Daneben wurde die Vorschrift einer grundlegenden Überarbeitung unterworfen[21].

2. Rechtssache Gerritse

Die Rechtssache Gerritse betrifft den *Steuerabzug für beschränkt Steuerpflichtige mit bestimmten Einkünften* (z. B. Einkünften aus künstlerischen oder sportlichen Darbietungen in Deutschland) nach § 50a Abs. 4 EStG. Nach dieser Vorschrift ist ein Steuerabzug in Höhe von 20 % der Bruttoeinnahmen (bis zum 31. 12. 2002: 25 %) mit Abgeltungswirkung vorzunehmen.

Der EuGH hat mit Urteil vom 12. 6. 2003[22] entschieden, dass diese Regelung gegen den EG-Vertrag verstoße, weil beschränkt Steuerpflichtigen im Gegensatz zu unbeschränkt Steuerpflichtigen ein Abzug der tatsächlichen Betriebsausgaben (Werbungskosten) versagt werde. Darüber hinaus verstoße der Mindeststeuersatz für beschränkt Steuerpflichtige (von 25 %) nach § 50 Abs. 3 Satz 2 EStG nur dann nicht gegen den EG-Vertrag, wenn der Steuersatz von 25 % nicht höher sei als der Steuersatz, der sich aus der Anwendung des progressiven Steuertarifs – unter Außerachtlassung des Grundfreibetrags – ergeben würde.

Mit BMF-Schreiben vom 3. 11. 2003[23] ist für die Zeit bis zum Inkrafttreten einer gesetzlichen Neuregelung das vereinfachte Erstattungsverfahren des § 50 Abs. 5 Nr. 3 EStG erweitert worden, um die Möglichkeit des Abzugs von Betriebsausgaben bzw. Werbungskosten zu eröffnen.

Daneben ist mit BMF-Schreiben vom 10. 9. 2004[24] der Beanstandung des EuGH zum Mindeststeuersatz nach § 50 Abs. 3 Satz 2 EStG im Einzelfall Rechnung getragen worden.

Wegen weitergehender Probleme beim Steuerabzug wird auf die Ausführungen in der Rechtssache Scorpio (unter V.4.) verwiesen.

---

21 Wegen der Einzelheiten vgl. Verf., WPg. 2004, 467.
22 EuGH v. 12. 6. 2003 – Rs. C-234/01, Slg. 2003, I-5933.
23 BMF v. 3. 11. 2003 – IV A 5 – S 2411 – 26/03, BStBl. I 2003, 553.
24 BMF v. 10. 9. 2004 – IV A 5 – S 2301 – 10/04, BStBl. I 2004, 860.

3. Rechtssache Lasteyrie du Saillant

In der Rechtssache Lasteyrie du Saillant hat der EuGH mit Urteil vom 11.3.2004[25] entschieden, dass die französische Vorschrift des Artikel 167 des Code général des impots eine unzulässige Beschränkung der Niederlassungsfreiheit enthalte. Nach dieser Vorschrift wurden bei Steuerpflichtigen, die ihren Wohnsitz ins Ausland verlegten, *noch nicht realisierte Wertsteigerungen in Unternehmensbeteiligungen besteuert.* Der EuGH sieht die Verletzung in der Ungleichbehandlung gegenüber Steuerpflichtigen, die ihren Wohnsitz nicht verlegen.

Die frühere Fassung von § 6 AStG enthielt eine vergleichbare Regelung. Die Europäische Kommission hatte daher ein Vertragsverletzungsverfahren gegen die Bundesrepublik Deutschland wegen dieser Regelung eingeleitet und griff dieses Verfahren nach der Entscheidung in der Rechtssache Lasteyrie du Saillant wieder auf. Die Kommission hob hierbei hervor, dass nicht die Besteuerung der in Deutschland entstandenen Wertzuwächse an sich zu beanstanden sei, sondern vielmehr der Umstand, dass die Besteuerung an den Wegzug des Steuerpflichtigen anknüpfe.

Mit BMF-Schreiben vom 8.6.2005[26] legte die Verwaltung daraufhin die Regelung zur *Wegzugsbesteuerung* dahingehend einschränkend aus, dass die Steuer auf die Wertzuwächse bei Wegzug zwar festgesetzt, aber gleichzeitig bis zur Realisation oder zum Wegzug außerhalb der Europäischen Union oder des EWR zinslos und ohne Sicherheit gestundet werden sollte. Wertminderungen während des Schwebezustands sollten bei der endgültigen Besteuerung in Deutschland berücksichtigt werden, wenn dies nicht im Zuzugsstaat erfolgte.

Mit dieser Behandlung erfolgt die Besteuerung der stillen Reserven in den Beteiligungen im Ergebnis erst bei deren Realisation. Das gewählte Verfahren der vorherigen Festsetzung erfolgt lediglich zur Erfassung der stillen Reserven und zur Sicherung des Besteuerungsrechts. Trotz Bedenken wegen des späteren endgültigen Vollzugs hat der Gesetzgeber sich dem Votum des EuGH gebeugt, weil die Risiken trotz des Wegzugs des Steuerpflichtigen innerhalb der EU beherrschbar erschienen. Im Sinne der Verwaltungsregelung hat der Gesetzgeber daher im SEStEG[27] anschließend den § 6 AStG geändert.

---

25 EuGH v. 11.3.2004 – Rs. C-9/02, Slg. 2004, I-2409ff.

26 BMF v. 8.6.2005 – IV B 5 – S 1348 – 35/05, BStBl. I 2005, 714.

27 Gesetz über steuerliche Begleitmaßnahmen zur Einführung der Europäischen Gesellschaft und zur Änderung weiterer steuerrechtlicher Vorschriften v. 7.12.2006, BGBl. I 2006, 2782, ber. BGBl. I 2007, 68; Überblick von *Benecke,* Steuerwarte 2007, 139ff.

Demgegenüber hat der Gesetzgeber die *Verlagerung von Wirtschaftsgütern ins europäische Ausland* im SEStEG im Sinne einer endgültigen Besteuerung zum Zeitpunkt der Verlagerung des Wirtschaftsguts auf der Basis dessen gemeinen Werts geregelt. Ausgangspunkt für diese Entscheidung war die Überzeugung, dass eine aufgeschobene Besteuerung angesichts der Vielzahl der Vorgänge auch unter Zuhilfenahme der Amtshilfe nicht beherrschbar sei. Der Einwand, dass hierdurch der grenzüberschreitende Vorgang gegenüber dem reinen Inlandsvorgang (z. B. Verlagerung eines Wirtschaftsguts vom Stammhaus in Hamburg in die Betriebsstätte nach München) eine Verletzung der Niederlassungsfreiheit darstelle, sah man durch die beschränkte Möglichkeit der Steueraufsicht beim grenzüberschreitenden Vorgang gerechtfertigt. Darüber hinaus sah man den Eingriff lediglich in dem zeitlichen Vorziehen der Besteuerung, da grundsätzlich durch das Aufstocken des Buchwertes in der ausländischen Betriebsstätte und die dadurch bedingte höhere Abschreibung das Gesamtergebnis dem bei einer späteren Besteuerung entspricht. Lediglich mit Rücksicht auf die Notwendigkeit des geringstmöglichen Eingriffs wurde für den Fall der Überführung von Anlagevermögen aus dem inländischen Stammhaus in die ausländische Betriebsstätte eine Verteilung der Besteuerung über 5 Jahre mit Hilfe eines Ausgleichspostens vorgesehen.

4. Rechtssache Marks & Spencer

In der Rechtssache Marks & Spencer beschäftigt sich der EuGH[28] mit der Frage, ob der im britischen Gruppenbesteuerungsrecht vorgesehene *Ausschluss von Verrechnungsmöglichkeiten der Verluste ausländischer Tochtergesellschaften mit Gewinnen der inländischen Muttergesellschaft* mit den EG-Grundfreiheiten vereinbar ist.

Die britischen Rechtsvorschriften des Income and Corporation Tax Act 1988 gestatten es gebietsansässigen Gesellschaften eines Konzerns, untereinander ihre Gewinne und Verluste zu verrechnen, verweigern diese Möglichkeit jedoch für Verluste von Tochtergesellschaften, die im Vereinigten Königreich nicht ansässig und dort nicht gewerblich tätig sind. Nach Auffassung des EuGH führt die britische Regelung zu einer unterschiedlichen steuerlichen Behandlung von Verlusten einer gebietsansässigen und solchen einer gebietsfremden Tochtergesellschaft und hält dadurch von der Gründung von Tochtergesellschaften in anderen Mitgliedsstaaten ab. Insofern beschränken die britischen Rechtsvorschriften die Niederlassungsfreiheit.

---

28 EuGH v. 13. 12. 2005 – Rs. C-446/03, Slg. 2005, I-10837.

Eine *Beschränkung* könne aber zulässig sein, wenn mit ihr ein berechtigtes und mit dem EG-Vertrag zu vereinbarendes Ziel verfolgt wird und wenn sie durch zwingende Gründe des allgemeinen Interesses gerechtfertigt sei. Diese Voraussetzung sieht der EuGH aus drei Gründen erfüllt:

– Wahrung einer ausgewogenen Aufteilung der Besteuerungsbefugnis zwischen den betroffenen Mitgliedsstaaten, so dass Gewinne und Verluste im Rahmen eines Steuersystems spiegelbildlich behandelt werden;

– Vermeidung der Gefahr einer doppelten Verlustberücksichtigung, die bestünde, wenn die Verluste im Mitgliedsstaat der Muttergesellschaft und in den Mitgliedsstaaten der Tochtergesellschaften berücksichtigt würden;

– Vermeidung der Steuerfluchtgefahr, die bestünde, wenn die Verluste nicht in den Mitgliedsstaaten der Tochtergesellschaft berücksichtigt würden; innerhalb eines Gesellschaftskonzerns könnten Verlustübertragungen in Richtung der Gesellschaften geleitet werden, die in den Mitgliedsstaaten ansässig sind, in denen die höchsten Steuersätze gelten und folglich der steuerliche Wert der Verluste am höchsten ist.

Der EuGH sieht jedoch *einen Verstoß gegen den Grundsatz der Verhältnismäßigkeit*, soweit die britische Regelung über das hinausgeht, was erforderlich ist, um die vorgenannten Ziele zu erreichen. Dies ist der Fall,

– wenn die gebietsfremde Tochtergesellschaft die im Staate ihres Sitzes für den von dem Abzugsantrag erfassten Steuerzeitraum sowie frühere Steuerzeiträume vorgesehenen Möglichkeiten zur Berücksichtigung von Verlusten ausgeschöpft hat, und

– keine Möglichkeit besteht, dass die Verluste der ausländischen Tochtergesellschaft im Staate ihres Sitzes für künftige Zeiträume von ihr selbst oder von einem Dritten, insbesondere im Fall der Übertragung der Tochtergesellschaft auf ihn, berücksichtigt werden.

Wie schon unter III. ausgeführt, ist bei der Entscheidung des EuGH hervorzuheben, dass dieser die Aufteilung der Steuerhoheit zwischen den Mitgliedsstaaten als Rechtfertigungsgrund für eine Einschränkung der Grundfreiheiten akzeptiert. Dieser Gedanke wird uns bei der Frage nach der Berücksichtigung ausländischer Betriebsstättenverluste noch einmal begegnen.

Aus deutscher Sicht gibt es aufgrund der Entscheidung in der Rechtssache Marks & Spencer keine Notwendigkeit, die Rechtsvorschriften zu verändern. Nach deutschem Recht gibt es keine entsprechende Verlustverrechnungsmöglichkeit – weder im reinen Inlandsfall noch grenzüberschreitend. Die im Inland mögliche Verrechnung im Falle einer Organschaft zwischen Mutter und Tochter setzt einen Gewinnabführungsvertrag voraus. Die

Möglichkeit hierzu ist im grenzüberschreitenden Fall umstritten[29]. Deshalb sind Inlandsfall und grenzüberschreitender Fall nicht vergleichbar. Ob die Beschränkung beim Abschluss eines grenzüberschreitenden Gewinnabführungsvertrages selbst eine Einschränkung der Niederlassungsfreiheit darstellt, steht auf einem anderen Blatt.

5. Rechtssache „D"

Im niederländischen Fall „D" hat der EuGH[30] erstmals die Frage angesprochen, ob das primäre Gemeinschaftsrecht vorgibt, allen in der EU ansässigen Steuerpflichtigen die jeweils günstigste Regelung aus den verschiedenen von einem EU-Mitgliedsstaat geschlossenen Doppelbesteuerungsabkommen zu gewähren, ob also eine europaweite so genannte *Meistbegünstigung* geboten ist.

In dem Verfahren ging es um die Frage, ob einem Deutschen, der in den Niederlanden Grundbesitz hat, ein Freibetrag bei der Vermögensteuer zu gewähren ist. Dieser Freibetrag steht nach den niederländischen Vorschriften nur Inländern oder solchen Ausländern zu, deren Vermögen zu mindestens 90 % in den Niederlanden belegen ist. Der deutsche Kläger berief sich u. a. auf ein Doppelbesteuerungsabkommen zwischen den Niederlanden und Belgien, nach dem Belgiern stets der Freibetrag gewährt wird, obwohl dieses DBA an sich nicht auf ihn anwendbar ist.

Der EuGH entschied, dass der Anwendungsbereich eines bilateralen Steuerabkommens auf die darin genannten natürlichen oder juristischen Personen beschränkt sei. Nur ausnahmsweise könnten Vergünstigungen aus einem bilateralen Abkommen auf die Einwohner eines Mitgliedsstaats, der nicht an dem Abkommen beteiligt ist, erstreckt werden. Eine in einem bilateralen Abkommen vorgesehene Vergünstigung könne nicht von dem übrigen Abkommen losgelöst werden, sondern bilde einen integralen Bestandteil des Abkommens und trage zu seiner allgemeinen Ausgewogenheit bei.

Dem Urteil ist uneingeschränkt zuzustimmen. Konsequenzen für die deutsche Doppelbesteuerungspolitik sind nicht zu ziehen.

In der Rechtssache Columbus Container[31] könnte die Entscheidung des EuGH noch einmal infrage gestellt werden. Der Fall betrifft die Hinzurechnung bei ausländischen Betriebsstätten nach § 20 Abs. 2 und 3 AStG. Diese Vorschrift bezieht sich auf ausländische Betriebsstätten, die passive Einkünfte beziehen und einer niedrigen Besteuerung unterliegen. Für diese

---

29 Vgl. hierzu JbFSt 2006/2007, S. 39.
30 EuGH v. 5. 7. 2005 – Rs. C-376/03, IStR 2005, 483.
31 EuGH – Rs. C-298/05.

Auslandsbetriebsstätten kann anstelle der Freistellungsmethode die Anrechnungsmethode gewählt werden.

Generalanwalt Mengozzi[32] sieht es in seinen Schlussanträgen als problematisch an, wenn ein Mitgliedsstaat in seinem nationalen Recht die Wahl zwischen der Anrechnung und der Freistellung von der Höhe des Steuerniveaus im jeweils anderen Mitgliedsstaat abhängig macht. Aufgrund dieser Schlussanträge wird in der Literatur[33] diskutiert, ob in Doppelbesteuerungsabkommen nicht ohne Verstoß gegen Gemeinschaftsrecht so genannte Subject-to-tax-Klauseln oder Switch-over-Klauseln vereinbart werden können.

V. (Voraussichtliche) Konsequenzen aus aktuellen EuGH-Entscheidungen

Die nachfolgend angesprochenen Fälle betreffen aktuelle EuGH-Entscheidungen, in denen die Konsequenzen der deutschen Finanzverwaltung bzw. des deutschen Gesetzgebers teilweise noch offen sind. Hier sollen jedoch Tendenzen dargestellt werden.

1. Rechtssache Cadbury Schweppes

Die Entscheidung in der Rechtssache Cadbury Schweppes[34] betrifft Vorschriften des britischen Rechts über die *Zurechnung von Gewinnen beherrschter ausländischer Gesellschaften.*

Der EuGH kam bei seiner Entscheidung zu folgendem Ergebnis:

– Systeme, die eine Hinzurechnung des Gewinns einer ausländischen Tochtergesellschaft zum Gewinn der Muttergesellschaft vorsehen, wenn dieser Gewinn einer niedrigen Besteuerung unterliegt, verletzen die Niederlassungsfreiheit.

– Eine Einschränkung der Niederlassungsfreiheit ist nur zur *Missbrauchsbekämpfung* zulässig, d.h. wenn es um Gestaltungen geht, die keine wirtschaftliche Substanz haben und nur dazu dienen, der inländischen Besteuerung zu entgehen.

– Die Hinzurechnungsbesteuerung verbietet sich daher bei einer tatsächlichen wirtschaftlichen Tätigkeit der im Ausland gegründeten Gesell-

---

32 Schlussanträge v. 29.3.2007.
33 JbFSt 2007/2008, S. 40; zwischenzeitlich ist die Rechtssache vom EuGH entschieden worden. Er hat sich den Bedenken des Generalanwalts nicht angeschlossen, so dass es bei der Grundaussage in der Rechtssache „D" verbleibt.
34 EuGH v. 12.9.2006 – Rs. C-196/04, IStR 2006, 670.

schaft. Der Nachweis darüber kann dem inländischen Gesellschafter auferlegt werden.

Die Grundkonzeption der deutschen Hinzurechnungsbesteuerung ist der britischen Regelung vergleichbar, so dass die EuGH-Entscheidung auch für das deutsche Recht zu beachten ist. Die Verwaltung hat daher in einem *BMF-Schreiben*[35] als Sofortmaßnahme eine einschränkende Auslegung der deutschen Vorschriften verfügt. Daneben wurde eine Gesetzesänderung[36] initiiert.

Die Grundkonzeption der deutschen Hinzurechnungsbesteuerung konnte aufgrund der EuGH-Entscheidung bestätigt werden, da sie auf die Erfassung der Einkünfte funktionsloser oder zumindest funktionsschwacher ausländischer Gesellschaften gerichtet ist. Eine Änderung musste die deutsche Hinzurechnungsbesteuerung jedoch insoweit erfahren, als sie grundsätzlich den Entlastungsbeweis einer wirklichen wirtschaftlichen Aktivität im anderen Mitgliedsstaat zulässt. Die Anforderung an diesen Nachweis wird im Einzelnen dadurch konkretisiert, dass insbesondere die wirtschaftliche Aktivität nach außen sichtbar, ständig qualifiziertes Personal vor Ort anwesend sein muss und eine Wertschöpfung vor Ort erfolgt.

Ausnahmsweise soll die Hinzurechnung typisierend, d.h. ohne die Möglichkeit des Entlastungsbeweises, erfolgen können bei Gesellschaften oder Betriebsstätten in Drittstaaten und bei Einkünften mit Kapitalanlagecharakter bei einer geringen Beteiligung.

Zu Letzterem sieht sich die Verwaltung und der Gesetzgeber befugt, weil der EuGH zu einem Fall entschieden hatte, in dem es wegen einer beherrschenden Beteiligung um die Verletzung der Niederlassungsfreiheit ging. Diese Entscheidung wird in der Literatur kritisiert, weil die Rechtsprechung des EuGH zur Kapitalverkehrsfreiheit und zur Niederlassungsfreiheit konvergent sei[37].

2. Rechtssache Meilicke

In der Rechtssache Meilicke[38] ging es um das ehemalige *deutsche körperschaftsteuerliche Vollanrechnungsverfahren*.

Nach diesem Recht hatten in Deutschland unbeschränkt steuerpflichtige Anteilseigner Anspruch auf eine Körperschaftsteuergutschrift für Dividenden, die sie von inländischen Gesellschaften erhalten haben. Das Anrechnungsverfahren diente der Beseitigung der wirtschaftlichen Doppelbesteu-

---

35 BMF v. 8.1.2007 – IV B 4 – S 1351 – 1/07, BStBl. I 2007, 99.
36 Jahressteuergesetz 2008 v. 20.12.2007, BGBl. 2007, 3150.
37 JbFSt 2007/2008, S. 73, m.w.N.
38 EuGH v. 6.3.2007 – Rs. C-292/04, DStR 2007, 485.

erung bei Dividendenbezug. Nach dem Vollanrechnungsverfahren wurden die von der ausschüttenden Gesellschaft erwirtschafteten und an die Anteilseigner in Form von Dividenden ausgeschütteten Gewinne letztlich mit dem persönlichen Steuersatz des Anteilseigners besteuert.

Aktionären ausländischer Gesellschaften kam dieses Verfahren nicht zugute. Damit unterlagen die Gewinne auf Ebene der ausländischen Gesellschaft einer Besteuerung und der inländische Anteilseigner wurde mit den Dividenden aus den ausländischen Gesellschaften zusätzlich ohne Berücksichtigung der Vorbelastung besteuert. Im Ergebnis wurde dadurch die wirtschaftliche Doppelbesteuerung – im Gegensatz zu reinen Inlandssachverhalten – nicht beseitigt.

Der EuGH sah hierin eine Verletzung der Kapitalverkehrsfreiheit. Diese Entscheidung überraschte nicht angesichts der schon vorliegenden Entscheidungen in der Rechtssache Verkooijen[39] zum niederländischen Dividendenfreibetrag und in der Rechtssache Manninen[40] zum finnischen Anrechnungsverfahren. Deutschland hatte daher bereits vier Monate nach der Entscheidung in der Rechtssache Verkooijen mit dem Steuersenkungsgesetz[41] das körperschaftsteuerliche Anrechnungsverfahren aufgehoben und durch das so genannte Halbeinkünfteverfahren ersetzt.

Bei der EuGH-Entscheidung ging es vielmehr in erster Linie um die *Urteilswirkungen.*

Deutschland hatte mit Blick auf die zumindest bis zum Urteil in der Rechtssache Verkooijen bestehende *Rechtsunsicherheit* und die *schwerwiegenden wirtschaftlichen Auswirkungen* bei einer Anwendung auf alle offenen Fälle eine Begrenzung der Urteilswirkung beantragt. Immerhin hatte die Europäische Kommission ein Vertragsverletzungsverfahren gegen das deutsche Vollanrechnungsverfahren auf die Stellungnahme Deutschlands hin nicht weiterverfolgt, so dass Deutschland insoweit von einer Europarechtskonformität des Vollanrechnungsverfahrens ausgehen konnte; und obwohl allein durch die Vorlage einer Steuerbescheinigung die Bestandskraft von Steuerbescheiden nicht mehr durchbrochen werden kann, hätte die Anrechnung bei den aus anderen Gründen noch offenen Fällen eine Auswirkung auf die Steuereinnahmen in der Größenordnung von 5 Mrd. Euro. Dieser Betrag entspricht dem Jahresinvestitionsvolumen des Bundes und kann angesichts der Tatsache, dass Deutschland in den zurückliegenden Jahren jeweils die Defizitgrenze in Europa überschritten hatte, nur als gravierender Schaden für den Fiskus bezeichnet werden.

---

39 EuGH v. 6. 6. 2000 – Rs. C-35/98, Slg. 2000, I-4071.
40 EuGH v. 7. 9. 2004 – Rs. C-319/02, Slg. 2004, I-7477.
41 StSenkG v. 23. 10. 2000, BGBl. 2000, 1433.

In den Schlussanträgen von Generalanwalt Tizzano[42] fand diese Situation Berücksichtigung und es wurde eine Begrenzung der Urteilswirkung auf Ausschüttungen nach der Entscheidung in der Sache Verkooijen vorgeschlagen. Nach Wiedereröffnung der mündlichen Verhandlung sah demgegenüber die Generalanwältin Sticks-Hackl[43] weder eine Rechtsunsicherheit noch einen gravierenden Schaden für Deutschland und sprach sich gegen eine Begrenzung der Urteilswirkung aus.

Der EuGH schloss sich i. E. der Auffassung der Generalanwältin Sticks-Hackl an. Der EuGH sah sich durch die Entscheidungen in den Rechtssachen Verkooijen und Manninen gebunden, bei denen dieselbe Rechtsfrage zu entscheiden und keine Beschränkung der Urteilswirkung zugelassen worden war. In der Literatur[44] wird problematisiert, ob den Mitgliedsstaaten tatsächlich eine Art Präklusion entgegengehalten werden könne, gleichzeitig wird jedoch auf eine ansonsten ungleiche Behandlung hingewiesen. Meines Erachtens ist die Entscheidung über eine Beschränkung auf die Zukunft von den ökonomischen Verhältnissen des jeweiligen Mitgliedsstaates abhängig, so dass frühere Entscheidungen lediglich insoweit entgegengehalten werden können, als dadurch eine vorher bestehende Rechtsunsicherheit beseitigt worden ist. Dies hätte jedoch im Falle Meilicke eine Entscheidung i. S. d. der Schlussanträge von Generalanwalt Tizzano zugunsten Deutschlands zugelassen.

Es muss nunmehr entschieden werden, wie in den offenen Fällen, in denen ein Körperschaftsteuerguthaben aus einer Beteiligung in einem anderen Mitgliedsstaat geltend gemacht wird, die ausländische *Vorbelastung in geeigneter Weise nachgewiesen* wird. Aus Gründen der Gleichbehandlung mit Inlandsfällen (EK-Gliederung!) stellt die Verwaltung hohe Anforderungen an den Nachweis. Eine tarifliche Normalbelastung kann in keinem Fall unterstellt werden. Die Frage liegt dem Finanzgericht Köln zur Entscheidung vor.

3. Rechtssache Stauffer

In der Rechtssache Stauffer[45] hat der EuGH entschieden, dass die *Steuerbefreiung* für deutsche gemeinnützige Einrichtungen *auch für ausländische gemeinnützige Stiftungen* im Hinblick auf deren deutsche Erträge gelten müsse. Bislang sind nur deutsche gemeinnützige Einrichtungen von der Körperschaftsteuer befreit, wenn sie gemeinnützige Zwecke – auch im Ausland – verfolgen, während die Steuerbefreiung nicht für eine Stiftung mit

---

42 Schlussanträge v. 10. 11. 2005.
43 Schlussanträge v. 5. 10. 2006.
44 *Kokott*, NJW 2006, 177 ff. (182).
45 EuGH v. 14. 9. 2006 – Rs. C-386/04, Slg. 2006, I-8203.

Sitz in einem anderen EU-Mitgliedsstaat anwendbar ist (§ 5 Abs. 1 Nr. 9 KStG i. V. m. § 51 – 68 AO. Der EuGH sah hierin einen Verstoß gegen die Kapitalverkehrsfreiheit.

Die Entscheidung des EuGH hat Auswirkungen auf die Frage der *Steuerbefreiung von gemeinnützigen Organisationen* und auf den *Abzug von Spenden für gemeinnützige Organisationen.*

Bei der Entscheidung über eine Gesetzesanpassung sind diese beiden Bereiche gesondert zu prüfen.

Für die Regelung der *Steuerbefreiung* hat die Frage, wo die gemeinnützigen Zwecke verfolgt werden – im Inland oder im Ausland – eine besondere Bedeutung. Die italienische Stiftung, deren Steuerbefreiung Gegenstand des EuGH-Verfahrens war, ging nicht einmal ihren gemeinnützigen Zwecken in Deutschland nach, sondern vermietete lediglich ein Grundstück in Deutschland und erzielte daraus Einnahmen. Deutschland hatte sich daher in dem EuGH-Verfahren dagegen gewandt, mit dem Verzicht auf deutsche Steuergelder Maßnahmen zu fördern, die im alleinigen Interesse eines anderen Mitgliedsstaates liegen. Der EuGH sah demgegenüber auch die Bewohner oder Angehörigen eines ausländischen Staates oder einer Stadt im Ausland als Allgemeinheit im Sinne des § 52 Abs. 1 AO an, wie es auch der Bundesfinanzhof in seinem Vorlagebeschluss vom 14. 7. 2004[46] entschieden hatte.

Der Gesetzgeber kann nunmehr bei der Anpassung der Vorschriften sicher eine Förderung der Allgemeinheit im Sinne der deutschen Bevölkerung fordern. Dies hätte zur Folge, dass deutsche gemeinnützige Organisationen gleichwohl ihre gemeinnützigen Zwecke im Ausland (z. B. durch Entwicklungshilfe) verfolgen können, da sie gleichzeitig damit wegen der positiven Rückwirkung auf das Ansehen Deutschlands die deutsche Allgemeinheit fördern. Auf diese Weise würden Möglichkeiten deutscher Einrichtungen gegenüber dem bisherigen Recht nicht eingeschränkt. Ausländischen gemeinnützigen Einrichtungen würde dadurch aber. die Verfolgung gemeinnütziger Zwecke in Deutschland abverlangt, wenn sie gleichzeitig von der Steuerbefreiung inländischer Vermögenseinkünfte profitieren möchten. Zur Vermeidung möglicher Gestaltungen wäre sicher jedoch darauf zu achten, dass dies eine substanziell bedeutsame Verfolgung gemeinnütziger Zwecke sein müsste, um nicht z. B. beachtliche Kapitaleinkünfte freistellen zu müssen wegen einer geringfügigen gemeinnützigen Tätigkeit.

Beim *Spendenabzug* stellt sich die Frage nach der Kontrolle ausländischer gemeinnütziger Einrichtungen. Aufzuklären wären nämlich nicht nur einzelne Tatbestandsmerkmale, sondern es wäre eine umfassende Gesamtprü-

---

46 BFH v. 14. 7. 2004 – I R 94/02, BStBl. II 2005, 721.

fung der Gemeinnützigkeit nach deutschem Steuerrecht erforderlich. Der immer wieder in den letzten Urteilen des EuGH angebrachte Verweis auf die Möglichkeiten der Amtshilfe ist nicht zielführend. In der Praxis stehen trotz vorhandener Fortschritte im Miteinander der Mitgliedsstaaten nach wie vor erhebliche Lücken in der Umsetzung dieser Richtlinie. Entsprechend der Vorlage des Bundesfinanzhofs in der Rechtssache Persche[47] sollte der Abzug von Spenden an ausländische gemeinnützige Einrichtungen wegen der damit verbundenen Schwierigkeiten bei der Verifikation eher Abstand genommen werden.

4. Rechtssache Scorpio

Nach der Entscheidung in der Rechtssache Gerritse (vgl. unter IV.2.) und den daraus von der Verwaltung gezogenen Konsequenzen hat sich der EuGH mit dem besonderen Steuerabzug in § 50a Abs. 4 EStG erneut befasst und in der Rechtssache Scorpio[48] am 3.10.2006 entschieden, dass es mit dem EU-Recht nicht vereinbar sei, wenn *beim Steuerabzug die in unmittelbarem Zusammenhang mit der inländischen Tätigkeit stehenden Betriebsausgaben nicht geltend gemacht werden können.*

Bis zu einer gesetzlichen Neuregelung hat die Verwaltung durch BMF-Schreiben[49] vom 5.4.2007 zugelassen, dass Betriebsausgaben oder Werbungskosten eines beschränkt Steuerpflichtigen, die in unmittelbarem wirtschaftlichen Zusammenhang mit seinen inländischen Einnahmen stehen, beim Steuerabzug nach § 50a Abs. 4 Nr. 1 und 2 EStG berücksichtigt werden, wenn sie 50 % der Einnahmen übersteigen. In diesem Falle wird der Unterschiedsbetrag zwischen den Einnahmen und den mit diesen in unmittelbarem wirtschaftlichen Zusammenhang stehenden Betriebsausgaben oder Werbungskosten dem Steuerabzug zugrunde gelegt und mit 40 % besteuert.

Die Verwaltungsregelung trägt der gesetzlichen Regelung Rechnung, nach der bei der Bemessung des Steuersatzes bereits pauschal Betriebsausgaben oder Werbungskosten in Höhe von 50 % der Einnahmen berücksichtigt worden sind[50]. Der Steuersatz von 40 % berücksichtigt dabei, dass er auf einen Nettobetrag angewendet wird, während der im Gesetz genannte Prozentsatz von 20 % für den Bruttobetrag (in Höhe des doppelten Nettobetrages) gilt.

---

47 EuGH – Rs. C-318/07.
48 EuGH v. 3.10.2006 – Rs. C-290/04, Slg. 2006, I 9461.
49 BMF v. 5.4.2007 – IV C 8 – S 2411/07/0002, BStBl. I 2007, 449.
50 Vgl. BT-Drucksache 13/4839, S. 78.

Eine gesetzliche Neuregelung des Steuerabzugs für beschränkt Steuerpflichtige ist im Übrigen in Vorbereitung. Dabei wird auch zu entscheiden sein, ob der Quellensteuerabzug nach dem Inkrafttreten der EU-Beitreibungsrichtlinie oder vergleichbarer zwischenstaatlicher Amtshilfeabkommen noch zulässig ist, nachdem der EuGH dies in seiner Entscheidung in der Rechtssache Scorpio ausdrücklich offen gelassen hat. Daneben wird ebenfalls über die Berücksichtigung von Gemeinkosten zu entscheiden sein. Die Kommission hatte in einem Vertragsverletzungsverfahren gegenüber der Bundesrepublik Deutschland gerügt, dass beim Erstattungsverfahren nach § 50 Abs. 5 Nr. 3 EStG nur die mit der Tätigkeit wirtschaftlich unmittelbar zusammenhängenden Betriebsausgaben berücksichtigt werden.

Meines Erachtens ist der Steuerabzug nach § 50a Abs. 4 EStG auch nach dem Inkrafttreten der EU-Beitreibungsrichtlinie weiterhin mit dem EU-Recht vereinbar. Die praktischen Probleme mit der EU-Beitreibungsrichtlinie und deren geringe Effizienz machen den Steuerabzug gegenüber beschränkt Steuerpflichtigen unverzichtbar. Auch die Berücksichtigung von Gemeinkosten dürfte meines Erachtens nicht in Betracht kommen. Die Kommission hatte in ihrem Vertragsverletzungsverfahren eine Aussage des EuGH in der Rechtssache Centro Equestre[51] offenbar überinterpretiert, nach der es mit dem EU-Recht vereinbar sei, wenn beim Erstattungsverfahren für beschränkt Steuerpflichtige, deren Steuern im Wege des Steuerabzugs erhoben werden, nur die Betriebsausgaben berücksichtig werden, die in unmittelbarem wirtschaftlichen Zusammenhang mit den inländischen Einnahmen stehen, soweit alle Kosten, die sich von der inländischen Tätigkeit nicht trennen lassen, unabhängig vom Ort oder Zeitpunkt ihrer Entstehung als solche Ausgaben betrachtet werden. Wenn hiernach Gemeinkosten zu berücksichtigen wären, müssten alle mittelbaren Betriebsausgaben/Werbungskosten abgezogen werden können, und dies hätte zur Folge, dass die Aussage des EuGH in ihr Gegenteil verkehrt würde.

5. Rechtssache Denkavit

In der Rechtssache Denkavit[52] befasst sich der EuGH mit der *Besteuerung von grenzüberschreitenden Dividenden*. In dem Fall ging es um Dividenden, die zwei französische Tochtergesellschaften des Denkavit-Konzerns noch vor Verabschiedung der Mutter-Tochter-Richtlinie an ihre mehrheitlich beteiligte niederländische Muttergesellschaft ausgeschüttet hatten.

Nach französischem Recht wäre bei reinen Inlandsbeteiligungen ab 5 % eine Schachtelbeteiligung angenommen worden mit der Folge, dass nur 5 %

---

51 EuGH v. 15. 2. 2007 – Rs. C-345/04, IStR 2007, 212.
52 EuGH v. 14. 12. 2006 – Rs. C-170/05, BFH/NV 2007, 159.

des Betrags der von einer Tochtergesellschaft an ihre inländische Muttergesellschaft ausgeschütteten Dividenden der Körperschaftsteuer unterlegen
hätten. Auf Ausschüttungen an Auslandsgesellschaften fiel dagegen eine
definitive Bruttoquellensteuer von 25 % an. Zwar verminderte sich diese
Definitivbelastung im vorliegenden Fall aufgrund des DBA Frankreich/Nie-
derlande auf einen niedrigeren Prozentsatz. Die nach dem DBA vorgesehene Anrechnung der in Frankreich erhobenen Quellensteuer in den Niederlanden entfiel jedoch, weil auch dort bereits für Beteiligungen ab 5 % eine
Schachtelfreistellung gilt.

Der EuGH entschied, dass es einen Verstoß gegen die Niederlassungsfreiheit darstelle, eine gebietsfremde Muttergesellschaft mit einer Steuer auf
Dividenden zu belasten, gebietsansässige Muttergesellschaften aber fast
völlig davon zu befreien. Ein DBA, das diese Quellenbesteuerung ausdrücklich zulasse und die Anrechnung der Steuer auf die Steuerschuld in dem anderen Staat vorsehe, vermöge diese Beschränkung der Grundfreiheiten
nach Auffassung des EuGH nicht zu rechtfertigen, wenn die Anrechnung
für die Muttergesellschaft in dem anderen Mitgliedsstaat faktisch nicht
zum Tragen komme.

In einer mit Gründen versehenen Stellungnahme sieht die Europäische
Kommission auch eine Verletzung bei der deutschen Dividendenbesteuerung, da Dividenden, die an eine Gesellschaft mit Sitz in einem anderen
Mitgliedsstaat oder dem europäischen Wirtschaftsraum ausgeschüttet werden, im Ergebnis einer höheren Besteuerung unterworfen werden können
als Dividenden, die an eine Gesellschaft mit Sitz im Inland gezahlt werden.

Meines Erachtens sind die deutschen Vorschriften zur Besteuerung der Dividenden EU-rechtskonform. Bei der Einbehaltung von Kapitalertragsteuer
auf ausgeschüttete Dividenden wird nicht danach unterschieden, ob es sich
um eine inländische oder um eine ausländische Muttergesellschaft handelt. Hinsichtlich der endgültigen Belastung der Muttergesellschaft ist es
alleine Sache des Wohnsitzstaates, ggf. für eine Entlastung zu sorgen.
Deutschland nimmt insoweit sein Besteuerungsrecht entsprechend internationaler Usancen wahr (Aufteilung der Steuerhoheit!). Müsste Deutschland nicht ansässigen Anteilseignern dieselbe Entlastung gewähren wie ansässigen, würde das Besteuerungsrecht demgegenüber auf den Heimatstaat
verlagert. Fehlt die Entlastung im Heimatstaat, kann dies dem Quellen-
staat gemeinschaftsrechtlich keineswegs angelastet werden[53].

---

53 Vgl. EuGH in der Rs. Kerckhaert und JbFSt 2007/2008, S. 96/97; a. M. *Thömmes*
unter Hinweis auf EuGH in der Rs. Amurta, IWB 2007, 1277 ff.

6. Rechtssache CLT-UFA

In der Rechtssache CLT-UFA[54] hat der EuGH mit Urteil vom 23.2.2006 entschieden, dass § 23 Abs. 2 und 3 KStG a. F. gegen die Niederlassungsfreiheit verstoße.

Nach dieser Vorschrift wird das *Einkommen der inländischen Zweignieder-lassung eines Stammhauses in einem anderen Mitgliedsstaat* mit 42 % besteuert. Demgegenüber war der EuGH der Auffassung, dass der Gewinn der Zweigniederlassung mit dem Steuersatz versteuert werden müsse, der im Falle der Ausschüttung der Gewinne einer Tochtergesellschaft an ihre Muttergesellschaft anzuwenden sei.

Mit Urteil vom 9.8.2006[55] bestätigte der Bundesfinanzhof diese Entscheidung. Auch die Verwaltung schloss sich der Beurteilung an und konkretisierte mit BMF-Schreiben vom 17.10.2007[56] den im Einzelfall jeweils anzuwendenden Steuersatz. Danach ist insbesondere hervorzuheben, dass im Falle nicht abziehbarer Betriebsausgaben von einer Thesaurierung auszugehen ist und sich dadurch die Steuerbelastung erhöhen kann.

Die Entscheidung des EuGH stößt insofern auf Bedenken, als der Gleichheitsgrundsatz von Art. 3 GG verletzt sein dürfte. Während bei Tochtergesellschaften der günstige Steuersatz im damaligen Anrechnungsverfahren nur angewandt werden durfte, wenn ein den gesellschaftsrechtlichen Vorschriften entsprechender Gewinnverteilungsbeschluss vorlag, soll diese günstige Besteuerung für Niederlassungen bereits ohne diese Voraussetzung eingreifen. Meines Erachtens trug die differenzierte Betrachtung des Gesetzgebers für Niederlassungen auf der einen Seite und Tochtergesellschaften auf der anderen Seite in § 23 Abs. 2 und 3 KStG a. F. der Unterschiedlichkeit der Fälle eher Rechnung, so dass diese Unterschiedlichkeit der Fälle auch durch das Europarecht gedeckt war.

7. Rechtssachen REWE und Lidl

In den Rechtssachen REWE[57] und Lidl[58] geht es um die Frage der Verlustberücksichtigung bei grenzüberschreitenden Aktivitäten.

In der Rechtssache REWE hat der EuGH bereits am 29.3.2007 entschieden, dass die unterschiedliche Behandlung von *Verlusten aus der Abschreibung von Tochtergesellschaften* – je nachdem, ob diese Tochtergesellschaft in einem anderen Mitgliedsstaat oder im Inland ansässig ist – gegen die Nie-

---

54 EuGH v. 23.2.2006 – Rs. C-253/03, IStR 2006, 200.
55 BFH v. 9.8.2006 – I R 31/01, BStBl. II 2007, 838.
56 BMF v. 17.10.2007 – IV B 7 – S 2800/07/0001, BStBl. I 2007, 766.
57 EuGH v. 29.3.2007 – Rs. C-347/04, Slg. 2007, I-02647.
58 EuGH – Rs. C-414/06.

derlassungsfreiheit verstößt. Bei inländischen Beteiligungen ist die Abschreibung auf den niedrigeren Teilwert bei dauerhafter Wertminderung und deren Verrechnung mit positiven Einkünften uneingeschränkt möglich; negative Einkünfte, die auf dem Ansatz des niedrigeren Teilwerts einer Auslandsbeteiligung beruhen, dürfen nach § 2a Abs. 1 Nr. 3a EStG dagegen nur mit positiven Einkünften aus demselben Staat verrechnet werden.

In der Rechtssache Lidl liegt demgegenüber noch keine Entscheidung des EuGH vor. In der Rechtssache geht es um die *Berücksichtigung von Verlusten in EU-ausländischen Betriebsstätten.* Während Verluste von Inlandsbetriebsstätten wiederum ohne Einschränkung verrechnet werden können, scheitert die Berücksichtigung ausländischer Betriebsstättenverluste dann, wenn die ausländischen Betriebsstätteneinkünfte in Deutschland freigestellt sind.

Meines Erachtens ist die Entscheidung des EuGH in Sachen REWE zutreffend. Eine Rechtfertigung für den Eingriff in die Niederlassungsfreiheit gibt es auch nicht insofern, als die Doppelberücksichtigung von Verlusten in Konzernverhältnissen wie im Falle Marks & Spencer vermieden werden müsste. Vielmehr handelt es sich bei der Berücksichtigung der Wertminderung aus der Teilwertabschreibung um einen Verlust der Mutter, der nicht identisch ist mit dem Verlust der Tochter. Im Falle der Berücksichtigung von Betriebsstättenverlusten ist die unterschiedliche Beurteilung – je nachdem, ob die Betriebsstätte im EU-Ausland oder Inland liegt – demgegenüber berechtigt. Die Rechtfertigung ergibt sich aus der Aufteilung der Steuerhoheit zweier EU-Staaten, wonach die Freistellungsmethode dazu zwingt, dass mit dem Besteuerungsrecht des Quellenstaats zugleich eine Zuständigkeit dieses Staates für die Verrechnung des Verlustes verbunden ist[59].

Der deutsche Gesetzgeber hat bisher noch nicht auf die Entscheidung in der Rechtssache REWE mit einer Änderung des § 2a EStG reagiert, weil er noch auf die Entscheidung in der Rechtssache Lidl wartet.

Sollte der EuGH in der Rechtssache Lidl eine EU-Rechtswidrigkeit erkennen, hätte der Gesetzgeber zwei Möglichkeiten zur Reaktion: Er könnte zum einen § 2a EStG in dem Sinne ändern, wie er schon in einer früheren Fassung bestanden hat, indem auch die Verrechnung von ausländischen Betriebsstättenverlusten zugelassen und gleichzeitig eine *Nachversteuerung* im Falle späterer Gewinne vorgesehen wird. Zum anderen könnte der Gesetzgeber über eine Änderung seiner *DBA-Politik* die Rechtspraxis dadurch absichern, dass jeweils bilateral die Verrechnung dieser Verluste ausgeschlossen würde. In einer Mitteilung der Kommission (vgl. unten) wird die Nachversteuerungsregelung favorisiert, der deutsche Gesetzgeber könnte

---

59 *Herzig/Wagner*, Der Konzern 2006, 176 ff.

sich demgegenüber jedoch daran erinnern, dass diese Regelung in Deutschland schon einmal bestanden, aber sich nicht bewährt hat.

Der Vollständigkeit halber sei darauf hingewiesen, dass eine weitere Rechtssache vor dem EuGH anhängig ist, die Rechtssache Stahlwerk[60], die ebenfalls die Verrechnung von Verlusten betrifft. In dieser Sache geht es jedoch um einen Drittstaatenfall, bei dem sich daher das Verhältnis von Niederlassungs- und Kapitalverkehrsfreiheit[61] stellt, weil nur letztere gegenüber Drittstaaten von Bedeutung ist.

VI. Änderung von Primärrecht

Durch die teilweise erheblichen haushalterischen Auswirkungen von EuGH-Entscheidungen ist vonseiten der Politik der Wunsch geäußert worden, über die Änderungen von europäischem Primärrecht die Möglichkeiten des EuGH einzuschränken. Beispielhaft sind genannt worden, *nur noch letztinstanzlichen Gerichten die Vorlageberechtigung an den EuGH zu gewähren, neue Rechtfertigungsgründe im Bereich der direkten Steuern einzuführen* und die *Urteilswirkung nur noch für die Zukunft* festzuschreiben.

Insgesamt muss zu diesen Vorschlägen festgestellt werden, dass eine Änderung des Primärrechts wegen der erforderlichen Einstimmigkeit aller Mitgliedsstaaten schwierig zu erreichen sein dürfte.

Im Einzelnen gilt für die Vorschläge Folgendes:

– Die Beschränkung einer Vorlageberechtigung nationaler Gerichte dürfte kaum zu einer Verminderung der Vorlagen führen, da letztlich der Bundesfinanzhof als vorlagefreudig[62] gilt.

– Für die Festschreibung von bestimmten Rechtfertigungsgründen kann auf eine Feststellung des Generalanwalts Maduro in seinen Schlussanträgen in der Rechtssache „REWE Zentralfinanz"[63] hingewiesen werden: „... wenn die Mitgliedsstaaten meinen, dass wirtschaftliche Erwägungen Steuermaßnahmen, die die Verkehrsfreiheiten behindern, rechtfertigen können müssen, scheint es mir allein in ihrer Zuständigkeit zu liegen, dies in den EG-Vertrag aufzunehmen ...". Andererseits muss ebenfalls darauf hingewiesen werden, dass der EuGH zuletzt auch das Haushaltsin-

---

60 EuGH Rs. C-415/06, mittlerweile entschieden: Beschluss v. 10.11.2007, DB 2007, 2747.

61 Vgl. zum Verhältnis der Freiheiten EuGH Rs. Holböck – C-157/05 und zur Reichweite der Kapitalverkehrsfreiheit EuGH Rs. A – C-101/05.

62 *Cordewener*, a.a.O., S. 138/9.

63 Schlussanträge vom 31.5.2006 – Rs. C-347/04.

teresse der Mitgliedsstaaten in der Entscheidung zu Marks & Spencer berücksichtigt hat. Die weitere Entwicklung dürfte hier abzuwarten sein.

– Die allgemeine Beschränkung der Urteilswirkung dürfte nicht im deutschen Interesse liegen. Ansonsten wäre zu befürchten, dass einzelne Regelungen im nationalen Interesse zunächst EG-rechtswidrig ausgestaltet würden. Die Beschränkung der Urteilswirkung im Einzelfall, wie es Deutschland im Fall Meilicke beantragt hat, dürfte ausreichend sein. Die dafür allgemein vom EuGH anerkannten Voraussetzungen sind ausreichend[64]. Wie dargestellt, haben sie im Fall Meilicke auch vorgelegen. Es müsste daher genügen, bei geeigneter Gelegenheit gegenüber dem EuGH noch nachdrücklicher die Möglichkeit einer Begrenzung der Urteilswirkungen einzufordern.

VII. Kooperation in der EU

Neben der Möglichkeit, dass jeder einzelne Mitgliedsstaat auf Entscheidungen des EuGH in seinem nationalen Steuerrecht reagiert, besteht natürlich die Möglichkeit, einen **ganzheitlicheren Ansatz** zu wählen und auch bei den direkten Steuern gemeinsam die Rahmenbedingungen in Europa anzugleichen.

Auch die Kommission hat erkannt, dass der Zwang der Mitgliedsstaaten, auf EuGH-Entscheidungen mit teils gravierenden Auswirkungen für ihre Haushalte reagieren zu müssen, für den Gedanken eines europäischen Binnenmarktes nicht förderlich ist. Die Kommission hat es daher übernommen, die Arbeit der Mitgliedsstaaten in Richtung eines europäischen Binnenmarktes auch bei den direkten Steuern zu koordinieren[65]. Neben dem intensiven Bemühen für eine gemeinsame konsolidierte Körperschaftsteuerbemessungsgrundlage mit dem Schwerpunkt eines gemeinsamen Bilanzsteuerrechts und einer konsolidierten Besteuerung sind weitere Mitteilungen der Kommission zu nennen, mit denen im Bereich des grenzüberschreitenden Verlustausgleichs[66] und der Wegzugsbesteuerung[67] gemeinsame Lösungen angestrebt werden. Weitere Bereiche, wie die Missbrauchsbekämpfung, die CFC-Legislation und die Dividendenbesteuerung sollen aufgegriffen werden.

Für die Mitgliedsstaaten hat der von der Kommission koordinierte ganzheitliche Ansatz bei den direkten Steuern entscheidende *Vorteile*:

---

64 Vgl. EuGH v. 8. 4. 1976 – Rs. C-43/75 – Defrenne II, Slg. 1975, 455, Rz. 73.
65 Vgl. Fn. 9.
66 KOM (2006) 824 endgültig v. 19. 12. 2006.
67 KOM (2006) 825 endgültig v. 21. 12. 2006.

– Mit der abgestimmten Angleichung der Besteuerungsregeln kann sowohl die Diskriminierung als auch die Doppelbesteuerung beseitigt werden. Dies bewahrt im Sinne der EuGH-Rechtsprechung zum einen vor der Verletzung von Grundfreiheiten und erfüllt zum anderen den Zweck von Doppelbesteuerungsabkommen, die zwischen den Mitgliedsstaaten dann entbehrlich werden.

– Mit diesem abgestimmten Vorgehen wird gleichzeitig Nichtbesteuerung und Missbrauch verhindert. Z. B. die mit dem SEStEG national geregelte Verstrickung ohne Wertverknüpfung würde damit innerhalb der Europäischen Union nicht zum Problem.

– Durch die Angleichung der Rahmenbedingungen bei den direkten Steuern in Europa wird ein Anreiz für Investoren geschaffen, da bei diesen die Befolgungskosten erheblich gesenkt würden.

Die vorstehend genannten Einzelfolgen tragen insgesamt entscheidend dazu bei, dass *Steuersubstrat des einzelnen Mitgliedsstaats gesichert wird und auch die Wettbewerbsfähigkeit jedes einzelnen Mitgliedsstaats als Teil eines erfolgreichen Wirtschaftsstandorts Europa* erhöht wird. Der Steuerwettbewerb unter den einzelnen Mitgliedsstaaten im Bereich der Bemessungsgrundlage und der Steuersätze schwächt über Missbräuche und Steuersenkungen demgegenüber nicht nur das Steueraufkommen und die Wettbewerbsfähigkeit der gesamten Europäischen Union sondern auch des einzelnen Mitgliedsstaats.

VIII. Ergebnis

Nach der Rechtsprechung des EuGH zu den direkten Steuern werden nationale Normen der Mitgliedsstaaten häufig wegen Verletzung der Grundfreiheiten für Europa rechtswidrig erkannt. Dies zwingt Finanzverwaltung und Gesetzgebung zu Anpassungen mit teilweise erheblichen Auswirkungen auf die nationalen Haushalte.

Der Hinweis der Mitgliedsstaaten auf ihre Zuständigkeit für die direkten Steuern trägt gegen diese Entscheidungspraxis nicht, da die Mitgliedsstaaten ihre Befugnisse unter Wahrung des Gemeinschaftsrechts – und daher auch der Grundfreiheiten – ausüben müssen.

Die Grundfreiheiten haben ihre Grenzen jedoch dort, wo die nationale Verfassung verletzt würde. I. Ü. sind Eingriffe in die Grundfreiheiten gerechtfertigt, wenn

– die begrenzten Möglichkeiten der grenzüberschreitenden Steueraufsicht,

- die Kohärenz des nationalen Steuersystems und
- die Bekämpfung des Missbrauchs

dazu zwingt. Die Auslegung dieser Rechtfertigungsgründe durch den EuGH ist z. Z. sehr restriktiv. Das Haushaltsinteresse der Mitgliedsstaaten wird durch die Anerkennung der „Ausgewogenheit der Aufteilung der Besteuerungsbefugnis zwischen den Mitgliedsstaaten" in der Rs. Marks & Spencer durch den EuGH in jüngster Zeit aber ausdrücklich respektiert.

Daneben können die Wirkungen eines EuGH-Urteils bei einem gravierenden Schaden für den Mitgliedsstaat ausnahmsweise beschränkt werden, obwohl der EuGH dies trotz des Antrags Deutschlands in der Rs. Meilicke nicht getan hat.

Die Mitgliedsstaaten sind aufgerufen, gemeinsam insbsesondere im Rahmen der vorgenannten Rechtfertigungsgründe für den Eingriff in die Grundfreiheiten ihre Haushaltsinteressen gegenüber dem EuGH nachdrücklich geltend zu machen. Daneben müssen sie jedoch mit der Kommission gemeinsame Lösungen zur Überwindung von Hindernissen im grenzüberschreitenden Verkehr erarbeiten, um so die Grundfreiheiten zu respektieren und Europa als Wirtschaftsstandort zum Wohle jedes einzelnen Mitgliedsstaates voranzubringen.

Missbrauch vs. Misstrauen.
Unilaterale Sicherung des deutschen
Steueraufkommens (§ 50d Abs. 3, 9 EStG)

Dr. Stephan Eilers, LL.M. (Tax)
Rechtsanwalt und Fachanwalt für Steuerrecht, Köln
Dipl.-Finw. Dr. Norbert Schneider,
Rechtsanwalt und Steuerberater, Köln*

Inhaltsübersicht

I. Einführung

Die Öffnung des europäischen und internationalen Rechtsraums ist längst nicht (mehr) nur Gestaltungsspielraum der Berater, sondern wirtschaftliche Wirklichkeit. International tätige Unternehmen koordinieren und lenken ihre Tätigkeit nicht selten über Holdinggesellschaften. Diese können schon der Natur der Sache nach oft nicht dort angesiedelt sein, wo der Konzern über operatives Geschäft verfügt, da es gerade das Wesen eines in-

* Dr. *Stephan Eilers* und Dr. *Norbert Schneider* sind Partner der Sozietät Freshfields Bruckhaus Deringer in Köln. Die Autoren bedanken sich bei *Franziska Bühring*, Rechtsanwältin, Associate der Sozietät Freshfields Bruckhaus Deringer für die Unterstützung bei der Erstellung dieses Beitrags.

ternational tätigen Unternehmens ist, über operatives Geschäft in verschiedenen Staaten zu verfügen. Besteuerungskonflikte zwischen den beteiligten Staaten sind die logische Folge. Die Lösung dieser Konflikte ist bilateral durch Doppelbesteuerungsabkommen bzw. innerhalb der Europäischen Union durch Richtlinien vorgesehen. Ziel ist die Vermeidung der Doppelbesteuerung bzw. die Harmonisierung des europäischen Wirtschaftsraumes.

Dagegen verfolgt die Finanzverwaltung – und mit ihr oftmals der Gesetzgeber – vorrangig eine Sicherung des deutschen Steueraufkommens. Dieses legitime Ziel stößt jedoch dort an seine Grenzen, wo es in einen Konflikt mit den Regelungen der DBA oder EU-Richtlinien gerät. In der jüngsten Vergangenheit lässt sich eine verstärkte Tendenz des von der Finanzverwaltung soufflierten deutschen Gesetzgebers beobachten, unerwünschte Steuererfolge grenzüberschreitender Sachverhalte unilateral zugunsten der Erhaltung bzw. Begründung eines deutschen Besteuerungsrechts zu regeln. Prominente Beispiele sind die mit dem JStG 2007 eingeführten Änderungen des § 50d EStG, namentlich die wesentliche Verschärfung der sog. „Anti-Treaty-Shopping-Vorschrift" (Abs. 3) und die Einführung einer Switchover-Klausel (Abs. 9).

II. Die Vorschriften im Einzelnen

1. Anti-Treaty-Shopping (§ 50d Abs. 3 EStG)

Die „Anti-Treaty-Shopping-Vorschrift" ist von besonderer praktischer Relevanz im Zusammenhang mit Dividenden, die eine deutsche Gesellschaft an ihre ausländische Muttergesellschaft ausschüttet. Dividendeneinkünfte der ausländischen Mutter sind in Deutschland beschränkt steuerpflichtig und unterliegen grundsätzlich der Kapitalertragsteuer (§ 43 Abs. 1 Nr. 1 EStG). Die Mutter-Tochter-Richtlinie (MTR)[1] und in aller Regel die DBA sehen unter bestimmten Voraussetzungen vor, dass Dividenden, die eine Tochtergesellschaft an ihre Mutter ausschüttet, von der Quellensteuer befreit sind (vgl. Art. 5 Abs. 1 MTR) oder nur mit einem niedrigeren Steuersatz besteuert werden (vgl. Art. 10 Abs. 2 OECD-MA; i. d. R. 5–15 %).[2] Die Begünstigung steht in Deutschland jedoch unter dem Vorbehalt der Missbrauchsvorschrift des § 50d Abs. 3 EStG. Die Regelung soll ihrem ursprüng-

---

1 EWG Nr. 90/435 v. 23. 7. 1990, ABl. EG Nr. L 225, S. 6, zuletzt geändert durch Richtlinie 2003/123/EG v. 22. 12. 2003, Abl. L 7 v. 13. 1. 2004, S. 41 und Richtlinie 2006/98/EG v. 20. 11. 2006, Abl. L 363 v. 20. 12. 2006, S. 129.
2 Sonderfall: Die DBA-USA und DBA-Schweiz sehen unter bestimmten Voraussetzungen eine völlige Quellensteuerbefreiung vor.

lichen Zweck nach verhindern, dass Unternehmen die Regelungen der DBA oder der MTR (aus-)nutzen, um aufgrund ihrer DBA/MTR-Position von einem günstigeren Besteuerungssystem im Ansässigkeitsstaat der Muttergesellschaft zu profitieren, ohne dort jedoch eine wirtschaftliche Tätigkeit zu entfalten. Kurz: Briefkastengesellschaften sollten nicht in den Genuss von Steuervergünstigungen nach dem DBA oder der MTR gelangen. Von diesem Zweck entfernt sich die Neuregelung jedoch erheblich, da sie in verschiedenen Punkten nicht nur reine Briefkastengesellschaften, sondern darüber hinaus auch „normale" Holdingstrukturen erfasst, die ihre Intention nicht (ausschließlich) in der Steuervermeidung haben.

1.1 Anwendungsbereich

Die Missbrauchsregelung findet Anwendung auf alle Einkünfte, die dem Steuerabzug nach § 43 EStG (sowie § 50a EStG) unterliegen, jedoch nach DBA oder § 43b EStG (bzw. § 50g EStG) nicht oder nur beschränkt steuerpflichtig sind.

Nach Auffassung der Finanzverwaltung soll die nationale Missbrauchsregelung nicht anwendbar sein bei Vorliegen einer abschließenden Regelung im DBA.[3] Es steht jedoch zu befürchten, dass das BMF diese Ausnahmeregelung restriktiv anwenden wird. Die Ausnahmeregelung dürfte nach restriktivem Verständnis nur DBA bzw. Klauseln innerhalb bestehender DBA, die nach Einführung von § 50d Abs. 3 EStG n. F. abgeschlossen wurden, erfassen, namentlich nur die „limitation of benefit" – Regelung in Art. 28 DBA-USA. Keinesfalls dürfte die Ausnahmeregelung für „alte" DBA ohne Missbrauchsvorbehalt gelten. Zweifel bestehen darüber hinaus bei vorhandenen, weniger detaillierten Missbrauchsregelungen.[4] Die generelle Anwendung von § 50d Abs. 3 EStG in derartigen Fällen steht zu befürchten.

Die Neuregelung ist ab dem Veranlagungszeitraum 2007 anzuwenden. Problematisch sind „Überlappungsfälle", d. h. Sachverhalte, in denen eine Freistellungsbescheinigung nach alter Rechtslage über den 1. 1. 2007 hinaus erteilt wurde. Das BMF will hier wohl keinen Bestandschutz gewähren, sondern verweist auf die Mitteilungspflicht des Steuerpflichtigen nach § 50d Abs. 2 Satz 4 EStG.[5] Da in diesen Fällen aber im Freistellungsbescheid kein entsprechender Hinweis erteilt wurde, dürfte u. E. mindestens eine Übergangsfrist zu gewähren sein.

3 Vgl. BMF-Schreiben v. 3. 4. 2007 – IV B 1 – S 2411/07/2002, BStBl. I 2007, 446, Tz. 11.
4 Vgl. z. B. Art. 28 Abs. 2 DBA-Österreich.
5 Vgl. BMF-Schreiben v. 3. 4. 2007 – IV B 1 – S 2411/07/2002, BStBl. I 2007, 446, Tz. 15, 16.

1.2 Regelungsinhalt

§ 50d Abs. 3 EStG versagt bei Einschaltung einer „substanzschwachen" ausländischen Holdinggesellschaft die Begünstigung der MTR oder des DBA, soweit an der Holdinggesellschaft nicht begünstigte Personen beteiligt sind. Dabei wurden die nationalen Kriterien, wann die Sperre des § 50d Abs. 3 EStG eingreifen soll, erheblich verschärft. Während nach der Altfassung ein unterstellter „Missbrauch" nur vorlag, wenn es kumulativ an wirtschaftlichen Gründen für die Einschaltung der Holdinggesellschaft fehlte und diese keine eigene Wirtschaftstätigkeit entfaltete, sieht die Neuregelung eine Alternativregelung vor: Der neue § 50d Abs. 3 EStG greift nunmehr schon ein, wenn (i) wirtschaftliche Gründe für die Einschaltung der Holdinggesellschaft fehlen, oder (ii) die Holdinggesellschaft keine eigene Wirtschaftstätigkeit entfaltet, wobei dies typisiert anhand einer 10 %-Klausel ermittelt werden soll oder (iii) die Holdinggesellschaft nicht über einen eingerichteten Geschäftsbetrieb aktiv am Wirtschaftsverkehr teilnimmt.

Die Verschärfung resultiert aus der Alternativverknüpfung sowie der Tatsache, dass eine Merkmalsübertragung im Konzern nicht länger möglich sein soll (§ 50d Abs. 3 Satz 2 EStG). Das bedeutet, dass hinsichtlich der Kriterien ausschließlich auf die Holdinggesellschaft selbst abzustellen ist. Diese Verschärfung stellt unübersehbar eine Reaktion des Gesetzgebers auf die unbequeme Hilversum-Rechtsprechung des BFH dar, durch die die Tatbestandsvoraussetzungen der Vorgängerregelung erheblich gelockert wurden[6] und auf die das BMF mit einem Nichtanwendungserlass reagiert hat.[7]

1.2.1 Ausländische Holdinggesellschaft

Die Missbrauchsregelung findet bei ausländischen Holding- oder Zwischengesellschaften Anwendung, mögliche Rechtsformen ergeben sich dabei aus Anlage 2 zu § 43b EStG. Eine Rückausnahme besteht für börsennotierte Gesellschaften (sog. Börsenklausel). Je nach Art und Umfang der Begünstigung ist eine bestimmte Mindestbeteiligung der Zwischengesellschaft an der deutschen Tochter vorgesehen (§ 43b EStG. 20 % bzw. 10 % bei gegenseitiger Begünstigung; DBA: häufig 25 % für Reduzierung des Steuersatzes auf 5 %; Sonderregelungen z. B. nach DBA-USA).

---

6 Vgl. BFH, Urt. v. 31. 5. 2005 – I R 74, 88/04, BStBl. II 2006, 118 („Hilversum II"), anders noch BFH, Urt. v. 20. 3. 2002 – I R 38/00, BStBl. II 2002, 819 („Hilversum I").

7 Vgl. BMF-Schreiben v. 30. 1. 2006 – IV B 1 – S 2411 – 4/06, BStBl. I 2006, 166.

1.2.2 *Wirtschaftliche Gründe für die Einschaltung*

Laut BMF müssen wirtschaftliche Gründe (oder sonst beachtliche wie rechtliche, politische oder religiöse Gründe – diese werden wohl nur in einer kleinen Minderheit der Fälle angeführt werden können) für die Einschaltung der Zwischengesellschaft vorliegen und zwar entgegen der Logik bei der Zwischengesellschaft selbst. Eine Konzernstrategie oder die Konzernstruktur sollen dabei genauso wenig ausreichen wie Erbregelungen, der Aufbau einer Alterssicherung oder die Sicherung von Inlandvermögen in Krisenzeiten.

1.2.3 *Erträge aus eigener Wirtschaftstätigkeit*

Das in der Praxis bedeutsamste Kriterium dürfte die eigene wirtschaftliche Tätigkeit der Holdinggesellschaft verbunden mit den hieraus erzielten Erträgen sein. Die wesentliche Verschärfung liegt dabei in der Einführung der 10 %-Klausel (mehr als 10 % der Bruttoerträge der Holdinggesellschaft müssen aus eigener wirtschaftlicher Tätigkeit stammen). Offensichtlich problematisch ist dabei das Fehlen einer festen Betragsgrenze[8], so dass auch hohe Beträge aus eigener wirtschaftlicher Tätigkeit bei gleichzeitig hohen Dividendeneinkünften erfasst werden. Es ist mehr als fraglich, ob dies noch mit dem Wesen einer (typisierten) Missbrauchsregelung vereinbar ist.

Auch wenn die 10 %-Regelung zunächst eindeutig wirken mag, bestehen doch schon hinsichtlich der Reichweite des Begriffs der „Bruttoerträge" Auslegungsschwierigkeiten.[9] So ist z. B. überlegenswert, ob Dividenden aus (passiven) ausländischen Beteiligungen als „nicht-aktive" Einkünfte überhaupt als Bruttoerträge zu berücksichtigen sind. Dies würde dazu führen, dass Dividenden aus ausländischen Beteiligungen zu einer Unterschreitung der 10 %-Grenze führen könnten, obwohl sie keinerlei Bezug zum Inland haben. Der Vorwurf der missbräuchlichen Gestaltung in Deutschland würde also von einem Sachverhalt abhängen, der unabhängig von der Tätigkeit im Inland ist.

Beispiel:

Die Zwischengesellschaft (S.à.r.l. Luxemburg) hat Dividendeneinkünfte in Höhe von 8 Mio. Euro von einer deutschen GmbH sowie in Höhe von 2 Mio. Euro von einer UK Ltd. Aus eigener Wirtschaftstätigkeit erlangt die S.à.r.l. Luxemburg 1 Mio. Euro. Bei Berücksichtigung der Dividendeneinkünfte von der UK Ltd. wäre die 10 %-Grenze unterschritten und die Begünstigung zu versagen, nicht hingegen, wenn die ausländischen Dividenden in die Berechnung nicht einbezogen würden.

---

8 Zwar verweist die Gesetzesbegründung ausdrücklich auf § 9 AStG (vgl. BT-Drucks. 16/2712, S. 60), jedoch wurde die dort enthaltene feste Betragsgrenze nicht in den Gesetzestext übernommen.

9 Vgl. hierzu *Altrichter-Herzberg*, GmbHR 2007, 579 (581).

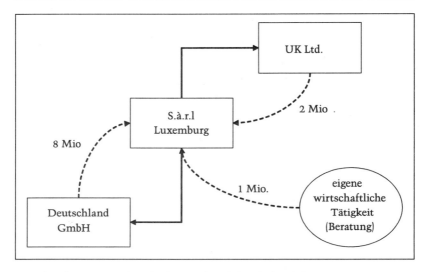

Darüber hinaus wird nicht hinreichend deutlich, ob bzw. wie Erträge aus einer eigenen Wirtschaftstätigkeit außerhalb des Sitzstaates der Zwischengesellschaft zu berücksichtigen sind, die diese über eine ausländische Betriebsstätte erzielt. Nach Ansicht des *BMF* zählt als eigene wirtschaftliche Tätigkeit nur diejenige, die im Sitzstaat der Gesellschaft ausgeübt wird.[10]

Beispiel:

Die Zwischengesellschaft (S.à.r.l. Luxemburg) hat Dividendeneinkünfte in Höhe von 8 Mio. Euro von einer deutschen GmbH. Aus eigener Wirtschaftstätigkeit erlangt die S.à.r.l. Luxemburg 1 Mio. Euro aus einer Luxemburger Betriebsstätte sowie 1 Mio. Euro aus einer englischen Betriebsstätte. Bei Berücksichtigung der Einkünfte aus der englischen Betriebsstätte als passive Einkünfte wäre die 10%-Grenze unterschritten (mehr als 10% erforderlich) und die Begünstigung damit zu versagen, nicht hingegen, wenn diese Einkünfte aus der Berechnung ganz ausgeblendet oder sogar als aktive Einkünfte berücksichtigt würden.

---

10 Ziffer 6.4 des BMF-Schreibens v. 3.4.2007 – IV B 1 – S 2411/07/2002, BStBl. I 2007, 446; kritisch hierzu *Altrichter-Herzberg*, GmbHR 2007, 579 (581 f.).

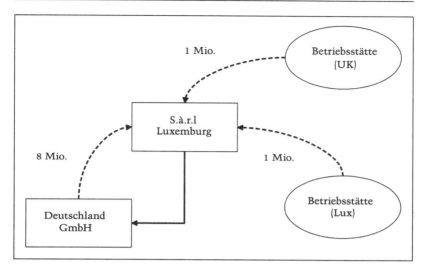

In der Praxis wird vor allem die Problematik der Beteiligungsverwaltung auftreten. Nach dem Gesetzestext (§ 50d Abs. 3 Satz 3 EStG) ist die Verwaltung von Wirtschaftsgütern keine eigene Wirtschaftstätigkeit der Holdinggesellschaft. Eine wesentliche Erleichterung ist von der Finanzverwaltung zugelassen worden für die aktive Verwaltung von Beteiligungen; denn Dividenden aus solchen Beteiligungen gelten als aktive Einkünfte. Dabei ist laut *BMF* Voraussetzung, dass mindestens zwei Beteiligungen von einigem Gewicht (nicht zwingend kapitalmäßige Beteiligung, sondern tatsächliche Einflussnahme[11], i. d. R. indiziert bei einer Nominalbeteiligung größer 25%) nicht nur hinsichtlich einzelner Geschäftsfunktionen aktiv verwaltet werden. Dabei ist wohl eine aktive Verwaltung beider Beteiligungen erforderlich. Auch wenn diese Ausnahme dem Grundsatz nach sehr begrüßenswert ist, ist es doch offensichtlich, dass sie kaum von einer „normalen" Finanzholdinggesellschaft oder einem Spartenkonzern erfüllt werden kann.

In der Praxis tritt dabei im Zusammenhang mit der Freistellungsbescheinigung das Problem auf, dass die Relation von eigenwirtschaftlichen und sonstigen Erträgen erst am Jahresende beurteilt werden kann.[12]

---

11 Ziffer 6.3 des BMF-Schreibens v. 3.4.2007 – IV B 1 – S 2411/07/2002, BStBl. I 2007, 446.
12 Vgl. dazu *Günkel/Lieber*, DB 2006, 2197.

1.2.4 *Eingerichteter Geschäftsbetrieb und Teilnahme am Wirtschaftsverkehr*

Daneben ist ein eingerichteter Geschäftsbetrieb erforderlich, über den die Holdinggesellschaft am allgemeinen Wirtschaftverkehr teilnimmt. Ausgeschlossen sind damit Dienstleistungen nur gegenüber anderen Konzerngesellschaften. Etwas anderes gilt, soweit die Leistungen gegen gesondertes Entgelt erbracht und wie gegenüber fremden Dritten abgerechnet werden, was bei angemessenen Management Service Fees, nicht aber bei reinen Umlageverträgen der Fall ist. Ein eingerichteter Geschäftsbetrieb erfordert u. a. qualifiziertes Personal, Geschäftsräume und technische Kommunikationsmittel. Dies kann sich möglicherweise bei einer geschäftsleitenden Holdinggesellschaft als problematisch erweisen, auch wenn diese die sonstigen Kriterien erfüllt. Hier zeigt sich deutlich die Problematik der Alternativverknüpfung der Missbrauchsmerkmale in der Neufassung von § 50d Abs. 3 EStG. Entgegen der Auffassung des Gesetzgebers ist dieses Merkmal daher nicht nur klarstellender Natur.

1.3 *Rechtsfolgen*

Bei Vorliegen bereits eines Missbrauchskriteriums wird die nach MTR oder DBA vorgesehene Entlastung (Erstattung oder Freistellung) versagt. Das Unterschreiten der 10%-Grenze ist unschädlich, wenn die Grenze in den vorangegangenen drei Jahren überschritten wurde, bei einer Neugründung ist eine Prognose für die folgenden drei Wirtschaftsjahre zu treffen.

Die Entlastung wird versagt, soweit an der Holdinggesellschaft selbst nicht entlastungsberechtigte Gesellschafter beteiligt sind (insb. Gesellschaften ohne MTR/DBA-Begünstigung). Sind an der Holdinggesellschaft sowohl entlastungsberechtigte als auch nicht entlastungsberechtigte Gesellschafter beteiligt, betrifft die Versagung nur letztere. Dies gilt allerdings nur insoweit, als dass die Zwischengesellschaft selbst grundsätzlich entlastungsberechtigt ist und „lediglich" die Missbrauchskriterien nicht erfüllt. Profitiert die Holdinggesellschaft selbst nicht von den Begünstigungen der MTR oder eines DBA, können auch selbst entlastungsberechtigte Gesellschafter die Begünstigung nicht in Anspruch nehmen.

Beispiel:

Die Zwischengesellschaft hat ihren Sitz auf den Cayman Islands und profitiert daher selbst weder von der MTR noch von einem DBA. Gesellschafter der Cayman-Holding ist eine US-amerikanische Gesellschaft. Obwohl diese grundsätzlich selbst nach dem DBA-USA entlastungsberechtigt wäre, wird die Entlastung aufgrund der Zwischenschaltung der Cayman-Holding versagt.

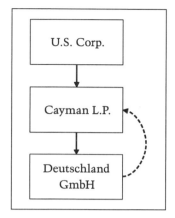

In der Praxis werden oftmals aus den verschiedensten Gründen mehrstöckige Holdingstrukturen gewählt. Wie diese zu behandeln sind, wurde im ursprünglichen BMF-Schreiben[13] nicht geklärt, jedoch nachträglich klargestellt.[14] Danach ist bei mehrstöckigen Holdinggesellschaften laut BMF eine aufsteigende Prüfung vorzunehmen: Ist die Muttergesellschaft substanzschwach, sind die Missbrauchskriterien im Hinblick auf die Großmuttergesellschaft vorzunehmen. Diese aufsteigende Prüfung dürfte beliebig fortsetzbar sein, solange nicht eine nichtabkommensberechtigte Gesellschaft die Kette unterbricht.

Beispiel:

Die Zwischengesellschaft hat ihren Sitz in Luxemburg und erfüllt die Substanzkriterien nicht. An der Luxemburger Gesellschaft ist a) eine ebenfalls substanzschwache niederländische Gesellschaft, b) eine Cayman-Gesellschaft beteiligt. An dieser ist wiederum eine US-amerikanische Gesellschaft beteiligt, die die Substanzkriterien erfüllt. In Variante a) sind alle Gesellschaften entlastungsberechtigt. Die Substanzprüfung erfolgt aufsteigend zunächst auf Ebene der luxemburgischen, dann der niederländischen und dann der US-amerikanischen Gesellschaft. Da diese die Substanzkriterien erfüllt, wird die Entlastung gewährt. In Variante b) endet die Prüfung auf Ebene der Cayman-Gesellschaft. Diese ist nicht entlastungsberechtigt. Deshalb kommt es auf die Substanz der US-amerikanischen Gesellschaft nicht an. Die Entlastung wird nicht gewährt.

---

13 Vgl. BMF-Schreiben v. 3. 4. 2007 – IV B 1 – S 2411/07/2002, BStBl. I 2007, 446.
14 Vgl. BMF-Schreiben v. 10. 7. 2007 –IV B 1 – S 2411/07/0002, IStR 2007, 555.

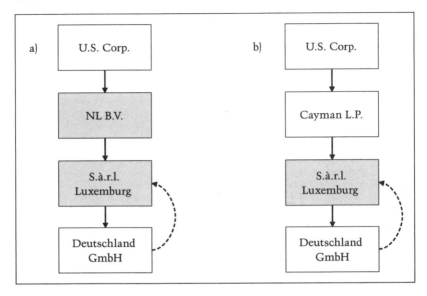

Bei unterschiedlicher Höhe ist der niedrigste Entlastungsanspruch maßgeblich. Ob nicht doch entgegen der Auffassung des BMF die Kette bei Zwischenschaltung einer nichtabkommensberechtigten Gesellschaft – z. B. nach der Rechtsprechung – fortgesetzt werden kann, bleibt abzuwarten.

1.4 Verhältnis zu § 42 AO

Nach Auffassung des BMF hat § 50d Abs. 3 EStG als speziellere Vorschrift zwar Anwendungsvorrang vor § 42 Abs. 1 AO. Wenn jedoch die Tatbestandsvoraussetzungen nicht vorliegen, soll der Rückgriff auf die allgemeine Missbrauchsnorm zulässig sein, da deren Anwendung weder durch § 50d Abs. 3 EStG noch durch eine andere gesetzliche Vorschrift ausgeschlossen werde, § 42 Abs. 2 AO.[15] Den spezielleren Vorschriften (ausdrücklich genannt: § 50d Abs. 3 EStG) kommt keine Abschirmwirkung zu, § 42 Abs. 1 AO bleibt als gleichrangige Vorschrift neben anderen Vorschriften, die die Steuerumgehung regeln, anwendbar. Der *BFH* ging in Hilversum II noch davon aus, dass § 42 AO auch bei Nichtvorliegen der Voraussetzungen der speziellen Missbrauchsregelung verdrängt wird. Dies entspricht auch der richtungweisenden Rechtsprechung des *BFH* für das Verhältnis von § 42

---

15 Vgl. BMF-Schreiben v. 3. 4. 2007 – IV B 1 – S 2411/07/2002, BStBl. I 2007, 446, Tz. 12; vgl. auch Gesetzesbegründung zum Jahressteuergesetz 2008, BT-Drucks. 16/6290, S. 81.

AO und §§ 7 ff. AStG.[16] Es bestehen keine Hindernisse für eine Übertragung dieser Rechtsprechung auf § 50d Abs. 3 EStG n. F., da auch der alte Abs. 3 bzw. Abs. 1a als Spezialvorschriften ausgestaltet waren und sich inhaltlich nur die Voraussetzungen, unter denen die Entlastung gewährt wird, verändert haben. Das Problem wird nochmals verschärft durch die Neufassung von § 42 AO, wobei die Hürde aber kaum höher sein dürfte als bei § 50d Abs. 3 EStG.

1.5 Vereinbarkeit mit Europarecht

Da es sich bei § 50d Abs. 3 EStG um eine Missbrauchsvorschrift im internationalen bzw. europäischen Kontext handelt, muss sich die Norm an europarechtlichen Vorgaben messen lassen. Unabhängig von der Frage, ob ein gemeinschaftsrechtlich-autonomer Missbrauchsbegriff erforderlich ist[17], sind jedenfalls die Kriterien der europäischen Rechtsprechung bei der Auslegung nationalen Rechts zu berücksichtigen. Der EuGH hat sein Missbrauchsverständnis in der Rechtssache Cadbury Schweppes[18] grundlegend dargelegt. Danach liegt Missbrauch nur bei „künstlichen Strukturen" vor, bei denen es der Holdinggesellschaft an jeglicher wirtschaftlichen Identität fehlt. Dabei ist eine einzelfallbezogene Betrachtungsweise unter Einbeziehung des subjektiven Zwecks angezeigt. Das Mindestkriterium ist dabei eine trotz Typisierung bestehende Möglichkeit zum Gegenbeweis. Erfasst werden nach der Vorstellung des EuGH nur sog. Briefkasten- oder Strohfirmen.[19]

Dagegen sind die Regelung des § 50d Abs. 3 EStG und die diesbezüglich vom BMF aufgestellten Kriterien erheblich strenger. Insbesondere erweisen sich die starre 10 %-Grenze, die Alternativverknüpfung, die fehlende Möglichkeit eines Gegenbeweises sowie das Verbot der Merkmalsübertragung als europarechtlich äußerst bedenklich.[20] Eine teleologische Reduktion dürfte wohl wegen der Eindeutigkeit des Wortlauts der Norm ausgeschlossen sein.

---

16 Dublin-Docks, vgl. BFH v. 19. 1. 2000 – I R 94/97, BStBl. II 2001, 222; v. 19. 1. 2000 – I R 117/97, BFH/NV 2000, 824; v. 25. 2. 2004 – I R 42/02, BStBl. II 2005, 14; Delaware, vgl. BFH v. 20. 3. 2002 – I R 63/99, DStR 2002, 1348.

17 Wohl anzunehmen, vgl. hierzu *Bron*, DB 2007, 1273; *Böing*, RIW 2007, 161; *Stoschek/Peter*, IStR 2002, 656 (662 f.); a. A. *Gosch* in *Kirchhof*, § 50d EStG Rz. 42.

18 EuGH, Urt. v. 19. 9. 2006 – Rs. C-196/04 – Cadbury Schweppes, DStR 2006, 1686.

19 EuGH, Urt. v. 19. 9. 2006 – Rs. C-196/04 – Cadbury Schweppes, DStR 2006, 1686 (1691).

20 *Böing*, RIW 2007, 161 (168); *Bron*, DB 2007, 1273 (1275); *Bünning/Müller*, BB 2006, 2159 (2161); *Gosch* in *Kirchhof*, EStG Kompaktkommentar, § 50d EStG Rz. 42.

Abzuwarten bleibt daher eine Entscheidung des EuGH auf die – hoffentlich zeitnah erfolgende – Vorlage durch die Finanzgerichte.

2. Switch-over-Klausel (§ 50 d Abs. 9 EStG)

Darüber hinaus hat der Gesetzgeber eine Switch-over-Klausel (auch Switch-back-Klausel) eingeführt, die es ermöglichen soll, entgegen der DBA-rechtlichen Zuordnung Einkünfte der deutschen Besteuerung zu unterwerfen.[21] Das Besteuerungsrecht wird – obwohl zwischenstaatlich anderweitig vereinbart – aufgrund einer unilateralen Regelung nach Deutschland zurückgeholt, wenn der andere Staat von dem ihm zugewiesenen Besteuerungsrecht in bestimmten Fällen keinen Gebrauch macht. Nach Ansicht des *BMF* sollen so eine dem Sinn und Zweck der Freistellungsmethode zuwiderlaufende Nichtbesteuerung vermieden werden.[22]

2.1 Anwendungsbereich

§ 50d Abs. 9 EStG umfasst sog. „weiße Einkünfte" von in Deutschland unbeschränkt steuerpflichtigen Personen, d.h. Einkünfte, die im Anwendungsbereich eines DBA von beiden Staaten gar nicht oder nur vermindert besteuert werden. Erfasst werden Qualifikationskonflikte (Nr. 1) und der Ausfall mangels persönlicher Steuerpflicht (Nr. 2).

Qualifikationskonflikte[23] (auch Subsumtions- oder Auslegungskonflikte) treten auf, wenn in den beiden beteiligten Staaten nach dem jeweiligen innerstaatlichen Recht unterschiedliche Auffassungen über die Qualifikation der Einkünfte bestehen. Die Einkünfte werden – ihrer deutschen Qualifikation entsprechend – nach DBA dem anderen Staat zugewiesen, wo sie aufgrund ihrer dortigen, abweichenden Qualifikation nicht oder nur vermindert steuerpflichtig sind. Klassisches Beispiel sind Einkünfte im Zusammenhang mit (gewerblich geprägten) Personengesellschaften oder Vergütungen aus stiller Beteiligung/partiarischem Darlehen[24]. Nicht erfasst werden dagegen Einkünfte, bei denen sich die Nichtbesteuerung in Deutschland nicht aus dem DBA, sondern aus dem nationalen Recht des anderen Staates ergibt (insbesondere denkbar bei unterschiedlicher Qualifikation hybrider Finanzierungselemente, z. B. Eigenkapital-Genussrechte[25]).

---

21 Vgl. *Vogel*, IStR 2007, 225 ff.; *Grotherr*, IStR 2007, 265 ff.; *Dallwitz/Mattern/ Schnitger*, DStR 2007, 1697 ff.

22 Gesetzesbegründung des Regierungsentwurfs zum JStG 2007, BT-Drucks. 16/2712, S. 61 linke Spalte; dazu *Vogel*, IStR 2007, 225 (226 f.).

23 Zum Begriff *Gündisch*, Personengesellschaften im DBA-Recht, 2004, S. 48 ff.

24 Vgl. „Luxemburger Bankenfall"; FG Baden-Württemberg, Urt. v. 24.7.2006 – 6 K 164/04, StE 2006, 683; Revision anhängig unter Az. I R 62/06.

25 Vgl. *Lieber*, jurisPR-SteuerR 3/2007, Anm. 5.

Daneben werden Einkünfte erfasst, die in Deutschland nach dem entsprechenden DBA steuerfrei und im Vertragsstaat grundsätzlich steuerpflichtig sind (anderenfalls würden diese Einkünfte bereits von Nr. 1 erfasst). Die mangelnde Steuerpflichtigkeit im Vertragsstaat resultiert daraus, dass z. B. mangels DBA-Ansässigkeit keine unbeschränkte Steuerpflichtigkeit besteht und die Einkünfte bei lediglich beschränkter Steuerpflichtigkeit nicht erfasst werden (z. B. Zinsen aus deutschem Kapitalvermögen). Andere Gründe für die Nichtbesteuerung, wie etwa eine generelle Steuerbefreiung oder die Verlustverrechnung, sind unbeachtlich. Eine Ausnahme besteht aufgrund der Besteuerung auf Ebene der ausschüttenden Gesellschaft für Dividenden, die nach DBA (insb. aufgrund des internationalen Schachtelprivilegs) von der deutschen Besteuerung ausgenommen sind, soweit kein Abzug beim Gewinn der ausschüttenden Gesellschaft erfolgt (Grund: keine doppelte Steuerentlastung).

2.2 Rechtsfolge

Liegt ein Qualifikationskonflikt oder ein Ausfall mangels persönlicher Steuerpflicht vor, findet ein Wechsel („switch-over") von der DBA-rechtlichen Freistellung zur Anrechnung statt. Offensichtliches Vorbild waren abkommensrechtliche „Switch-over-Klauseln". Der wesentliche und problematische Unterschied besteht darin, dass der Rückfall des Besteuerungsrechts nicht wie bei den abkommensrechtlichen „Switch-over-Klauseln" zwischenstaatlich vereinbart, sondern einseitig ausgeübt wird und sich damit über das bestehende Abkommen hinwegsetzt (sog. Treaty-overriding). Dabei deckt sich der Anwendungsbereich von § 50d Abs. 9 EStG nur teilweise mit den Abkommensklauseln, insbesondere Nr. 2 geht meist über das jeweilige DBA hinaus (vgl. aber Art. 23 Abs. 4 Buchstabe b DBA-USA).[26]

2.3 Vereinbarkeit mit Europa- und Völkerrecht

Die Regelung ist im Zusammenhang mit der Rechtsprechung des *BFH* hinsichtlich der Auslegung von DBA zu sehen, nach der nicht nur reale, sondern auch virtuelle Doppelbesteuerung vermieden werden soll.[27] Das Treaty-overriding, d. h. der Verstoß einer späteren nationalen Regelung gegen ein bereits bestehendes DBA, kann dabei sowohl völkerrechtlich als auch europarechtlich relevant werden. Eine andere Auffassung scheint diesbezüglich das *BMF* zu vertreten. So soll im Falle eines Qualifikationskonfliktes kein Treaty-overriding, sondern eine zulässige Auslegung des DBA vorlegen, was aber in höchstem Maße fragwürdig hinsichtlich der demokratisch-parlamentarischen Ermächtigung ist. Hinsichtlich des Ausfalls man-

---

26 Fallgruppen bei *Salzmann*, IWB Nr. 9, Fach 3, S. 1465.
27 Vgl. *BFH*, Urt. v. 17. 12. 2003 – I R 14/02, BStBl. II 2004, 260.

gels persönlicher Steuerpflicht scheint auch das *BMF* vom Vorliegen eines Treaty-overriding (wenn auch – was immer dies bedeuten mag – in seiner „soften" Form) auszugehen, dies aber als „Notwehr" gegen angeblich „wettbewerbswidrige Steuervergünstigungen" zu betrachten.

Völkerrechtlich ist ein möglicher Verstoß nach dem Sinn und Zweck der Freistellung zu beurteilen, d. h. es muss ermittelt werden, ob nur eine tatsächliche oder auch eine virtuelle Doppelbesteuerung vermieden werden soll. Unabhängig von der Frage der Völkerrechtswidrigkeit ist die Frage der innerstaatlichen Wirksamkeit von § 50d Abs. 9 EStG zu beantworten. Da vorliegend eine ausdrückliche Kollisionsregelung besteht („ungeachtet des Abkommens"), ist die Regelung trotz eines denkbaren Verstoßes gegen das Völkerrecht innerstaatlich wirksam.[28]

Europarechtlich sind die Regelungen eines DBA grundsätzlich nicht Prüfungsgegenstand[29], wohl aber die Grundfreiheiten und das allgemeine Diskriminierungsverbot, die vorliegend höchstwahrscheinlich betroffen sind. Dies gilt sowohl im Verhältnis zu ortsansässigen Steuerpflichtigen, die die gleichen, nach dem Recht des jeweiligen Staates steuerfreien Einkünfte beziehen als auch im Verhältnis zu Steuerpflichtigen aus Mitgliedstaaten, in denen eine vergleichbare Regelung nicht existiert. Die möglichen Rechtfertigungsgründe des deutschen Gesetzgebers gehen über dessen Intention nicht hinaus, sie beschränken sich auf Missbrauchsabwehr sowie die Sicherung des nationalen Steueraufkommens. Die Chancen einer Rechtfertigung stehen – nicht überraschend – jedoch denkbar schlecht: Weder ist selbst die bewusste Nutzbarmachung von Regelungen eines DBA per se missbräuchlich, noch darf eine nationale Regelung einseitig zur Sicherung des Steueraufkommens getroffen werden (im Gegenteil ist hierzu das DBA das geeignete und angemessene Instrument auf parlamentarisch-demokratischer Grundlage). Sollte ein entsprechender Fall auftreten – was in Kürze zu erwarten steht – ist eine Vorlage durch das entsprechende Finanzgericht zum EuGH daher äußert wahrscheinlich.

---

28 Vgl. im Einzelnen *Zacher/Stöcker*, SAM 2007, 86.
29 Vgl. EuGH v. 14. 12. 2000 – C-141/99, DStRE 2001, 20.

III. Zusammenfassung und Ausblick

Die Regelungen des § 50d Abs. 3 und 9 EStG verdeutlichen eine deutsche Tendenz zur einseitigen „Korrektur" der Steuerfolgen grenzüberschreitender Sachverhalte. Der Gesetzgeber übernimmt wenig reflektiert das Misstrauen der Finanzverwaltung. Dabei handelt es sich insbesondere bei § 50d Abs. 3 EStG um keine echte Missbrauchsregelung, sondern in vielen Fällen um einen Eingriff in legitime grenzüberschreitende Konzernstrukturen („normale" Finanzholding, Spartenkonzern). Die Neufassung des § 50d Abs. 3 EStG erweist sich dabei als Reaktion auf die „unbequeme" Hilversum-Rechtsprechung. Damit verbunden sind erhebliche Einschränkungen der bestehenden Möglichkeiten der Entlastung von der Kapitalertragsteuer und ein Eingriff des Gesetzgebers in die parlamentarisch legitimierten Verhandlungen.

Große praktische Bedeutung für die Gestaltung weisen insbesondere die mehrstöckigen Holdingstrukturen und das aktive Beteiligungsmanagement auf. Diesbezüglich bleiben weitere Entscheidungen der Finanzgerichte abzuwarten. Gleiches gilt für Entscheidungen im Hinblick auf eine mögliche Europarechtswidrigkeit.

Nicht unterschätzt werden darf der mit der Regelung des § 50d Abs. 3 EStG verbundene Lenkungseffekt: Entgegen der Ziele der Unternehmensteuerreform wird die Tendenz zur Fremdfinanzierung verstärkt, insbesondere besteht ein Konflikt zur sog. Zinsschrankenregelung in § 8a KStG. Insgesamt wird die Beraterpraxis vor komplexe Aufgaben gestellt werden, die nicht nur mit der Internationalisierung zusammenhängen, sondern auch durch eine uneinheitliche Gesetzgebungspraxis verschärft werden.

5. Leitthema:
Bilanzrecht und Bilanzsteuerrecht

HGB-Modernisierung

Dr. Christoph Ernst
Ministerialrat, Bundesministerium der Justiz, Berlin*

Inhaltsübersicht

I. Bilanzrechtliche Ausgangslage: Deutschland im europäischen und internationalen Umfeld

1. Entstehungsgeschichte

Die Absicht, die Bilanzrechtsvorschriften des Handelsgesetzbuchs zu modernisieren, besteht schon seit einiger Zeit. Die Bundesregierung hat bereits im Rahmen des im Jahre 2003 vorgestellten Maßnahmenkataloges zur Stärkung der Unternehmensintegrität und des Anlegerschutzes ihre Konzeption zur Fortentwicklung des Bilanzrechts vorgestellt.[1] Dabei ging es zum einen darum, den Unternehmen, insbesondere den Kapitalmarktunternehmen, die Anwendung der International Accounting Standards bzw. der International Financial Reporting Standards (IAS/IFRS) in dem gebotenen Umfang zu ermöglichen. Dieses Projekt ist mit dem Bilanzrechtsreformgesetz aus dem Jahre 2004 umgesetzt worden; in diesem Zusammenhang sind insbesondere die Regelungen des § 315a HGB und des § 325 Abs. 2a HGB in das handelsrechtliche Bilanzrecht eingefügt worden. Schon damals war aber klar, dass Möglichkeiten zur Anwendung der IAS/IFRS nicht das letzte Wort in der Fortentwicklung des Bilanzrechts sein konnten. Vielmehr galt es, auch für diejenigen Unternehmen, für die die Anwendung

---

* Der Verfasser leitet im Bundesministerium der Justiz das Referat für Bilanzrecht und das Recht der Abschlussprüfung. Die nahestehenden Auffassungen geben seine persönliche Meinung wieder.

1 Vgl. Vahlens Großes Auditing Lexikon, C. H. Beck-Verlag, Stichwort „Zehn-Punkte-Programm der Bundesregierung".

der IAS/IFRS nicht den geeigneten Rechnungslegungsrahmen darstellt, eine moderne, zeitgemäße und internationale Anforderungen genügende Bilanzierungsgrundlage zur Verfügung zu stellen. Demzufolge war in diesem Maßnahmenkatalog bereits vorgesehen: „Die Bilanzvorschriften des HGB sind zur Anpassung an europäische und internationalen Rechnungslegungsregeln für den Konzernabschluss wie für den Einzelabschluss fortzuentwickeln ..." Zu Beginn der neuen Legislaturperiode ist diese Absicht im Koalitionsvertrag zwischen CDU/CSU und SPD nochmals ausdrücklich bestätigt worden: „Die Modernisierung des Bilanzrechts (ist eine) vordringliche Maßnahme zur Stärkung des Finanzplatzes Deutschland ..."[2]. So gesehen haben wir einen langen Anlauf genommen, um den Entwurf des Bilanzrechtsmodernisierungsgesetzes zu entwickeln, der der Öffentlichkeit in den nächsten Tagen vorgestellt werden kann. Gleichwohl ist der Zeitpunkt jetzt genau richtig: Wir können einerseits berücksichtigen, dass sich im europäischen Umfeld mit der Fortentwicklung der EU-Bilanzrichtlinien, insbesondere durch die EU-Richtlinie 2006/46/EG vom 14. 6. 2006[3], die Anforderungen nochmals erhöht haben und auch Nicht-Kapitalmarktunternehmen mehr Informationen als bisher im Bilanzanhang geben müssen und darüber hinaus im internationalen Umfeld, soweit es um Kapitalmarktunternehmen geht, die IAS/IFRS sich weltweit immer mehr durchsetzen. Andererseits hat der vor kurzem vom IASB veröffentlichte Entwurf eines Standards „IFRS für kleine und mittelständische Unternehmen (KMU)" und die diesem Vorschlag entgegengebrachte öffentliche Skepsis gezeigt, dass die Anforderungen an Bilanzierung und Informationsgewährung bei Nicht-Kapitalmarktunternehmen, insbesondere mittelständischen Unternehmen, deutlich niedriger angesetzt werden sollten als bei Kapitalmarktunternehmen. Insofern gilt es, bei der bevorstehenden HGB-Bilanzrechtsmodernisierung einen Weg zu finden, mit dem einerseits dafür gesorgt wird, dass auch Nicht-Kapitalmarktunternehmen mit ihrem Jahresabschluss ein international akzeptables Maß an Information gewähren und andererseits übermäßige Belastungen, wie sie bei der Anwendung der IFRS für mittelständische Unternehmen entstehen können, vermieden werden.

2. Der Entwurf des IASB für einen Standard „IFRS für KMU"

Der Entwurf des Standards „IFRS für KMU" war dabei ein hervorragender Anlass, die Diskussion über notwendige oder überflüssige Bilanzierungsanforderungen für mittelständische Unternehmen zu vertiefen. In Deutschland sind die Meinungen der Betroffenen hierzu ziemlich eindeutig. Stell-

---

2 Koalitionsvertrag v. 11. 11. 2005, Rd. 3657.
3 ABl. EU L 224/1 v. 16. 8. 2006.

vertretend für diese Auffassung kann die Überschrift aus einem Zeitungsartikel vom 6. 10. 2007 zitiert werden: „Mittelstand fliegt nicht auf IFRS"[4]. Ganz allgemein besteht in Deutschland die Auffassung, dass der Standardentwurf des IASB die Bedürfnisse der KMU nicht zutreffend berücksichtigt. Der Standardentwurf verlange immer noch viel zu viel an Informationen von den Unternehmen, die Anwendung sei kompliziert, aufwändig und teuer. Auch Abgeordnete des Europäischen Parlamentes haben sich schon kritisch geäußert[5]; ebenso waren die bisherigen Meinungsäußerungen der EU-Kommission äußerst zurückhaltend. Man kann angesichts dieser Meinungsäußerungen wohl davon ausgehen, dass die Übernahme eines künftigen fertigen Standards „IFRS für KMU" in das europäische Recht keinesfalls als gesichert angesehen werden kann. Jedenfalls scheint eine Regelung, die eine Pflicht zur Anwendung dieser Standards durch europäische mittelständische Unternehmen begründen würde, derzeit nicht in Sicht. Gleichwohl sollte dies nicht zu der Haltung verleiten, dass ein künftiger Standard „IFRS für KMU" schon nicht zustande kommen werde und eine Anwendung in der EU von vornherein ausgeschlossen sei. Wie schon gesagt, ist die ablehnende Haltung in Deutschland zwar fest und nahezu einhellig; die Ablehnung dürfte auch in anderen mitteleuropäischen Staaten überwiegen. Indessen sehen EU-Mitgliedstaaten mit anglo-amerikanischem Bilanzierungshintergrund wie z. B. Großbritannien, Irland, skandinavische Staaten und osteuropäische Länder die Bestrebungen des IASB bei weitem nicht so negativ. Zwar sieht man auch dort, dass die Konstruktion des Entwurfs „IFRS für KMU" nicht sonderlich geglückt ist. Vor dem Hintergrund, dass die Unternehmen in diesen Ländern aber ohnehin nach anglo-amerikanischen Bilanzierungsstandards oder gar den „richtigen" IFRS bilanzieren, fällt die Kritik aber deutlich moderater aus; zum Teil wurde schon offen die Auffassung vertreten, dass man sich mit diesem Standard „IFRS für KMU" schon arrangieren könne. Im Ergebnis ist demzufolge nicht auszuschließen, dass ein künftiger Standard „IFRS für KMU" jedenfalls in einigen anderen EU-Mitgliedstaaten von den Unternehmen auf freiwilliger Basis angewendet werden kann. Das geltende EU-Recht wird auch eine Entscheidung anderer Mitgliedstaaten, „IFRS für KMU" für ihre eigenen Unternehmen zuzulassen, voraussichtlich nicht verhindern können. Jeder Mitgliedstaat kann diejenigen nationalen Bilanzierungsvorschriften erlassen, die im Einklang mit den EU-Bilanzrichtlinien stehen. Berücksichtigt man, dass diese Richtlinien seit den letzten EU-Bilanzrechtsmodernisierungen einen äußerst weiten Rahmen darstellen, der praktisch jede Bilanzierungsform – angefangen von „fortschrittlicher" Bi-

---

4 Börsen-Zeitung v. 6. 10. 2007, S. 1.
5 „EU-Parlament hält Druck auf IASB aufrecht", Börsen-Zeitung v. 9. 10. 2007, S. 7.

lanzierung nach IFRS bis zu „konservativer" Bilanzierung nach bisherigem HGB – zulässt, wird die Entscheidungsfreiheit der einzelnen EU-Mitgliedstaaten hierdurch kaum eingeschränkt.

3. Schlussfolgerungen

Die vorherigen Ausführungen zeigen:
Sowohl die letzten EU-Bilanzrechtsmodernisierungen als auch die Haltung einiger anderer EU-Mitgliedstaaten gegenüber den IFRS belegen, dass international an die Handelsbilanz gerade auch von Nicht-Kapitalmarktunternehmen gesteigerte Informationsanforderungen gestellt werden. Zudem ist zu berücksichtigen, dass auch die Anforderungen an die Kapitalaufnahme durch Unternehmen, sei es Eigenkapital, sei es Fremdkapital, steigen. Potenzielle Geldgeber fragen heutzutage in größerem Umfang nach dem finanziellen und wirtschaftlichen Hintergrund des potenziellen Kapitalnehmers. Dies gilt nicht nur am Kapitalmarkt, sondern z. B. auch bei der Kreditaufnahme durch mittelständische Unternehmen, „Basel II" sei hier als Stichwort genannt. Ein künftiges, modernes HGB-Bilanzrecht sollte auf diese Anforderungen eine Antwort geben können. Anderenfalls bestünde die Gefahr, dass sich die Auffassung durchsetzt, dass allein die IFRS und IFRS für KMU das notwendige Maß an Information vermitteln können, so dass sich auch ohne ausdrückliche gesetzliche Regelungen faktisch ein starker Trend zur Anwendung der IFRS ergeben würde, der zudem von der Nachfragemacht großer professioneller Investoren gesteuert werden könnte.

Wenn auch unter diesem Gesichtspunkt viel dafür spricht, den Informationsgehalt einer HGB-Bilanz im Vergleich zum jetzigen Zustand anzuheben, gilt es andererseits aber auch, ein Übermaß an Anforderungen und ein „Zuviel" an Information, wie es die „IFRS für KMU" nach Meinung vieler Kritiker verlangen, zu vermeiden und für die Unternehmen einen einfacheren und kostengünstigeren Weg aufzuzeigen. In diesem Zusammenhang gilt es, die Absicht der Regierung umzusetzen, bei der Gesetzgebung im nationalen Bereich, wo immer es geht, zu entbürokratisieren und zu deregulieren.

II. Anforderungen an die Modernisierung der nationalen Bilanzierungsvorschriften des HGB

Nach alledem ergeben sich folgende Anforderungen an die bevorstehende HGB-Modernisierung.

a) Mehr Informationsgehalt: Nicht mehr, aber bessere Information

b) Verbesserte Möglichkeiten zur Kapitalaufnahme

c) Kosten-/ Nutzenrelation beachten

d) Deregulierung, wo möglich

e) Beibehaltung des Maßgeblichkeitsgrundsatzes, der sich – trotz bisweilen auftretender Kritik und Hinweise auf bestehende Durchbrechungen – immer noch als ein einfacher und kostengünstiger Weg für die Unternehmen erweist, im Wege einer „Einheitsbilanz" sowohl handelsrechtlicher als auch steuerrechtlicher Zwecke zu erfüllen.

III. Vorgesehene Schwerpunkte

1. Deregulierung

Mit dem Bilanzrechtsmodernisierungsgesetz sollen mittelständische Unternehmen (Einzelkaufleute und Personenhandelsgesellschaften wie OHG und KG), die nur einen kleinen Geschäftsbetrieb unterhalten, von der handelsrechtlichen Buchführungs- und Bilanzierungspflicht befreit werden. Dies soll für Gewerbebetreibende gelten, die weniger als 50 000 Euro Gewinn und weniger als 500 000 Euro Umsatzerlöse im Jahr erzielen; damit würden die handelsrechtlichen Regelungen an die steuerlichen Werte des § 141 AO angepasst. Gerade die Befreiung von der Bilanzierungspflicht dürfte sich hierbei in größerem Umfang entlastend auswirken. Im Hinblick auf die Buchführung ist demgegenüber nicht zu erwarten, dass die Unternehmen nunmehr komplett auf die Führung der Bücher verzichten. Entsprechende Aufzeichnungen liegen schon im unternehmenseigenen Interesse. Wohl aber können nunmehr kleine Unternehmen auf die doppelte Buchführung verzichten und auf einfachere Buchführungsformen übergehen.

Auch für Kapitalgesellschaften (GmbH, Kommanditgesellschaften auf Aktien, AG, GmbH & Co KG) wird das Bilanzrechtsmodernisierungsgesetz entlastende Effekte mit sich bringen. Die Schwellenwerte des § 267 HGB werden, soweit es um Bilanzsumme und Umsatzerlöse geht, um ca. 20 % erhöht. Mit der daran anknüpfenden Differenzierung, die Unternehmen in kleine, mittlere und große Gesellschaften unterteilt, sind für kleine und mittlere Unternehmen jedenfalls beachtliche Befreiungen und Erleichterungen bei der Bilanzierung verbunden.

Als klein werden künftige solche Kapitalgesellschaften zu klassifizieren sein, die nicht mehr als

– rund 4,8 Mio. Euro Bilanzsumme (bisher rund 4 Mio. Euro),

– rund 9,8 Mio. Euro Umsatzerlöse (bisher rund 8 Mio. Euro),

– 50 Arbeitnehmer im Jahresdurchschnitt

aufweisen. Von den Schwellenwerten muss eine Kapitalgesellschaft mindestens zwei unterschreiten, um als klein klassifiziert zu werden.

Als mittelgroß sind künftig solche Kapitalgesellschaften zu klassifizieren, die nicht mehr als

– rund 19,2 Mio. Euro Bilanzsumme (bisher rund 16 Mio. Euro),

– rund 38, 5 Mio. Euro Umsatzerlöse (bisher rund 32 Mio. Euro),

– 250 Arbeitnehmer im Jahresdurchschnitt aufweisen.

2. Verbesserung der Aussagekraft der HGB-Abschlüsse

Die weitaus größere Zahl der Vorschriften des Bilanzrechtsmodernisierungsgesetzes wird aber darauf ausgerichtet sein, die Aussagekraft der HGB-Abschlüsse zu erhöhen. Dabei soll das bewährte HGB-Bilanzrecht zu einem Regelwerk ausgebaut werden, das den internationalen Rechnungslegungsstandards gleichwertig, aber wesentlich kostengünstiger und in der Praxis einfacher zu handhaben ist. Bei der Annäherung an internationale Standards ist aber darauf geachtet worden, dass diese Änderungen im Grundsatz steuerneutral sein sollen. Dies führt zum Teil dazu, dass Änderungen im Handelsbilanzrecht gerade dort vorgesehen sind, wo bereits für den steuerlichen Bereich der Steuergesetzgeber eigenständige steuerliche Regelungen geschaffen hat (z. B. beim Verbot der Aktivierung selbstgeschaffener immaterieller Vermögensgegenstände und bei der Rückstellungsbewertung), zum Teil führt die Annäherung an internationale Grundsätze gerade dazu, dass das Handelsbilanzrecht „näher an das Steuerrecht rückt" und z. B. bisher nur noch handelsbilanzrechtlich, nicht aber steuerlich anerkannte Bewertungswahlrechte gestrichen werden.

Im Einzelnen können derzeit folgende Regelungen in ihren Schwerpunkten beschrieben werden:

– Das Verbot der Aktivierung selbstgeschaffener immaterieller Vermögensgegenstände des Anlagevermögens (§ 248 Abs. 2 HGB) wird aufgehoben. Daraus folgt nicht ein Wahlrecht, sondern eine Pflicht zur Aktivierung der entsprechenden Vermögensgegenstände wie z. B. Patente. Das ist vor allem für innovative Unternehmen wichtig, die intensiv forschen und entwickeln. Gerade aus Kreisen jüngerer mittelständischen Unternehmen (Start-Up-Unternehmen) ist eine entsprechende Forderung schon seit längerem erhoben worden. Darüber hinaus kommt diese Vorschrift auch ganz allgemein Unternehmen zugute, die nicht so sehr im Bereich der klassischen Industrie tätig sind, sondern mit der Entwicklung immaterieller Produkte wie z. B. Software befasst sind. Diese Unternehmen werden künftig die Möglichkeit haben, das in ihnen steckende Potenzial und entsprechende Vermögensgegenstände in der Bilanz auszuweisen. Steuerlich bleiben die Aufwendungen aber nach wie vor abzugsfähig; sie stehen auch nicht für die Gewinnausschüttung zur Verfügung. Mit dieser Regelung soll die Wettbewerbsfähigkeit Deutschlands als Standort für innovative Unternehmen gefördert werden. Ein entsprechender Vorschlag ist in Anbetracht der bisherigen Bilanzierungsgrundsätze wahrhaft neu. Indessen lässt es sowohl die internationale Entwicklung, die in anderen Rechtsordnungen seit längerem die Aktivierung von „intangibles" vorsieht, wie auch die erwähnte Entwicklung von Teilen der Industrie hin zu geistigen Produkten geraten erscheinen, diesen Weg zu gehen. Es lässt sich natürlich nicht bestreiten, dass es im Einzelfall nicht immer einfach sein wird, festzustellen, wann genau der Übergang von einer bilanziell noch nicht relevanten Forschungsphase zu einer zum Bilanzansatz führenden Entwicklungsphase festzustellen sein wird. Auch die in IAS 38 Nr. 12 ff. genannten Kriterien scheinen diese Frage nicht endgültig zu lösen. Mit dem BilMoG werden demgegenüber die betreffenden Abgrenzungskriterien auf der Grundlage des geltenden Kriteriums des „Vermögensgegenstandes" entwickelt, was eine hinreichend verlässliche Einschätzung erlauben dürfte. Ich kann an dieser Stelle nur auf die entsprechende umfangreiche Begründung des Gesetzentwurfs verweisen.

– Rückstellungen von Unternehmen für künftige ungewisse Verbindlichkeiten werden in Zukunft „zukunftsorientiert" und damit realistischer zu bewerten sein. Nach internationalem Vorbild sollen deshalb künftige Entwicklungen (Lohn-, Preis- und Personalentwicklung) stärker als bisher berücksichtigt werden. Zudem sind die Rückstellungen künftig abzuzinsen. Die Bewertung der Rückstellungen wird also dynamisiert. Die Art, wie Rückstellungen gegenwärtig bilanzrechtlich behandelt werden, wird in der öffentlichen Diskussion immer wieder als Schwachstelle der handelsrechtlichen Rechnungslegung bezeichnet. Gerade bei Pensionsrückstellungen lassen sich heute in der handelsrechtlichen Rechnungslegung die wahren Belastungen der Unternehmen nicht ablesen, weil die bisherigen Wertansätze nach übereinstimmender Einschätzung zu niedrig sind. Die Neuregelung wird dementsprechend zumindest bei den Pensionsrückstellungen zu einer Erhöhung führen; ein unerlässlicher Schritt, wenn man zu einer realitätsgerechteren Rückstellungsbewertung gelangen will. Um diese Effekte abzumildern, sieht der Gesetzentwurf aber die Möglichkeit vor, die Rückstellung über einem Zeitraum von mehreren Jahren anzusammeln. Die steuerlichen Vorschriften in diesem Punkt bleiben unverändert.

– Bewertung der zu Handelszwecken erworbenen Finanzinstrumente zum Zeitwert

Finanzinstrumente, die zu Handelszwecken erworben sind, werden künftig bei allen Unternehmen mit dem Zeitwert zu bewerten sein. Zudem werden Bewertungseinheiten, auch soweit sie außerhalb des Handelsbestandes bestehen, gesetzlich im bestimmten Umfang anerkannt. Damit vollzieht das Gesetz eine Entwicklung nach, die sich in der Praxis schon seit längerem herausgebildet hat. Gerade Kreditinstitute weisen schon seit langem darauf hin, dass ihnen die bisherigen handelsrechtlichen Bilanzierungsgrundsätze bei der sachgerechten Erfassung der von ihnen in großem Umfang getätigten Handelsgeschäfte mit Finanzinstrumenten keine Hilfe mehr sind. Gerade bei derivativen Finanzinstrumenten, denen häufig der Charakter eines schwebenden Geschäfts zukommt, führt die nach bisherigem Handelsbilanzrecht vorgesehene Nicht-Erfassung zu einer unzutreffenden Darstellung der Vermögens-, Finanz- und Ertragslage. Die Praxis hat sich hier seit längerem schon mit einer extensiven Auslegung des Handelsbilanzrechts geholfen und die Auffassung vertreten, dass Bewertungseinheiten und eine Fair Value-Bewertung im Rahmen dieser Bewertungseinheiten den Grundsätzen ordnungsmäßiger Buchführung entspreche. Auch im Steuerrecht ist in § 5 Abs. 1a EStG vor einiger Zeit der Grundsatz verankert worden, dass Bewertungseinheiten steuerlich anerkannt sind, soweit sie handelsrechtlichen Grundsätzen ordnungsmäßiger Buchführung entsprechen. Es scheint höchste Zeit, dass hier mit einer entsprechenden handelsrechtlichen Regelung Klarheit geschaffen und dem betreffenden Unternehmen eine adäquate Bilanzierung auf der Grundlage ausdrücklicher gesetzlicher Vorschriften ermöglicht wird.

– Abschaffung nicht mehr zeitgemäßer Wahlrechte

Nicht mehr zeitgemäße Bilanzierungsmöglichkeiten, die einem informativen und insbesondere einem vergleichbaren Jahresabschluss entgegenstehen, werden eingeschränkt oder aufgehoben. Dies gilt z. B. für steuerlich nicht mehr anerkannte Aufwandsrückstellungen, aber auch für handelsrechtliche Bewertungswahlrechte bei der Berechnung der Gemeinkosten und bei der Aktivierung eines derivativen Firmenwertes. In letzterem Fall kommt es zu einer Aktivierungspflicht. Mit allen hier genannten Regelungen werden die handelsrechtlichen Vorschriften sowohl an die Grundsätze der IFR wie auch an die in Deutschland steuerrechtlich geltenden Regelungen angenähert bzw. angeglichen.

– Transparenz bezüglich der Zweckgesellschaften

Der Entwurf sieht im Rahmen einer Änderung des § 290 HGB auch eine Anpassung der Konsolidierungsvorschriften an internationale Grundsätze vor. Künftig sind die Unternehmen schon dann in den Konzernabschluss einzubeziehen, wenn sie unter der einheitlichen Leitung eines Mutterunternehmens stehen. Auf das bisher vorgesehene Merkmal einer gesellschaftsrechtlichen Beteiligung kommt es demgegenüber nicht mehr an. Diese Anpassung an internationale Grundsätze hat in letzter Zeit besondere Bedeutung im Hinblick auf die Einbeziehung von Zweckgesellschaften in den Konzernabschluss eines Mutterunternehmens erlangt. Diskussionen über Bankenkrisen in der letzten Zeit zeigen, dass hier ein echtes Bedürfnis für die Einbeziehung dieser Gesellschaften besteht. Zudem müssen die Unternehmen künftig im Anhang über Art, Zweck und finanzielle Auswirkungen von nicht in der Bilanz erscheinenden Geschäften berichten, soweit dies für die Beurteilung der Finanzlage notwendig ist. Damit wird eine Bestimmung der EU-Richtlinie 2006/46/EG umgesetzt. Außerdem werden die Unternehmen künftig darzulegen haben, welche Überlegungen ihrer Risikoeinschätzung im Hinblick auf Individualverbindlichkeiten zugrunde liegen.

– Aufgrund EU-rechtlicher Vorgaben aus der bereits erwähnten Richtlinie 2006/46/EG werden große Kapitalgesellschaften nicht nur Angaben zu außerbilanziellen Geschäften im Bilanzanhang zu machen haben, sondern darüber hinaus auch über Beziehungen zu verbundenen Unternehmen zu berichten haben. Dies gilt jedenfalls für solche Transaktionen, die nicht „at arms length" abgeschlossen werden. Zudem werden börsennotierte Gesellschaften im Rahmen ihrer Corporate Governance Erklärung jetzt genauer als bisher zu erläutern haben, wenn sie Regelungen eines angewandten Corporate Governance Kodex nicht anwenden. Nach bisherigem Recht (§ 161 AktG) war nur anzugeben, ob das Unternehmen ein entsprechendes Kodex befolgt oder welche Regelungen es nicht befolgt. Künftig sind die Gründe für die Nicht-Befolgung anzugeben. Der bisher schon propagierte Grundsatz „comply or explain" wird demgemäß vollständig umgesetzt.

– Des Weiteren werde mit dem Bilanzrechtsmodernisierungsgesetz auch Vorschriften aus der neuen Abschlussprüferrichtlinie 2006/43/EG umgesetzt werden. Hiernach ist z. B. vorgesehen, die Unabhängigkeitsanforderungen an den Abschlussprüfer in bestimmtem Umfang auch auf sein „Netzwerk" zu erstrecken. Daneben wird auch deutlicher als bisher beschrieben werden, welche Aufgaben dem Aufsichtsrat im Hinblick auf Überwachung der Rechnungslegungssysteme, internen Kontrollsysteme und die Unabhängigkeit des Abschlussprüfers zu kommen.

3. Zusammenfassung/Ausblick

Abschließend lässt sich nochmals festhalten, dass mit dem Bilanzrechtsmodernisierungsgesetz scheinbar unterschiedliche Ziele verfolgt werden: Es geht zum einen um die Deregulierung, zum anderen aber um die Anreicherung und Verbesserung der mit dem handelsrechtlichen Jahresabschluss verbundenen Information.

Beides lässt sich aber sehr wohl vereinbaren: Die Entlastung betrifft vorrangig kleine Unternehmen. Von den größeren Unternehmen wird künftig etwas mehr verlangt, z. B. bei der Bewertung der Rückstellungen und beim Aufstellen des Konzernabschlusses. Dies scheint aber sinnvoll – und es ist der Preis, der entrichtet werden muss, wenn man eine noch aufwändigere Bilanzierung nach IFRS und IFRS für KMU künftig vermeiden will. Deshalb ist jetzt von allen Beteiligten – auch den betroffenen Unternehmen – mutiges und vorausschauendes Handeln gefragt. Nur dann werden wir es schaffen, dass den mittelständischen Unternehmen in Deutschland auch künftig eine geeignete und ihren Anforderungen entsprechende Bilanzierungsgrundlage zur Verfügung stehen wird.

Bilanzkorrekturen (Bilanzberichtigung, Bilanzänderung): Aktuelle Entwicklungen, neue Streitpunkte

Professor Dr. Ulrich Prinz
Wirtschaftsprüfer und Steuerberater, Bonn

Inhaltsübersicht

I. Ausgangspunkt: Bilanzkorrekturen im Spannungsfeld von Handels- und Steuerrecht

Bilanzkorrekturen bei Fehlern in der Rechnungslegung oder bei anderweitigen vom Unternehmen gewünschten Bilanzänderungen sind ein „Alltagsthema" und spielen in der Praxis eine erhebliche Rolle.[1] Zu beachten

---

1 Vgl. aus der umfangreichen Literatur: *Breker/Kuhn*, Änderung von Jahres- und Konzernabschlüssen,WPg 2007, 770; *Fink*, Zulässigkeit und Umfang einer Bilanzänderung, NWB 18/2007, 1549; *Fink*, Bilanzänderung bei fehlerhafter

sind zum einen handels- und gesellschaftsrechtliche Rahmenbedingungen (etwa bei bereits durchgeführten Gewinnverwendungsbeschlüssen), zum anderen bilanzsteuerliche und verfahrensrechtliche Aspekte (bspw. bei bereits bestehender Bestandskraft von Steuerbescheiden). Jede betriebsprüfungsbedingte Bilanzkorrektur wird zur Herstellung der Bilanzidentität (= formelle Bilanzkontinuität; § 252 Abs. 1 Nr. 1 HGB) entsprechend dem Maßgeblichkeitsgrundsatz üblicherweise in laufender Rechnung erfolgswirksame Anpassungen der Handelsbilanz nach sich ziehen. Hinzu kommen bei „echten" Bilanzierungsfehlern letztlich auch Haftungsfragen bei den Verantwortlichen (etwa Geschäftsführung, Vorstand, Aufsichtsrat oder Abschlussprüfer). Bei vom Steuerpflichtigen gewünschten Bilanzkorrekturen wird stets auf seinen subjektiven Kenntnisstand zum Zeitpunkt der Bilanzerstellung abgestellt.

Zwei neue Entwicklungslinien machen das Thema Bilanzkorrekturen hochaktuell:

– Zum einen war die bilanzsteuerrechtliche Grundnorm des § 4 Abs. 2 EStG (Bilanzänderung, Bilanzberichtigung) in den letzten Jahren mehrfach Gegenstand von Gesetzesänderungen, die momentan durch die neuere BFH-Rechtsprechung aufgearbeitet werden.

– Zum anderen hat der HFA des Instituts der Wirtschaftsprüfer im April 2007 seine Stellungnahme zur Änderung von Jahres- und Konzernab-

---

Verbuchung von Entnahme und Einlagen, NWB 5/2008, 351; *Grützner,* Bilanzänderung gem. § 4 Abs. 2 Satz 2 EStG nach der Korrektur von Entnahmen und Einlagen, StuB 2007, 778; *Herzig/Nitzschke,* Bilanzberichtigung in den Fällen erstmaliger höchstrichterlicher Rechtsprechung, DB 2007, 304; *Hoffmann,* Bilanzberichtigung, PiR 2006, 14; *Kohlhaas,* Bilanzberichtigung bei Veränderung von Unterposten des Eigenkapitals, DStR 2007, 2249; *Ortmann-Babel/Bolik,* Rückwirkende Bilanzberichtigung zuunsten der Steuerpflichtigen?, DStR 2007, 1139; *Prinz,* Die handels- und steuerrechtliche Änderung von Bilanzen, Festschrift Welf Müller, München 2001, S. 687; *Prinz/Schulz,* Verweigerte Bilanzberichtigung als Instrument zur Versagung „unliebsamer" Rechtsprechung?, DStR 2007, 776; *Prinz/Schulz,* Kommentar zu FG Köln v. 21.3.2007, FR 2007, 749; *Rupp,* Bilanzberichtigung und Bilanzänderung, EStB 2006, 32; *Schießl,* Praxisrelevante Entwicklungen zur Bilanzberichtigung, StuB 2007 S. 549; *Schön,* Subjektive Tatbestandsmerkmale in der Einkommensermittlung, Beihefter DStR 39/2007, 20–23; *Schoor,* Neues und Problematisches zur Bilanzberichtigung, DStZ 2007, 274; *Schulze-Osterloh,* Bilanzberichtigung bei Verkennung der Grundsätze ordnungsmäßiger Buchführung, BB 2007, 2335; *Strahl,* Neues zur Bilanzierung und Bilanzberichtigung, KÖSDI 2007, 15700; *Tetzlaff/Schallock,* Probleme bei der Bilanzberichtigung, StBp. 2007, 148; *Vliegen,* Bilanzzusammenhang, Bilanzberichtigung und Bilanzänderung, StBg. 2007, 111; *Weber-Grellet,* Bilanzänderung nach Bilanzberichtigung, StuB 2007, 312; *Werra/Rieß,* Zur Bindungswirkung von Bilanzen, DB 2007 2502. Zur Sicht der Finanzverwaltung s. R 4.4 und H 4.4 EStR 2005.

schlüssen nicht zuletzt auch wegen neuer Rechtsentwicklungen (bspw. das Enforcementverfahren) neu gefasst (IDW RS HFA 6; ergänzend auch IDW PH 9.400.11 v. 6. 9. 2006: Auswirkungen von Fehlerfeststellungen durch DPR/BaFin).

Eine aktuelle Bestandsaufnahme „lohnt" daher. Schwerpunkt liegt dabei auf den bilanzsteuerrechtlichen Fragen, Verbindungen zum Handelsrecht werden nur skizziert. Die Behandlung von Fehlerkorrekturen in der internationalen Rechnungslegung (vor allem im Hinblick auf IAS 8.41 ff.) bleibt außer Betracht.

1. Traditionelle bilanzsteuerliche Unterscheidung von Bilanzberichtigung und Bilanzänderung

Im Bilanzsteuerrecht wird traditionell unterschieden zwischen Bilanzberichtigung und Bilanzänderung. Dieser *„Dualismus" der Bilanzkorrekturen bedeutet:*

– *Bilanzberichtigungen* (§ 4 Abs. 2 Satz 1 EStG) sind durch den Steuerpflichtigen vorgenommene Korrekturen eines fehlerhaften Bilanzansatzes (dem Grunde oder der Höhe nach) durch einen richtigen Ansatz. Bilanzberichtigung setzt eine fehlerhafte Bilanzierung voraus. Die erfolgswirksame Richtigstellung wird – soweit verfahrensrechtlich zulässig – an der „Fehlerquelle" durchgeführt (sog. Rückwärtsberichtigung mit Korrektur in den Folgejahren); ansonsten erfolgt die Korrektur nach dem (streitigen) Prinzip des formellen Bilanzenzusammenhangs erfolgswirksam in der Schlussbilanz des ersten noch offenen Jahres (Ziel: zutreffende Totalgewinnermittlung).[2] Nur der Steuerpflichtige selbst ist zur Bilanzberichtigung befugt; ggf. besteht allerdings eine Korrekturverpflichtung (etwa wegen § 153 AO). Ein durch die Finanzverwaltung veranlasster Bilanzierungsfehler kann nicht mehr in einem späteren Veranlagungszeitraum korrigiert werden.[3] Jedoch bleibt das Prüfungs- und Korrekturrecht der Finanzverwaltung unberührt (§§ 85, 88 AO). Die Prüferbilanz anlässlich einer Außenprüfung stellt keine Bilanzberichtigung i. S. des § 4

---

2 S. etwa BFH v. 30. 3. 2006 – IV R 25/06, DB 2006, 1986–1988. Ausnahmsweise gelten die Grundsätze des formellen Bilanzenzusammenhangs nicht, soweit der bestandskräftige fehlerhafte Bilanzansatz in den Vorjahren ohne Auswirkung auf die Höhe der festgesetzten Steuern geblieben ist oder die Grundsätze von Treu und Glauben (etwa bei einem bewusst falsch angesetzten Bilanzposten zur Erlangung ungerechtfertigter Steuervorteile) eine erfolgswirksame Richtigstellung verbieten. Vgl. dazu auch *Schoor*, DStZ 2007, 274, 277 f.; *Thiel/Lüdtke-Handjery*, Bilanzrecht, 5. Aufl., S. 278 f.
3 So BFH v. 4. 11. 1999 – IV R 70/98, BStBl. II 2000, 129; s. ergänzend auch BFH v. 25. 10. 2007 – III R 39/04, DB 2008, 160 mit Anm. *Gondert/Thies*, BB 2008, 272.

Abs. 2 Satz 1 EStG dar. Auch führen BP-Feststellungen im Grundsatz nicht zu einem fehlerhaften handelsrechtlichen Jahresabschluss. Übernimmt der Steuerpflichtige eine verwaltungsseitige Korrektur, so liegt allerdings eine Bilanzberichtigung vor.

– *Bilanzänderungen* (§ 4 Abs. 2 Satz 2 EStG) bezeichnen die Möglichkeit zum Ersatz eines richtigen Bilanzansatzes durch einen anderen richtigen Bilanzansatz auch nach erstmaliger Einreichung des Rechenwerks bei der Finanzverwaltung, sofern die betroffenen Steuerbescheide nicht bestandskräftig sind. Es handelt sich um ein wohl verfassungsrechtlich nicht zu beanstandendes gesetzliches Gestaltungsrecht des Steuerpflichtigen mit zeitlicher, sachlicher und umfangmäßiger Begrenzung. Vorausgesetzt werden verfahrensrechtlich noch änderbare Steuerbescheide; steuerliche Wahlrechte müssen noch ausübbar sein. Im praktischen Anwendungsfall dienen Bilanzänderungen meist zur „Abfederung" von Mehrergebnissen einer Betriebsprüfung (etwa durch geänderte Wahl einer Abschreibungsmethode einschließlich anderweitiger Verteilung von Sonderabschreibungen, Neubildung einer § 6b-Rücklage). Bilanzkorrekturen vor Durchführung einer Veranlagung sind nicht durch die Bilanzänderungsregelungen des § 4 Abs. 2 Satz 2 EStG begrenzt. Tatsächliche Geschehnisse sind einer Bilanzänderung nicht zugänglich. Bilanzänderungen können wegen des Maßgeblichkeitsgrundsatzes (meist später) Anpassungen der Handelsbilanz erfordern.

Bilanzkorrektur ist Oberbegriff für Bilanzberichtigung und Bilanzänderung. Die Regelungen des § 4 Abs. 2 EStG sind für das Steuerrecht gegenüber dem Handelsrecht ausdrücklich vorrangig (Vorbehalt des § 5 Abs. 6 EStG). Bilanzberichtigung und Bilanzänderung schließen sich zwar gegenseitig aus,[4] die (fehlerkorrigierende) Bilanzberichtigung definiert aber den Rahmen der gewünschten Änderung. Die Bestandskraft einer Veranlagung steht der Bilanzkorrektur entgegen, ggf. stellt aber eine zulässige Bilanzkorrekturmaßnahme ein Ereignis mit steuerlicher Rückwirkung (§ 175 Abs. 1 Nr. 2 AO) für die Folgejahre dar.[5] Im Übrigen sind die Voraussetzungen für eine Bilanzberichtigung für Zwecke von Einkommen- und Gewerbesteuer gesondert zu prüfen; Folge daraus ist ein „steuerartenspezifischer Bilanzenzusammenhang"[6] (m. E. nicht zweifelsfrei). Gegenstand der Bilanzkorrektur ist stets die Steuerbilanz gem. § 60 Abs. 2 EStDV, die üblicherweise aufbauend auf der Handelsbilanz erst bei Erstellung der Jahressteuererklä-

---

4 So zutreffend *Rupp*, EStB 2006, 34.
5 Vgl. etwa BFH v. 25.4.1990 – I R 136/85, BStBl. II 1990, 905 sowie BFH v. 25.10.2007 – III R 39/04, DB 2008, 160.
6 So BFH v. 6.9.2000 – XI R 18/00; BStBl. II 2001, 106 unter Bezugnahme auf *Schmidt/Heinicke*, EStG, 26. Aufl. 2007, § 4 EStG Rz. 685.

rungen angefertigt wird.[7] Für Überschussrechner gem. § 4 Abs. 3 EStG haben die Bilanzkorrekturnormen keine Bedeutung; Wahlrechtsausübungen sind insoweit bis zur Bestandskraft der jeweiligen Veranlagung möglich.

Fehlerbegriff des BFH: Eine Bilanzberichtigung gem. § 4 Abs. 2 Satz 1 EStG setzt eine „fehlerhafte Bilanz" voraus. Dies ist dann der Fall, wenn ein objektiver Verstoß gegen ein handels- oder steuerrechtliches Bilanzierungsgebot oder -verbot vorliegt und der Steuerpflichtige diesen Verstoß nach den Erkenntnismöglichkeiten zum Zeitpunkt der Bilanzerstellung bei pflichtgemäßer und gewissenhafter Prüfung hätte erkennen können. Es gilt der „Grundsatz der subjektiven Richtigkeit", wobei unter Wertaufhellungsgesichtspunkten auf den Bilanzstichtag abzustellen ist unter Berücksichtigung des Erkenntnisstands zum Tag der Bilanzaufstellung (§ 252 Abs. 1 Nr. 4 HGB). Dieser Fehlerbegriff ist in Handels- und Steuerrecht identisch.[8] Eine fehlerhafte Bilanzierung kann nicht nur aus einem GoB-Verstoß resultieren, sondern auch Folge der Verletzung steuerrechtlicher Vorschriften sein. Siehe ergänzend BFH v. 14. 3. 2006:[9]

„Eine Bilanz kann auch dann gem. § 4 Abs. 2 Satz 1 EStG berichtigt werden, wenn ein darin enthaltener Ansatz nicht gegen Grundsätze ordnungsmäßiger Buchführung, sondern nur gegen steuerrechtliche Vorschriften verstößt".

Im Streitfall ging es konkret um einen Verstoß gegen § 7a Abs. 4 EStG (kein „Nebeneinander" von degressiver AfA und Sonderabschreibung). Der BFH betont, dass ausschließlich an die materiell-rechtliche Fehlerhaftigkeit der ursprünglichen Bilanz angeknüpft wird und es keiner weiteren Voraussetzung in diesem Zusammenhang bedarf. Im Übrigen obliegt dem Unternehmer nach (zutreffender) Meinung des I. Senats die Auswahl des Korrekturwegs, falls eine Bilanz auf verschiedenen Wegen berichtigt werden kann. Vgl. ergänzend auch BFH v. 13. 6. 2006:[10] „Eine Rückstellung ist in der Steuerbilanz auch dann zu bilden, wenn sie in der Handelsbilanz zu Unrecht nicht gebildet worden ist." Die materielle Richtigkeit der Steuerbilanz hat Vorrang.

---

7 Vgl. auch *Schulze-Osterloh*, BB 2007, 2336. Zur Verfassungskonformität des § 4 Abs. 2 Satz 2 EStG s. FG Berlin-Brandenburg v. 26. 6. 2007 – 6 K 5269/03 B, EFG 2007, 1698 (NZB beim BFH unter IV B 103/07).

8 Zum Ganzen auch *Prinz*, Festschrift Welf Müller, München 2001, S. 693; *Schulze-Osterloh*, BB 2007, 2336, der sachverhaltsbezogene rechtliche Erkenntnisse von der Auslegung von Bilanzierungsregeln unterscheidet. Zu „Stichtagsprinzip und Wertaufhellung" grundlegend *Hüttemann*, Festschrift Priester, Köln 2007, S. 301; mit einer Rechtsprechungsanalyse *Moxter*, DStR 2008, 469; aktuell zum subjektiven Fehlerbegriff auch BFH v. 5. 6. 2007 – I R 47/06, DB 2007, 2119.

9 BFH v. 14. 3. 2006 – I R 83/05, BStBl. II 2006, 799.

10 BFH v. 13. 6. 2006 – I R 58/05, WPg 2006, 1169.

2. Handelsrechtliche Änderung von Jahresabschlüssen

Im handelsrechtlichen Sinne versteht man unter der „Änderung eines Jahresabschlusses" jegliche Änderung von Form und Inhalt des (im Regelfall) geprüften und festgestellten Abschlusses, wobei sich dies auf einzelne Bilanz- und GuV-Posten sowie die Angaben im Anhang einschließlich der verbalen Erläuterungen erstrecken kann. Die steuerrechtliche Unterscheidung zwischen Bilanzberichtigung und Bilanzänderung kennt das Handelsrecht nicht. Eine „Rückwärtsänderung" fehlerhafter Jahresabschlüsse ist nur bei schwerwiegenden Bilanzierungsfehlern erforderlich.[11] Ansonsten erfolgt eine Fehlerbeseitigung in laufender Rechnung. Das öffentliche Interesse an einem zutreffenden Jahresabschluss und die Bindungswirkungen eines bereits festgestellten und geprüften Jahresabschlusses sind gegeneinander abzuwägen. Eine Änderung fehlerfreier Jahresabschlüsse kommt dagegen nur dann in Betracht, wenn gewichtige rechtliche, wirtschaftliche oder steuerrechtliche Gründe vorliegen und zudem keine Rechte von Gesellschaftern oder Dritten ohne deren Einverständnis beeinträchtigt würden (dies betrifft insbesondere aufgrund eines ordnungsgemäßen Gewinnverwendungsbeschlusses bereits entstandene Gewinnbezugsrechte). Handelsrechtliche Bilanzänderungsmaßnahmen haben ggf. Nachtragsprüfungen durch den Abschlussprüfer und neue Feststellungsverfahren in der Gesellschafterversammlung zur Folge. Ggf. muss der Abschlussprüfer sein Testat widerrufen. Klar ist: Abweichungen eines tatsächlichen Gewinnverwendungsbeschlusses vom Ergebnisverwendungsvorschlag des Managements haben im Hinblick auf Steuerpositionen keine Bilanzänderung zur Konsequenz (§ 278 HGB). In Zeiten des „Fast Close" besteht die Vermutung, dass man stärker als in der Vergangenheit über Korrekturen im Jahresabschluss, Konzernabschluss und ggf. auch den Quartalsberichten nachdenken muss.[12] Genauigkeit der Jahresabschlussdaten auf der einen Seite und Interesse an einer sehr zeitnahen Erstellung und Prüfung des Jahresabschlusses auf der anderen Seite sind gegeneinander abzuwägen. Auch im Rahmen des durch das Bilanzkontrollgesetz v. 15. 12. 2004 mit Wirkung ab 1. 7. 2005 neu eingeführten zweistufigen Enforcementverfahrens für kapitalmarktorientierte Unternehmen (Deutsche Prüfstelle für Rechnungslegung auf der einen Seite, Bundesanstalt für Finanzaufsicht, BaFin, auf der anderen Seite) ist man auf der Suche nach (stets dem Wesentlichkeitsgrundsatz genügenden) Rechnungslegungsfehlern.[13] Dies gilt vor allem auch mit Blick auf die IFRS-Rechnungslegung.

---

11 S. auch *Günkel*, StbJb 2004/2005, S. 305.
12 Zum Fast Close eingehender *Petersen/Zwirner*, StuB 2007, 645.
13 Vgl. als Überblick *Scheffler*, Der Konzern 2007, 589; *Gahlen/Schäfer*, BB 2006, 1619; *Gelhausen/Hönsch*, AG 2007, 308; *Claussen*, DB 2007, 1421. Kritisch pointiert dazu auch *Küting/Keßler*, FAZ v. 22. 10. 2007, S. 24: „Der Fehler bei der

Dabei tritt für die „europäischen IFRS" die Besonderheit auf, dass zunehmend über die Auslegung unklarer Normen nachgedacht werden muss; im Ergebnis dürfte insoweit eine Überprüfung durch den EuGH möglich sein.[14]

3. Spezielle steuerliche Bilanzkorrekturnormen

Mitunter begegnet man im Steuerrecht Bilanzkorrekturvorschriften in einem besonderem Zusammenhang. Ein erstes Beispiel dafür: Versteckt findet sich in den neuen *Vorschriften zur Zinsschrankenregelung* (§ 4h EStG, § 8a KStG i. d. F. Unternehmensteuerreformgesetz 2008) ein Korrekturgebot. Für konzernzugehörige Betriebe sieht § 4h Abs. 2 Buchst. c) EStG eine neue Escape-Regelung vor, falls der Konzernabschluss und der betriebsbezogene Einzelabschluss einen „Eigenkapitalquotentest" bestehen; die Zinsschranke ist dann als Rechtsfolge nicht anwendbar. Entsprechendes dürfte für die IFRS-Überleitungsrechnung gelten. Sofern dabei „ein dem Eigenkapitalvergleich zugrunde gelegter Abschluss unrichtig" ist (eigenes Prüfungsrecht des Betriebsprüfers für den Konzernabschluss?) und der zutreffende Abschluss zu einer Erhöhung der nichtabziehbaren Zinsaufwendungen führt, sind Strafzuschläge nach § 162 Abs. 4 AO zu erheben. Tatbestandsgemäß wird hier ein „unrichtiger Abschluss" vorausgesetzt, der einem „zutreffenden Abschluss" gegenüberzustellen ist; die Aufstellungskompetenz des Unternehmers (auch bei der Ausschöpfung von Wahlrechten und Spielräumen) bleibt unberührt. Im Ergebnis wird es sich wohl zwingend um einen (wesentlichen) Fehler in der Rechnungslegung handeln müssen. Insoweit können Bilanzierungsfehler zu möglicherweise überraschenden „penaltys" führen.[15]

Zu weiteren Beispielen: Steuerliche Bilanzänderungsmaßnahmen gem. § 4 Abs. 2 Satz 2 EStG sind im Übrigen im Bereich von Bilanzierungs- und Bewertungswahlrechten nur zulässig, falls keine gesetzliche oder rechtsprechungsseitige *Bindungswirkung für die erstmalige Wahlrechtsausübung* besteht. So wird etwa bei Einbringung eines Betriebs-, Teilbetriebs- oder Mitunternehmeranteils in eine Kapitalgesellschaft gem. § 20 UmwStG

Fehlersuche"; *Küting/Weber/Keßler/Metz*, Der Fehlerbegriff in IAS 8 als Maßstab zur Beurteilung einer regelkonformen Normanwendung, DB Beilage 7/2007, 2 ff.

14 Zu dem öffentlichen Interesse an der Veröffentlichung eines im Enforcementverfahren festgestellten Rechnungslegungsfehlers s. OLG Frankfurt, Beschluss v. 14. 6. 2007, DB 2007, 1913–1916; eingehender dazu *Zülch/Pronobis*, StuB 2007, 863. Zu den Folgen fehlerhafter Bilanzierung bei einer AG auch mit Blick auf die Nichtigkeitsregelung des § 256 AktG s. *Gelhausen*, in Krieger/Uwe H. Schneider (Hrsg.), Handbuch Managerhaftung, Köln 2007, S. 795.

15 Ergänzend dazu auch *Hennrichs*, DStR 2007, 1926, 1929f.

1995 das Wahlrecht zur Buchwertverknüpfung durch den übernehmenden Rechtsträger auf Antrag spätestens mit Einreichung der Steuererklärung (einschl. Bilanz) beim Finanzamt verbindlich ausgeübt. Eine Bilanzkorrektur wegen später gewünschter anderweitiger Ausübung des Wahlrechts kommt insoweit nicht mehr in Betracht.[16] Umgekehrt können in Einzelfällen spezielle (teils fremdbestimmte) Bilanzkorrekturen außerhalb des Anwendungsbereichs von § 4 Abs. 2 EStG erforderlich werden. Dies gilt etwa bei der Möglichkeit zu einem steuerfreien Step-up (abgewickelt über das steuerliche Einlagekonto, § 27 KStG) beim übernehmenden Rechtsträger in *sperrfristberührten Einbringungsfällen gem. § 23 Abs. 2 UmwStG*. Die Veräußerung von durch eine Sacheinlage begründeten neuen Anteilen innerhalb der Siebenjahresfrist zieht eine Bilanzkorrekturmöglichkeit bei der übernehmenden Gesellschaft im Veranlagungszeitraum der Anteilsveräußerung nach sich. Der „normale Bilanzierungsablauf" wird hier durch ein Drittereignis (Entstehung des Einbringungsgewinns I) verändert. Ein die Bilanzidentität durchbrechender Step-up im Anteilsveräußerungsjahr ist die Folge. Schließlich dürfte für jegliche Form steuerlicher Bilanzänderungsmaßnahme klar sein: Wurde ein Wahlrecht ausgeübt und ist die zugrunde liegende Veranlagung bestandskräftig, ist die Wahlrechtsausübung „verbraucht".[17]

II. „Meilensteine" der Rechtsentwicklung zur Bilanzkorrektur

Die „Meilensteine" der Rechtsentwicklung der vergangenen Jahre lassen sich wie folgt skizzieren:

– *Faktisches Zustimmungsgebot der Finanzverwaltung bei Bilanzänderungsmaßnahmen:* Bis einschließlich Veranlagungszeitraum 1998 kam eine Bilanzänderung gem. § 4 Abs. 2 Satz 2 EStG nur bei Zustimmung des Finanzamts in Betracht. Aufgrund der BFH-Rechtsprechung[18] konnte die Finanzverwaltung ihre Zustimmung nur in einem sehr eingeschränkten Maße verweigern (deutliche Ermessensreduzierung), es bestand daher üblicherweise ein Rechtsanspruch des Steuerpflichtigen auf Zustimmung zur Bilanzänderung. Denn nach dem Verständnis des BFH diente das Zustimmungserfordernis des § 4 Abs. 2 Satz 2 EStG a. F. ausschließlich dem Ziel, Verzögerungen bei der Erledigung von Veranla-

---

16 So entsprechend der überwiegenden Meinung Nds. FG v. 2.11.2006, DStR-E 2007, 1164 – nrkr., Az. beim BFH: I R 98/06. Ebenso Tz. 20.33 Umwandlungssteuererlass v. 25.3.1998.

17 Vgl. BFH v. 25.4.1990 – I R 136/85, BStBl. II 1990, 905; abgrenzend dazu aber auch BFH v. 25.10.2007 – R 39/04, DB 2008, 160.

18 BFH, Urt. v. 24.3.1998 – I R 20/94, BStBl. II 1999, 272.

gungs- und Rechtsbehelfsverfahren zu verhindern. Im Übrigen setzt der Antrag auf Zustimmung zu einer Bilanzänderung laut BFH nicht die Einreichung einer bereits geänderten Handelsbilanz voraus (dies dürfte in geänderter Rechtslage auch heute noch gelten). Das „faktische Zustimmungsgebot" der Finanzverwaltung war dem Gesetzgeber offenbar ein „Dorn im Auge", weil sich für den Steuerpflichtigen eine Reihe von Gestaltungsspielräumen ergaben, die unter Gleichheitsgesichtspunkten sowie unter dem Aspekt der Leistungsfähigkeitsbesteuerung kritisch gesehen wurden. Als Folge daraus wurde eine rechtsprechungsbrechende Gesetzesänderung initiiert.

– *Bilanzänderungsverbot als gesetzgeberischer Zwischenschritt:* Einführung eines Bilanzänderungsverbots durch das StEntlG 1999/2000/2002 v. 24. 3. 1999 mit Anwendung für alle offenen Fälle als „Zwischenschritt" des Gesetzgebers. § 4 Abs. 2 Satz 2 EStG lautete seinerzeit:

> „Darüber hinaus ist eine Änderung der Vermögensübersicht (Bilanz) unzulässig."

Dieses mit Rückwirkung versehene Bilanzänderungsverbot erfuhr in der Literatur durchweg erhebliche Kritik, die letztlich eine kurzfristige Gesetzeskorrektur bewirkte. Durch BMF-Erlass vom 10. 8. 1999[19] erfolgte zunächst eine Begrenzung der Rückwirkung. Denn über Anträge auf Zustimmung zur Bilanzänderung, die vor dem 1. 1. 1999 bei den Finanzämtern eingegangen waren, sollte bei Vorliegen der entsprechenden Voraussetzungen unabhängig von der Gesetzesänderung noch positiv entschieden werden. Vgl. ergänzend auch BFH v. 25. 3. 2004:[20] Die Frage eines Verstoßes des Bilanzänderungsverbots gegen Rückwirkungsgrundsätze oder den Gleichheitssatz bedarf keiner Entscheidung, wenn der Steuerpflichtige keinen Rechtsanspruch auf Zustimmung zur Bilanzänderung hat.

– *Rückwirkende Neuregelung einer begrenzten Bilanzänderung:* Neufassung des § 4 Abs. 2 Satz 2 EStG durch das *StBereinG 1999 v. 22. 12. 1999* mit einer Einschränkung des Bilanzänderungsverbots. Die Neuregelung wurde erst aufgrund der Beschlussempfehlung des Vermittlungsausschusses aufgenommen und sollte ebenfalls rückwirkend anwendbar sein. Inhaltlich erfordern Bilanzänderungen seitdem zwei kumulative Voraussetzungen:

– Es muss ein enger zeitlicher und sachlicher Zusammenhang mit einer Bilanzberichtigung durch den Steuerpflichtigen bestehen und

---

19 BMF, Erlass v. 10. 8. 1999, BStBl. I 1999, 822.
20 BFH v. 25. 3. 2004 – IV R 2/02, BStBl. II 2004, 728.

– der Umfang der (kompensierenden) Bilanzänderung ist auf die Gewinn-
erhöhung im Rahmen der Bilanzberichtigung als Änderungsrahmen
beschränkt.

Es bestehen sachliche Parallelen zur Berichtigungsvorschrift des § 177
AO. Hinsichtlich der zeitlichen Geltung des nunmehr eingeschränkten
Bilanzänderungsverbots hat der BFH zuletzt in seinem Judikat vom
31. 5. 2007[21] eine verfassungskonforme Einschränkung vorgenommen.[22]
Danach gilt die Neuregelung vereinfacht ab 1. 1. 1999 (ggf. auch erst ab
1. 4. 1999), für die Zeiträume davor nur zugunsten des Steuerpflichtigen.
In allen anderen Fällen bleibt es bei der Anwendung der ursprünglichen
Rechtslage bis einschließlich VZ 1998.

– *Neue verfahrensrechtliche Erfordernisse für Bilanzberichtigung:* Ergän-
zung des § 4 Abs. 2 Satz 1 EStG durch das JStG 2007 v. 13. 12. 2006 um
folgende Formulierung:

„...; diese Änderung ist nicht zulässig, wenn die Vermögensübersicht (Bilanz) einer Steuerfestsetzung zugrunde liegt, die nicht mehr aufgehoben oder geändert
werden kann."

Nach der Regierungsbegründung wird der in der höchstrichterlichen
Rechtsprechung allgemein geltende Grundsatz gesetzlich fixiert, dass eine Bilanzberichtigung nur bei einer noch nicht bestandskräftigen Steuerfestsetzung zulässig ist. Damit werden die von der Rechtsprechung des
BFH entwickelten Grundsätze zur Zulässigkeit der Bilanzberichtigung
gesetzlich geregelt. Mit Blick auf die Steuerfestsetzung von Land- und
Forstwirten und dem dort geltenden Aufteilungsgrundsatz gem. § 4a
Abs. 2 Nr. 1 EStG ist die Bilanzberichtigung allerdings abweichend von
der BFH-Rechtsprechung[23] nur dann zulässig, wenn sämtliche Steuer-
festsetzungen, denen die Bilanz zugrunde liegt, geändert werden können;
ansonsten könnten Bilanzkorrekturen steuerlich unerfasst bleiben. Dies
bedeutet für Land- und Forstwirte: Eine Bilanzberichtigung insgesamt ist
auch dann nicht zulässig, wenn zwar die Steuerfestsetzung für ein Kalenderjahr änderbar ist oder noch nicht durchgeführt wurde, aber für das andere Kalenderjahr bereits Bestandskraft eingetreten ist. Die Neuregelung
ist erstmals für den VZ 2007 anzuwenden.[24]

---

21 BFH v. 31. 5. 2007 – IV R 54/05, DB 2007, 2065.
22 § 52 Abs. 9 EStG; davor bereits BFH v. 12. 12. 2000 – VIII R 10/99, BStBl. II 2001,
   282.
23 BFH v. 25. 8. 2000 – IV B 150/99, BFH/NV 2001, 308.
24 Zu Details s. *Kolbe* in HHR, Jahresband 2007, § 4 EStG Anm. J06-3, J06-14; kritisch *Heinicke* in Schmidt, EStG, 26. Aufl. 2007, § 4 EStG Rz. 684. Siehe ergänzend auch OFD Hannover v. 4. 6. 2007, DStR 2007, 1208; OFD Münster v.
   6. 6. 2007, DB 2007, 1331 = StuB 2007, 512.

III. Neues Streitfeld mit der Finanzverwaltung: verweigerte Bilanzberichtigung zugunsten des Steuerpflichtigen?

1. Trend der Finanzverwaltung: zeitlich verzögerte Anwendung günstiger Bilanzrechtsprechung

In der Praxis sind im Zusammenhang mit der „Nachsorge" von Betriebsprüfungen vermehrt Fälle zu beobachten, in denen die Finanzverwaltung trotz noch nicht bestandskräftiger Steuerveranlagungen rückwirkende Bilanzberichtigungen wegen neuer oder geänderter BFH-Rechtsprechung zugunsten des Steuerpflichtigen nicht zulassen will. Jüngstes Beispiel dafür ist die Rückstellung für Altersteilzeit. Im BMF-Schreiben vom 28. 3. 2007[25] heißt es in Tz. 18 zu der zeitlichen Anwendung:

„Die Regelungen dieses Schreibens können erstmals in nach dem 30. 11. 2005 (Datum der BFH-Entscheidung I R 110/04) aufgestellten Bilanzen berücksichtigt werden. Sie sind spätestens für Bilanzen maßgebend, die nach dem Datum der Veröffentlichung des o. g. BFH-Urteils im BStBl. aufgestellt werden."

Die Veröffentlichung des BFH-Urteils v. 30. 11. 2005 erfolgte im BStBl. II 2007, 251 am 23. 4. 2007. D. h. für im Zeitraum zwischen 30. 11. 2005 und 23. 4. 2007 aufgestellte Steuerbilanzen besteht ein Wahlrecht hinsichtlich der Höhe der Altersteilzeitrückstellung; erst anschließend besteht eine entsprechende Passivierungspflicht. Die Finanzverwaltungs-Auffassung erhält dadurch bei einem „folgsamen Steuerpflichtigen" rechtsverbindliche Wirkung, der Bilanzansatz ist nicht korrigierbar. In diesem Zusammenhang stellt sich ergänzend die Frage, wie der „Aufstellungszeitpunkt" einer Steuerbilanz fixiert werden kann. Bei Geltung des Maßgeblichkeitsgrundsatzes wird man wohl auf die Erstellung der Handelsbilanz abstellen müssen, die dann lediglich noch über Modifikationen gem. § 60 Abs. 2 EStDV in eine Steuerbilanz „umgeformt" wird. Dies erfolgt üblicherweise im Zusammenhang mit der Vorbereitung und Einreichung der Ertragsteuererklärungen beim Finanzamt.[26] Wegen der umgekehrten Konstellation steuerverschärfender Rechtsprechung mit Vertrauensschutz s. § 176 Abs. 1 Nr. 3 AO.

---

25 BStBl. I 2007, 297; präzisiert im Hinblick auf die Möglichkeit einer Bilanzberichtigung durch BMF v. 11. 3. 2008. Zur Altersteilzeitrückstellung weiterführend *Günkel*, StbJb. 2006/07, S. 246; *Euler/Binger*, DStR 2007, 177; *Prinz*, WPg. 2006, 953 und Status:Recht 05/2007, 154; *Moxter*, Bilanzrechtsprechung, 6. Aufl. 2007, S. 148 f.

26 Vgl. OFD Rheinland, Kurzinformation ESt Nr. 41 v. 29. 5. 2007, DStZ 2007, 641. Zu ähnlichen Regelungen für Rückstellungen für die Aufbewahrung von Geschäftsunterlagen s. Senatsverwaltung Berlin v. 13. 9. 2006, DStR 2007, 156; s. vorher auch bereits FinMin. Schleswig Holstein v. 8. 9. 2005, FR 2006, 47.

2. Traditionelle BFH-Rechtsprechung, unterschiedliche FG-Judikatur

Die traditionelle Rechtsprechung des BFH zur Maßgeblichkeit des subjektiven Fehlerbegriffs in § 4 Abs. 2 Satz 1 EStG bestätigt bislang meist – mehr oder weniger differenziert – die Sicht der Finanzverwaltung.[27] Es mehren sich allerdings die kritischen Stimmen in der Literatur. Vereinzelt sind erste „Rüttelurteile" in der erstinstanzlichen Judikatur festzustellen.[28] Allerdings wird die traditionelle Sichtweise teilweise auch in der erstinstanzlichen Judikatur bestätigt; mitunter weicht die Rechtsprechung auf nur begrenzt mögliche Bilanzänderungsmaßnahmen aus.[29] Eine Grundsatzentscheidung des BFH zur Problematik verweigerter Bilanzberichtigung aufgrund einer erst nach dem Aufstellungszeitpunkt eingetretenen Entwicklung der höchstrichterlichen Rechtsprechung ist nunmehr durch Urteil v. 5. 6. 2007[30] erfolgt. Darin bestätigt der I. Senat des BFH sein Verständnis zum normativ-subjektiven Fehlerbegriff und hebt demzufolge die „günstige" Entscheidung des FG Düsseldorf v. 1. 6. 2006 auf. Der Leitsatz des Judikats lautet:

„Eine Bilanz kann nicht nach § 4 Abs. 2 Satz 1 EStG geändert („berichtigt") werden, wenn sie nach dem Maßstab des Erkenntnisstandes zum Zeitpunkt ihrer Erstellung den Grundsätzen ordnungsmäßiger Buchführung entspricht. Dabei ist, wenn eine bestimmte Bilanzierungsfrage nicht durch die Rechtsprechung abschließend geklärt ist, jede der kaufmännischen Sorgfalt entsprechende Bilanzierung als in diesem Sinne „richtig" anzusehen ..."

Der I. Senat bestätigt damit ausdrücklich sein Urteil v. 5. 4. 2006. Der BFH räumt zwar ein, dass die vom Unternehmen gebildete Rückstellung für künftige Beihilfeverpflichtungen gegenüber Arbeitnehmern wegen ihrer Beschränkung auf Pensionäre objektiv gegen die handelsrechtliche GoB verstößt.[31] Eine Berichtigung soll aber dennoch nicht zulässig sein, da der (objektiv unzutreffende) Rückstellungsansatz denjenigen Kenntnisstand widerspiegelt, den der Kaufmann im Zeitpunkt der Bilanzaufstellung bei pflichtgemäßer und gewissenhafter Prüfung haben konnte. Trotz objek-

---

27 S. etwa BFH v. 5. 4. 2006 – I R 46/04, BStBl. II 2006, 688.
28 So etwa FG Düsseldorf v. 1. 6. 2006 – 15 K 5284/04 K, EFG 2006, 1412, Revision beim BFH I R 46/06 und zu einem Parallelurteil 47/06 (Rückstellung für künftige Beihilfeverpflichtungen gegenüber noch aktiven Arbeitnehmern).
29 S. etwa FG Köln v. 21. 3. 2007 – 13 K 4358/06, FR 2007, 747; ergänzend dazu auch FG Köln v. 20. 9. 2007 – 13 K 3156/05, EFG 2008, 285 mit Anm. *Wilk*, Zulässigkeit einer Bilanzänderung durch objektiv richtigen Ansatz (Revision beim BFH unter I R 85/07. Ebenfalls zugunsten einer Bilanzänderung FG Berlin-Brandenburg v. 21. 8. 2007 – 6 K 8269/04 B, EFG 2008, 195 mit Anm. *Zimmermann* sowie *Marx*, BB 2008, 383; dazu NZB beim BFH I B 200/07. Zur „Rheinländischen Rechtsprechungs-Divergenz" auch Hoffmann, GmbH-StB 2008, 58.
30 BFH v. 5. 6. 2007 – I R 47/06, DB 2007, 2119, BStBl. II 2007, 818. Instruktiv dazu auch *Prinz*, FR 2008, 90; *Werra/Rieß*, DB 2007, 2502. Bestätigend BFH v. 23. 1. 2008 – I R 40/07.
31 Grundlegend BFH v. 30. 1. 2002 – I R 71/00, BStBl. II 2003, 279.

tiver Unrichtigkeit, die allerdings erst im „Lichte der nachträglich gewonnenen Erkenntnisse" des BFH erkennbar wird, ist der vom Kaufmann getroffene Bilanzansatz der Besteuerung zugrunde zu legen. Wegen dieser zum Bilanzaufstellungszeitpunkt „empfundenen subjektiven Richtigkeit" des Rückstellungsansatzes hält der BFH eine rückwirkende Bilanzberichtigung in Übereinstimmung mit der Finanzverwaltung für unzulässig. Darüber hinaus wurde auch eine durch den Kaufmann tatsächlich durchgeführte Bilanzberichtigung nicht festgestellt, was aber nach Meinung des BFH für eine Anwendung des § 4 Abs. 2 Satz 1 EStG erforderlich gewesen wäre. Die objektive Richtigstellung der Bilanz erfolgt nach Meinung des I. Senats vielmehr nach den Grundsätzen des formellen Bilanzenzusammenhangs in der ersten, nach dem Offenbarwerden des Fehlers aufgestellten Bilanz. Insgesamt führt der I. Senat des BFH seine traditionelle Sichtweise fort. Ob dem auch die anderen BFH-Senate folgen werden – sofern sie durch entsprechende Revisionen Gelegenheit dazu haben –, bleibt abzuwarten.[32] Ggf. wird sich eines Tages der Große Senat beim BFH mit dieser Frage befassen müssen.

3. Plädoyer für Zulässigkeit der Bilanzberichtigung innerhalb der verfahrensrechtlichen Grenzen

M. E. besteht im Ergebnis für eine zeitlich verzögerte und gestufte Anwendung günstiger BFH-Judikate durch die Finanzverwaltung mit dem „Dreiklang" Verbot (akzeptiert in Gefolgschaft zur Finanzverwaltungs-Auffassung), Wahlrecht und Passivierungspflicht unter Zuhilfenahme des Instrumentariums der Bilanzberichtigung keine tragfähige Begründung. Denn der BFH legt das im Streitjahr geltende Recht aus (rechtserkennende Wirkung); diese Judikatur ist – jedenfalls soweit sie günstige Wirkung für den Steuerpflichtigen entfaltet – innerhalb der Regeln der Bestandskraft anzuwenden. Konkret sind für diese Beurteilung folgende Rechtsaspekte bedeutsam:

- Eine materiell richtige Besteuerung muss im Rahmen des verfahrensrechtlich Zulässigen sichergestellt werden, unabhängig davon, ob es sich um bilanzielle oder außerbilanzielle Korrekturen (bspw. eine verdeckte Gewinnausschüttung, § 8 Abs. 3 Satz 2 KStG) handelt. Dies kommt klar und eindeutig auch in der seit 2007 geltenden Neufassung des § 4 Abs. 2 Satz 1 EStG zum Ausdruck; nur die verfahrensrechtliche Bestandskraft hindert die Bilanzkorrektur. „Gefühlte Leistungsfähigkeit" kann kein Besteuerungsmaßstab sein.[33]

---

32 Vgl. etwa FG Münster v. 26.10.2006, EFG 2007, 528 – NZB unter IV B 5/07.
33 So *Schön*, Beihefter DStR 39/2007, 22.

– Der Wortlaut des § 4 Abs. 2 Satz 1 EStG differenziert nicht zwischen subjektiven und objektiven Fehlern. Eine Bilanzkorrektur ist dem Steuerpflichtigen stets innerhalb der Regeln zur Bestandskraft für Rechtsfragen nicht GoB-konformer Bilanzierung und Bewertung erlaubt. Bei „Lichte besehen" ist der Steuerpflichtige lediglich der Finanzverwaltungs-Auffassung zur Versagung der Rückstellung kritiklos gefolgt ohne eigenständige rechtliche Beurteilung. Die vom Steuerpflichtigen übernommene Verwaltungsauffassung wird damit entgegen dem Wortlaut des § 4 Abs. 2 Satz 1 EStG rechtsverbindlich. Mit dem subjektiven Fehlerbegriff hat die m. E. gebotene Berücksichtigung „geläuterter" Rechtserkenntnisse des BFH eigentlich nichts zu tun. Hinzu kommt: Die Abgrenzung der Bilanzberichtigung von der Bilanzänderung „verschwimmt", da trotz objektiver Unrichtigkeit und GoB-widriger Rechnungslegung nur eine begrenzt anwendbare Bilanzänderung in Betracht kommen würde. An einem „Austausch" richtiger Bilanzansätze fehlt es aber gerade. Nur die Zulässigkeit einer Bilanzkorrektur bei einem objektiv unrichtigen Ansatz erlaubt ein sachgerechtes und friktionsfreies Ineinandergreifen von Bilanzberichtigung und Bilanzänderung.

– Seiner Zwecksetzung nach will der vom BFH entwickelte subjektive Fehlerbegriff den Steuerpflichtigen nur vor nachträglichen belastenden Änderungsmaßnahmen schützen (Schutz des Kaufmanns vor Sanktionen wegen Fehlbilanzierung, etwa bei falschen Prognosebeurteilungen). Bei günstiger BFH-Rechtsprechung bleibt sein Recht zur Bilanzberichtigung unberührt, was sich auch zwanglos aus dem Wortlaut des § 4 Abs. 2 Satz 1 EStG ergibt.

– Schließlich entbehrt auch die von der Finanzverwaltung entwickelte „Theorie" von einer zeitlich abgestuften Anwendung günstiger BFH-Judikatur jeglicher Rechtsgrundlage. Eine vom BFH festgestellte Rückstellungspflicht sollte daher innerhalb der Rahmenbedingungen des allgemeinen Verfahrensrechts vom Steuerpflichtigen stets umgesetzt werden können. Ein für den Steuerpflichtigen bestehendes Wahlrecht könnte sich allenfalls aus Billigkeitsüberlegungen ergeben.

Entgegen der neueren Rechtsprechung des I. Senats ist die Bilanzberichtigungsnorm des § 4 Abs. 2 Satz 1 EStG kein geeignetes Instrument der Finanzverwaltung zur Verhinderung der Nutzung günstiger Rechtserkenntnisse in noch offenen Veranlagungszeiträumen. Vielmehr ist das Gebot materiell richtiger Besteuerung nach der Leistungsfähigkeit – gleich, ob mit oder ohne Bilanzierung – als Wertungsprinzip höherrangig. Innerhalb der Grundsätze des Bestandsschutzes (Verjährungsvorschriften) ist materielle Richtigkeit auch in der Steuerbilanz umzusetzen; der subjektive Fehlerbegriff steht dem nicht entgegen. Im Übrigen stimmt dieses Verständnis des § 4 Abs. 2 Satz 1 EStG auch mit den allgemein geltenden verfahrensrechtlichen Vorschriften zur Änderung materiell unrichtiger Steuerbescheide überein. Auch hier können die Rechtserkenntnisse aus günstigen BFH-Urteilen vom Steuerpflichtigen „nachgeschoben" werden, soweit die Vorschriften der Festsetzungsverjährung dies zulassen. Es ist kein Grund ersichtlich, warum dies beim Bilanzierenden anders sein soll.

IV. Zulässigkeit und Umfang von Bilanzänderungsmaßnahmen (§ 4 Abs. 2 Satz 2 EStG) – Einzelfälle der Rechtsprechung

1. BFH v. 27. 9. 2006 – IV R 7/06: Erstmalige Möglichkeit zur Wahlrechtsausübung (etwa gem. § 6b EStG) begründet normalerweise keine (nur eingeschränkt mögliche) Bilanzänderung, sondern besteht „bedingungslos"

Mit der Frage der Voraussetzungen und des Umfangs einer Bilanzänderung im Gefolge einer Bilanzberichtigung befasst sich der BFH in seinem Grundsatzurteil vom 27. 9. 2006.[34] Die Urteilsleitsätze lauten wie folgt:

1. „Eine Bilanzänderung nach § 4 Abs. 2 Satz 2 EStG liegt nicht vor, wenn sich einem Steuerpflichtigen erst nach Einreichung der Bilanz die Möglichkeit eröffnet hatte, erstmalig sein Wahlrecht, hier i. S. des § 6b Abs. 1 oder Abs. 3 EStG, auszuüben ...

2. Beruhte die bisher fehlende Ausübung des Wahlrechts jedoch auf einem zumindest fahrlässigen Verhalten, z. B. dem Nichterfassen des bei der Veräußerung entstandenen Gewinns, so ist der Anwendungsbereich des § 4 Abs. 2 Satz 2 EStG grundsätzlich eröffnet.

3. Der Umfang der Bilanzänderung ist auf den Gewinnanteil beschränkt, der sich im jeweiligen Wirtschaftsjahr aus der Bilanzberichtigung nach § 4 Abs. 2 Satz 1 EStG ergibt."

Richtigerweise stellt der BFH heraus: Ergibt sich für einen Steuerpflichtigen bspw. aufgrund einer Betriebsprüfung nach Einreichung der Bilanz erstmalig ein Gewinn aus der Veräußerung eines Wirtschaftsguts, so kann die dadurch originär entstehende Möglichkeit zur Wahlrechtsausübung (etwa im Hinblick auf eine Rücklage gem. § 6b EStG) ohne die Restriktionen des § 4 Abs. 2 Satz 2 EStG ausgeübt werden. Eine Bilanzänderung gem. § 4 Abs. 2 Satz 2 EStG liegt gar nicht vor. Die Wahlrechtsausübung ist auch unabhängig davon, ob der Steuerpflichtige tatsächlich eine korrigierte Bilanz einreicht. Eine erstmalige und von § 4 Abs. 2 Satz 2 EStG unberührte Wahlrechtsausübung kann auch in der Sonderbilanz eines Mitunternehmers erfolgen. Und zwar auch dann, wenn bereits von der Mitunternehmerschaft eine Sonderbilanz aufgestellt

---

34 BFH v. 27. 9. 2006 – IV R 7/06, FR 2007, 433 mit Anm. *Kanzler.*

wurde, an der der Mitunternehmer selbst aber nicht mitgewirkt hat. Losgelöst vom Wortlaut des § 4 Abs. 2 Satz 2 EStG bringt der IV. Senat in diesem Zusammenhang Überlegungen nach Art einer „gestuften Verantwortlichkeit" für die erforderliche Bilanzkorrektur ins Spiel. Denn beruht der von der Betriebsprüfung zu korrigierende Fehler auf einer zumindest fahrlässigen Nichterfassung eines Gewinns (im Streitfall wurde der Veräußerungserlös privat vereinnahmt), will der BFH eine uneingeschränkte volle Korrektur vermeiden; er lässt daher eine Kompensation nur in den Grenzen des § 4 Abs. 2 Satz 2 EStG zu. Ein Verschulden des beauftragten Steuerberaters wird dabei dem Steuerpflichtigen richtigerweise zugerechnet. Der IV. Senat des BFH stellt damit eine „Verschuldensüberlegung" an, die auch bereits der I. Senat in seinem Judikat vom 13. 6. 2006 für zielgerichtete Gewinnmanipulationen im Bereich verdeckter Gewinnausschüttungen (konkret zur Anpassung einer Pensionsrückstellung) angestellt hat.[35] *Weber-Grellet* wirft in diesem Zusammenhang die Frage auf, ob eine kompensatorische Bilanzänderung in Fällen vorsätzlicher Nichterfassung eines Gewinns zulässig ist.[36] Eine solche vorsätzliche Nichterfassung könnte zwar eine Steuerstraftat i. S. des § 370 AO darstellen, ein Ausschluss der Bilanzänderungsmöglichkeit gem. § 4 Abs. 2 Satz 2 EStG ist dagegen vom Gesetzgeber nicht vorgesehen. Auch seinem Wortlaut nach enthält § 4 Abs. 2 Satz 2 EStG keinerlei Verschuldensaspekte. Interessant ist aus verfahrensrechtlicher Sicht schließlich, dass der IV. Senat des BFH hier an seinem Beschluss vom 25. 1. 2006[37] anknüpft. Insoweit hatte der BFH zu einem „Verfahrenstrick" gegriffen, da die Finanzverwaltung ein Urteil nach Ergehen eines Gerichtsbescheids durch Klaglosstellung des Steuerpflichtigen verhindern wollte. Der BFH hat dieses Verfahren dann durch einen Kostenfestsetzungsbeschluss erledigt, der die tragenden Urteilsgründe enthielt.[38]

2. BFH v. 31. 5. 2007 – IV R 54/05: Änderung des steuerlichen Gewinns ohne Änderung eines Bilanzpostens erlaubt Bilanzänderung gem. § 4 Abs. 2 Satz 2 EStG

Die Finanzverwaltung hat im BMF-Schreiben vom 18. 5. 2000[39] erste Anwendungsgrundsätze für die durch das StBereinG 1999 v. 22. 12. 1999 sachlich und zeitlich begrenzende Bilanzänderungsvorschrift des § 4 Abs. 2 Satz 2 EStG festgeschrieben. Dort heißt es:

---

35 BFH v. 13. 6. 2006 – I R 58/05, BFH/NV 2006, 1754 mit Anm. *Prinz*, WPg 2006, 1409, 1412.
36 *Weber-Grellet*, StuB 2007, 314.
37 BFH v. 25. 1. 2006 – IV R 14/04, DB 2006, 478.
38 Zu Details s. *Kanzler*, FR 2007, 435; weiterführend *Eggesiecker/Ellerbeck*, DStR 2007, 1427.
39 BMF, Schr. v. 18. 5. 2000, BStBl. I 2000, 587.

„Eine Bilanzberichtigung bezieht sich auf den unrichtigen Ansatz von Wirtschaftsgütern (aktive und passive Wirtschaftsgüter einschl. Rückstellungen) sowie Rechnungsabgrenzungsposten dem Grunde oder der Höhe nach. Eine Änderung des steuerlichen Gewinns ohne Auswirkung auf den Ansatz eines Wirtschaftsgutes oder eines Rechnungsabgrenzungspostens ist daher keine Bilanzberichtigung."

Damit wurde die Bilanzänderungsmöglichkeit des § 4 Abs. 2 Satz 2 EStG im Gefolge einer Berichtigungsmaßnahme (durch den Steuerpflichtigen selbst oder als BP-Feststellung) deutlich von der Finanzverwaltung eingeschränkt, etwa bei ergebniswirksam geänderten Kapitalkontenentwicklungen einer Personengesellschaft oder gewinnerhöhenden Zwangsentnahmen des Unternehmers. Im Übrigen verlangt die Finanzverwaltung in dem Schreiben, dass sich Bilanzberichtigung und Bilanzänderung auf dieselbe Bilanz beziehen und dass ein enger zeitlicher Zusammenhang nur dann vorliegt, wenn die Bilanz unverzüglich nach einer Bilanzberichtigung geändert wird. Einige Finanzgerichte hatten sich zwischenzeitlich gegen die „Bilanzposten-Sichtweise" der Finanzverwaltung gestellt.[40] Der IV. Senat des BFH hat dem klagenden Steuerpflichtigen nunmehr im Urteil v. 31. 5. 2007[41] Recht gegeben und dem BMF-Schreiben vom 18. 5. 2000 insoweit „seine Gefolgschaft versagt". Der Leitsatz des Judikats lautet:

„Der Zusammenhang einer Bilanzänderung mit einer Bilanzberichtigung liegt auch dann vor, wenn sich die Gewinnänderung im Rahmen der Bilanzberichtigung aus der Nicht- oder der fehlerhaften Verbuchung von Entnahmen und Einlagen ergibt ..."

Gestützt auf den Wortlaut des § 4 Abs. 2 Satz 1 EStG stellt der BFH zu Recht die Ergebnisauswirkung der Korrekturmaßnahme in den Vordergrund. Ob ein Bilanzposten (Wirtschaftsgut, Rechnungsabgrenzungsposten) dem Grunde oder der Höhe nach unrichtig angesetzt wurde, erscheint demgegenüber unerheblich. Der Sachverhalt des Urteils betrifft zwar einen land- und forstwirtschaftlichen Fall (irrtümlich wurde ein Wirtschaftsgut des notwendigen Privatvermögens im Betriebsvermögen erfasst mit den entsprechenden Folgewirkungen), enthält aber weiterführende Überlegungen, die auch für Gewerbetreibende gelten. Für seine Auslegung des § 4 Abs. 2

---

40 So etwa FG Sachsen-Anhalt v. 2. 3. 2006 – 1 K 30482/02, DStRE 2007, 1 = EFG 2006, 1040: Korrektur von Falschbuchungen bei Einlage und Entnahme als Bilanzberichtigung i. S. d. § 4 Abs. 2 Satz 1 EStG. Bestätigt durch BFH v. 31. 5. 2007 – IV R 25/06 (Parallelurteil zu IV R 54/05).
41 BFH v. 31. 5. 2007 – IV R 54/05, DB 2007, 2065. Erläuterung dazu bei *Grützner*, StuB 2007, 778; *Wendt*, FR 2008, 88; *Fink*, NWB 5/2008, 351; *Kohlhaas*, DStR 2007, 2249; *Srebne*, StB 2008, 11. Zu etwas abweichend akzentuierten verfassungsrechtlichen Überlegungen FG Berlin-Brandenburg v. 26. 6. 2007 – 6 K 5269/03 B, EFG 2007, 1698 mit Anm. *Trossen* (NZB beim BFH unter IV B 103/07).

Satz 1 EStG zieht der IV. Senat des BFH auch Überlegungen zur Gesetzgebungshistorie heran; im Übrigen sieht sich der BFH auch durch die Grundsätze verfassungskonformer Auslegung in seiner Rechtsauffassung bestätigt (Vermeidung gleichheitswidriger Benachteiligung von Bilanzierenden gegenüber Überschussrechnern). Insgesamt ist das Urteil gut begründet, für die Besteuerungspraxis hat es erhebliche Bedeutung. Es ist zu hoffen, dass die Finanzverwaltung nicht länger an ihrem restriktiven Verständnis des § 4 Abs. 2 EStG festhält.

V. Zusammenfassung und Gestaltungsempfehlungen für den Umgang mit Bilanzkorrekturen

Das „Recht der Bilanzkorrektur" mit seiner Zweigleisigkeit im Handels- und Steuerrecht wird zunehmend differenziert. Dies resultiert nicht zuletzt aus den unterschiedlichen Zwecken von Handelsbilanz einerseits (Informationsfunktion sowie Ausschüttungsbemessungsfunktion) und Steuerbilanz andererseits (Erfassung zutreffender steuerlicher Leistungsfähigkeit). Hinzu kommen im Handelsrecht erhebliche rechtsformabhängige Differenzierungen und neue Rechtsfragen bei Anwendung internationaler Rechnungslegungsgrundsätze. Die Unterschiede bestehen terminologisch sowie inhaltlich und führen bei Bilanzkorrekturmaßnahmen letztlich zu einer weiteren Durchbrechung der Maßgeblichkeit der Handels- für die Steuerbilanz (§ 5 Abs. 6 EStG).

§ 4 Abs. 2 EStG als steuerliche Grundvorschrift der Bilanzkorrektur war in den letzten Jahren mehrfach Gegenstand von Gesetzesänderungen, die letztlich allesamt eine für die Steuerpflichtigen günstige BFH-Judikatur ändern sollten. Die Gesetzesänderungen waren in jüngerer Zeit Gegenstand einiger neuer BFH-Urteile.

Als Gestaltungsüberlegungen kommen in Betracht:

– *Gestalterische Nutzung der Chancen des subjektiven Fehlerbegriffs* durch den Bilanzersteller, wobei die Grenzen vorsätzlicher oder grob fahrlässiger Bilanzierungsfehler zwingend zu beachten sind. Die Auffassung von BFH und Finanzverwaltung eröffnet dem bilanzierenden Steuerpflichtigen in praktischer Hinsicht bei Aufstellung der Bilanz – jedenfalls theoretisch – erhebliche Spielräume bei der Auslegung handelsrechtlicher GoB dahin gehend, einen für ihn vorteilhaften Ansatz „von vornherein" zu berücksichtigen. Denn in Fällen, in denen eine höchstrichterliche Rechtsprechung noch nicht ergangen ist, kann der Steuerpflichtige jeden gesetzeskonformen und der kaufmännischen Sorgfalt entsprechenden „günstigen" Ansatz in seine Bilanz aufnehmen; dies könnte erhebliche Beurteilungsspielräume schaffen und lässt (möglicherweise ungewollte)

Korrekturbegrenzungen für die Finanzverwaltung aus. Hat sich zum Zeitpunkt der Bilanzerstellung eine gefestigte Übung etwa für eine Rückstellungsthematik nicht herausgebildet, dürfen Verlautbarungen der Finanzverwaltung hinsichtlich ihrer Richtigkeit keinen größeren Stellenwert haben als fundierte Äußerungen im Schrifttum.[42] Unter diesen Voraussetzungen steht es dem Steuerpflichtigen grundsätzlich frei, einen seinen Zielvorstellungen entsprechenden Bilanzansatz auch gegen die hierzu vertretene Finanzverwaltungs-Auffassung zu wählen (Vollverzinsungsproblematik beachten). Ggf. sollte dies unter „Sicherheitsaspekten" in der Steuererklärung kenntlich gemacht werden.

– Berücksichtigt man die restriktive Finanzverwaltungs-Auffassung im Ausgangspunkt, die nunmehr durch den BFH bestätigt wurde, stellt sich für die Praxis die Frage der *Dokumentation des „subjektiven Fehlerbewusstseins" in der Steuerbilanz* (ggf. auch den Erläuterungen dazu), um Zweifel an der Richtigkeit der Finanzverwaltungs-Auffassung zu belegen und wirkliche objektive Bilanzkorrekturen nachschieben zu können. *Strahl*[43] gibt dazu den Hinweis, ggf. den Ausweis eines symbolischen Betrages in Erwägung zu ziehen, um die subjektiv empfundene Fehlerhaftigkeit der Finanzverwaltungs-Auffassung zu dokumentieren. Im Ergebnis erscheint eine solche Handhabung recht gekünstelt; ergänzende Hinweise in einem Schreiben an die Finanzverwaltung bei Einreichung der Steuerbilanz sollten ausreichen.[44] Eine etwaige Korrektur des „günstigen" Bilanzansatzes durch die Finanzverwaltung hindert etwaige spätere Neukorrekturen nicht.[45]

– *Durchführung der Bilanzkorrektur?*: Unter Sicherheitsaspekten stellt sich die Frage, in welchen Fällen die vom Steuerpflichtigen gewünschten Bilanzkorrekturen auch tatsächlich „durchgeführt" werden sollten. Dazu hat der IV. Senat des BFH in seinem Urteil vom 27. 9. 2006[46] klargestellt, dass keine Verpflichtungen des um sein Recht streitenden Steuerpflichtigen zur Durchführung der Bilanzkorrektur besteht. Die gestaltende Wirkung des Urteils – sofern es zugunsten des Steuerpflichtigen ausgeht – bewirkt die steuerbilanzielle Berichtigung, wobei gleiches ausdrücklich auch für die Bilanzänderung gilt.[47] Die vom Steuerpflichtigen „nachgeschobene" Bilanzänderung muss dabei gem. § 4 Abs. 2 Satz 2 EStG tatbestandsgemäß in einem engen zeitlichen und sachlichen Zusammenhang mit der Berichtigung geltend gemacht wer-

---

42 Ähnlich *Herzig/Nitzschke*, DB 2007, 304; *Schulze-Osterloh*, BB 2007, 2337; vgl. eingehend dazu auch *Werra/Rieß*, DB 2007, 2502.
43 KÖSDI 2007, 15709 ff.
44 Allerdings zweifelnd *Tetzlaff/Schallock*, StBp. 2007, 151.
45 So auch OFD Rheinland v. 29. 5. 2007, DStZ 2007, 641.
46 BFH v. 27. 9. 2006 – IV R 7/06, FR 2007, 433.
47 Zustimmend *Fink*, NWB 18/2007, 1554.

den. Etwas anders akzentuiert wohl der I. Senat die Frage der Durchführung der Bilanzkorrektur. Denn in seinem Urteil vom 5. 6. 2007[48] wird bemängelt:

> „Abgesehen davon hat das FG nicht festgestellt, dass die Klägerin geänderte Bilanzen erstellt hat; das wäre aber Voraussetzung für eine Anwendung des § 4 Abs. 2 Satz 1 EStG, da eine Bilanzberichtigung nur vom Unternehmer selbst vorgenommen werden kann ..."

M. E. sollte die Antragstellung auf Bilanzkorrektur im Rechtsbehelfsverfahren ausreichen. Sicherheitshalber kann aber auch daran gedacht werden, tatsächlich korrigierte Steuerbilanzen einzureichen. Eine durch die Finanzverwaltung (üblicherweise die Betriebsprüfung) ausgelöste und als vom Steuerpflichtigen als fehlerhaft empfundene Bilanzkorrekturmaßnahme sollte allerdings nicht übernommen werden, da der Steuerpflichtige sich ansonsten spätere „Rückberichtigungen" möglicherweise verbaut. Schließlich ist bei steuerbilanziellen Änderungsmaßnahmen (etwa aufgrund geänderter Wahlrechtsausübung) der Grundsatz der (umgekehrten) Maßgeblichkeit zu beachten, wobei m. E. allerdings die handelsbilanzielle Durchführung der Änderungsmaßnahme (bspw. im Hinblick auf eine § 6b-Rücklage) in laufender Rechnung ausreicht.[49]

– Könnte möglicherweise die *Maßgeblichkeit als „Instrument"* steuerlicher *Bilanzkorrekturen* genutzt werden? Aus steuerlicher Gestaltungssicht stellt sich die Frage, ob durch das „Zusammenspiel" von steuerrechtlicher Bilanzberichtigung und (nur begrenzt zulässiger) Bilanzänderung eine handelsrechtliche Berichtigungsmaßnahme als „Vehikel" zur Vermeidung der Änderungsbegrenzung des § 4 Abs. 2 Satz 2 EStG genutzt werden kann. Die handelsbilanzielle Fehlerkorrektur dürfte wegen des Maßgeblichkeitsgrundsatzes (§ 5 Abs. 1 EStG) insoweit eine steuerliche Bilanzberichtigung gem. § 4 Abs. 2 Satz 1 EStG zur Folge haben.[50] Die verfahrensrechtlichen Änderungsbegrenzungen sind dabei natürlich zu beachten. Zu bedenken ist allerdings auch, dass eine fehlerkorrigierende handelsrechtliche Bilanzänderung ausgestaltet als Rückwärtskorrektur bei prüfungspflichtigen Gesellschaften Nachtragsprüfungen, ein neues Feststellungsverfahren und neue Offenlegungsverpflichtungen nach sich zieht. Derartigen Überlegungen dürften folglich in der Praxis Grenzen gesetzt sein.

---

48 BFH v. 5. 6. 2007 – I R 47/06, DB 2007, 2119.
49 Dazu auch *Prinz*, Festschrift Müller, München 2001, S. 700 f.; a. A. *Grützner*, StuB 2007, 780.
50 Vgl. mit ähnlichen Überlegungen auch *Crezelius* in Kirchhof (Hrsg.), EStG-KompaktKommentar, 7. Aufl. 2007, § 4 EStG Rz. 249.

Aktuelle Probleme aus dem Bilanzsteuerrecht

Dipl.-Kfm. Manfred Günkel,
Steuerberater und Wirtschaftsprüfer, Düsseldorf

Inhaltsübersicht

I. Abschreibung geringwertiger Wirtschaftsgüter nach der Unternehmensteuerreform 2008

Fall:

Die A-GmbH ist ein Lieferant von Gasflaschen für Industriebetriebe und Privathaushalte. Das Gas wird abgefüllt in Gasflaschen, die den Kunden gegen eine Pfandgebühr überlassen werden. Die Anschaffungskosten für eine Gasflasche mit Ventil betragen 200 Euro. Die A-GmbH hat bisher die Gasflaschen als geringwertige Wirtschaftsgüter in Steuerbilanz und Handelsbilanz jeweils im Jahr der Anschaffung voll abgeschrieben. Für die bei Rückgabe zu erstattende Pfandgebühr bildet sie eine Rückstellung, die sie nach vorliegenden Erfahrungswerten dann gewinnerhöhend auflöst, wenn der Kunde nach zwei Jahren die Gasflasche nicht zurückgegeben hat, weil dann mit einer Rückgabe nicht mehr gerechnet wird[1]. Die Nutzungsdauer der Gasflaschen beträgt erfahrungsgemäß vier Jahre.

Die A-GmbH fragt ihren Steuerberater nach den Auswirkungen von § 6 Abs. 2, 2a EStG in der Fassung des Unternehmensteuerreformgesetzes 2008.

---

[1] Vgl. zur Pfandrückstellung BMF v. 13.6.2005 – IV BZ – S2137 – 30/05, DStR 2005, 1056.

Lösungshinweise:

Nach der bisherigen Rechtslage fielen die Gasflaschen mit ihrem Wert i. H. v. 200 Euro ohne Umsatzsteuer unter die Sonderregelung für geringwertige Wirtschaftsgüter gemäß § 6 Abs. 2 Satz 1 EStG a. F., die besagte, dass abnutzbare bewegliche Wirtschaftsgüter des Anlagevermögens in voller Höhe als Betriebsausgaben absetzbar seien, wenn deren Anschaffungs- und Herstellungskosten bereinigt und die Umsatzsteuer 410 Euro nicht übersteigen.

Nach neuer Rechtslage des UntStRefG 2008 ist § 6 EStG a. F. um einen Absatz 2a erweitert worden, der nun vorsieht, dass alle abnutzbaren beweglichen Wirtschaftsgüter des Anlagevermögens, deren Herstellungs- bzw. Anschaffungskosten einen Betrag von 150 Euro nicht unter- und einen Betrag von 1000 Euro nicht überschreiten, in einem Sammelposten zu bilanzieren sind. Dieser Sammelposten soll beginnend im Anschaffungs- bzw. Herstellungsjahr in fünf gleichen Raten abgeschrieben werden. Ein Ausscheiden eines Wirtschaftsguts vor Ablauf dieser fünf Jahre soll keine Auswirkung auf die Bewertung des Sammelpostens haben. Deshalb kann nach neuem Recht weder dem Umstand der vierjährigen Nutzungsdauer Rechnung getragen werden noch dem Umstand, dass die Pfandrückstellung nach zwei Jahren gewinnerhöhend aufgelöst wird, weil mangels Rückgabe von einem Ausscheiden des Anlagegutes aus dem Betriebsvermögen ausgegangen werden muss.

Nach der Gesetzesbegründung sollen durch die Bildung des auf fünf Jahre abzuschreibenden Sammelpostens und den wegfallenden Dokumentationspflichten die „Bürokratiekosten der Unternehmen deutlich reduziert" werden. Dieses Ziel ließe sich aber nur dann erreichen, wenn der Sammelposten auch in der Handelsbilanz angesetzt werden könnte.

Bisher wurde die Sonderregelung für GwG gemäß § 6 Abs. 2 Satz 1 EStG a. F. im Handelsrecht über die umgekehrte Maßgeblichkeit widergespiegelt und führte somit nicht zu Abweichungen von Handels- und Steuerbilanz. Die gesetzliche Verankerung dafür ergab sich aus § 254 HGB, in dem ein niedrigerer Wert, der auf einer nur steuerrechtlich zulässigen Abschreibung beruht, für zulässig erklärt wird. Der niedrigere Wert betrug in diesen Fällen regelmäßig 0 Euro.

Diese Vorschrift bezog sich auf die Bewertung von Vermögensgegenständen und nicht auf deren Ansatz. Die Neuregelung des § 6 Abs. 2 a EStG n. F. führt jedoch zu einem veränderten Ansatz der Vermögensgegenstände des Anlagevermögens. In dem Bericht des Finanzausschusses[2] wird zwar behauptet, dass dieser Sammelposten auch handelsrechtlich gebildet werden

---

2 BT-Drucks. 16/5491, S. 14.

kann, gesetzlich belegt wird dies jedoch nicht. Nun stellt sich die Frage, ob die durch den Steuergesetzgeber verfolgte Vereinfachung durch die Buchung eines Sammelpostens tatsächlich erreicht wird. M. E. fehlt es an der gesetzlichen Grundlage, diese Sammelbuchung auch in der Handelsbilanz nachzuvollziehen. Grundsätzlich gilt handelsrechtlich der Einzelbewertungsgrundsatz gemäß § 252 Abs. 1 Nr. 3 HGB. Ausnahmen existieren lediglich für einzelne Positionen, die geringwertige Wirtschaftsgüter jedoch nicht umfassen. Daher müssen wohl zukünftig alle Vermögensgegenstände des Anlagevermögens, deren Herstellungs- bzw. Anschaffungskosten einen Wert von 150 Euro übersteigen, in der Handelsbilanz einzeln verbucht werden. Dies gilt im vorliegenden Fall schon deshalb, weil die gewinnerhöhende Auflösung der Pfandrückstellung mit einem vermutlichen Abgang des Anlagegegenstandes zusammenhängt.

Der HFA des IdW hat sich mit der Frage der Abbildung geringwertiger Wirtschaftsgüter in der Handelsbilanz nach den Regelungen des Unternehmensteuerreformgesetzes beschäftigt. Danach soll die mit dem Sammelposten verbundene Durchbrechung des Einzelbewertungsgrundsatzes nach § 252 Abs. 2 HGB unter Wirtschaftlichkeitsgesichtspunkten akzeptabel sein. Zu berücksichtigen sei jedoch, dass die im Einkommensteuergesetz geregelte Auflösung des Sammelpostens zu einer Überbewertung führen könne. Diese ergebe sich zum einen daraus, dass vorzeitige Abgänge nicht berücksichtigt werden dürfen. Zum anderen dürfte der fünfjährige Abschreibungszeitraum tendenziell zu lang sein; die in dem Sammelposten zu erfassenden Vermögensgegenstände werden oftmals eine Nutzungsdauer von unter fünf Jahren aufweisen. Eine Übernahme des Sammelpostens in die Handelsbilanz komme daher nur dann in Betracht, wenn dieser Posten insgesamt von untergeordneter Bedeutung ist. In solchen Fällen sei auch eine Sofortabschreibung bzw. eine sofortige aufwandswirksame Verrechnung der in dem Sammelposten erfassten Anschaffungs- oder Herstellungskosten nicht zu beanstanden[3].

Das bedeutet m. E. für den vorliegenden Fall, dass selbst bei der großzügigen Auslegung des Grundsatzes der Einzelbewertung durch das IdW eine Übernahme des Sammelpostens in die Handelsbilanz nicht möglich sein dürfte.

---

3 Vgl. IDW FN 2007, 506.

II. Bilanzielle Abbildung der „Nachversteuerung" von EK 02

Fall:

An dem ehemals gemeinnützigen Wohnungsunternehmen (X-AG) sind fast ausschließlich Kommunen beteiligt. Lediglich 1 % der Anteile wird von mehreren kleinen Privatunternehmen gehalten. Neben den rd. 400 Wohneinheiten hält die X-AG vereinzelte Festgeldkonten, auf denen temporäre Überschüsse angelegt werden. Die Bilanz zum 31. 12. 2005 weist folgende Zahlen aus:

Gezeichnetes Kapital:	7 000 000 €
Rücklagen lt. Handelsbilanz:	2 320 000 €
Bilanzgewinn lt. Handelsbilanz:	1 300 000 €
Eigenkapital lt. Handelsbilanz:	31 500 000 €

Steuerliches Mehrkapital (wegen Teilwertaufstockung bei Eintritt in die Steuerpflicht):		102 500 000 €
Steuerbilanzielles Eigenkapital:		134 000 000 €
Abzgl. Gezeichnetes Kapital:	./.	7 000 000 €
Abzgl. Steuerl. Einlagekonto	./.	0 €
Ausschüttbarer Gewinn (§ 27 Abs. 1 S. 5 KStG)		127 000 000 €
Bestand des EK 02 zum 31. 12. 2005:		126 000 000 €

In 2006 sollen Dividenden i. H. v. 1 300 000 Euro ausgeschüttet werden. „Steuerfrei" (d. h. ohne Berührung von EK 02) ausschüttungsfähig in 2006 für 2005 seien 1 000 000 Euro. In den Folgejahren bis 2019 sollen die Gewinnausschüttungen konstant 1 300 000 Euro und die „steuerfrei" auskehrbaren Beträge 1 000 000 Euro betragen. Die X-AG möchte wissen, welche Körperschaftsteuererhöhungen sich vor dem Hintergrund des JStG 2008 für sie in der Zukunft ergeben bzw. wie sich eine pauschale, abgeltende Besteuerung der EK-02-Bestände bilanziell auswirken würde.

Lösungshinweise (unter Berücksichtigung des JStG 2008):

In 2006 ergibt sich folgende Situation:

Steuerfrei ausschüttbarer Betrag in 2006 für 2005:	1 000 000 €
Beschlossene und ausgekehrte Dividende in 2006:	1 300 000 €
Einer KSt-Erhöhung unterliegender Teil der Dividende:	300 000 €
KSt-Erhöhung in 2006: 3/7 von 300 000 €	128 571 €
Solidaritätszuschlag: 5,5 % auf KSt	7 071 €
Summe KSt und Soli in 2006:	135 642 €

In den folgenden Jahren ergäbe sich bei Fortgeltung der bisherigen ausschüttungsabhängigen Besteuerungsregelungen eine konstante KSt-Belastung von jeweils 135 642 Euro. Die frühere gesetzliche Regelung der KSt-Erhöhung gemäß § 38 KStG a. F. sollte ursprünglich bis zum Jahr 2019 gelten und dann zu keiner KSt-Erhöhung mehr führen. Die Gesamtbelastung bis 2019 würde dann in der Summe rd. 1,9 Mio Euro. betragen. Da die Körperschaftsteuererhöhung an die jährliche Ausschüttung geknüpft war, musste eine Körperschaftsteuerrückstellung nur jährlich in Höhe der Ausschüttungsbelastung gebildet werden.

Vor dem Hintergrund der Änderungen nach dem JStG 2008 zeichnet sich folgendes Bild:

Gemäß § 38 Abs. 4–7 KStG n. F. wurde die ausschüttungsabhängige Nachversteuerung von EK 02 durch eine pauschale Abschlagzahlung in Höhe von 3 % des zum 31. 12. 2006 festgestellten EK 02 über zehn Jahre beginnend am 30. 9. 2008 ersetzt (alternativ kann auch ein Antrag auf vorzeitige Abgeltung gestellt werden). Diese Zahlungspflicht ist in voller Höhe ergebnisbelastend in der Bilanz per 31. 12. 2007 abzubilden. Die Verbindlichkeit ist abzuzinsen. Für die Ermittlung des zu versteuernden Einkommens ist sie jedoch außerbilanziell vollständig zu korrigieren, da die Zahlung erst von 2008 bis 2017 in zehn gleichen Jahresraten geleistet werden muss.

Ab dem Jahr 2008 würde sich daher folgende Situation für die X-AG ergeben:

Pauschalsteuer:

3 %[4] auf die EK 02-Bestände zum 31. 12. 2006 von 125 564 358 Euro (126 000 000 ./. 300 000 ./. 135 642) = 3 766 930,74 Euro

Zu zahlen in 10 gleichen Jahresraten von 2008–2017 in Höhe von jeweils 376 693,07 Euro

Bei Zahlung eines abgezinsten Einmalbetrages in 2008 (Abzinsungsfaktor: 5,5 % p. a.) betrüge die Steuerbelastung „nur" rd. 3 Mio Euro.

Vergleicht man die aus dem EK-02-Bestand der X-AG entstandene Steuerbelastung auf Basis der früheren Rechtsgrundlage und auf Basis des JStG 2008, stellt man fest, dass in unserem Beispiel eine erhebliche Mehrbelastung zu erwarten ist, wenn der X-AG kein Wahlrecht zur Besteuerung nach altem Recht eingeräumt würde.

---

4 Nach einem BMF-Schreiben v. 15. 2. 2008 – IV B 7 – S 2862/07/0001, wird auf den pauschalen Körperschaftsteuererhöhungsbetrag kein Solidaritätszuschlag erhoben.

Jahr	Aktuelle Rechtslage	JStG 2008	
		Ratenzahlung	Einmalbetrag
2006	135 642	135 642	135 642
2007	135 642	0	0
2008	135 642	376 693	2 995 536
2009	135 642	376 693	0
2010	135 642	376 693	0
2011	135 642	376 693	0
2012	135 642	376 693	0
2013	135 642	376 693	0
2014	135 642	376 693	0
2015	135 642	376 693	0
2016	135 642	376 693	0
2017	135 642	376 693	0
2018	135 642	0	0
2019	135 642	0	0
Summe	**1 898 988**	**3 902 572**	**3 131 178**

Jedoch hat der Bundesrat den Entwurf des JStG 2008 auf Anregung des Bundesrates noch dahingehend geändert, dass das Wahlrecht zur Anwendung des alten Rechts nach § 34 Abs. 16 KStG nunmehr auf Gesellschaften ausgeweitet wurde, deren Tätigkeit zwar nicht ausschließlich, aber überwiegend in der Verwaltung und Nutzung von eigenem Grundbesitz besteht und an denen unmittelbar oder mittelbar juristische Personen des öffentlichen Rechts zu mindestens 50 % beteiligt sind (statt einer im E-JStG noch vorgesehenen ausschließlichen Beteiligung).

In der oben abgebildeten Übersicht wird deutlich, dass die Anwendung der neuen EK 02-Bestimmungen trotz der Klarstellungsempfehlung des Bundesrates zum E-JStG nach wie vor nicht eindeutig ist. Die Unklarheit ist darauf zurückzuführen, dass gemäß § 38 Abs. 4 KStG der Endbetrag des vorhandenen EK 02 letztmalig zum 31. 12. 2006 festgestellt wird und letztmalig für Leistungen gilt, die vor dem 1. 1. 2007 erfolgt sind. Gleichzeitig ordnet § 34 Abs. 1 KStG jedoch an, dass die neuen Regelungen im Allgemeinen erst ab dem VZ 2008 Anwendung finden sollen. Es ist aber davon auszugehen, dass in der Praxis die neu eingeführte pauschale Abschlagszahlung bereits für den VZ 2007 angewendet wird, d. h., dass eine Ausschüttung in 2007 für das Jahr 2006 nicht zu einer Körperschaftsteuererhöhung führt, sondern durch die pauschale Abschlagszahlung abgegolten ist. Die Rückstellung für die Nachversteuerung des EK 02 nach der geplanten Neuregelung wäre in Handels- und Steuerbilanz zum 31. 12. 2007 in voller Höhe zu bilden. Da die Verbindlichkeit in zehn gleich bleibenden Jahresraten getilgt werden kann, ist sie abzuzinsen (§ 6 Abs. 1 Nr. 3a Buchst. e EStG). Fraglich ist die steuerliche Behandlung des Abzinsungsbetrages. § 38 Abs. 6 Satz 8 KStG in der Entwurfsfassung verweist auf die sinngemäße Anwendung von § 37 Abs. 7 Satz 1 KStG. Danach sind die sich im Zusammenhang mit der Vergütung eines Körperschaftsteuerguthabens ergebenden Erträge und Gewinnminderungen (z. B. aus einer Abzinsung) nicht als Einkünfte zu erfassen. Bei sinngemäßer Anwendung auf die Nachversteuerung des EK 02 bedeutet dies, dass die jährliche „Aufzinsung" bei Zahlung der Rate nicht als Betriebsausgabe anzusehen ist.

III. Rückstellung für Altersteilzeit – Fortsetzung der Diskussion[5]

Fall:

Der 60 Jahre alte Arbeitnehmer Herr K. vereinbart im Rahmen einer Einzelvereinbarung mit seinem Arbeitgeber, der A-KG, am 15. 5. 2003 (Vertragsabschluss) zu Beginn des Jahres 2004 bis einschließlich 2007 in das Blockmodell i. S. d. AltTZG einzutreten. Die Vereinbarung sieht eine zweijährige aktive Zeit (Beschäftigungsphase) und eine zweijährige passive Zeit (Freistellungsphase) vor. In der Beschäftigungsphase arbeitet Herr K. in dem bisherigen Umfang weiter. Seine Bezüge gliedern sich wie folgt auf:

1. Ein Grundlohn in Höhe von 50 v. H. des Vollzeitentgelts über die gesamte Altersteilzeit (500 Euro)

2. Weitere Lohnbestandteile in Form von 20 v. H. Aufstockungszahlungen im Sinne des § 3 Abs. 1 Nr. 1 lit. a AltTZG (100 Euro)

Die A-KG beabsichtigt, den in der Freistellungsphase frei werdenden Arbeitsplatz wieder zu besetzen. Am 15. 5. 2005 schließt die A-KG mit dem arbeitslos gemeldeten Herrn L einen Arbeitsvertrag, der ab dem 1. 1. 2006 den frei gewordenen Arbeitsplatz des Herrn K übernehmen soll. Die A-KG beantragt die Erstattung des an Herrn K gezahlten Aufstockungsbetrages

---

5 Der Fall ist die Weiterentwicklung des Falles VI. des Vorjahres und in weiten Teilen an das Beispiel des BMF-Schreibens v. 28. 3. 2007 – IV B 2 – S 2175/07/0002 – Tz. 2, DStR 2007, 761 angelehnt.

im März 2006. Die ersten Erstattungsleistungen werden in 2007 ausgezahlt.

Die Bescheide für die Veranlagungszeiträume 2004–2006 sind aufgrund dieses und anderer Sachverhalte noch nicht bestandskräftig. Die Bilanz 2004 soll bereits zum 30.6.2005 erstellt worden sein. Wie stellt sich der Sachverhalt in der Handels- und Steuerbilanz zu den Bilanzstichtagen dar?

Hintergrund:

Das Altersteilzeitgesetz (AltTZG) ermöglicht nach § 2 Abs. 1 Nr. 1 AltTZG Arbeitnehmern ab dem 55. Lebensjahr einen Übergang in den Ruhestand. Dafür sind zwei Altersteilzeitmodelle vorgesehen: In dem Modell I verringert sich die tägliche Arbeitszeit des Arbeitnehmers während des gesamten Altersteilzeitraumes. Bei dem Modell II (Blockmodell) wird der Altersteilzeitraum in eine Beschäftigungsphase und eine Freistellungsphase unterteilt. In der Beschäftigungsphase arbeitet der Arbeitnehmer in vollem Umfang zu reduzierten Bezügen weiter. In der Freistellungsphase wird der Arbeitnehmer vollständig von der Arbeitstätigkeit freigestellt und bezieht weiterhin reduzierte Bezüge im vereinbarten Umfang.

Die Bezüge während der Altersteilzeit setzen sich in den meisten Fällen aus zwei Komponenten zusammen. Zum einen aus den vereinbarten Lohnzahlungen (lt. AltTZG 50 v. H.) und zum anderen aus den Aufstockungsbeträgen. Die Aufstockungsbeträge können sowohl einen mindestens 20 v. H. Aufschlag auf das Altersteilzeitentgelt als auch zusätzliche Rentenversicherungsbeiträge beinhalten. Sofern der Arbeitgeber auf dem frei werdenden Arbeitsplatz einen arbeitslos gemeldeten Arbeitnehmer oder einen Auszubildenden nach Beendigung seiner Ausbildung beschäftigt (§§ 2, 3 AltTZG), folgt aus § 4 AltTZG ein Anspruch auf Erstattung der gezahlten Aufstockungsbeträge durch die Bundesagentur für Arbeit. Dabei handelt es sich um so genannte Erstattungsbeträge.

Lösungshinweise:

Um eine differenzierte Vorgehensweise zu gewährleisten, soll im Folgenden zwischen den Bestandteilen des Arbeitszeitentgeltes unterschieden werden. Die handels- und steuerrechtliche Behandlung von Lohnzahlungen ist weitgehend unstrittig. Die Auffassungen zur bilanziellen Abbildung der Aufstockungsbeträge gehen jedoch auseinander.

Behandlung von Lohnzahlungen

Nach der einhelligen Literaturmeinung, der Auffassung des BMF sowie der Ansicht des BFH hat der Arbeitgeber beim Blockmodell aufgrund der Vorleistungen des Arbeitnehmers während der Beschäftigungsphase eine Rückstellung wegen Erfüllungsrückstandes zu passivieren.[6] Diese Rückstellung ist kontinuierlich über den Zeitraum der Beschäftigungsphase anzusammeln und gemäß § 249 Abs. 1 Satz 1 HGB als Rückstellung für ungewisse Verbindlichkeiten auszuweisen. Nach dem Grundsatz der Maßgeblichkeit ist diese Rückstellung ebenso in der Steuerbilanz nachzuvollziehen. Aus dem synallagmatischen Arbeitsverhältnis folgt, dass der Arbeitnehmer bereits 100 v. H. seiner Arbeitsleistung erbracht hat, jedoch nur 50 v. H. als Vergütung erhalten hat. Folglich ergibt sich ein Verpflichtungsüberhang in Höhe der verbleibenden 50 v. H. Anders formuliert: Die Rückstellungshöhe bemisst sich nach der Differenz zwischen dem Vollzeitentgelt vor Altersteilzeit und dem Entgelt während der Altersteilzeit.

Behandlung von Aufstockungszahlungen

Die Auffassungen zur Behandlung von Aufstockungszahlungen gehen weit auseinander. Das BMF hat sich in seinen Schreiben vom 11. 11. 1999 und von 27. 3. 2007 geäußert,[7] der BFH in seinem Urteil vom 30. 11. 2005 und das IDW in seiner Verlautbarung vom 18. 11. 1998 sowie in einem Kommentar[8] zu dem BFH-Urteil vom 30. 11. 2005, in dem es an der bisher veröffentlichen Auffassung festhält.

Bisher vertrat die Finanzverwaltung die Meinung, dass für die Aufstockungszahlungen eine weitere Rückstellung für ungewisse Verbindlichkeiten zu bilden ist. Diese Verpflichtung seitens des Arbeitgebers sei jedoch erst mit Ablauf der Beschäftigungszeit in der Bilanz zu erfassen.[9] Damit wäre es ab Beginn der Freistellungsphase zu einem sprunghaften Anstieg der Rückstellungen gekommen. Etwaige Erstattungsansprüche bzgl. der Aufstockungsbeträge seitens des Arbeitgebers gegenüber der Agentur für Arbeit sollten nach bisheriger Auffassung der Finanzverwaltung nicht mit den Rückstellungen verrechnet werden. Vielmehr sollte es

---

6 BFH, Urt. v. 30. 11. 2005 – I R 110/04, DStR 2006, 368; BMF, Schr. v. 11. 11. 1999 – IV C 2 – S 2176 – 102/99 – Tz. 18, BStBl. I 1999, 959; IDW RS HFA 3 Tz. 16, Wpg 1998, 1063 ff.; Beck'scher Bilanz-Kommentar, § 249 HGB Tz. 100; siehe dazu auch die Übersicht.

7 BMF, Schr. v. 28. 3. 2007 – IV B 2 – S 2175/07/0002, DStR 2007, 761; v. 11. 11. 1999 – Rz. 20, BStBl. I 1999, 959.

8 *Prinz*, Wpg 2006, 953–957.

9 BMF, Schr. v. 11. 11. 1999 – IV C 2 – S 2176 – 102/99 – Rz. 19, BStBl. I 1999, 959.

zur Einbuchung einer Forderung kommen, sobald sich der Anspruch des Arbeitgebers hinreichend konkretisiert hatte.[10] Das IDW vertrat dagegen in seiner Stellungnahme vom 18. 11. 1998 die Auffassung, dass die Aufstockungsbeträge bereits zum Zeitpunkt des Vertragsabschlusses (hier 15. 5. 2003) gemäß § 249 Abs. 1 Satz 1 HGB als ungewisse Verbindlichkeit eingebucht werden müssten. Auch das IDW sah keine Rechtsgrundlage für die Verrechnung von Forderungen gegenüber der Agentur für Arbeit und den verbuchten Rückstellungen. Dieser Auffassung ist auch der BFH gefolgt.[11] Bezüglich der Rückstellung für die so genannten Aufstockungsbeträge ist der BFH in seinem Urteil vom 30. 11. 2005 jedoch einen Mittelweg gegangen, indem er die Aufteilung der Altersteilzeitbezüge in Lohnbestandteile und Aufstockungsbeträge ablehnt. Er hält diese für untrennbar miteinander verknüpft, weil der Anspruch auf die Aufstockungsbeträge ohne Arbeitsleistung nicht entstehen könne. Zur Verdeutlichung weist er darauf hin, dass im Todesfall des Arbeitnehmers die Erben keine Ansprüche auf ausstehende Aufstockungsbeträge geltend machen können.[12] Als Schlussfolgerung dieses Standpunktes sollen nach Auffassung des BFH auch die Aufstockungsbeträge bereits in der Beschäftigungsphase ratierlich zurückzustellen sein. Weiterhin sei ein pauschaler Abschlag (für den Fall des Versterbens oder der Invalidität des Arbeitnehmers) in Höhe von 2 v. H. vorzunehmen.[13]

In dem lang erwarteten Schreiben v. 28. 3. 2007 ändert das BMF nun seine Auffassung im Vergleich zu dem Schreiben vom 11. 11. 1999. Es schließt sich der Auffassung des BFH an, der eine Rückstellung im Jahr des Beginns der Beschäftigungsphase vorsieht. Diese Rückstellung soll auf Basis aller in der Freistellungsphase zu leistenden Vergütungen berechnet werden, also unter Berücksichtigung der Aufstockungsbeträge.[14]

Weiterhin sieht es vor, Erstattungsansprüche gegenüber der Agentur für Arbeit rückstellungsmindernd zu berücksichtigen. Ein Erstattungsanspruch gegenüber der Agentur für Arbeit wird als Vorteil i. S. d. § 6 Abs. 1 Nr. 3a Buchst. c EStG qualifiziert. Erstaunlich ist, dass diese Verrechnung des Anspruchs gegenüber der Agentur für Arbeit mit der Rückstellung für ungewisse Verbindlichkeiten bereits erfolgen soll, wenn das Unternehmen plant, den Arbeitsplatz neu zu besetzen.[15] Diese Auslegung ist nicht vertretbar, denn die bloße Möglichkeit eines Vor-

---

10 Vgl. hierzu ausführlich BMF, Schr. v. 11. 11. 1999 – IV C 2 – S 2176 – 102/99 – Rz. 20, BStBl. I 1999, 959.
11 BFH v. 30. 11. 2005 – I R 110/04 – Tz. 52, DStR 2006, 367.
12 BFH v. 30. 11. 2005 – I R 110/04 – Tz. 34, DStR 2006, 367.
13 BFH v. 30. 11. 2005 – I R 110/04 – Tz. 52, DStR 2006, 367.
14 BMF, Schr. v. 28. 3. 2007 – IV B 2 – S 2175/07/0002 – Tz. 2, DStR 2007, 761.
15 BMF, Schr. v. 28. 3. 2007 – IV B 2 – S 2175/07/0002 – Tz. 14, DStR 2007, 761.

teils kann nicht genügen, um durch § 6 Abs. 1 Nr. 3a Buchst. c EStG gegen das allgemein geltende Saldierungsverbot gemäß § 246 Abs. 2 HGB zu verstoßen. Vielmehr ist diese Ausnahmeregelung eng auszulegen und daher nur anzuwenden, wenn die gegenzurechnende Forderung einen hinreichenden Konkretisierungsgrad erfüllt.[16] Nach Auffassung des BMF jedoch gibt es bei einem Vertragsabschluss keine Anhaltspunkte, die für eine Nichterfüllung der Voraussetzungen für den Leistungsanspruch gegenüber der Agentur für Arbeit sprechen.[17] Sollte eine Verrechnung vertretbar sein, müsste diese wohl eher an den Zeitpunkt des Beschäftigungsbeginns geknüpft werden, da es auch Fälle gibt, in denen Arbeitnehmer vor Beschäftigungsbeginn noch von dem Vertrag zurücktreten oder Beschäftigungsbeginn und Vertragsabschluss weit auseinander fallen.[18]

Ferner bietet die Anwendungsvorschrift des BMF-Schreibens vom 28.3.2007 weiteren Diskussionsbedarf. Die Anwendung des aktuellen BMF-Schreibens setzt voraus, dass die Bilanz des Unternehmens nach dem BFH-Urteil vom 30.11.2005 aufgestellt worden ist. Da in unserem Beispiel die Bilanz zum 31.12.2004 bereits am 30.6.2005 erstellt worden ist, müssten die Regelungen des alten BMF-Schreibens v. 11.11.1999 Anwendung finden, obwohl der Veranlagungszeitraum 2004 noch nicht bestandskräftig ist. Konkret bedeutet das, dass die A-KG keine Rückstellung für die Aufstockungsbeträge verbuchen darf, da diese erst mit Beginn der Freistellungsphase berücksichtigt werden durften. Eine Personengesellschaft, die die gleichen Verträge mit ihren Arbeitnehmern abgeschlossen hat, ihre Bilanz per 31.12.2004 aber erst im Dezember 2005 erstellt hat, ist indessen verpflichtet, bereits in der Bilanz per 31.12.2004 eine Rückstellung unter Berücksichtigung der anteiligen Aufstockungsbeträge zu bilden. Es ist nicht ersichtlich, weshalb der Zeitpunkt der Bilanzerstellung ausschlaggebend dafür sein soll, welches BMF-Schreiben Anwendung findet, wenn die Sachverhalte ansonsten vergleichbar sind. Fraglich ist, ob das BMF die Anwendung überhaupt derart beschränken kann. *Prinz* verweist zu Recht auf § 4 Abs. 2 Satz 1 EStG.[19]

Ab dem Jahr 2005 (Bilanz per 31.12.2005) sind schließlich beide Unternehmen verpflichtet, anteilige Aufstockungsbeträge in die Rückstellung einzu-

---

16 Gl. A. *Glanegger* in *Schmidt*, EStG-Kommentar, 26. Aufl., § 6 EStG Rz. 405; ebenso *Prinz* in Status Recht 5/2007 (Beilage DB), S. 154.

17 Vgl. hierzu BMF, Schr. v. 28.3.2007 – IV B 2 – S 2175/07/0002 – Tz. 6 in Verbindung mit Tz. 14, DStR 2007, 761.

18 Gl. A. im Ergebnis, BMF, Schr. v. 11.11.1999 – IV C 2 – S 2176 – 102/99 – Rz. 20, BStBl. I 1999, 959.

19 Vgl. *Prinz*, Status Recht 5/2007 (Beilage DB), S. 154.

stellen, weil dann beide Bilanzen nach dem 30. 11. 2005 aufgestellt worden sind.

In unserem Beispiel sind unter Berücksichtigung des aktuellen BMF-Schreibens folgende Positionen in der Bilanz abzubilden:

Bilanz der A-KG per 31. 12. 2004

Für diese Bilanz ist aus den oben genannten Gründen das BMF-Schreiben v. 11. 11. 1999 anzuwenden, so dass lediglich die in der Freistellungsphase (24 Monate) zu leistenden Lohnzahlungen in eine Rückstellung für ungewisse Verbindlichkeiten einzustellen ist. Entsprechend der ratierlichen wirtschaftlichen Verursachung ist zum 31. 12. 2004 nach einem Jahr Altersteilzeit erst der halbe Vergütungsanspruch der Freistellungsphase erarbeitet worden i. H. v. 6000 Euro (1/2*(24 × 500 Euro)). Abgezinst mit einem Zinssatz von 5,5 % gemäß § 6 Abs. 1 Nr. 3a Buchst. e EStG sowie BMF-Schreiben vom 11. 11. 1999[20] ergibt sich ein Rückstellungsbetrag i. H. v. 2391,25 Euro (500 Euro monatlich im Jahr 2006 abgezinst auf den 31. 12. 2004). Etwaige Erstattungsansprüche gegenüber der Agentur für Arbeit dürfen nicht verrechnet werden, weil dies nach dem alten BMF-Schreiben erst zum Zeitpunkt der Antragstellung auf Erstattung erfolgen darf. [21] In unserem Beispiel wird der Antrag erst im März 2006 gestellt.

Eine Personengesellschaft, die ihre Bilanz erst nach dem 30. 11. 2005 erstellt hat, muss zusätzlich zu den Lohnzahlungen auch die Aufstockungsbeträge anteilig berücksichtigen. Daher wären in diesem Fall 7200 Euro (1/2 * (24 × 600 Euro)). die Bemessungsgrundlage für eine Rückstellung für ungewisse Verbindlichkeiten. Da nach Auffassung des BMF jedoch anscheinend bereits aufgrund der Absicht, den betreffenden Arbeitsplatz wieder zu besetzen, mehr Gründe für als gegen die Wiederbesetzung des Arbeitsplatzes sprechen, sind die Aufstockungsbeträge in der Freistellungsphase entsprechend der wirtschaftlichen Verursachung als künftige Vorteile zu verrechnen (12 × 100 Euro = 1200 Euro), so dass die Bemessungsgrundlage für die Berechnung auch wieder 6000 Euro (7200 Euro – 1200 Euro) beträgt und damit eine Rückstellung i. H. v. 4860 Euro (81 % von 6000 Euro gemäß Barwerttabelle des BMF-Schreibens vom 28. 3. 2007[22], Teilzeitvertrag über insgesamt vier Jahre, Restlaufzeit drei Jahre) zu bilden ist. Hieran sieht man, dass die Finanzverwaltung zwar scheinbar die Auffassung des

---

20 BMF, Schr. v. 11. 11. 1999 – IV C 2 – S 2176 – 102/99 – Rz. 18, BStBl. I 1999, 959.
21 BMF, Schr. v. 11. 11. 1999 – IV C 2 – S 2176 – 102/99 – Rz. 20, BStBl. I 1999, 959.
22 BMF, Schr. v. 28. 3. 2007 – IV B 2 – S 2175/07/0002 – Anlage, DStR 2007, 761.

BFH übernimmt, durch die Verrechnungsvorschrift jedoch die Höhe der Rückstellung wieder auf eine Bemessungsgrundlage korrigiert, die sich auch nach dem BMF-Schreiben vom 11.11.1999 ergeben hätte. Dadurch, dass an die Rückstellungsminderung durch die Forderung gegenüber der Agentur für Arbeit nur sehr geringe Anforderungen gestellt werden, kann davon ausgegangen werden, dass es in den meisten Fällen nicht zu einer erhöhten Rückstellung kommen wird.

Bilanz der A-KG per 31.12.2005

Ab dem Jahr 2005 ist das BMF-Schreiben vom 28.3.2007 maßgeblich, so dass die A-KG die gesamten für die Freistellungsphase zu leistenden Vergütungen anteilig in einer Rückstellung für ungewisse Verbindlichkeiten zu passivieren hat. Zum 31.12.2005 hat der Arbeitnehmer nach dem Prinzip der wirtschaftlichen Verursachung seine volle Leistung erbracht und damit einen Anspruch auf gleichbleibende Vergütung (Lohnzahlungen und Aufstockungszahlungen von insgesamt 600 Euro) für die gesamte Freistellungsphase (2006 und 2007). Auch in diesem Jahr sind die Erstattungsansprüche nach Auffassung des BMF[23] mit der Höhe der Rückstellung zu verrechnen. Der zu passivierende Rückstellungsbetrag errechnet sich damit wie folgt:

$$
\begin{aligned}
&(24 \times 600\ € =)\quad 14\,400\ € \ \text{(Lohn- und Aufstockungszahlungen)}\\
-\ &(24 \times 100\ € =)\quad 2\,400\ € \ \text{(Erstattungsanspruch)}\\
=\ &\qquad\qquad\qquad \underline{12\,000\ €}
\end{aligned}
$$

Gemäß der Tabelle der Anlage des aktuellen BMF-Schreibens vom 28.3.2007 ergibt sich somit ein Rückstellungsbetrag i.H.v. **11 160 Euro** (93 % von 12 000 Euro).

Bilanz per 31.12.2006

Ende des Jahres 2006 sind nur noch die verbleibenden Vergütungsansprüche für das Jahr 2007 (12 × 600 Euro = 7200 Euro) des Herrn K. in der Rückstellung zu berücksichtigen. Verrechnet werden müssen wiederum die Erstattungsansprüche gegenüber der Agentur für Arbeit für das Jahr 2007 (12 × 100 Euro = 1200 Euro), so dass eine Rückstellung i.H.v. 5760 Euro (96 % von 6000 Euro) zu bilden ist. Lt. BMF-Schreiben v. 28.3.2007 soll der Erstattungsanspruch gegenüber der Agentur für Arbeit zum 31.12.2006 als Forderung i.H.v. 2400 Euro (2 × 12 × 100 Euro) zu aktivieren sein. Als Begründung wird im Klammerzusatz der Hinweis auf „ein Jahr Neubeschäftigung in der Freistellungsphase zzgl. entspre-

---

23 BMF, Schr. v. 28.3.2007 – IV B 2 – S 2175/07/0002 – Tz. 14, DStR 2007, 761.

chender Zeitraum der Beschäftigungsphase"[24] gegeben. Es ist nicht ersichtlich, weshalb bereits zum 31. 12. 2006 (im dritten Jahr der vierjährigen Altersteilzeit) der vollständige Anspruch auf die Erstattungsleistungen der Jahre 2006 und 2007 in einer Forderung ausgewiesen werden soll. M. E. liegt hier eine doppelte Berücksichtigung der in 2007 erst entstehenden Erstattungsansprüche vor. Gemäß § 3 Abs. 1 Nr. 2 Buchst. a, Abs. 3 i. V. m. § 5 Abs. 2 AltTZG ist Voraussetzung für den Erstattungsanspruch, dass ein arbeitslos gemeldeter Arbeitnehmer oder ein Auszubildender nach Ausbildungsabschluss den frei gewordenen Arbeitsplatz besetzt. Zum 31. 12. 2006 ist keineswegs sicher, dass der Arbeitnehmer, der im Jahr 2006 den Arbeitsplatz eingenommen hat, auch im Jahr 2007 im Unternehmen verbleibt. Zudem ist der Erstattungsanspruch für 2007 (12 × 100 Euro = 1200 Euro) wie oben ausgeführt rückstellungsmindernd zu berücksichtigen. Daher dürfte nur ein Erstattungsanspruch i. H. v. 1200 Euro gegenüber der Agentur für Arbeit zu aktivieren sein, weil die Anspruchsvoraussetzungen erst für ein Jahr (2006) erfüllt worden sind, der Anspruch aber noch nicht erstattet worden ist.

Bilanz per 31. 12. 2007

Die Rückstellung i. H. v. 5760 Euro ist nun vollständig aufzulösen. Die in 2006 verbuchte Forderung gegenüber der Agentur für Arbeit ist entsprechend der Erstattungsleistung aufzulösen.

---

24 BMF, Schr. v. 28. 3. 2007 – IV B 2 – S 2175/07/0002 – Tz. 14, DStR 2007, 761.

Übersicht

		IDW	BMF auf Basis des Schreibens vom 28.3.2007	BFH
Lohnzahlungen	Bilanzierungszeitpunkt	Während der Beschäftigungsphase	Während der Beschäftigungsphase	Während der Beschäftigungsphase
	Ansatz der Höhe nach	Betrag des noch nicht entlohnten Anteils der Arbeitsleistung (ratierlich)	Gesamte Vergütung der Freistellungsphase (ratierliche Erfassung von Lohn- und Aufstockungszahlungen)	Gesamte Vergütung der Freistellungsphase (ratierliche Erfassung von Lohn- und Aufstockungszahlungen)
	Abzinsung	Ja	Grundsätzlich ja	Nein
	Rückstellungsminderung durch Erstattungsleistungen	Nein	Ja	Nein
Aufstockungszahlungen	Bilanzierungszeitpunkt	Bei Vertragsabschluss	Während der Beschäftigungsphase	Während der Beschäftigungsphase
	Ansatz der Höhe nach	Vollständig	s. Behandlung bei Lohnzahlungen	s. Behandlung bei Lohnzahlungen
	Abzinsung	Ja	Ja	Nein
	Rückstellungsminderung durch Erstattungsleistungen	Nein	Ja	Nein, aber Fluktuationsabschlag

IV. Begriff der „dauerhaften Wertminderung" bei der Teilwertabschreibung

Fall:

Die A-AG kauft am 1.2.2007 eine Computeranlage zu Anschaffungskosten i. H. v. 15 000 Euro. Diese Anlage wird über eine Nutzungsdauer von fünf Jahren linear abgeschrieben. Der Teilwert soll in den Jahren 2007 und 2008 dem Buchwert entsprechen. Im Jahr 2009 kommt es zu einer technischen Neuerung, die den Teilwert der Anlage auf 2000 Euro sinken lässt.

Ist in diesem Fall im Jahr 2009 eine Teilwertabschreibung möglich?

Lösungshinweise:

Bis zum Jahr 1999 war eine Teilwertabschreibung auf abnutzbare Wirtschaftsgüter bereits möglich, wenn der Teilwert eines Wirtschaftsgutes unter den Buchwert gesunken war. Mit dem Steuerentlastungsgesetz 1999/2000/2002[25] hat der Gesetzgeber die Teilwertabschreibung an eine dauerhaft vorliegende Wertminderung im Vergleich zum Buchwert geknüpft.

Der Buchwert eines abnutzbaren Wirtschaftsgutes des Anlagevermögens sind die Anschaffungs- oder Herstellungskosten vermindert um die Absetzungen für Abnutzung und sonstige Abzüge wie Sonderabschreibungen etc. Der Teilwert gemäß § 6 Abs. 1 Nr. 1 Satz 3 EStG ist der Betrag, den ein Erwerber des gesamten Betriebs im Rahmen eines Gesamtkaufpreises für das einzelne Wirtschaftgut ansetzen würde unter Annahme der Betriebsfortführung. Gemäß § 6 Abs. 1 Nr. 1 Satz 2 EStG kann der Steuerpflichtige den Teilwert anstelle des Buchwerts ansetzen, wenn dieser aufgrund einer voraussichtlich dauernden Wertminderung niedriger ist.

In seinem Urteil vom 14.6.2006 hat der BFH nun den Begriff der „dauerhaften" Wertminderung konkretisiert. Eine dauerhafte Wertminderung eines abnutzbaren Wirtschaftsguts soll demnach vorliegen, wenn der Teilwert des Wirtschaftsguts zum Bilanzstichtag voraussichtlich mindestens für die halbe Restnutzungsdauer unter dem planmäßigen Restbuchwert liegt. Damit bestätigt er grundsätzlich die Auffassung der Finanzverwaltung in dem BMF-Schreiben vom 25.2.2000,[26] widerspricht aber der Vor-

---

25 Vgl. Steuerentlastungsgesetz 1999/2000/2002, BGBl. I 1999, 404, § 6 Abs. 1 Nr. 1 Satz 2 EStG.

26 Es ist darauf hinzuweisen, dass der BFH (vgl. BFH v. 14.3.2006 – I R 22/05, DStR 2006, 1311) eine restriktivere Haltung für die Auslegung der dauerhaften Wertminderung einnimmt, dies aber in seinen Ausführungen im Urteil vom

instanz. Das FG Münster hatte in seinem Urteil vom 14. 1. 2005 entschieden, dass die Dauerhaftigkeit der Wertminderung für einen Prognosezeitraum von fünf Jahren nachgewiesen und damit die Voraussetzung der dauerhaften Wertminderung erfüllt sei.[27] Der BFH ist der Auffassung, die Beschränkung des relevanten Prognosezeitraums auf fünf Jahre sei nicht sachgemäß, eine dauerhafte Wertminderung liege nur vor, wenn der Rest-Buchwert mindestens während der halben voraussichtlichen Rest-Nutzungsdauer über dem Teilwert liege. In allen anderen Fällen lägen bloße Wertschwankungen vor.[28] Damit geht er über die Aussagen des BMF-Schreibens vom 25. 2. 2000[29] hinaus. Das BMF-Schreiben nimmt in dem angeführten Beispiel zwar an, der Teilwert falle für mehr als die halbe Restnutzungsdauer unter den planmäßigen Buchwert, spricht aber vorher lediglich davon, dass der Teilwert des Wirtschaftsguts während eines erheblichen Teils der Verweildauer im Unternehmen unter dem Buchwert liegen muss.[30] In einem folgenden Absatz (Rz. 6) wird zwar konkretisiert, dass bei einer Wertminderung über die mindestens halbe Restnutzungsdauer von einer dauerhaften Wertminderung ausgegangen werden *kann,* jedoch wird nicht zwingend auf dieses Merkmal abgestellt. Daher ist eine andere Sichtweise im Einzelfall durch das BMF-Schreiben nicht ausgeschlossen worden.

In unserem Beispiel entspricht der Buchwert in 2007 und 2008 dem Teilwert. Die Nutzungsdauer der Anlage soll fünf Perioden betragen. Ab der dritten Nutzungsperiode sinkt der Teilwert unter den planmäßigen Buchwert, so dass bei einer Gesamtnutzungsdauer von fünf Perioden in drei Perioden der Teilwert geringer ist als der planmäßige Buchwert (siehe Spalte Teilwert ./. Buchwert). Entscheidend ist, dass der Teilwert mindestens für die halbe Restnutzungszeit unter dem planmäßigen Buchwert liegt, was hier der Fall ist. In unserem Beispiel wäre dann eine Teilwertabschreibung im Jahr 2009 auf 2000 Euro zulässig. In den folgenden Jahren wäre dann eine lineare Abschreibung auf Basis des veränderten Teilwerts vorzunehmen.

Zur Verdeutlichung soll folgende Tabelle dienen:

---

27. 3. 2006 nicht klar zum Ausdruck bringt; vgl. daher hierzu das BMF-Schreiben v. 25. 2. 2000, BStBl. I 2000, 372 ff.

27 Vgl. FG Münster v. 14. 1. 2005 – 9 K 1564/03 K, EFG 2005, 684.

28 Vgl. BFH v. 14. 3. 2006 – I R 22/05, DStR 2006, 1311.

29 BMF, Schr. v. 25. 2. 2000 – IV C 2 – S 2171 b – 14/00, BStBl. I 2000, 372 ff.

30 BMF, Schr. v. 25. 2. 2000 – IV C 2 – S 2171 b – 14/00 – Rz. 3, BStBl. I 2000, 372 ff.

Jahr	Buchwert per 31.12.	Teilwert[31]	Teilwert ./. Buchwert
2007	12 000	12 000	0
2008	9 000	9 000	0
2009	6 000	2 000	– 4 000
2010	3 000	1 000	– 2 000
2011	0	0	0

V. Bilanzielle Behandlung eines „negativen Kaufpreises"

Fall:

Die A-GmbH erwirbt von der B-GmbH alle Anteile an der C-GmbH. Die C-GmbH hat einen nicht durch Eigenkapital gedeckten Fehlbetrag und hat in den letzten Jahren nur Verluste erzielt. Die B-GmbH hat eine „harte" Patronatserklärung zugunsten der C-GmbH abgegeben. Im Rahmen der Übernahme der Anteile vereinbaren die Parteien, dass der Verkäufer an die Käuferin bei Übernahme der Anteile einen Betrag von 3 Mio. Euro zahlt („negativer Kaufpreis"), im Gegenzug aber aus der Patronatserklärung entlassen wird.

Nach Erwerb begründet die A-GmbH mit der C-GmbH eine Organschaft und beginnt mit der Sanierung, die durch Restrukturierungskosten zunächst zu einem im Rahmen der Organschaft zu übernehmenden Verlust führt.

Fraglich ist die bilanzielle Behandlung des „negativen Kaufpreises" bei der A-GmbH.

Lösungshinweise:

Fraglich ist zunächst, ob die „negative Kaufpreiszahlung" auf der Seite der Käuferin zu einer sofortigen Gewinnrealisierung führt. Mit dem negativen Kaufpreis wird offensichtlich ein negativer Geschäftswert oder Unternehmenswert der C-GmbH abgegolten, der durch die abgegebene Patronatserklärung laufend die B-GmbH belastete. Der BFH hat in seinem Urteil vom 26.4.2006 [32] entschieden, dass beim Erwerb von Anteilen an einer Kapitalgesellschaft gegen eine Zuzahlung des Veräußerers beim Erwerber kein unmittelbarer „Erwerbsgewinn" entsteht, sondern ein passiver Ausgleichsposten auszuweisen ist. Der BFH knüpft damit an frühere Entscheidungen zur

---

31 Vereinfachend sollen Zinseffekte unberücksichtigt bleiben.
32 BFH v. 26.4.2006 – I R 49, 50/04, DStR 2006, 1313.

Zahlung eines „negativen Geschäftswerts" seitens des Verkäufers im Rahmen von Asset Deals oder bei der Übernahme von Personengesellschaften an.[33]

Fraglich ist aber weiterhin, wie dieser gebildete passive Ausgleichsposten fortzuentwickeln ist. Der BFH musste sich in seiner Entscheidung vom 26.4.2006 mit dieser Frage nicht befassen und hat sie ausdrücklich offen gelassen. Für den Fall der Übernahme einer Personengesellschaft wird davon ausgegangen, dass ein in der Ergänzungsbilanz des Erwerbers passivierter Ausgleichsposten gewinnerhöhend aufzulösen ist, wenn die Beteiligung beendet wird oder insoweit als aus der Personengesellschaft Verluste zugewiesen werden.[34] Übertragen auf den vorliegenden Fall ergibt sich daraus, dass eine gewinnrealisierende Ausbuchung des passiven Ausgleichspostens auf jeden Fall bei einer späteren Veräußerung der Beteiligung zu erfolgen hat. Eine vorzeitige Auflösung des passiven Ausgleichspostens könnte aber auch im Rahmen der im Wege der Organschaft übernommenen Sanierungsverluste in Betracht kommen. Dies würde der Behandlung der Verrechnung des passiven Ausgleichspostens mit Verlustanteilen aus einer Personengesellschaft entsprechen. Zum anderen spricht für diese Lösung, dass durch die Sanierung der „negative Geschäftswert", der Ursache für die Zahlung war, abgebaut wird und die GmbH-Beteiligung keinen negativen Wert mehr hat.

VI. Rückstellungen – Wahrscheinlichkeit der Inanspruchnahme bei öffentlich-rechtlichen und privatrechtlichen Verpflichtungen

Fall:

Die B-GmbH veräußert am 30.6.2006 ein in ihrem Eigentum stehendes Betriebsgrundstück an die C-GmbH. Das betreffende Betriebsgrundstück ist kontaminiert. Um alle Risiken auszuschließen, besteht die C-GmbH darauf, dass sich die B-GmbH in dem Kaufvertrag dazu verpflichtet, für alle möglichen Verpflichtungen, die zukünftig aus der Kontaminierung des Grundstücks entstehen können (ordnungsrechtliche Verfügungen oder Sanierungskosten), aufzukommen. Zu diesem Zeitpunkt haben weder externe Gutacher noch die Behörden Kenntnis von der Kontamination. Die B-GmbH hatte in ihrer Bilanz zum 31.12.2005 keine Rückstellung für ungewisse Verbindlichkeiten ausgewiesen. In ihrer Bilanz zum 31.12.2006

---

33 Vgl. BFH v. 21.4.1994 – IV R 70/92, BStBl. II 1994, 745.
34 BFH v. 21.4.1994 – IV R 70/92, BStBl. II 1994, 745; *Wacker* in Schmidt, EStG-Kommentar, 26. Aufl., § 16 EStG Rz. 511.

holt sie dies nun nach. Die Betriebsprüfung ist der Auffassung, dass sich der Sachverhalt im Vergleich zum Vorjahr (2005) nicht verändert hat. Wie sind diese Verpflichtungen in der Bilanz zum 31. 12. 2006 der B-GmbH abzubilden?

Lösungshinweise:

Erlangt eine Behörde Kenntnis von der Kontamination eines Grundstücks kann der Eigentümer dieses Grundstücks dazu verpflichtet werden, das Grundstück zu sanieren bzw. die Kontamination zu beseitigen. Um das Risiko der Kostenbelastung aus einer Sanierungsverpflichtung auszuschließen, kauft die C-GmbH das Grundstück der B-GmbH nur unter der Bedingung, dass diese sämtliche zukünftig entstehenden Sanierungsverpflichtungen übernimmt. Die Verpflichtung zur Beseitigung von Umweltschäden (Altlastensanierung) ist eine öffentlich-rechtliche Verpflichtung. Für eine solche öffentlich-rechtliche Verpflichtung[35] ist eine Rückstellung für ungewisse Verbindlichkeiten zu bilden, wenn

– eine Verbindlichkeit dem Grund und/oder der Höhe nach besteht/wahrscheinlich entsteht[36]

– diese vor dem Bilanzstichtag wirtschaftlich verursacht wird[37]

– der Schuldner mit seiner Inanspruchnahme ernsthaft rechnen muss und nicht nur die bloße Möglichkeit besteht.[38]

Öffentlich-rechtliche Verpflichtungen müssen darüber hinaus weiteren Kriterien genügen, um als hinreichend konkretisiert beurteilt werden zu können. Der BFH führt aus, dass die Kenntnis des Gläubigers entscheidend sein soll. Bei vertraglichen, also zweiseitigen, Verbindlichkeiten ist lt. BFH davon auszugehen, dass dieser seine Rechte in Anspruch nehmen wird, denn er wird sie kennen. Bei öffentlich-rechtlichen Verbindlichkeiten dagegen handele es sich um einseitige Verbindlichkeiten, bei denen der „Gläubiger" häufig keine Kenntnis seines Anspruchs habe.[39] Deshalb müssen nach Auffassung des BFH[40] im Zeitpunkt der Bilanzaufstellung hinreichende Anhaltspunkte dafür vorliegen, dass der Schaden den Behörden bekannt ist oder kurzfristig bekannt sein wird. Nur dann soll der Schuldner mit seiner Inanspruchnahme ernsthaft rechnen müssen. In Anwendung des BFH-Ur-

---

35 Vgl. z. B. BFH Urt. v. 25. 8. 1989 – III R 95/87, BStBl. II 1987, 848.
36 Vgl. z. B. BFH, Urt. v. 1. 8. 1984 – I R 88/80, BFHE 142, 226 m. w. N.
37 Vgl. z. B. BFH, Urt. v. 19. 5. 1987 – VIII R 327/83, BFHE 150, 140.
38 Vgl. BFH, Urt. v. 9. 3. 1988, BStBl. II 1989, 359.
39 Vgl. BFH, Urt. v. 19. 10. 1993 – VIII R 14/92, BStBl. II 1993, 891 ff.
40 Vgl. BFH, Urt. v. 19. 10. 1993 – VIII R 14/92, BStBl. II 1993, 891 ff.

teils vom 19. 10. 1993 hat die B-GmbH zum 31. 12. 2005 demnach keine Rückstellung für ungewisse Verbindlichkeiten ausgewiesen.

Für die Bilanz zum 31. 12. 2006 ist eine differenzierte Betrachtung erforderlich. Die B-GmbH ist durch ihre Verpflichtung zur Übernahme aller entstehenden Sanierungskosten eine privatrechtliche Verpflichtung eingegangen. Diese privatrechtliche Verpflichtung knüpft allerdings an eine öffentlich-rechtliche Verpflichtung an, die durch den Eigentumsübergang auf die C-GmbH übergeht. Es stellt sich nun die Frage, ob diese privatrechtliche Verpflichtung durch eine Rückstellung für ungewisse Verbindlichkeiten in der Bilanz abgebildet werden muss. Der BFH[41] hat am 9. 2. 2006 erneut entschieden, dass eine Rückstellung wegen Verletzung fremder Patente gemäß § 5 Abs. 3 Satz 1 Nr. 2 EStG nicht voraussetzt, dass der Patentinhaber von der Rechtsverletzung Kenntnis erlangt.[42] Es gelte lediglich die Auflösungspflicht gemäß § 5 Abs. 3 Satz 2 EStG, wenn dasselbe Schutzrecht in mehreren Jahre verletzt wird, der Patentinhaber aber nach Ablauf des dritten Jahres seine Rechte noch nicht durchgesetzt hat. Man geht davon aus, dass dann kein Interesse des Patentinhabers besteht, seine Rechte überhaupt durchzusetzen. Der BFH begründet dies damit, dass bei privatrechtlichen Verpflichtungen unter Kaufleuten allgemein davon auszugehen ist, dass der Berechtigte seine Rechte wahrnimmt, unabhängig davon, ob er im Bilanzierungszeitpunkt schon Ansprüche geltend gemacht oder Kenntnis davon hat. Daher müsste die B-GmbH ab dem Jahr 2006 eine Rückstellung für ungewisse Verbindlichkeiten bilden. In unserem Beispiel wird deutlich, zu welchen fragwürdigen Ergebnissen die Unterscheidung des BFH zwischen privatrechtlichen und öffentlich-rechtlichen Verpflichtungen führt.[43] Es kann nicht sachgerecht sein, dass die B-GmbH für ihre Pflicht zur Altlastensanierung erst eine Rückstellung in 2006 verbuchen muss, wenn sie nicht mehr Eigentümerin des dazugehörigen Grundstücks ist. Der BFH betrachtet in seinen Urteilen vom 9. 2. 2006,[44] 19. 10. 1993[45] und 11. 11. 1981[46] offensichtlich nicht den Fall, in dem öffentlich-rechtliche Verpflichtungen mit privatrechtlichen kombiniert werden.

Die C-GmbH dürfte in ihrer Position als Eigentümerin des Grundstücks und damit als mit der B-GmbH gesamtschuldnerisch Haftende (§ 10 Bod-

---

41 Vgl. BFH, Urt. v. 9. 2. 2006 – IV R 33/05, DStR 2006, 885.
42 Damit bestätigt er grundsätzlich das Urteil des BFH v. 11. 11. 1981 – I R 157/79, BStBl. II 1982, 748 f.
43 Kritisch hierzu auch schon *Herzig*, DB 1994, 18 ff. in seinen Anmerkungen zum BFH-Urteil v. 19. 10. 1993 – VIII R 14/92 sowie *Herzig/Köster* in der Beilage zum BB 1994, Heft 33, S. 1–23.
44 BFH, Urt. v. 9. 2. 2006 – IV R 33/05, DStR 2006, 885.
45 Vgl. BFH, Urt. v. 19. 10. 1993 – VIII R 14/92, BStBl. II 1993, 891 ff.
46 Vgl. BFH, Urt. v. 11. 11. 1981 – I R 157/79, BStBl. II 1982, 748 f.

SchG) eine Rückstellung für die öffentlich-rechtliche Verpflichtung aber so lange nicht ausweisen, wie die Behörde offensichtlich keine Kenntnis von der Kontamination erlangt. Auch eine Forderung dürfte m. E. so lange nicht ausgewiesen werden, da es sich bei der Forderung um eine aufschiebend bedingte Forderung handelt, denn diese Forderung ist davon abhängig, dass die Behörde von der Kontaminierung Kenntnis erlangt und den Schuldner (i. d. F. die B-GmbH) in Anspruch nimmt.[47] Es sollte möglicherweise auch bei öffentlich-rechtlichen Verpflichtungen der Ausweis der Rückstellung nicht abhängig von der Kenntnis des Gläubigers (der Behörde) gemacht werden, sondern im Zweifel eine Einzelfallbeurteilung vorgenommen werden.

---

47 Vgl. *Adler/Düring/Schmaltz*, § 246 HGB Rz. 41, 42 und allg. 113.

6. Leitthema:
Kapitalgesellschaften und Konzerne

Die neue Bilanzpublizität – Offenlegung im elektronischen Register und Strategien zu ihrer Vermeidung

Dr. Markus Niemeyer
Wirtschaftsprüfer und Steuerberater, Wuppertal

Inhaltsübersicht

I. Enforcement der Publizität durch das EHUG

1. Konzeption und Rechtsgrundlage der neuen Publizität[1]

Die gesetzliche Verpflichtung zur Bilanzpublizität besteht in Deutschland bereits seit dem Bilanzrichtliniengesetz aus dem Jahre 1985. Im Jahr 2000 wurden dann durch das Kapitalgesellschaften & Co. Richtliniengesetz (KapCoRiLiG) Personengesellschaften in Rechtsform der klassischen GmbH & Co. KG in den Kreis der offenlegungspflichtigen Rechtsträger einbezogen. In der Praxis sind die gesetzlichen Vorgaben zur Offenlegung (von aktiven Teilnehmern der Kapitalmärkte abgesehen) bislang weitgehend unbeachtet geblieben. Nach Schätzungen erfüllen derzeit nur ca. 5 % aller von der Bilanzpublizität erfassten Unternehmen ihre Offenlegungspflichten[2]. Das Publizitätsverhalten der zur Offenlegung verpflichteten Unternehmen

---

1 Die nachfolgenden Betrachtungen haben ausschließlich die nach dem HGB für Jahres- und Konzernabschlüsse geltenden Publizitätspflichten zum Gegenstand. Kapitalmarktrechtliche Offenlegungspflichten etc. werden nicht betrachtet.

2 Vgl. *Leuering/Nießen*, NJW-Spezial 2006, 411; vgl. auch Untersuchung von *Theile/Nitsche*, WPg 2006, 1141.

wird sich jedoch beginnend mit den Jahresabschlüssen 2006[3] grundlegend verändern, denn am 1. 1. 2007 ist das Gesetz über das elektronische Handelsregister und Genossenschaftsregister sowie das Unternehmensregister (EHUG) in Kraft getreten.

Neben der Digitalisierung der Registerführung enthält das EHUG einen völlig neuen Ansatz hinsichtlich der Publizität: Durch eine eigens hierfür gegründete Institution wird erstmals ein aktives „Enforcement" der Jahresabschlusspublizität etabliert. Künftig wird das im Zuge des Bürokratieabbaus neugeschaffene Bundesamt für Justiz in Zusammenarbeit mit dem Betreiber des elektronischen Bundesanzeigers von Amts wegen prüfen, ob für die registrierten Unternehmen Jahresabschlussunterlagen eingereicht wurden. Ist dies nicht der Fall, wird die Einreichung der Unterlagen durch ein Ordnungsgeldverfahren mit spürbaren ggf. mehrfach erhobenen Geldbußen von bis zu 25 000 Euro erzwungen.

Anders als noch beim KapCoRiLiG macht der Gesetzgeber – getrieben von der Europäischen Union – mit dem EHUG hinsichtlich der Einhaltung der Publizitätsvorschriften ernst. Die praktisch sanktionslose Nichtbeachtung der Offenlegungspflichten hat zum 31. 12. 2006 ihr Ende gefunden[4]. Da deutsche Unternehmen traditionell die Transparenz scheuen, stehen viele Unternehmen und deren Berater nun vor der Aufgabe, geeignete Maßnahmen zu identifizieren und umzusetzen, die ihnen nunmehr aufgezwungene Publizität rechtsgestaltend zu vermeiden oder zumindest den Informationsgehalt der offenzulegenden Daten zu minimieren.

2. Umfang der Offenlegungspflichten

Der Kreis der offenlegungspflichtigen Unternehmen sowie Art und Umfang der einzureichenden Unterlagen haben sich mit dem Inkrafttreten des EHUG nicht verändert. Auch die materiellen Erleichterungsmöglichkeiten für kleine und mittelgroße publizitätspflichtige Gesellschaften wurden beibehalten. Kleine Unternehmen haben unverändert nur (verkürzte) Bilanz und Anhang, mittelgroße und große Unternehmen auch Gewinn- und Verlustrechnung und Lagebericht einzureichen[5].

---

3 Das EHUG gilt erstmals für Jahres- und Konzernabschlüsse für nach dem 31. 12. 2005 beginnende Geschäftsjahre.

4 In wettbewerbsintensiven Bereichen und je nach Lieferanten- und Kundenstruktur des Unternehmens können sich durch die Publizität erhebliche wirtschaftliche Nachteile für die betroffenen Unternehmen ergeben. Die Verfassungsmäßigkeit des EHUG soll daher erneut auf den Prüfstand gestellt werden.

5 Daneben sind einzureichen: Bestätigungs-/Versagungsvermerk, Ergebnisverwendungsvorschlag und -beschluss, Bericht des Aufsichtsrats und Entsprechenserklärung zum Corporate Governance Kodex (vgl. § 325 Abs. 1 HGB).

Allerdings ist die Unterscheidung zwischen großen, mittelgroßen und kleinen Gesellschaften im Hinblick auf die Einreichungsform der Offenlegung ihrer Jahresabschlüsse durch das EHUG gestrichen worden. Alle Gesellschaften müssen die einzureichenden Dokumente beim Betreiber des elektronischen Bundesanzeigers[6] in elektronischer Form einreichen und unverzüglich nach der Einreichung im elektronischen Bundesanzeiger bekanntmachen lassen.

Es ist damit zu rechnen, dass aufgrund der sehr viel einfacheren Einsichtnahmemöglichkeit mittels Internet ein deutlich erhöhter Zugriff auf die Information stattfinden wird. Auch die kommerzielle Auswertung der Daten durch Kreditinstitute, Brancheninformationsdienste und Finanzinformationsdienstleister wird zunehmen.

3. Sanktionsmechanismus

Das Sanktionsrecht ist im EHUG völlig neu gestaltet. Während Offenlegungsverstöße bisher nur in den (seltenen) Fällen verfolgt wurden, in dem ein entsprechender Antrag gestellt wurde, werden sie ab dem 1.1.2007 von Amts wegen aktiv verfolgt.

Um die Amtsgerichte nicht zu überlasten, verlagert das EHUG die Zuständigkeit für die Ahndung der Offenlegungsverstöße auf das neue Bundesamt für Justiz[7]. Die entsprechenden Verfahrensvorschriften enthält der neu gefasste § 335 HGB.

Konkret ist vorgesehen, dass der Betreiber des elektronischen Bundesanzeigers zu prüfen hat, ob die einzureichenden Unterlagen fristgemäß und vollständig eingereicht worden sind (§ 329 Abs. 1 HGB). Dabei erstreckt sich die Prüfung der Vollständigkeit auch auf die Frage, ob die offenlegungspflichtige Gesellschaft von größenabhängigen Erleichterungsmöglichkeiten zu Recht Gebrauch gemacht hat (§ 329 Abs. 2 HGB). Eine inhaltliche Prüfung der eingereichten Unterlagen oder eine Prüfung auf Plausibilität durch den Betreiber des elektronischen Bundesanzeigers ist nicht vorgesehen. Eingereichte „falsche" Bilanzen werden daher nicht als solche erkannt. Hier wäre es sinnvoll, wenn der Betreiber des elektronischen Bundesanzeigers Kontrollmechanismen einrichten würde, die zumindest erkennen, wenn der Bilanzenzusammenhang, z.B. bezüglich des Eigenkapitals, im Folgejahr nicht gewahrt ist.

---

6 Betreiber des elektronischen Bundesanzeigers ist die Bundesanzeiger Verlagsgesellschaft mbH, Köln.
7 Errichtet zum 1.1.2007 durch das Gesetz zur Errichtung und zur Regelung der Aufgaben des Bundesamts für Justiz v. 17.12.2006, BGBl. I 2006, 3171 ff.

Ergibt die Prüfung, dass die einzureichenden Unterlagen nicht oder unvollständig eingereicht wurden, muss der Betreiber des elektronischen Bundesanzeigers dies gemäß § 329 Abs. 4 HGB an das Bundesamt für Justiz melden. Praktisch wird er hierzu einen Abgleich der gemeldeten und registrierten Unternehmensgründungsdaten mit erhaltenen Jahresabschlussunterlagen etc. vornehmen.

Nach der entsprechenden Meldung droht das Bundesamt für Justiz den Mitgliedern des vertretungsberechtigten Organs der Kapitalgesellschaft oder GmbH & Co. KG oder auch der Gesellschaft selbst[8] ein Ordnungsgeld von mindestens 2500 Euro und maximal 25 000 Euro für den Fall an, dass der Verpflichtung zur Offenlegung nicht innerhalb von sechs Wochen nach Zugang der Androhung nachkommen wird[9]. Ein Einspruch gegen die Androhung des Ordnungsgeldes hat nach neuer Rechtslage keine aufschiebende Wirkung (§ 335 Abs. 3 Satz 6 HGB).

Werden die Unterlagen innerhalb dieser Frist eingereicht, so hat die Gesellschaft oder der gesetzliche Vertreter der Gesellschaft, gegen die sich die Androhung richtete, lediglich die Verfahrenskosten zu tragen. Diese belaufen sich auf 50 Euro zuzüglich Auslagen[10].

Wenn die Offenlegung nicht innerhalb der gesetzten Sechs-Wochen-Frist erfolgt, wird das Ordnungsgeld mit mindestens 2500 Euro festgesetzt und zugleich die frühere Verfügung unter Androhung eines erneuten Ordnungsgelds wiederholt. Dieser Prozess wiederholt sich bis zur Offenlegung der Unterlagen. Einzige Begrenzung ist die genannte Höchstsumme von 25 000 Euro je einzelnem Ordnungsgeld.

Die Sechs-Wochen-Frist ist nicht verlängerbar. Auf ein Verschulden für die Nichteinreichung kommt es nach dem Wortlaut des Gesetzes grundsätzlich nicht an. Daher ist es unerheblich, ob der Jahresabschluss aus nachvollziehbaren Gründen noch nicht fertig gestellt werden konnte, die Hauptversammlung den Jahresabschluss noch nicht festgestellt hat oder der Wirtschaftsprüfer das Testat noch nicht erteilt hat[11].

Bei nur geringfügiger Überschreitung der Sechs-Wochen-Frist – als geringfügig dürfte zumindest eine Einreichung innerhalb von einer Woche nach

---

8 Die Möglichkeit, die Androhung auch an die Gesellschaft richten zu können, wurde geschaffen, da über den Sitz der Gesellschaften im Regelfall die Zustellung der Androhung unproblematisch ist.
9 Nach *Schlauß*, DB 2007, 2191 (2194) soll das Bundesamt für Justiz auch gegen beide gleichzeitig vorgehen können.
10 § 6 Abs. 1 Nr. 4 JVKostO i. V. mit Nummer 600 u. 601 der Anlage dort.
11 Vgl. *Schlauß*, DB 2007, 2191 (2194).

Ablauf der Sechs-Wochen-Frist anzusehen sein[12] – kann das Bundesamt für Justiz das Ordnungsgeld herabsetzen.

Zur Wahrung der Frist genügt die Einreichung von Jahresabschluss und Lagebericht, die anderen Unterlagen können auch nachgereicht werden[13].

Absehbare Folge des neuen Verfahrens ist, das jedes betroffene Unternehmen früher oder später – unabhängig von der Nachfrage eines Dritten beim Register – dem Zwang zur Offenlegung nachgibt. Wie schnell das Bundesamt für Justiz mit der Prüfung und dem Betreiben des Mahnverfahrens ist, kann allerdings derzeit noch nicht abgeschätzt werden. Nach Auffassung von *Schlauß*, Referent im Bundesamt für Justiz, sollten hier die Möglichkeiten zur weitgehenden Automatisierung der Abläufe allerdings nicht unterschätzt werden[14].

4. Fristen der Offenlegung

Die Unternehmen gehen regelmäßig davon aus, dass die Offenlegung der einzureichenden Unterlagen bis zum Ende des auf den Bilanzstichtag folgenden Geschäftsjahres erfolgen muss. Diese Regelung ist zwar tatsächlich so in § 325 Abs. 1 Satz 2 HGB enthalten[15]. Dabei wird allerdings der erste Teilsatz der Vorschrift übersehen: Nach § 325 Abs. 1 Satz 2 erster Teilsatz gilt als Grundsatz, dass die Offenlegung des Jahresabschlusses „unverzüglich nach seiner Vorlage an die Gesellschafter" zu erfolgen hat. Spätestens muss dies vor Ablauf des zwölften Monats des dem Abschlussstichtag nachfolgenden Geschäftsjahres geschehen sein[16]. In der Praxis wird die Ausnahme zumindest bisher zur Regel gemacht. Es ist nicht ausgeschlossen, dass künftig auch hier eine Verschärfung eintritt, da der Betreiber des elektronischen Bundesanzeigers wie bereits erwähnt nicht nur die Einreichung der offenzulegenden Unterlagen, sondern auch die Rechtzeitigkeit der Einreichung gemäß § 329 Abs. 1 Satz 1 HGB zu prüfen hat.

Interessanterweise erstreckt sich die Mitteilungspflicht an das Bundesamt für Justiz aber nur auf die fehlende und unvollständige, nicht auch auf die nicht fristgemäße Einreichung. Ob die bloß i. S. von § 325 Abs. 1 Satz 2 erster Teilsatz HGB verspätete Einreichung zwangsweise zur Einschaltung des Bundesamts für Justiz führt, ist daher noch nicht abschließend geklärt.

---

12 Vgl. *Schlauß*, DB 2007, 2191 (2194).
13 Vgl. § 325 Abs. 1 Satz 5 HGB.
14 *Schlauß*, DB 2007, 2191 (2194).
15 Für kapitalmarktorientierte Kapitalgesellschaften gilt eine verkürzte Frist von vier Monaten, § 325 Abs. 4 HGB.
16 Für kapitalmarktorientierte Unternehmen i. S. von § 325 Abs. 4 HGB gilt eine Viermonatsfrist.

Schließlich ist der erzwingbare Erfolg ja schon – wenn auch i. S. von Satz 2 erster Teilsatz verspätet – zu diesem Zeitpunkt i. d. R. eingetreten. Um einerseits eine rechtzeitige Offenlegung sicherzustellen und andererseits die Publizität nicht früher als notwendig herzustellen, kann bei Einreichung der Unterlagen zum elektronischen Bundesanzeiger für die Offenlegung im elektronischen Bundesanzeiger auch ein späteres Datum (z. B. der letzte Arbeitstag des elektronischen Bundesanzeigers im jeweiligen Jahr) vorgegeben werden[17].

Hinsichtlich der Form der Einreichung schreibt § 325 Abs. 1 HGB die Einreichung in elektronischer Form vor. Es steht den Ländern jedoch frei, eine längstens bis zum Jahresende 2009 geltende Übergangsregelung dahingehend zu erlassen, dass bis zu diesem Zeitpunkt die Unterlagen auch noch in Papierform eingereicht werden können.

5. Kosten

Die Einreichung der offenzulegenden Unterlagen ist mit Kosten verbunden. Die Höhe der Kosten hängt von dem Format ab, in dem die Unterlagen eingereicht werden. Zulässige Formate waren zunächst das XML-Format sowie Word-, Excel- und RTF-Dateien[18]. Mit Wirkung ab 1. 9. 2007 hat der Betreiber der anhaltenden Kritik aus der Wirtschaft und der Beraterschaft Rechnung getragen, indem er seither auch das PDF-Format zur Einreichung zulässt.

Bei Einreichung von Jahresabschlüssen kleiner Gesellschaften im Anlieferungsformat XML im Umfang von bis zu zehn DIN A4-Seiten werden pauschal 50 Euro, bei mittelgroßen Gesellschaften 70 Euro erhoben. Die Praxis zeigt jedoch, dass eine Anlieferung im XML-Format trotz der bereitgestellten Software sehr zeitaufwändig ist, da fast alle Daten neu eingegeben werden müssen. Unter Berücksichtigung dieses Zeitaufwandes dürfte sich im Regelfall eine Einreichung im XML-Format nur wegen der damit verbundenen relativ geringen Gebührenersparnis nicht lohnen.

Bei Einreichung in Papier-, Excel-, Word-, RTF- oder PDF-Form werden je Zeichen 2,5 Cent (Papier und PDF), 2,25 Cent (Excel) bzw. 1,5 Cent (Word, RTF) erhoben. Die Preise sinken dabei nach einem Stufenmodell je nach Menge der Zeichen. Erste Praxiserfahrungen und eigene Berechnungen zeigen, dass bei Einreichung von Bilanz, Gewinn- und Verlustrechnung, vierseitigem An-

---

17 § 325 Abs. 2 HGB verlangt allerdings eine unverzügliche Bekanntmachung im elektronischen Bundesanzeiger. Sanktionsmechanismen sind insoweit allerdings nicht ersichtlich.
18 Bis Ende 2009 ist zusätzlich auch eine Anlieferung in Papierform möglich, vgl. Art. 61 EGHGB.

hang, zweiseitigem Lagebericht, Bestätigungsvermerk und Ergebnisverwendungsbeschluss Kosten von rd. 400 Euro bei Papieranlieferung (ebenfalls wohl im neuerdings zugelassenen PDF-Format), 240 Euro bei Word-Dateien und 70 Euro bei (theoretischer) Nutzung des XML-Formats anfallen.

6. Aufgabe und Verantwortung des Wirtschaftsprüfers/Steuerberaters bei der Offenlegung

Die Offenlegungspflichten richten sich ausschließlich an die gesetzlichen Vertreter der offenlegungspflichtigen Unternehmen. Dem Wirtschaftsprüfer obliegen insoweit keine unmittelbaren Verpflichtungen. Seine Hauptpflicht aus dem Prüfungsauftrag besteht unverändert darin, ein gebundenes Testatsexemplar in Papierform an das geprüfte Unternehmen auszuliefern. Gleiches gilt für den bilanzaufstellenden Steuerberater.

Allerdings kann für die Einreichung beim Betreiber des elektronischen Bundesanzeigers das Testatsexemplar bzw. der aufgestellte Jahresabschluss in Papierform lediglich noch übergangsweise bis Ende 2009 verwendet werden. Für den Regelfall der elektronischen Einreichung ist das Unternehmen praktisch auf die Mitwirkung des Wirtschaftsprüfers/Steuerberaters angewiesen, da ihm das ausgelieferte Testatsexemplar bzw. das Jahresabschlussexemplar regelmäßig nicht unmittelbar in elektronischer Form zur Verfügung steht.

Zwar ist nunmehr seit September 2007 auch eine Überlassung im als sicher geltenden PDF-Format denkbar, problematisch ist aber, dass der Berater hierdurch eine ungünstigere Kostenfolge für seinen Mandanten auslöst, als bei Übergabe ungeschützter Word- und Excel-Dateien.

Der Wirtschaftprüfer wird daher in vielen Fällen das Testatsexemplar in letztgenannter offener elektronischer Form dem Unternehmen zur Verfügung stellen müssen. Dies birgt das Risiko von Fehlern bei der Übermittlung oder auch von bewussten Manipulationen durch den Mandanten in sich. Nach § 325 Abs. 6 HGB in Verbindung mit § 12 Abs. 2 HGB ist es grundsätzlich nicht erforderlich, die Authentizität des elektronischen Dokuments durch Beifügung einer qualifizierten elektronischen Signatur zu sichern. Nach Auffassung des Fachausschusses Recht des Instituts der Wirtschaftprüfer kann hiervon ausgehend ein gewisses Risiko der (bewussten) Veränderung des Datenmaterials nicht vermieden werden. Das Institut der Wirtschaftprüfer sieht aber in der Stellungnahme von weitergehenden Schutzerfordernissen ab, da der Gesetzgeber bewusst auf die Sicherung der Authentizität und der Integrität der einzureichenden Abschlussdaten im Interesse eines unbürokratischen und schlanken Verfahrens verzichtet habe[19]. Allerdings erging die Stellungnahme zu einer Zeit, als es

---

19 Fachausschuss Recht, Sitzung vom 21. 2. 2007, FN 2007, 322 ff.

noch nicht möglich war, PDF-Dateien einzureichen. Auch wenn der Wirtschaftprüfer nicht verpflichtet ist, die Offenlegung des Mandanten auf Vollständigkeit oder auf inhaltliche Richtigkeit zu überprüfen, scheint dies im eigenen Interesse im gewissen Umfang zumindest dann zweckmäßig, wenn er die Unterlagen in offener Form zur Verfügung gestellt hat, um Verfälschungen der Zahlen auszuschließen. Gleiches gilt für den Steuerberater hinsichtlich des von ihm aufgestellten Jahresabschlusses.

Für den Wirtschaftsprüfer und den Steuerberater erschließt sich mit der Bereitstellung des Offenlegungsjahresabschlusses eine Zusatzdienstleistung. Die Gebührenverordnung der Steuerberater ist hier nicht direkt anwendbar. Es sollte daher am besten eine schriftliche Honorarvereinbarung abgeschlossen werden.

Der Wirtschaftsprüfer und Steuerberater ist dabei auch berechtigt, den Mandanten in dem u. U. notwendigen Ordnungsgeldverfahren zu vertreten.

Schließlich ist aus Sicht des Wirtschaftprüfers und Steuerberaters zu beachten, dass der im elektronischen Bundesanzeiger unter Bezugnahme auf seinen Namen oder seine Bescheinigung/Testat veröffentlichte Jahresabschluss so etwas wie seine Visitenkarte ist. Zudem werden bislang praktisch flächendeckend die offengelegten, testierten Jahresabschlüsse von der Wirtschaftsprüferkammer durchgesehen. Hier wird also auch ein Qualitätswettbewerb einsetzen, der vermutlich zu einer deutlichen Verbesserung insbesondere der kleineren Jahresabschlüsse und der Lageberichte führen wird.

7. Nutzung des Unternehmensregisters

Das Unternehmensregister ist seit dem 2. 1. 2007 online (www.unternehmensregister.de). Es speichert ausschließlich Daten, die schon an anderer Stelle öffentlich gemacht wurden. § 8b Abs. 2 HGB enthält eine Aufzählung der Daten und Meldungen, die das Unternehmensregister zugänglich macht[20]. Quellen, aus denen sich des Unternehmensregisters speist, sind insbesondere das Handels-, Genossenschafts- und Partnerschaftsregister und der elektronische Bundesanzeiger. Der angestrebte und wohl auch erzielte Vorteil des Unternehmensregisters für den Rechts- und Wirtschaftsverkehr liegt in der Möglichkeit der zentralen und schnellen Online-Einsicht.

---

20 Zu einer instruktiven Übersicht der für die einzelnen Rechtsformen abzugebenden und damit abrufbaren Meldungen vgl. *Noack*, Status-Recht 2/2007 (Beilage zu Der Betrieb), 56 ff.

Die Daten von Handels-, Genossenschafts- und Partnerschaftsregister werden über das Unternehmensregister in Form eines Portals zugänglich gemacht. Dies ermöglicht eine zentrale Suche in den vernetzten Registern. Die Jahresabschlüsse von Unternehmen sind allerdings nicht über das Portal, sondern nur über das Unternehmensregister des Bundesanzeigers abzurufen.

Die Einsichtnahme in das Unternehmensregister ist Jedem zu Informationszwecken gestattet (§ 9 Abs. 1 HGB). Eine Einsichtnahme ist ausschließlich über das Internet möglich.

Abrufe der zu einer Registernummer elektronisch gespeicherten Daten über das Registerportal werden mit 4,50 Euro je Abruf berechnet. Die elektronische Übermittlung von Jahresabschlüssen, die vor 2007 und dementsprechend noch nicht in elektronischer Form beim Handelsregister eingereicht wurden, wird mit 2,00 Euro je Seite, mindestens 25,00 Euro berechnet[21].

II. Reaktionen in der Praxis

Wichtig ist zunächst, dass sich die Unternehmen der durch das EHUG völlig veränderten Situation hinsichtlich der Offenlegung bewusst werden. Dies wird für mittelständische Unternehmen – insbesondere für erfolgreiche mittelständische Unternehmen – anders als für börsennotierte Unternehmen oder ohnehin im Lichte der Öffentlichkeit stehende Großunternehmen – zu der Frage an den Berater führen, wie die – nunmehr unvermeidlich gewordene – Publizität eingeschränkt oder vielleicht doch gänzlich vermieden werden kann.

Als Strategien zur Minimierung der Publizität kommen die Nutzung sämtlicher größenabhängiger Erleichterungen, die Nutzung von Bilanzierungswahlrechten wie Aufwandsrückstellungen, der Einzelkostenansatz bei Herstellungskosten, die Nutzung der Betriebsaufspaltung, die Ausgliederung von immateriellen Werten oder einzelnen Geschäftsfeldern in gesonderte Gesellschaften, die Umwandlung von bilanziellem Eigenkapital in verzinsliche Gesellschafterdarlehen, die deutliche Heraufsetzung der Gesellschafter-Geschäftsführerbezüge bei Personengesellschaften und dergleichen mehr in Betracht[22].

---

21 Einzelheiten regelt das Gebührenverzeichnis zur JVKostO.
22 Vgl. z. B. Übersicht aus jüngster Zeit bei *Plagens/Wolter/Henke*, DStR 2007, 1413 (1417 f.).

Vielfach wird aber das Bemühen nicht nur auf eine Minimierung der Information, sondern entsprechend der (gesetzeswidrig) bislang geübten Praxis der Nichtoffenlegung darauf gerichtet sein, die Publizität insgesamt zu vermeiden. Dabei ist die Ausgangslage für Personen- und Kapitalgesellschaften sehr unterschiedlich. Im Folgenden soll auf Maßnahmen zur gänzlichen Vermeidung der Publizität bei beiden Rechtsformen näher eingegangen werden, wobei die Vermeidung bei Tochter-Kapitalgesellschaften im Vordergrund steht.

III. Vermeidung der Publizität bei Personengesellschaften

Der vermeintlich einfachste Lösungsweg ist die Aufnahme einer natürlichen Person als Vollhafter („Vollhafterlösung"). Nicht selten scheitert diese aber daran, dass eine geeignete Person gefunden werden muss, die einerseits möglichst wenig Haftungsmasse bietet und sich andererseits nicht allzu störend in die Gesellschaft einbringt. Dem Vollhafter können schließlich nach h. M. nicht sämtliche Einwirkungsmöglichkeiten auf die Gesellschaft entzogen werden. Hinzu kommt die Schwierigkeit der unvermeidbaren fünfjährigen Nachhaftung.

Weniger problematisch dürfte in vielen Fällen eine Befreiung von der Offenlegung schlicht durch den Einbezug der Personengesellschaft in einen offengelegten Konzernabschluss sein. Dies bietet zugleich den Vorteil der Befreiung von einer gegebenenfalls bestehenden gesetzlichen Prüfungspflicht und von der Bindung an die strengeren Bilanzierungsvorschriften für Kapitalgesellschaften[23].

Als Konzern kann insoweit auch bereits die klassische GmbH & Co. KG mit der Komplementär-GmbH als Obergesellschaft anzusehen sein. Optimal ist es, wenn es durch Konsolidierung ausreichend gewichtiger anderer Gesellschaften gelingt, die Informationen bezüglich einzelner Gesellschaften ausreichend zu überdecken. Für den typischen Fall, dass die Komplementär-GmbH nicht an der KG beteiligt ist, führt die Aufstellung eines Konzernabschlusses durch die Komplementär-GmbH hinsichtlich der Bilanzoptik allerdings dazu, dass das Konzernergebnis mit Ausnahme der der Komplementär-GmbH verbleibenden Haftungsprämie als Ergebnisanteil Fremder auszuweisen ist. Gleichwohl ist diese Gestaltungsmöglichkeit nicht uninteressant, insbesondere wenn insoweit eine Erstkonsolidierung vorzuneh-

---

23 § 264 Abs. 3 HGB; allerdings wird es für Konzernzwecke zur Sicherung der einheitlichen Bilanzierung und Bewertung notwendig sein, zumindest eine HB II nach den strengeren für Kapitalgesellschaften geltenden Vorschriften aufzustellen.

men ist, bei der vorhandene stille Reserven dann bilanzwirksam aufgedeckt werden können.

Zu beachten ist allerdings, dass die Obergesellschaft im Einzel- und Konzernabschluss eine Aufstellung des Anteilsbesitzes der Unternehmen, an denen die Gesellschaft mit mindestens 20 % beteiligt ist, vorzunehmen hat[24]. In der Aufstellung des Anteilsbesitzes sind Name, Sitz, Höhe des Anteils am Kapital, Eigenkapital und vor allem Ergebnis des letzten Geschäftsjahres des Beteiligungsunternehmens anzugeben. Es tritt somit zumindest das Ergebnis der von der Offenlegung befreiten Gesellschaft in Erscheinung. Eine Befreiung von dieser Angabepflicht kommt nach §§ 286 Abs. 3 Nr. 2, 313 Abs. 3 Satz 1 HGB nur dann in Betracht, wenn durch die Offenlegung ein erheblicher Nachteil für ein beteiligtes Unternehmen entstehen kann, was nach herrschender Auffassung nur in besonderen Ausnahmefällen der Fall ist.

Die Wirkung der Angabepflicht des Geschäftsjahresergebnisses lässt sich in ihrer Wirkung dadurch weiter mildern, dass es gerade bei Personengesellschaften ohne viel Aufwand möglich ist, bisherige Gewinnbestandteile in handelsrechtlichen Aufwand zu transformieren. Zu denken ist hier z. B. an Gesellschafterdarlehenszinsen und insbesondere Gesellschaftervergütungen.

Scheidet die Vollhafterlösung aus, führt somit die Kombination von befreiendem Konzernabschluss und ggf. gezielter Beeinflussung des Jahresergebnisses der zu befreienden Gesellschaft am besten zu der beabsichtigten Vermeidung allzu weitreichender Zwangstransparenz.

IV. Vermeidung der Publizität bei Kapitalgesellschaften

Das HGB sieht grundsätzlich keine Möglichkeit zur Befreiung von der Offenlegungspflicht betreffend den Einzelabschluss von Kapitalgesellschaften vor. Für kleine Kapitalgesellschaften ist es durch Beschluss von Vorabausschüttungen vor dem Bilanzstichtag zumindest möglich, die Offenlegung des erzielten Jahresergebnisses zu vermeiden[25]. Eine Ausnahme gilt auch bei Kapitalgesellschaften dann, wenn sie nach § 264 Abs. 3 HGB in einen befreienden Konzernabschluss einbezogen werden. Hierdurch kann die Offenlegung vermieden werden. Dabei wird vielfach darauf verwiesen, dass dies u. a. einen Ergebnisabführungsvertrag mit der Tochtergesellschaft voraussetzt, was in vielen Fällen aus guten Gründen, nicht zuletzt aus Haftungsüberlegungen, nicht gewollt ist.

---

24 §§ 285 Nr. 11, 313 Abs. 2 Nr. 4 HGB.
25 Vgl. ausführlich *Sattler/Meeh*, DStR 2007, 1595 u. 1643.

Es lohnt jedoch, diese weit verbreitete Ansicht zu hinterfragen: Zu wenig beachtet wird, dass § 264 Abs. 3 Nr. 2 HGB insoweit zwei Optionen enthält. Zum einen kann ein Ergebnisabführungsvertrag nach § 302 AktG abgeschlossen werden, zum anderen ist es aber auch ausreichend, wenn „eine solche Verpflichtung freiwillig übernommen" wird und „diese Erklärung nach § 325 offengelegt" wird und der Befreiung von der Offenlegung alle Gesellschafter zugestimmt haben[26]. Es kann somit die Befreiung von der Offenlegung des Einzelabschlusses durch einen befreienden Konzernabschluss auch ohne Abschluss eines formellen Ergebnisabführungsvertrages erreicht werden[27].

Bei der zur Erfüllung von § 264 Abs. 3 Nr. 2 Alternative 2 HGB erforderlichen freiwilligen Verlustübernahmeerklärung handelt es sich nach herrschender Meinung nicht um einen Unternehmensvertrag mit organisationsrechtlichem Charakter, sondern um eine rein schuldrechtliche Vereinbarung. Derartige Verlustübernahmeverträge können daher ohne Einhaltung der besonderen Wirksamkeitsvoraussetzungen für Unternehmensverträge abgeschlossen werden. Insbesondere kann die Zustimmung der Hauptversammlung oder der Gesellschafterversammlung der die Verlustübernahme zusagenden Gesellschaft nicht, auch nicht in analoger Anwendung der §§ 293, 294 AktG gefordert werden[28], d.h. Vorstand bzw. Geschäftsführer können die Verlustdeckungszusage ohne Mitwirkung von Hauptversammlung/Gesellschafter-versammlung abgeben. Im Übrigen muss die freiwillige Verlustübernahmeerklärung inhaltlich derjenigen des § 302 AktG entsprechen[29].

Im Einzelnen erfordert § 264 Abs. 3 Nr. 2 2. Alternative HGB Folgendes:

– Abschluss Verlustübernahmevertrag,

– Zustimmung des Gesellschafters zur Befreiung von der Offenlegung,

– Offenlegung und Bekanntmachung im elektronischen Bundesanzeiger, dass ein Verlustübernahmevertrag geschlossen wurde, die Gesellschafter der Befreiung von der Offenlegung zugestimmt haben und dass die Toch-

---

26 § 264 Abs. 3 Nr. 1 u. 2 2. Alternative HGB.
27 Bei Erfüllung der Tatbestandsmerkmale des § 264 Abs. 3 Nr. 2 2. Alternative HGB tritt nicht nur Befreiung von der Offenlegung, sondern auch von der Prüfungspflicht und der Beachtung der strengeren Rechnungslegungsvorschriften für Kapitalgesellschaften ein. Im Folgenden wird allein die Befreiung von der Offenlegung betrachtet. Zu evtl. besonderen Sorgfaltspflichten für die Aufsichtsgremien bei Nutzung auch der Befreiung von der Prüfungspflicht vgl. *Schmalenbach/Kiefner*, DB 2007, 1068.
28 Vgl. *Hüffer*, Aktiengesetz, 7. Aufl. 2006, § 291 AktG Rz. 28, m.w.N.
29 Beck'scher Bilanzkommentar, 6. Aufl. 2006, § 263 HGB Rz. 89.

tergesellschaft von der Offenlegung gem. § 264 Abs. 3 HGB durch Einbezug in einen Konzernabschluss befreit ist,

– Offenlegung des befreienden Konzernabschlusses,

– Angabe im Anhang des befreienden Konzernabschlusses, dass dieser be-
freiend für die Tochter-Kapitalgesellschaft wirkt.

Im Ergebnis werden somit die Gläubigerschutzinteressen dadurch gewahrt,
dass die Konzernmutter für etwaige Verluste der Tochter einsteht und deren
Vermögens- und Ertragsverhältnisse durch Offenlegung des Konzernabschlusses den Gläubigern bekannt sind. Die Gesellschafterinteressen werden dadurch gewahrt, dass die Befreiung von der Offenlegung die Zustimmung aller Gesellschafter voraussetzt.

Die steuerliche Situation ändert sich durch Abschluss der Verlustübernahmeerklärung nicht. Es liegt keine Organschaft vor.

Unter Risikogesichtspunkten ist aus Sicht der Obergesellschaft die Kündi-
gungsmöglichkeit für den freiwillig abgeschlossenen Verlustübernahmevertrag von besonderem Interesse.

Soweit ersichtlich, ist bislang keine gerichtliche Entscheidung veröffentlicht
worden, die sich über die Kündigungsmöglichkeiten bei einem freiwilligen
Verlustübernahmevertrag verhalten würde.

Es dürfte sich jedoch mit Blick auf die gesetzlichen Vorgaben für Unternehmensverträge im Wege des Erst-Recht-Schlusses ableiten lassen, dass in
einem Verlustübernahmevertrag Regelungen sowohl zur ordentlichen als
auch zu außerordentlichen Kündigung grundsätzlich zulässig sind.

In Bezug auf Unternehmensverträge geht die herrschende Auffassung davon aus, dass eine ordentliche Kündigung im Vertrag auch auf einen Zeitpunkt während des Geschäftsjahres zugelassen werden kann[30]. Zudem
kann in einem Unternehmensvertrag nach herrschender Auffassung ein
bestimmter Umstand als wichtiger Grund für eine außerordentliche Kündigung vereinbart werden[31]. Wenn es bei den an strengere Wirksamkeitsvoraussetzungen geknüpften Unternehmensverträgen zulässig ist, in den
Vertrag Regelungen zur ordentlich und/oder außerordentlichen Kündigung
aufzunehmen, so muss dies bei einem Verlustübernahmevertrag, dessen
freiwilliger Abschluss der gesetzlichen Verlustübernahmeverpflichtung im
Rahmen des § 264 Abs. 3 Nr. 2 HGB gleichstehen soll, ebenfalls als zulässig erachtet werden.

---

30 Vgl. *Hüffer*, Aktiengesetz, 7. Aufl. 2006, § 297 AktG Rz. 11 u. 16.
31 Vgl. BGH v. 5.4.1993 – II ZR 238/91, GmbHR 1993, 446; *Joussen*, GmbHR
2000, 211, n.w.N.

Allerdings darf mit Blick auf Sinn und Zweck des § 264 Abs. 3 HGB, der Gläubiger durch Jahresabschlussinformationen schützen soll, die freiwillige Verlustübernahme hinsichtlich ihrer Kündbarkeit weder in das Belieben der Vertragspartner gestellt noch allzu kurzfristig möglich sein. In der Literatur wird in anderem Zusammenhang, nämlich bei der Frage, auf welchen Zeitraum sich die freiwillige Verlustübernahme zu beziehen hat, vertreten, dass die Verlustübernahmeverpflichtung mindestens bis zum Ende des auf den Abschlussstichtag folgenden Geschäftsjahres bestehen müsse, weil nur so ein ausreichender Schutz der Interessen der Gläubiger des Tochterunternehmens gewährleistet sei[32]. Unkritisch dürfte insoweit in Anlehnung an die dispositive gesetzliche Frist zur ordentlichen Kündigung von Unternehmensverträgen eine Frist für die ordentliche Kündigung des Verlustübernahmevertrages von 6 Monaten zum Jahresende sein. Ergänzend kann die Möglichkeit der außerordentlichen oder fristlosen Kündigung bei besonderem Anlass vorgesehen werden, z. B. bei einer nicht unerheblichen Vermögensverschlechterung, bei Vertragsverletzungen (z. B. hinsichtlich vereinbarter Informationspflichten zur Beurteilung der wirtschaftlichen Lage der Tochtergesellschaft) oder bei Auftritt von Zahlungsstockungen etc.

Derartige qualifizierte Kündigungsklauseln werden von § 119 InsO nicht berührt. Gemäß § 119 InsO sind Vereinbarungen, durch die im Voraus die Sonderrechte des Insolvenzverwalters gemäß den §§ 103 bis 118 InsO ausgeschlossen oder beschränkt werden, unwirksam. Da mit dem freiwilligen Verlustübernahmevertrag ein zweiseitiges, aber nur einseitig verpflichtendes Rechtsgeschäft vorliegt, ist hierdurch keines der §§ 103 bis 118 InsO geregelten Sonderrechte des Insolvenzverwalters, die im Wesentlichen gegenseitig verpflichtende Vertragsverhältnisse betreffen, berührt[33].

Im Ergebnis lässt sich somit der Verlustübernahmevertrag so gestalten, dass es der Obergesellschaft möglich ist, sich auch im Krisenfall spätestens nach zwölf Monaten aus der Verlustübernahmeverpflichtung zu lösen. Zu denken wäre auch an eine von vornherein befristete Übernahmeerklärung, die angesichts des nächsten zur Offenlegung anstehenden Jahresabschlusses dann erneut erteilt wird. Das Risiko der Verlustübernahme ist damit – anders als bei allein aus steuerlichen Gründen in der Regel auf mindestens fünf Jahre fest abgeschlossenen Ergebnisabführungsverträgen – durchaus kalkulierbar.

Wichtig für vorstehende Überlegungen ist, dass die Verlustübernahmeerklärung nicht schon zum Ende des offenlegungspflichtigen Geschäftsjahres vorliegen muss. Es reicht aus, wenn sie bis zum Ablauf der Offenlegungs-

---

32 Vgl. *Giese/Rabenhorst/Schindler*, BB 2001, 511, 512.
33 *Huber* in Münchener Kommentar InsO, 1. Aufl. 2002, § 103 InsO Rz. 91 u. 97 ff.

pflicht, mithin spätestens zum Ende des auf das offenlegungspflichtige Jahr folgenden Geschäftsjahres, wirksam geworden ist, sofern sich die genutzte Erleichterung auf die Offenlegung beschränkt.

Die Erklärung muss auch nicht als solche beim Handelsregister offengelegt werden. Lediglich die Tatsache, dass eine Verlustübernahmeverpflichtung begründet wurde, ist nach h. M. nach § 325 HGB offenzulegen[34].

Letztlich ermöglicht die Regelung von § 264 Abs. 3 Nr. 2 2. Alternative HGB eine Befreiung von der Offenlegung der Kapitalgesellschaft bei nur begrenztem Risiko für die Obergesellschaft. Dies gilt umso mehr, als typischerweise die Offenlegung des Jahresabschlusses der Tochtergesellschaft gerade bei ertragstarken Gesellschaften vermieden werden soll, bei denen der Risikoaspekt ohnehin nur eine begrenzte Bedeutung hat.

V. Zusammenfassung

Die Änderungen, die das HGB durch das EHUG erfahren hat, werden kurzfristig dazu führen, dass die nicht kapitalmarktorientierten Unternehmen, auf die die Vorschriften des § 264 ff. HGB Anwendung finden (vor allem mittelständische Kapitalgesellschaften und GmbH & Co. KGs), die bisherige Praxis der Nichtbeachtung der ihnen obliegenden Offenlegungspflichten aufgeben müssen[35]. Während der Verstoß gegen die gesetzlichen Offenlegungspflichten bisher eher der Regelfall war, wird es künftig zu einer Prüfung von Amts wegen und einer darauf folgenden Androhung und Festsetzung von Zwangsgeldern zur Erzwingung der Erfüllung der Offenlegungsverpflichtung kommen. Da keiner der zur Offenlegung verpflichteten Rechtsträger noch langfristig damit rechnen kann wie bisher „durchs Netz" zu fallen, gilt es bei gewünschter Vermeidung unerwünschter Transparenz Maßnahmen zu ergreifen, die gesetzlich zulässigen Wege der vollständigen Vermeidung der Offenlegung bzw. der ausreichenden Verwässerung der offengelegten Informationen zu beschreiten.

Wie dargestellt, ist dies für offenlegungspflichtige GmbH & Co. KG einmal durch die Aufnahme einer natürlichen Person als persönlich haftenden Gesellschafter möglich. Da es vielfach an geeigneten Personen hierfür fehlt, lässt sich der Informationsgehalt durch einen tatsächlichen oder quasi Konzernabschluss des Mutterunternehmens bzw. der Komplementär GmbH

---

34 Vgl. *ADS*, § 264 HGB Rz. 61; Beck'scher Bilanzkommentar, 6. Aufl. 2006, § 264 HGB Rz 89.

35 Die Bundesjustizministerin *Zypries* hat daher das Jahr 2007 zum Jahr der Rechnungslegungspublizität in Deutschland ausgerufen (vgl. Vorwort in DStR 47/2007).

zumindest auf ein erträgliches Maß reduzieren. Zusätzlich können bei deutschen Personengesellschaften regelmäßig relativ einfach das handelsrechtlich auszuweisende Ergebnis und damit die nach Außen dringenden Informationen aktiv beeinflusst werden.

Für Kapitalgesellschaften hingegen bleibt als einzig probates Mittel letztlich nur die Befreiung als Tochterunternehmen nach § 264 Abs. 3 HGB durch die Einbeziehung in einen befreienden Konzernabschluss. Problematisch ist, dass die genannte Vorschrift in ihrer Nr. 2 entweder das Bestehen eines Ergebnisabführungsvertrages fordert, zumindest aber das Vorliegen einer freiwilligen Verlustübernahmeerklärung des Mutterunternehmens voraussetzt.

Wie dargestellt, ist es aber gerade mit letzterem Instrument relativ spontan und flexibel möglich, eine Offenlegung zu vermeiden und als Preis hierfür lediglich einen Haftungsverbund über einen begrenzten Zeitraum einzugehen. So reicht es aus, wenn das Mutterunternehmen die Verlustübernahme nach Kenntnis des betroffenen Jahresabschlusses der Tochtergesellschaft für ein einziges Jahr, regelmäßig das Jahr, das auf den offenzulegenden Abschluss folgt, erklärt. Insbesondere muss das Unternehmen diese Erklärung nicht bereits während oder bis zum Ende des von der Offenlegung zu befreienden Geschäftsjahres des Tochterunternehmens abgeben, es reicht vielmehr aus, wenn die rechtsverbindliche Erklärung im Folgejahr bis zur Offenlegung vorliegt.

Umsatzsteuer und Beteiligungen

Dr. Karen Möhlenkamp*
Rechtsanwältin, Düsseldorf und Berlin

Inhaltsübersicht

I. Einleitung

Der Europäische Gerichtshof hat mit den Urteilen vom 26. 5. 2005[1] Kretztechnik AG, vom 29. 4. 2004[2] Empresa de Desenvolvimento Mineiro SGPS SA (EDM), vom 26. 6. 2003[3] KapHag Renditefonds und vom 27. 9. 2001[4] Ci-

---

* Die Autorin ist Senior-Managerin bei der WTS AG Steuerberatungsgesellschaft in Düsseldorf und Referentin beim Bundesverband der Deutschen Industrie e. V. in Berlin.
1 Vgl. EuGH, Urt. v. 26. 5. 2005 – Rs. C-465/03, EuGHE 2005, I-4357 = UR 2005, 382 = DStR 2005, 965.
2 Vgl. EuGH, Urt. v. 29. 4. 2004 – Rs. C-77/01, EuGHE 2004, I-4295 = UR 2004, 292 – Rz. 59.
3 Vgl. EuGH, Urt. v. 26. 6. 2003 – Rs. C-442/01, DStRE 2003, 936.
4 Vgl. EuGH, Urt. v. 27. 9. 2001 – Rs. C-16/00, EuGHE 2001, I-6663 = UR 2001, 500 Rz. 44.

bo Participations SA, um nur die Wichtigsten zu nennen, die Interpretation der Sechsten EG-Richtlinie bzw. der neuen Mehrwertsteuer-Systemrichtlinie im Zusammenhang mit Beteiligungen erheblich vorangetrieben.

Das Bundesfinanzministerium hat im Oktober 2006[5] und im Januar 2007[6] zwei Schreiben veröffentlicht, in denen es ankündigt, die Rechtsprechung des EuGH[7] umgesetzt zu haben. Daraufhin ergoss sich eine Flut an Veröffentlichungen, in der insbesondere das BMF-Schreiben vom 26. 1. 2007 als nicht sachgerechte Umsetzung der EuGH Rechtsprechung angegriffen wurde[8]. Vor diesem Hintergrund steht das Thema Umsatzsteuer und Beteiligungen in einem erheblichen Spannungsverhältnis zwischen tatsächlichen und vermeintlichen Vorgaben des Europäischen Gerichtshofes zu nationaler Umsetzung durch die deutsche Finanzverwaltung.

Der Beitrag soll dazu dienen, die unterschiedlichen Positionen stärker zu durchdringen. Dabei kann die umsatzsteuerliche Einordnung des Erwerbens, Haltens und Veräußerns von Beteiligungen in seiner Komplexität nur dann wirklich verstanden werden, wenn man anhand der EuGH-Rechtsprechung herausgearbeitet, wann dieses „Tun" – d. h. das Erwerben, Halten und Veräußern von Beteiligungen – wirtschaftliche Tätigkeit im Sinne des

---

5 BMF, Schr. v. 4. 10. 2006, § 15 UStG – Vorsteuerabzug aus Aufwendungen, die mit der Ausgabe von gesellschaftsrechtlichen Anteilen gegen Bareinlage oder gegen Sacheinlage zusammenhängen, IV A 5 – S 7300 – 69/06, BStBl. I 2006, 614 = UR 2006, 667.
6 BMF, Schr. v. 26. 1. 2007, Umsatzsteuerrechtliche Fragen im Zusammenhang mit dem Halten von Beteiligungen – IV A 5 – S 7300 – 10/07, BStBl. I 2007, 211 = UR 2007, 150 = UStB 2007, 102.
7 Im BMF-Schreiben v. 4. 10. 2006 wird auf das EuGH-Urteil v. 26. 5. 2005 – Rs. C-465/03 – Kretztechnik AG hingewiesen. Im BMF-Schreiben v. 26. 1. 2007 verweist die Finanzverwaltung auf folgende EuGH-Urteile: v. 14. 11. 2000 – Rs. C-142/99 – Floridienne SA und Berginvest SA; v. 27. 9. 2001 – Rs. C-16/00 – Cibo Participations SA; v. 29. 4. 2004 – Rs. C-77/01 – EDM; v. 21. 10. 2004 – Rs. C-8/03 – Banque Bruxelles Lambert SA; v. 6. 2. 1997 – Rs. C-80/95 – Harnas & Helm CV; v. 11. 7. 1996 – Rs. C-306/94 – Regie dauphinoise; v. 20. 6. 1991 – Rs. C-60/90 – Polysar Investments Netherlands BV; v. 12. 7. 2007 – Rs. C-102/00 – Welthgrove BV; v. 25. 5. 2005 – Rs. C-465/03 – Kretztechnik AG.
8 Vgl. *Heinrichshofen*, Wie geht es weiter mit dem Vorsteuerabzug anlässlich des Erwerbs und der Ausgabe von Gesellschaftsanteilen?, EU-UStB 2007, 23; *Nieskoven*, BMF nimmt ausführlich zur Umsatzbesteuerung des Beteiligungsbesitzes Stellung – Teil I, GStB 2007, 169; *Nieskoven*, Umsatzsteuerliche Beurteilung des Erwerbs, Haltens und Veräußerns von Beteiligungen – Teil II, GStB 2007, 219; *Feldt*, Vorsteuerabzug im Zusammenhang mit der Veräußerung von Beteiligungen und Geschäftsaktivitäten, UR 2007, 161; *Eggers*, Umsatzsteuerliche Behandlung von gesellschaftsrechtlichen Beteiligungen und Holdinggesellschaften, WPg 2007, 616; *Feil/Roscher*, Vorsteuerabzug bei Holdinggesellschaften – Quo vadis?, BB 2007, 1079; *Englisch*, Umsatzsteuerrechtliche Behandlung von Beteiligungen, UR 2007, 290.

Umsatzsteuerrechts ist und wann nicht und ob sich daraus in Hinblick auf die Zuordnung der Beteiligung zu den Sphären des Unternehmens Konsequenzen zwingend ergeben.

Wie schon die zwei BMF-Schreiben vom 4. 10. 2006[9] und vom 26. 1. 2007[10] zeigen, werden bei der Ausgabe von gesellschaftsrechtlichen Anteilen zum Beispiel im Rahmen von Börsengängen andere Sachverhalte verwirklicht als beim Erwerben, Halten und Veräußern von Anteilen. Besonderheiten treten darüber hinaus hinzu, wenn die Beteiligungen im Rahmen der umsatzsteuerlichen Organschaft gehalten werden. Die Voraussetzungen für den Vorsteuerabzug im Zusammenhang mit diesen Vorgängen werden nachfolgend im Einzelnen herausgearbeitet.

II. Voraussetzungen für den Vorsteuerabzug im Zusammenhang mit der Ausgabe von gesellschaftsrechtlichen Anteilen

Fall 1:

Die X-AG hat in 2006 Anteile gegen Bar- und Sacheinlagen ausgegeben. Sowohl für die Überarbeitung der Verträge als auch zur steuerlichen Prüfung der Sachverhalte sind der X-AG erhebliche Kosten entstanden. Die Berater haben ihre Rechnungen mit Umsatzsteuer ausgestellt, so dass der Steuerabteilungsleiter der Gesellschaft nunmehr aufgefordert wird zu prüfen, ob und in welcher Höhe er aus den vorliegenden Rechnungen den Vorsteuerabzug geltend machen kann.

Die Lösung für Fall 1 ergibt sich aus folgenden Prüfungsschritten:

Im Einzelnen ist zu untersuchen, ob die Voraussetzungen des § 15 UStG vorliegen. Danach ist ein Vorsteuerabzug zu gewähren, wenn die X-AG selbst Unternehmer im Sinne des Umsatzsteuergesetzes ist, die Leistungen für das Unternehmen und deren Ausgangsumsätze ausgeführt hat und es sich bei den Ausgangsumsätzen um steuerpflichtige und/oder steuerbefreite handelt, für die der Vorsteuerabzug gewährt wird. Möglicherweise muss der Vorsteuerabzug aufgeteilt werden. Dabei ist die Ermittlung des Pro-rata Satzes von Bedeutung.

---

9 Vgl. BMF, Schr. v. 4. 10. 2006 – IV A 5 – S 7300 – 69/06, BStBl. I 2006, 614.
10 Vgl. BMF, Schr. v. 26. 1. 2007 – IV A 5 – S 7300 – 10/07, BStBl. I 2007, 211.

1. Unternehmer im Sinn des Umsatzsteuergesetzes

§ 2 Abs. 1 UStG definiert den Unternehmer als jemanden, der eine nachhaltige Tätigkeit zur Erzielung von Einnahmen selbständig ausführt. Art. 9 Abs. 1 Mehrwertsteuer-Systemrichtlinie typisiert die wirtschaftliche Tätigkeit als Tätigkeit eines Erzeugers, Händlers oder Dienstleistenden einschließlich der Tätigkeiten der Urproduzenten, der Landwirte sowie der freien Berufe und der diesen gleichgestellten Berufe. Als wirtschaftliche Tätigkeit gilt auch die Nutzung von körperlichen oder nicht körperlichen Gegenständen zur nachhaltigen Erzielung von Einnahmen.

Dabei spielt es keine Rolle, wer Empfänger der Leistungen ist. Unternehmer ist auch derjenige, der seine Leistungen an Personen erbringt, an denen er selbst beteiligt ist[11]. Hält die X-AG demzufolge Beteiligungen und erbringt sie ausschließlich Leistungen im Sinne des § 1 Abs. 1 Nr. 1 UStG an die beteiligten Unternehmen, ist sie selbst Unternehmer im Sinne des § 2 UStG. Aus dem BMF-Schreiben vom 26. 1. 2007[12] ist in Bezug auf die Tätigkeiten einer Holding – auch wenn im Schrifttum anders behauptet[13] – nichts Gegenteiliges zu entnehmen. Die Unternehmerstellung der Holding wird allenfalls dadurch rechtssystematisch unverständlich ausgeweitet, dass eine Holding auch dann Unternehmer sein soll, wenn ihre einzige Betätigung darin besteht, aktiv im Sinne einer einheitlichen Leitung in das Tagesgeschäft ihrer Tochtergesellschaft einzugreifen[14]. Der EuGH hat hier sehr deutlich gemacht, dass auch unter diesen Umständen die Unternehmereigenschaft nur dann vorliegen kann, wenn alle Voraussetzungen einer nachhaltigen, wirtschaftlichen Tätigkeit zur Erzielung von Einnahmen vorliegen[15].

Die Ausgabe von gesellschaftsrechtlichen Anteilen gegen Bareinlage stellt hingegen selbst keine wirtschaftliche Tätigkeit dar.[16] Dies hat der EuGH im Urteil „KapHag"[17] noch damit begründet, dass aus Sicht des neuen Gesellschafters in der Regel die Anteile als unkörperliche Gegenstände nicht zur nachhaltigen Erzielung von Einnahmen verwendet werden[18] und damit ei-

---

11 Vgl. EuGH, Urt. v. 29. 4. 2004 – Rs. C-77/01 – EDM, EuGHE 2004, I-4295 ff. – unter Rz. 70.

12 Vgl. BMF, Schr. v. 26. 1. 2007 – IV A 5 – S 7300 – 10/07, BStBl. I 2007, 211.

13 Vgl. *Feil/Roscher*, BB 2007, 1079.

14 BMF, Schr. v. 26. 1. 2007 – IV A 5 – S 7300 – 10/07, BStBl. I 2007, 211.

15 Vgl. EuGH, Urt. v. 14. 11. 2000 – Rs. C-142/99 – Floridienne SA und Berginvest SA, DB 2000, 2412; a. A. *Stadie*, Modifizierung der Rechtsprechung des EuGH zur Unternehmereigenschaft der Holding im Umsatzsteuerrecht, UR 2007, 1.

16 BFH, Urt. v. 1. 7. 2004 – V R 32/00, BStBl. II 2004, 1022; EuGH, Urt. v. 26. 6. 2003, Rs. C-442/01 „KapHag", UR 2003, 443.

17 Vgl. EuGH, Urt. v. 26. 6. 2003, Rs. C-442/01 „KapHag", UR 2003, 443.

18 Vgl. EuGH, Urt. v. 26. 6. 2003, Rs. C-442/01 „KapHag", UR 2003, 443 – Rz. 35–38.

ne wirtschaftliche Tätigkeit im Sinn des weit auszulegenden Artikel 9 Absatz 1 Satz 2 Mehrwertsteuer-Systemrichtlinie nicht vorliegen kann. Der bloße Erwerb und eine etwaige Dividende als Ergebnis dieser Beteiligung sind lediglich Ausfluss des bloßen Innehabens des Gegenstandes und keine wirtschaftliche Tätigkeit. In dem vom EuGH später entschiedenen Fall Kretztechnik AG[19] werden die Ausführungen zu Art. 9 Absatz 1 Satz 2 Mehrwertsteuer-Systemrichtlinie nicht wiederholt. Es soll bei der Beurteilung dieser Aktivität auch nicht mehr darauf ankommen, ob aus Sicht des Empfängers der unkörperliche Gegenstand „Beteiligung" zur nachhaltigen Erzielung von Einnahmen verwendet wird und damit einen über die reine Vermögensnutzung wirtschaftlichen Wert enthält. Vielmehr erfolgt aus Sicht der Gesellschaft die Hingabe der Beteiligung allein mit dem Ziel, sich zusätzliches Vermögen bzw. Kapital zu verschaffen. Aus Sicht des Anteilseigners ist die Zahlung einer Bareinlage eine Investition oder Kapitalanlage, die weder dem Empfang einer Lieferung noch einer sonstigen Leistung entspricht[20]. Die neue Argumentation des EuGH überzeugt. Es kann bei der Beurteilung der die Anteile ausgebenden Gesellschaft, nicht darauf ankommen, wie der Empfänger die erhaltene Beteiligung spät verwendet. Maßgeblich ist das „Tun" der ausgebenden Gesellschaft.

Die einschlägige Rechtsprechung des EuGH, die in der erstmaligen Ausgabe von Anteilen gegen Bareinlage keine wirtschaftliche Tätigkeit sieht, ist mit BMF-Schreiben vom 4. 10. 2006[21] umgesetzt worden. Zur Ausgabe von Anteilen gegen Sacheinlage hat sich der EuGH nicht geäußert. Das oben zitierte BMF-Schreiben nimmt gleichwohl Bezug auf die Ausgabe von Anteilen gegen Sacheinlage unter Berücksichtigung der neuen BFH-Rechtsprechung[22]. Damit ist der Fall einer Sacheinlage ganz anders zu beurteilen als der einer Bareinlage, da hier Eingangsleistungen an die ausgebende Gesellschaft vorliegen können.[23] In der Praxis muss deshalb immer geprüft werden, ob mit der Entgegennahme einer Sacheinlage ein steuerpflichtiger Eingangsum-

---

19 Vgl. EuGH v. 26.5.2005 – Rs. C-465/03 – Kretztechnik AG, EuGHE 2005, I-4357.

20 Vgl. EuGH v. 26.5.2005 – Rs. C-465/03 – Kretztechnik AG – EuGHE 2005, I-4357 – Rz. 26.

21 Vgl. BMF v. 4.10.2006 – IV A 5 – S 7300 – 69/06, BStBl. I 2006, 614.

22 Vgl. BFH v. 1.7.2004 – V R 32/00, BStBl. II 2004, 1022, „Die Grundsätze dieses Schreibens sind in den Fällen der Ausgabe von Beteiligungen gegen Sacheinlage sinngemäß anzuwenden. Zur umsatzsteuerlichen Behandlung der Ausgabe von Beteiligungen gegen Sacheinlage beim einbringenden Gesellschafter vgl. BFH, Urt. v. 13.11.2003 – V R 79/01, BStBl. II 2004, 375." Anmerkung: Der vorliegende Sachverhalt aus 1988, der dem BFH-Urteil vom 13.11.2003 zugrunde liegt, betrifft die Einbringung eines Einzelunternehmens gegen Anteile in die X-GmbH. Es muss berücksichtigt werden, dass ab 1.1.1994 nach § 1 Abs. 1a UStG die Geschäftsveräußerung im Ganzen nicht mehr steuerbar ist.

23 Vgl. auch BFH, Urt. v. 30.9.1999 – V R 9/97, BFH/NV 2000, 67.

satz ausgeführt wird. Ist ein Vorsteuerabzug nicht möglich, weil es sich bei der Gesellschaft nicht um einen umsatzsteuerlichen Unternehmer handelt, ist von der Sacheinlage abzusehen.

Zusammenfassend kann festgestellt werden, dass unsere X-AG prüfen muss, ob sie selbst Unternehmerin im Sinne des Umsatzsteuergesetzes ist. Diese Prüfung muss dann besonders sorgfältig vorgenommen werden, wenn sie ausschließlich an ihre Tochtergesellschaften Leistungen erbringt bzw. lediglich in das laufende Tagesgeschäft eingreift und damit als Führungs- oder nur Finanzholding gilt.

2. Empfang der Beratung für das Unternehmen

Bei der Prüfung des Vorsteuerabzugs im Zusammenhang mit Beratungsleistungen bei Ausgabe von gesellschaftsrechtlichen Anteilen (vgl. Fall 1) muss nach der Unternehmereigenschaft der die Anteile ausgebenden Gesellschaft geprüft werden, ob die empfangene Beratungsleistung für das Unternehmen ausgeführt wurde.

Die Entscheidung darüber richtet sich nach den in der Gesellschaft vorherrschenden Verhältnissen[24]. Grundsätzlich erwirbt die Gesellschaft die Beratungsleistungen in ihrem Unternehmen, wenn sie die belegte Absicht hat, mit der bezogenen Leistung eine wirtschaftliche Tätigkeit auszuüben[25]. Die Ausgabe der Beteiligungen stellt, wie bereits ausgeführt, selbst keine wirtschaftliche Tätigkeit dar. Vielmehr verfolgt die ausgebende Gesellschaft den Zweck, sich zusätzliches Vermögen bzw. Kapital zu verschaffen. Die mehrwertsteuerpflichtigen Vorleistungen stehen damit nicht mit spezifischen steuerpflichtigen Umsätzen in Verbindung. Die Kretztechnik AG berief sich in ihrem Rechtsstreit vor dem EuGH auf den Vorsteuerabzug, weil die mit dem Börsengang verbundenen Aufwendungen zu ihren allgemeinen Kosten gerechnet werden konnten und in den Preis der von ihr vertriebenen Produkte eingingen[26]. Der EuGH hat im Ergebnis der Kretztechnik AG zugestimmt. Gleichwohl weicht er in der Begründung leicht ab. Nach seiner Auffassung kommt es vornehmlich darauf an, dass die mit der Kapitalerhöhung eingetretene Vermögenssituation die wirtschaftliche Tätigkeit der

---

24 Vgl. BFH, Urt. v. 6. 5. 1993 – V R 45/88, BStBl. II 1993, 564.

25 Vgl. EuGH, Urt. v. 8. 6. 2000 – C-400/98 – Breitsohl, UR 2000, 329 – Rz. 34; *Wagner* in Sölch/Ringleb, § 15 UStG Rz. 232. § 15 Abs. 1 UStG knüpft den Vorsteuerabzug an das Unternehmen, Art. 17 Abs. 2 Sechste EG-Richtlinie (Art. 168 Mehrwertsteuer-Systemrichtlinie) hingegen an die Ausgangsumsätze.

26 Vgl. EuGH v. 26. 5. 2005 – Rs. C-465/03 – Kretztechnik AG, EuGHE 2005, I-4357 – Rz. 32.

Kretztechnik AG im Allgemeinen stärkt[27]. Die Kosten für die in Anspruch genommenen Dienstleistungen im Zusammenhang mit dem Börsengang sind aus diesem Grund allgemeine Kosten der wirtschaftlichen Tätigkeit der Gesellschaft und gehören deshalb zu den Preiselementen ihrer Produkte. Interessant wäre die Frage, wie der EuGH wohl einen Börsengang ohne Kapitalerhöhung beurteilen würde. Auch hier wird man nicht von einer wirtschaftlichen Tätigkeit von Seiten der ausgebenden Gesellschaft ausgehen können. Die Frage ist nur, in welcher Form das übrige „operative Geschäft" der Gesellschaft gestärkt werden kann. Das müsste im Einzelnen sicherlich untersucht werden.

Im Spannungsverhältnis zwischen EuGH-Rechtsprechung und Auffassung der Finanzverwaltung steht nunmehr die Frage, ob sich aus der Begründung des EuGH im Fall Kretztechnik AG der Schluss ergibt, dass jede Kapitalerhöhung der Stärkung der allgemeinen wirtschaftlichen Tätigkeit dient und damit im Zusammenhang stehende Aufwendungen immer zum Vorsteuerabzug berechtigen. In der Praxis hätte dies für die Unternehmen erhebliche Vorteile. Gleichwohl bestehen im Hinblick auf § 15 UStG und Art. 168 Mehrwertsteuer-Systemrichtlinie Bedenken. Nach Art. 168 Mehrwertsteuer-Systemrichtlinie müssen Gegenstände und Dienstleistungen für Zwecke der besteuerten Umsätze verwendet werden, damit ein Vorsteuerabzug möglich ist. Auch wenn im vorliegenden Fall eine direkte Zuordnung zu Ausgangsumsätzen nicht möglich ist, muss doch die allgemeine Zuordnung zu den wirtschaftlichen Tätigkeiten des Unternehmens vorgenommen werden können. Unter diesen Voraussetzungen hat meines Erachtens das Bundesfinanzministerium mit Schreiben vom 4. 10. 2006 das EuGH-Urteil Kretztechnik AG grundsätzlich richtig umgesetzt. Insbesondere ist der Auffassung zu folgen, dass es bei der Frage des Vorsteuerabzugs darauf ankommen muss, welche Bereiche durch die Kapitalerhöhung gestärkt werden sollen.

Problematisch und meines Erachtens mit der Rechtsprechung des EuGH nicht vereinbar ist dagegen die Anweisung, wonach ein Vorsteuerabzug dann nicht möglich sein soll, wenn das gewonnene Kapital in den nichtunternehmerischen Bereich fließt[28]. Der EuGH hat bei seiner Entscheidung über den Vor-

---

27 Vgl. EuGH v. 26. 5. 2005 – Rs. C-465/03 – Kretztechnik AG, EuGHE 2005, I-4357 – Rz. 36.
28 Vgl. BMF, Schr. v. 4. 10. 2006 – IV A 5 – S 7300 – 69/06, BStBl. I 2006, 614, „Soweit das durch die Ausgabe von Beteiligungen beschaffte Kapital dem nichtunternehmerischen Bereich zufließt (z. B. Kapitalerhöhung durch eine Finanzholding), ist ein Vorsteuerabzug aus den damit verbundenen Aufwendungen nicht zulässig. In den Fällen in denen eine Gesellschaft neben dem unternehmerischen auch einen nichtunternehmerischen Bereich unterhält, und in denen die Mittel aus der Ausgabe der Beteiligung nicht ausschließlich dem unternehme-

steuerabzug nicht auf die Verwendung des Kapitals im Rahmen der allgemeinen wirtschaftlichen Tätigkeit abgestellt, sondern darauf, ob die Kapitalerhöhung die allgemeine wirtschaftliche Tätigkeit und damit den unternehmerischen Bereich der Gesellschaft stärkt[29]. Dies kann meines Erachtens durch eine bessere Eigenkapitalausstattung des Unternehmens erreicht werden. Damit können unter Berücksichtigung von Basel II die Kreditwürdigkeit der Unternehmen erhöht und Kosten der Fremdfinanzierung durch Gewährung besserer Sicherheiten verringert werden. Auf den Zufluss von Kapital in bestimmte Bereiche des Unternehmens kann es deshalb nicht ankommen. Liegt eine Stärkung der wirtschaftlichen Tätigkeit vor, ist davon auszugehen, dass die Aufwendungen für die Ausgabe der Gesellschaftsanteile zu den allgemeinen Kosten des „unternehmerischen Bereichs" gehören. Die Kosten sind dann in der Regel in den Produkten enthalten.

Im Ergebnis bleibt damit festzustellen, dass die Beratungskosten in der Regel für das Unternehmen ausgeführt werden. Die Vereinnahmung der Leistungen für das Unternehmen kann nicht davon abhängig gemacht werden, wie und in welchem Bereich das Kapital verwendet wird. Es kommt allein darauf an, dass die wirtschaftliche Tätigkeit im Allgemeinen gestärkt wird.

3. Aufteilung der Vorsteuerbeträge

Die Aufteilung der Vorsteuerbeträge ist bei der Lösung von Fall 1 dann relevant, wenn die X-AG neben steuerpflichtigen auch steuerbefreite Ausgangsumsätze hat. Zudem ist streitig, ob möglicherweise die Einnahmen aus Dividenden oder andere Einnahmen im nichtunternehmerischen Bereich den Vorsteuerschlüssel beeinflussen[30].

Vor diesem Hintergrund erweitere ich den Fall 1 wie folgt: Die X-AG erbringt steuerpflichtige Ausgangsumsätze an ihre Beteiligungen. An Dritte werde steuerbefreite Ausgangsumsätze, die nicht zum Vorsteuerabzug berechtigen, getätigt. Weitere Einnahmen erhält sie aus Dividenden. Die Einnahmen aus diesen Bereichen liegen jeweils bei 1/3 der Gesamteinnahmen. In 2006 hat die X-AG von ihren Gesamtinvestitionen 5 % für den Erwerb von Beteiligungen ausgegeben, die dem nichtunternehmerischen Bereich zuzuordnen sind. Für die Ausgabe der gesellschaftsrechtlichen Anteile sind Beratungskosten in Höhe von 100 000 Euro zzgl. 19 % Umsatzsteuer ent-

---

rischen bereich zufließen, sind die aus den mit der Ausgabe der Beteiligung zusammenhängenden Aufwendungen angefallenen Vorsteuerbeträge nach Abschnitt 192 Abs. 21 Nr. 1 UStR aufzuteilen."

29 Vgl. EuGH v. 26.5.2005 – Rs. C-465/03 – Kretztechnik AG, EuGHE 2005, I-4357.

30 Vgl. Niedersächsisches Finanzgericht, Vorlagebeschluss an den EuGH – 5 K 109/05 (EuGH C-437/06).

standen. Es stellt sich die Frage, in welcher Höhe die X-AG die 19 000 Euro Umsatzsteuer als Vorsteuer geltend machen kann.

Die Ausgabe der Anteile durch die X-AG stellen keine unternehmerischen Tätigkeiten dar. Der Vorsteuerabzug ist demzufolge nur dann möglich, wenn mit der Kapitalerhöhung die allgemeine wirtschaftliche Tätigkeit der X-Gesellschaft gestärkt wird und die Beratungskosten als allgemeine Kosten in die Preise der Produkte der X-AG einfließen. Unter diesen Bedingungen, wäre nach Auffassung des EuGH[31] unter Berücksichtigung des Pro-rata-Satzes nach Art. 174 Mehrwertsteuer-Systemrichtlinie ein Vorsteuerabzug in Höhe von 9500 Euro möglich. Die erhaltenen Dividenden sind als nicht umsatzsteuerbare Einnahmen unerheblich[32]. Das Niedersächsische Finanzgericht hatte Zweifel, ob der EuGH im Hinblick auf die Ermittlung des Pro-rata-Satzes in dieser Form verstanden werden kann, wenn Mittel auch im nichtunternehmerischen Bereich investiert wurden[33]. Es hat vorgetragen, dass in dem von ihm zu entscheidenden Fall SECU-RENTA im Unterschied zum Fall Kretztechnik AG das mit der Ausgabe von Aktien gewonnene Kapital sowohl im unternehmerischen als auch im nichtunternehmerischen Bereich investiert worden ist[34]. Aus diesem Grund hat es dem EuGH mit Beschluss vom 5. 10. 2006 zwei Fragen vorgelegt: Mit der ersten Frage will es wissen, ob bei der Ermittlung des Vorsteuerschlüssels der nichtunternehmerische Bereich Berücksichtigung finden muss. Die zweite Frage geht dahin, ob die Aufteilung in einen unternehmerischen und einen nichtunternehmerischen Bereich nach dem sog. „Investitionsschlüssel" oder „Umsatzschlüssel" sachgerecht ist. Die ausstehende Entscheidung

---

31 Vgl. EuGH, Urt. v. 29. 4. 2004 – Rs. C-77/01 – EDM, EuGHE 2004, I-4295 = UR 2004, 292.

32 Vgl. EuGH, Urt. v. 29. 4. 2004 – Rs. C-77/01 – EDM, EuGHE 2004, I-4295 = UR 2004, 292 – Rz. 80 „Tätigkeiten die im bloßen Verkauf von Aktien und sonstigen Wertpapieren wie etwa Beteiligungen an Investmentfonds bestehen, stellen keine wirtschaftliche Tätigkeiten im Sinn von Artikel 4 Absatz 2 der Sechsten Richtlinie dar und fallen somit nicht in deren Anwendungsbereich. (...) der auf diese Umsätze entfallen Betrag muss folglich bei der Berechnung des Pro-rata-Satzes des Vorsteuerabzugs im Sinne der Artikel 17 und 19 der Sechsten Richtlinie unberücksichtigt bleiben."

33 Vgl. Vorlagebeschluss des Niedersächsischen Finanzgerichts an den EuGH – 5 K 109/05 (EuGH C-437/06).

34 Vgl. Vorlagebeschluss des Niedersächsischen Finanzgerichts an den EuGH – 5 K 109/05 (EuGH C-437/06) „Im Unterschied zur Firma Kretztechnik AG diene die Ausgabe der Gesellschaftsanteile durch die Klägerin gerade nicht der Stärkung des Eigenkapitals; vielmehr gehe es der Klägerin darum in der Art einer Publikumsgesellschaft eine Vielzahl stiller Gesellschafter (derzeit 250 000) aufzunehmen. Es sei also kein Kapitalbedarf vorhanden, um einen bestimmten Unternehmenszweck zu verwirklichen; vielmehr sei die Betätigung abhängig von der Höhe des gewonnen, anzulegenden Kapitals."

des EuGH[35] gegenüber der deutschen Rechtsauffassung ist dringend erforderlich[36]. Da der EuGH in seiner bisherigen Rechtssprechung immer nur zwischen dem Steuerpflichtigen und dem privaten Akteur unterscheidet, wird interessant sein zu erfahren, ob und wie er sich zur sog. Sphärentheorie des BFH[37] positioniert. Hierzu wage ich eine These. Der so genannte unternehmerische Bereich umfasst die gesamten wirtschaftlichen Tätigkeiten eines Unternehmers, die unter das Mehrwertsteuersystem fallen und steuerbare Ausgangsumsätze darstellen. Als nichtunternehmerischer Bereich werden die Einnahmen angesehen, die der Unternehmer nicht wie ein Steuerpflichtiger sondern wie ein Privater vereinnahmt, beispielsweise die Dividenden[38]. Meines Erachtens kann es ausschließlich auf die Investition der Mittel und damit auf den Investitionsschlüssel nicht ankommen[39]. Vielmehr muss das Unternehmen darlegen können, dass mit dem Kapital im Allgemeinen die wirtschaftlichen Tätigkeiten und damit die steuerpflichtigen Einnahmen bzw. die steuerbefreiten Einnahmen, die nicht den Vorsteuerabzug ausschließen gestärkt werden und die Aufwendungen damit Kostenbestandteil sind[40]. Dies muss im Zweifelsfall auch substantiiert erfolgen. Ist dies im vorliegenden Fall, wie das Niedersächsische Finanzgericht im Sachverhalt[41] ausführt, nicht in ausreichender Form geschehen, ist ein Vorsteuerabzug nicht oder teilweise nicht möglich[42].

---

35 Nunmehr entschieden mit EuGH-Urteil v. 13. 3. 2008 – C-437/06, DB 2008, 719.

36 Der EuGH hat mit Urt. v. 13. 3. 2008 – C-437/06, DB 2008, 719 in der Sache entschieden.

37 Vgl. BFH, Urt. v. 20. 12. 1984 – V R 25/76, BStBl. II 1985, 176.

38 Vgl. EuGH, Urt. v. 29. 4. 2004 – Rs. C-77/01 – EDM, EuGHE 2004, I-4295 = UR 2004, 292 – Rz. 60 „Folglich ist hinsichtlich der Tätigkeiten eines Unternehmens, die im bloßen Verkauf von Aktien und Wertpapieren wie etwa Beteiligungen an Investmentfonds bestehen, anzunehmen, dass sich das Unternehmen insoweit wie ein privater Anleger auf die Verwaltung des Wertpapiervermögens beschränkt (..)."

39 Die Aufteilung der Vorsteuern nach Investitionsschlüssel ist nur so lange zulässig wie der Neutralitätsgrundsatz gewahrt ist.

40 Vgl. EuGH, Urt. v. 26. 5. 2005 – Rs. C-465/03 – Kretztechnik AG, EuGHE 2005, I-4357.

41 Vgl. Niedersächsischen Finanzgerichts, Vorlagebeschluss an den EuGH – 5 K 109/05 (EuGH C-437/06).

42 Vgl. EuGH, Urt. v. 13. 3. 2008 – C-437/06, DB 2008, 719. Der EuGH bestätigt die Auffassung, dass in jedem Einzelfall geprüft werden muss, welchen Tätigkeiten des Unternehmens die Aufwendungen dienen. Eine schematische Aufteilung der Vorsteuern nach den jeweiligen Umsätzen oder Investitionen der wirtschaftlichen und nicht wirtschaftlichen Tätigkeiten ist damit nach Auffassung des EuGH nicht möglich und widerspricht dem Neutralitätsgrundsatz. Nur für den Fall, dass die Aufwendungen tatsächlich sowohl den wirtschaftlichen als auch den nicht wirtschaftlichen Tätigkeiten dienen, ist ein sachgerechter Aufteilungsschlüssel anzuwenden, der die objektiven Verhältnisse widerspiegelt. Die

Ist ein Vorsteuerabzug der gesamten Aufwendungen möglich, weil der Zufluss von Kapital in den nichtunternehmerischen Bereich ausschließlich der Stärkung der wirtschaftlichen Tätigkeit dient, werden bei der Bildung des Pro-rata-Satzes nach der Mehrwertsteuer-Systemrichtlinie nur die steuerbaren Ausgangsumsätze berücksichtigt.

III. Vorsteuerabzug im Zusammenhang mit dem Erwerb, dem Halten und der Veräußerung von Beteiligungen

Fall 2:

Die X-AG hat unterschiedliche Beteiligungen an anderen Gesellschaften erworben und eigene Beteiligungen veräußert. Für den Erwerb und die Veräußerung von Beteiligungen sind Beratungsleistungen angefallen. Zudem wird überlegt, ob der Erwerb und die Veräußerung der Beteiligung selbst ein steuerbarer und möglicherweise steuerpflichtiger Vorgang sind.

1. Erwerb und Veräußerung der Beteiligungen

1.1 Vorüberlegungen

Es stellt sich die Frage, unter welchen Bedingungen der Erwerb und die Veräußerung Vorgänge im Sinn des Umsatzsteuerrechts sind. Dies kann erhebliche finanzielle Auswirkungen haben. Ist der Erwerb der Beteiligung ein steuerbarer Vorgang, so greift die Steuerbefreiung nach § 4 Nr. 8 Buchst. e oder f UStG. Unter den Voraussetzungen des § 9 Abs. 1 UStG hat der Veräußerer das Recht, zur Umsatzsteuerpflicht zu optieren, wenn der Erwerber ein Unternehmer ist. Sind die Veräußerungsbeträge hoch, ist die Ausübung der Option in der Regel aber nicht attraktiv, weil damit erhebliche Liquiditätsnachteile verbunden sind. Somit wird der Unternehmer eher einen nicht steuerbaren oder einen steuerbefreiten Vorgang bevorzugen. Ein nicht steuerbarer Vorgang hat gegenüber dem steuerbefreiten Vorgang darüber hinaus den Vorteil, dass die Veräußerungserlöse aus den Beteiligungen bei der Ermittlung des Vorsteuerschlüssels bzw. des Pro-rata-Satzes nach Art. 173 Mehrwertsteuer-Systemrichtlinie unberücksichtigt bleiben und damit den Vorsteuerabzug für Kosten, die der allgemeinen wirtschaftlichen Tätigkeit zugeordnet werden können, nicht schmälern. Insbesondere im EuGH-Urteil EDM[43] ist dies schön nachzulesen.

Mitgliedstaaten sind dabei frei, diesen vorzugeben. Gegebenenfalls ist hierzu ein Investitionsschlüssel, Umsatzschlüssel oder ein anderer Schlüssel geeignet.

43 Vgl. Urt. v. 29. 4. 2004 – Rs. C-77/01 – EDM, EuGHE 2004, I-4295 = UR 2004, 292.

1.2 Auffassung der Finanzverwaltung

Die Finanzverwaltung vertritt zur Frage, wann ein steuerbarer Vorgang beim Erwerb bzw. Veräußerung einer Beteiligung vorliegt, folgende Auffassung: Im BMF-Schreiben vom 26. 1. 2007 hat die Finanzverwaltung erklärt, dass sie beim Erwerb bzw. Veräußerung einer Beteiligung dann einen umsatzsteuerbaren Vorgang annimmt, wenn die Beteiligung im unternehmerischen Bereich des Unternehmens gehalten wird[44].

Sie stellt zudem fest, dass unter den nachfolgend beschriebenen Voraussetzungen der Unternehmer verpflichtet sein soll, die erworbene Beteiligung im unternehmerischen Bereich zu halten[45]. Dies gilt für den gewerblichen Wertpapierhandel, die strategische Beteiligung und eine Beteiligung an die der Gesellschafter Leistungen im Sinn des Umsatzsteuerrechts erbringt[46].

In den zwei letzten Fällen, ist die Zuordnung zum Unternehmen dann zwingend vorgesehen, wenn die Beteiligung ein Grund- bzw. Hilfsgeschäft zum Hauptgeschäft des Unternehmens darstellt. Zwischen der Beteiligung und dem Hauptgeschäft muss dabei ein erkennbarer und objektiver Zusammenhang bestehen, was der Fall ist, wenn die Aufwendungen der Beteiligung zu den Kostenelementen der Haupttätigkeit zählen. Die Veräußerung der Beteiligung stellt in diesem Fall ein Hilfsgeschäft zur wirtschaftlichen „Haupt"-Tätigkeit nach Abschnitt 20 Abs. 2 UStRL 2005 dar und wird damit ein steuerbarer Vorgang[47].

Diese im BMF-Schreiben vom 26. 1. 2007 formulierte Zuordnungsverpflichtung führt dazu, dass das Unternehmen unter diesen Bedingungen die im Einzelfall günstigere Variante eines nicht steuerbaren Vorgangs nicht in Anspruch nehmen kann. Vor diesem Hintergrund ist zu prüfen, ob eine Zuordnungsverpflichtung der Beteiligung zum Unternehmen, so wie sie die Finanzverwaltung vorsieht, rechtmäßig ist.

1.3 Stellungnahme zum Zuordnungszwang der Finanzverwaltung

Ein Zuordnungszwang bzw. eine „natürliche" Zuordnung zum unternehmerischen Bereich besteht dann, wenn die Beteiligung ausschließlich unternehmerisch genutzt wird[48]. Ein Zuordnungswahlrecht kann es unter diesen Bedingungen nicht geben. Der Erwerber kann die bezogene Leistung

---

44 Vgl. BMF, Schr. v. 26. 1. 2007 – IV A 5 – S 7300 – 10/07, BStBl. I 2007, 211 – Rz. 9 und 13.
45 Vgl. BMF, Schr. v. 26. 1. 2007 – IV A 5 – S 7300 – 10/07, BStBl. I 2007, 211 – Rz. 9.
46 Vgl. BMF, Schr. v. 26. 1. 2007 – IV A 5 – S 7300 – 10/07, BStBl. I 2007, 211 – Rz. 8.
47 Vgl. BMF, Schr. v. 26. 1. 2007 – IV A 5 – S 7300 – 10/07, BStBl. I 2007, 211 – Rz. 8.
48 Vgl. *Wagner* in Sölch/Ringleb, § 15 UStG Rz. 247.

nur dann seinem Unternehmen oder seiner privaten Sphäre zuordnen, wenn die bezogenen Leistungen gemischt, d. h. sowohl für private als auch für unternehmerische Zwecke verwendet werden. Demzufolge ist in einem ersten Schritt zu prüfen, ob eine sog. strategische Beteiligung[49] oder eine Beteiligung, an die Leistungen erbracht werden, gemischt oder ausschließlich unternehmerisch genutzt wird. Könnten wir davon ausgehen, dass diese Beteiligungen ausschließlich unternehmerisch verwendet werden, wäre eine Zuordnungsverpflichtung, wie sie die Finanzverwaltung vorsieht rechtmäßig.

Der EuGH hat bei der Beurteilung der Frage, ob der Erwerb und die Veräußerung einer Beteilung ein steuerbarer Vorgang ist, darauf abgestellt ob die Nutzung der Beteilung während des Haltens einen wirtschaftlichen Vorgang nach Art. 9 Abs. 1 Satz 2 Mehrwertsteuer-Systemrichtlinie darstellt[50]. Damit kommt es im Wesentlichen darauf an, wie die Beteiligung beim Erwerber/Veräußerer verwendet wird und wie die Einnahmen aus der Beteiligung zu bewerten sind.

Wird die Beteiligung aus strategischen Gründen gehalten, d. h. zur Sicherung günstiger Einkaufs- und Absatzkonditionen, Verschaffung von Einfluss bei potentiellen Konkurrenten etc., stärkt die Beteiligung die allgemeinen wirtschaftlichen Tätigkeiten des Unternehmens und damit die Ausübung anderer Umsätze. Hierin liegt möglicherweise eine unternehmerische Verwendung. Dies gilt insbesondere, wenn zwischen der Beteiligung und der unternehmerischen Haupttätigkeit ein erkennbarer und objektiver wirtschaftlicher Zusammenhang besteht. Durch diese unternehmerische Verwendung wird aber die Verwendung der Beteiligung als so genannte „private" Kapitalanlage nicht tangiert. Der Bezug der Dividenden als Fruchtziehung aus dem Vermögen bleibt weiterhin ein nicht steuerbarer Vorgang im Sinn des Umsatzsteuerrechts. Die Auffassung entspricht der EuGH-Rechtsprechung. Im Fall EDM, den der EuGH zu entscheiden hatte, bestand der Hauptzweck des Unternehmens in der Prospektion und Gewinnung von Bodenschätzen mit dem Ziel der Investition in diesem Bereich. Die Beteiligungen hielt sie zur Erfüllung dieses Hauptzwecks[51]. Der EuGH

---

49 Vgl. BMF, Schr. v. 26. 1. 2007 – IV A 5 – S 7300 – 10/07, BStBl. I 2007, 211 – Rz. 7 Punkt 2 „(...) wenn die Beteiligung nicht ihrer selbst willen (bloßer Wille, Dividenden zu erhalten) gehalten wird, sondern der Förderung einer bestehenden oder beabsichtigten unternehmerischen Tätigkeit (z. B. Sicherung günstiger Einkaufskonditionen, Verschaffung von Einfluss bei potentiellen Konkurrenten, Sicherung günstiger Absatzkonditionen) dient (...)"

50 Vgl. EuGH, Urt. v. 29. 4. 2004 – Rs. C-77/01 – EDM, EuGHE 2004, I-4295 = UR 2004, 292 – Rz. 48 und 49.

51 Vgl. EuGH, Urt. v. 29. 4. 2004 – Rs. C-77/01– EDM, EuGHE 2004, I-4295 = UR 2004, 292 – Rz. 16.

hat daraus nicht den Schluss gezogen, dass bereits aus diesem Grund die Veräußerung der Beteiligungen eine wirtschaftliche Tätigkeit zur Erzielung von Einnahmen ist. Vielmehr stellte er fest, dass die Dividendenerlöse keine Entgelte für einen steuerbaren Vorgang sein können, denn hierbei handelt es sich um eine reine Vermögensnutzung[52].

Werden gegenüber der Beteiligung steuerbare Leistungen durch den Gesellschafter erbracht, unterstützt die Beteiligung wiederum die Ausgangsumsätze des Gesellschafters. Aber auch hier ist von einer gemischten Nutzung auszugehen, denn die Dividenden und damit das Halten der Beteiligung bleiben weiterhin ein „privater" Vorgang.

Eine so genannte private Nutzung der Beteiligung ist möglicherweise dann gänzlich ausgeschlossen, wenn der Erwerber, Halter und Veräußerer einen gewerblichen Beteiligungshandel betreibt. In diesem Fall wird er als Händler tätig, so dass es sich nicht mehr um eine private Kapitalanlage handelt. Die Zuordnung zum Unternehmen ergibt sich in diesem Fall aufgrund der ausschließlich unternehmerischen Nutzung.

Damit kann m. E. festgestellt werden, dass der Gesellschafter eine Beteiligung in den oben beschriebenen Fällen – außer beim gewerblichen Anteilshandel – immer gemischt nutzt. Eine Zuordnung zum Unternehmen aufgrund einer ausschließlich unternehmerischen Verwendung kann nicht vorgenommen werden.

Deshalb stellt sich nun in einem zweiten Schritt die Frage, ob der Erwerber der Beteiligung aufgrund einer gesetzlichen Vorschrift verpflichtet werden kann, die gemischt genutzte Beteiligung dem Unternehmen zuzuordnen.

Die Mehrwertsteuer-Systemrichtlinie sieht in Art. 173 Abs. 2 Buchst. c vor, dass ein Mitgliedstaat den Steuerpflichtigen verpflichten kann, den Vorsteuerabzug je nach der Zuordnung der Gesamtheit oder eines Teils der Dienstleistungen vorzunehmen. Die Vorschrift beinhaltet selbst keine allgemeine Zuordnungsverpflichtung. Sie drückt lediglich aus, dass für die Gewährung von Vorsteuerabzug der Erwerber zuordnen muss. Da bei dem Beteiligungserwerb in der Regel steuerbefreite Umsätze getätigt werden, wird der Unternehmer nicht aufgrund des Vorsteuerabzugs für die Beteiligung eine Zuordnung zum Unternehmen veranlassen.

Schauen wir nun in das deutsche Umsatzsteuergesetz, ob sich aus diesem eine Zuordnungsverpflichtung ergibt. In § 15 Abs. 1 Satz 2 UStG ist die Zuordnungsverpflichtung von körperlichen Gegenständen zum Privatbereich des Erwerbers geregelt. Da in diesem Fall der Vorsteuerabzug bei einer unternehmerischen Nutzung von weniger als 10 % nicht möglich sein soll, be-

---

52 Vgl. EuGH, Urt. v. 29. 4. 2004 – Rs. C-77/01 – EDM, EuGHE 2004, I-4295 = UR 2004, 292 – Rz. 56 und 57.

durfte es einer Ausnahmegenehmigung durch den Europäischen Rat nach Art. 27 der 6. EG-Richtlinie bzw. Art. 397 Mehrwertsteuer-Systemrichtlinie.

Darüber hinaus gibt es in den gesetzlichen Vorgaben keine Anhaltspunkte, mit denen eine Zuordnungsverpflichtung eines teilweise privat genutzten unkörperlichen Gegenstandes zum Unternehmen begründet werden könnte[53]. Würde der deutsche Gesetzgeber eine solche Regelung auf die sich die Finanzverwaltung dann stützen könnte, einführen wollen, bedürfte es einer Ausnahmegenehmigung des Europäischen Rates nach den oben genannten Vorschriften, da mit dieser Regelung der Vorsteuerabzug im Hinblick auf den Pro-rata-Satz zu Lasten des Unternehmers eingeschränkt wird. Der Hinweis, wonach der Unternehmer den Umsatz durch Option auch steuerpflichtig stellen kann, ist unbeachtlich. Erstens kann die Steuerpflicht einen Liquiditätsnachteil darstellen und zweitens ist die Steuerpflicht davon abhängig, dass der Erwerber wiederum ein Unternehmer und keine beispielsweise Finanzholding ist.

Die jetzige Anweisung des Bundesfinanzministeriums ist unter den gegeben Umständen mit der Rechtsprechung des EuGH unter Berücksichtigung der Mehrwertsteuer-Systemrichtlinie nicht vereinbar. Da den Steuerpflichtigen dadurch ein Nachteil entsteht, ist das Einleiten eines Vertragsverletzungsverfahrens durch die Europäische Kommission nicht ausgeschlossen. Dies sollte zum Anlass genommen werden, das BMF-Schreiben vom 26. 1. 2007 zu überarbeiten.

1.4 Ergebnis

Sollen die erworbenen Beteiligungen als strategische Beteiligungen oder als Leistungsempfänger für eigene Ausgangsleistungen gemischt genutzt werden, hat die X-AG das Wahlrecht, anders als nach Auffassung der Finanzverwaltung, die Beteiligung dem so genannten Bereich eines privaten Anlegers zuzuordnen. Bei der Veräußerung der Beteiligung werden die Beteiligungserlöse dann nicht für die Ermittlung des Pro-rata-Satzes herangezogen.

---

53 Das Zuordnungswahlrecht ergibt sich aus der ständigen Rechtsprechung des EuGH; vgl. u. a. EuGH, Urt. v. 14. 7. 2005 – C-434/03 – P. Charles; v. 21. 4. 2005 – C-25/03 – HE; v. 8. 5. 2003 – C-269/00 – Seeling; v. 8. 5. 2001 – C-415/98 – Bakcsi.

2. Vorsteuerabzug für Beratungsleistungen, die im Zusammenhang mit dem Erwerb, Halten und der Veräußerung von Beteiligungen stehen

Es stellt sich nun die Frage, ob der Vorsteuerabzug für Beratungsleistungen auch dann möglich ist, wenn die Beteiligung nicht dem Unternehmen zugeordnet wird.

2.1 Auffassung der Finanzverwaltung

Die Finanzverwaltung hat in Bezug auf den Vorsteuerabzug für erworbene Leistungen im Zusammenhang mit dem Erwerb und der Veräußerung von Anteilen, z. B. Beratungsleistungen folgende Aussage getroffen[54]: „Ein Vorsteuerabzug aus Aufwendungen, die im Zusammenhang mit den im nichtunternehmerischen Bereich gehaltenen gesellschaftsrechtlichen Beteiligungen anfallen, kommt nicht in Betracht." Diese Rechtsauffassung der Finanzverwaltung hat in der Praxis erhebliche Auswirkungen. Entscheidet sich der Unternehmer die gemischt verwendeten Beteiligungen nicht seinem Unternehmen zuzuordnen, hätte er nach Auffassung der Finanzverwaltung für die Beratungskosten keinen Vorsteuerabzug. Deshalb ist es auch hier wichtig zu prüfen, ob das den gesetzlichen Vorgaben entsprechen kann.

2.2 Stellungnahme

Der Beteiligungserwerb und die Beratungsleistungen sind zwei zu unterscheidende Eingangsleistungen. Die Frage der Zuordnung der Beratungsleistung muss dabei eigenständig und unabhängig von der Zuordnung der Beteiligung betrachtet werden. Eine Zuordnung von Leistungen zum unternehmerischen Bereich ist wie bereits ausführlich erörtert, dann zwingend anzunehmen, wenn sie ausschließlich für unternehmerische Zwecke verwendet wird. Steht fest, dass die Kosten der Beratungsleistung in die allgemeinen Kosten des operativen Geschäfts bzw. der wirtschaftlichen Tätigkeit des Unternehmens fließen und damit Preisbestandteil werden, ist von einer ausschließlich unternehmerischen Nutzung und damit einer zwingenden Zuordnung der Leistung zum Unternehmen auszugehen. Die Zuordnung kann nicht unter die Bedingung gestellt werden, dass eine andere Leistung – wie der Erwerb der Beteiligung dem Unternehmen zugeordnet wird. Der Neutralitätsgrundsatz der Mehrwertsteuerrichtlinie zwingt unter Berücksichtigung der EuGH-Rechtsprechung zu diesem Ergebnis[55]. Im

---

54 Vgl. BMF, Schr. v. 26. 1. 2007 – IV A 5 – S 7300 – 10/07, BStBl. I 2007, 211 – Rz. 12.

55 Vgl. EuGH, Urt. v. 8. 2. 2007 – C-435/05 – Investrand BV, DB 2007, 667 – Rz. 24.

Fall Cibo Participations SA[56] hat der EuGH festgestellt, dass zwischen den bezogenen Leistungen im Zusammenhang mit dem Erwerb einer Beteiligung und konkreten Ausgangsumsätzen kein unmittelbarer Zusammenhang besteht. Die Kosten, die für den Erwerb einer Beteiligung entstanden sind, gehören zu den allgemeinen Kosten des Steuerpflichtigen und hängen grundsätzlich direkt und unmittelbar mit der allgemeinen wirtschaftlichen Tätigkeit der erwerbenden Gesellschaft zusammen. Damit drückt der EuGH deutlich aus, dass es auf die Betrachtung der Nutzung der Beteiligung als steuerbarer Vorgang gerade nicht ankommt.

Soweit die Finanzverwaltung den Vorsteuerabzug für Beratungsleistungen von der Zuordnung der Beteiligung abhängig macht, verletzt sie den geschilderten Neutralitätsgrundsatz. Das BMF-Schreiben vom 26. 1. 2007[57] ist deshalb auch in diesem Punkt mit der Rechtsprechung des EuGH und der Mehrwertsteuer-Systemrichtlinie nicht vereinbar. Dies muss im Übrigen auch für die Veräußerung von Beteiligungen gelten. Der Vorsteuerabzug der Beratungsleistungen kann nicht davon abhängig gemacht werden, dass die veräußerte Beteiligung dem Unternehmen zugeordnet war. Das Urteil des EuGH im Fall Cibo Participations SA ist hier in gleicher Form anwendbar. Andernfalls würden Erwerbs- und Veräußerungstatbestände unterschiedlich behandelt, was der EuGH-Rechtsprechung nicht entspricht[58]. Die im Schreiben des BMF vom 26. 1. 2007 unter Rz. 13[59] geäußerte Vorstellung, wonach bei der Veräußerung einer dem Unternehmen zugeordneten Beteiligung (immer) ein unmittelbarer Zusammenhang zwischen Aufwendungen und Veräußerung gegeben sein soll, ist damit ebenfalls rechtswidrig.

2.3 Ergebnis

Für den *Fall 2* kann damit folgendes Ergebnis festgehalten werden: Die X-AG muss für den Vorsteuerabzug der Beratungsleistungen die erworbenen und veräußerten Beteiligungen nicht dem Unternehmen zugeordnet haben. Für den Vorsteuerabzug der Beratungsleistungen ist allein maßgeblich, ob die Kosten als allgemeine Kosten der wirtschaftlichen Tätigkeit verstan-

---

56 Vgl. EuGH v. 27. 9. 2001 – Rs. C-16/00 – Cibo Participations SA, DB 2001, 2482 – Rz. 32 und 33.
57 Vgl. BMF, Schr. v. 26. 1. 2007 – IV A 5 – S 7300 – 10/07, BStBl. I 2007, 211.
58 Vgl. EuGH, Urt. v. 20. 6. 1996 – C-155/94 – Wellcome Trust, DB 1996, 2012 – Rz. 33. „Wie die Kommission zu Recht vorgetragen hat, muss, wenn ein derartiger Erwerb als solcher keine wirtschaftliche Tätigkeit im Sinne der Richtlinie darstellt, dasselbe auch für die Veräußerung solcher Beteiligungen gelten." BFH hat im Urt. v. 1. 7. 2004 – V R 32/00, BStBl. II 2004, 1022 darauf hingewiesen, dass für den Erwerb einer Beteiligung an einer Gesellschaft und der „Veräußerung" einer derartigen Beteiligung dieselben Grundsätze gelten.
59 Vgl. BMF v. 26. 1. 2007 – IV A 5 – S 7300 – 10/07, BStBl. I 2007, 211.

den werden können. Dies ist sicherlich dann der Fall, wenn mit dem Erwerb und der Veräußerung der Beteiligungen das operative Geschäft des Unternehmens im Allgemeinen gestärkt wird und damit die Kosten in den Preisen der Produkte des Unternehmens enthalten sind.

IV. Organschaft

1. Zuordnung einer Zwischenholding zum Organkreis

Das BMF-Schreiben vom 26.1.2007[60] umfasst auch den Themenbereich Organschaft – insbesondere Zwischenholding –, obgleich hierzu keine EuGH-Rechtsprechung ergangen ist. Ich vermute, dass das Bundesministerium der Finanzen das Thema Eingliederung einer Zwischenholding im Organkreis auch aufgrund eines Schreibens der Spitzenverbände der Wirtschaft[61] aufgenommen hat. Hintergrund waren erhebliche Unsicherheiten in den Betriebsprüfungen der Unternehmen. Dabei ging es um folgenden Sachverhalt: Die Mutter-AG übt als Organträger eine unternehmerische Tätigkeit aus. Sie hält eine 100 % Beteiligung an der Tochter-GmbH. Die Tochter-GmbH erbringt als Zwischenholding, keine steuerbaren Leistungen. Ihre Tätigkeiten sind auf das Halten und Verwalten der Beteiligung an der Enkel-GmbH beschränkt. Die Enkel-GmbH ist selbst unternehmerisch tätig und organisatorisch und wirtschaftlich in die Mutter-AG eingegliedert. Die Spitzenverbände der Wirtschaftsverbände baten darum festzustellen, dass im vorliegenden Fall die Tochter-GmbH weiterhin als Organgesellschaft der Mutter-AG gewertet werden kann[62].

In der Praxis führt die Zugehörigkeit zum Organkreis dazu, dass an die Organgesellschaft nicht steuerbare Innenumsätze erbracht werden und Eingangsleistungen der Zwischenholding möglicherweise zum Vorsteuerabzug berechtigen.

In Bezug auf die Enkel-Gesellschaft, wird die Auffassung im Schrifttum[63] vertreten, dass die Mutter-AG als Organträger mittelbar auch diese Beteiligung als Organgesellschaft hält. Dies gilt unabhängig davon ob die Eingliederung der Tochter GmbH als Organgesellschaft in die Mutter-AG möglich ist.

---

60 Vgl. BMF v. 26.1.2007 – IV A 5 – S 7300 – 10/07, BStBl. I 2007, 211.
61 Vgl. Schreiben der Spitzenverbände der Wirtschaft v. 21.7.2006 an das Bundesministerium der Finanzen, Herrn MinDirig Jörg Kräusel.
62 Vgl. Schreiben der Spitzenverbände der Wirtschaft v. 21.7.2006 an das Bundesministerium der Finanzen, Herrn MinDirig Jörg Kräusel.
63 Vgl. *Stadie* in Rau/Dürrwächter, § 2 UStG Rz. 678; ausführlich *von Streit*, Organschaft bei Beteiligung nicht unternehmerisch tätiger Gesellschaften, UStB 2006, 255.

Diese Rechtsauffassung kann dabei wie folgt begründet werden: Voraussetzungen für die Annahme einer Organschaft ist, dass die Organgesellschaft in das Unternehmen des Organträgers finanziell, organisatorisch und wirtschaftlich eingegliedert ist. Als problematisch wird dabei insbesondere die wirtschaftliche Eingliederung betrachtet, weil die Zwischenholding selbst keine wirtschaftliche Tätigkeit ausübt. Gleichwohl könnte möglicherweise die Voraussetzung vorliegen, wenn im Rahmen des Gesamtunternehmens die Zwischenholding den Organträger wirtschaftlich fördert. Hier haben die Unternehmen vorgetragen, dass die wirtschaftliche Bedeutung einer Zwischenholding z. B. im Bereich der Vorkonsolidierung eines Unternehmensteils auf Zwischenholdingebene bestehen kann, gesellschaftsrechtlich z. B. in der flexiblen Einberufung von Gesellschafterversammlungen Zwecks Ergebnisabführungsvertrag-Abschluss und insbesondere aus haftungsrechtlichen Gründen. Eine Bestätigung der Rechtsauffassung ergibt sich aus Art. 4 Abs. 4 Satz 2 6. EG-Richtlinie bzw. Art. 11 Satz 1 Mehrwertsteuer-Systemrichtlinie, wonach die rechtlich selbständige Person und nicht ein Steuerpflichtiger in das Unternehmen eines anderen eingegliedert werden kann. Eine „Person" kann auch ein Nichtunternehmer sein[64].

Die Finanzverwaltung hat sich dieser Auffassung im Hinblick auf die Stellung der Zwischenholding und deren Zugehörigkeit zum Organkreis nicht angeschlossen. In Bezug auf die Stellung der Enkelgesellschaft hat sie sich zudem schwer getan ein mittelbares Halten über die inaktive Zwischenholding zum Organträger anzunehmen[65]. Hier ist insbesondere überlegt worden, ob die Enkelgesellschaft in die Mutter-AG nur dann eingegliedert sein kann, wenn die Mutter-AG selbst eine kleine Beteiligung an der Enkel Gesellschaft hält. Die Finanzverwaltung hat im Ergebnis an diesen Überlegungen aber nicht festgehalten. Die finanzielle Eingliederung der Enkelgesellschaft kann deshalb mittelbar auch über die Zwischenholding erfolgen[66]. Die Rechtsauffassung der Finanzverwaltung zu diesem Punkt ist nach BMF-Schreiben vom 26. 1. 2007 ab dem 30. 6. 2007 anwendbar. In den Unternehmen muss nun permanent geprüft werden, ob Zwischenholdings vorkommen. Durch die Möglichkeit der mittelbaren finanziellen Eingliederung der Enkelgesellschaften sind gleichwohl viele Probleme entschärft worden. Insoweit hat eine Klarstellung durch die Finanzverwaltung für die Unternehmen gutes bewirkt.

---

64 Vgl. Schreiben der Spitzenverbände der Wirtschaft v. 21. 7. 2006 an das Bundesministerium der Finanzen, Herrn MinDirig Jörg Kräusel.
65 Vgl. Entwurf zum BMF-Schr. v. 26. 1. 2007 – IV A 5 – S 7300 – 10/07, BStBl. I 2007, 211.
66 Vgl. BMF, Schr. v. 26. 1. 2007 – IV A 5 – S 7300 – 10/07, BStBl. I 2007, 211 – Rz. 17.

2. Veräußerung einer Zwischenholding

Veräußert die Mutter AG die Zwischenholding, können nach dem durch den EuGH formulierten Neutralitätsgrundsatz[67] Vorsteuern aus Aufwendungen für diese Veräußerung ebenfalls abzugsfähig sein, wenn sie allgemeine Kosten der Ausgangsumsätze der Mutter AG bzw. des Organkreises darstellen. Auf die Zuordnung der Tochtergesellschaft zum Unternehmen der Mutter-AG kann es nicht ausschließlich ankommen.

3. Ergebnis

Auch bei Organschaftsverhältnissen müssen im Einzelfall die Voraussetzungen des § 15 UStG geprüft werden. Mit der Fixierung auf die Frage der Zuordnung der Beteiligung zum Unternehmen besteht die Gefahr, den Neutralitätsgrundsatz aus den Augen zu verlieren.

---

67 Vgl. EuGH v. Urt. v. 13. 3. 2008 – C-437/06, DB 2008, 719.

7. Leitthema:
Personenunternehmen

Probleme bei Betriebsveräußerung, -aufgabe und -verpachtung

Dr. Martin Strahl
Steuerberater, Köln

Inhaltsübersicht

I. Steuerliche Gestaltungsziele und Probleme bei der Veräußerung oder Aufgabe von Betrieben oder Mitunternehmeranteilen

1. Gestaltungsziel „Tarifbegünstigung"

1.1 Restriktionen für die Anwendung der Tarifermäßigung

Mit Wirkung *ab 1. 1. 2001* gilt die Tarifermäßigung des § 34 Abs. 3 EStG für Gewinne aus der Veräußerung oder Aufgabe von Betrieben, Teilbetrieben, Mitunternehmeranteilen und 100-%-Anteilen an Kapitalgesellschaften. In den Jahren 1999 und 2000 waren solche Gewinne nur nach Maßgabe der sog. Fünftel-Regelung des § 34 Abs. 1 EStG begünstigt.

Gegenüber der Rechtslage bis einschließlich VZ 1998, die ebenfalls die Tarifermäßigung für Veräußerungsgewinne kannte, unterliegt die Tarifermäßigung des § 34 Abs. 3 EStG für Veräußerungs- und Aufgabegewinne *erheblichen Einschränkungen:*

– Sie wird einem Steuerpflichtigen *nur einmal im Leben* gewährt;

– der Steuerpflichtige muss mindestens das *55. Lebensjahr vollendet* haben oder dauernd berufsunfähig sein;

– sie gilt nur für *einen* Veräußerungsgewinn im VZ;

– die Tarifermäßigung gilt nur für Gewinne *bis 5 Mio. Euro;*

– der ermäßigte Steuersatz beträgt *56 %* des durchschnittlichen Steuersatzes (bis einschließlich VZ 2003: 50 %), mindestens aber 15 % (2001 bis 2003: 19,9 %, 2004: 16 %);

– ab VZ 2002 sind *Teil-Mitunternehmeranteilsveräußerungen* nicht mehr tarifbegünstigt; sie werden gesetzlich als laufende Gewinne fingiert (§ 16 Abs. 1 Satz 2 EStG);

– im *Halbeinkünfteverfahren* angefallene Gewinne sind nicht nochmals durch die Tarifermäßigung begünstigt;

– ebenso wird mit Einführung der *Thesaurierungsbegünstigung* des § 34a EStG ihre Anwendung auf solche Gewinne ausgeschlossen, auf die die Tarifermäßigung des § 34 Abs. 3 EStG Anwendung findet. Dies kann praxisrelevant für die Veräußerung eines Teilbetriebs oder eines zu einem Betriebsvermögen gehörenden Mitunternehmeranteils sein.

Auch der *Veräußerungsfreibetrag* des § 16 Abs. 4 EStG wurde eingeschränkt:

– Der Freibetrag beläuft sich auf 45 000 Euro (vor 2004: 51 200 Euro). Er wird vermindert, soweit der Veräußerungsgewinn 136 000 Euro (vor 2004: 154 000 Euro) übersteigt. Ab einem Veräußerungsgewinn von 181 000 Euro entfällt der Freibetrag insgesamt.

– Die Gewährung des Freibetrags setzt ebenso wie die Tarifermäßigung die Vollendung des 55. Lebensjahres oder die dauernde Berufsunfähigkeit des Steuerpflichtigen voraus. Der Freibetrag wird dem Steuerpflichtigen nur einmal im Leben eingeräumt.

Die Beschränkung der Tarifermäßigung des § 34 Abs. 3 EStG auf einen Vorgang im Leben sowie auf einen Veräußerungsgewinn in einem VZ lässt es gleichwohl zu, dass ein *über zwei VZ anfallender Veräußerungsgewinn be-*

günstigt ist,[1] so etwa wenn die wesentlichen Betriebsgrundlagen sukzessive *über zwei VZ veräußert werden.*[2]
Die Tarifermäßigung kommt dann in beiden VZ zum Zuge; allerdings verdoppelt sich die Höchstbegrenzung von 5 Mio. Euro nicht, sondern wird insgesamt für den einen, über zwei VZ steuerlich zu erfassenden Veräußerungsgewinn gewährt.

Mehrere Veräußerungsgewinne entstehen, wenn der Steuerpflichtige im Fall einer *mitunternehmerischen Betriebsaufspaltung* sowohl seinen Mitunternehmeranteil an der Besitz- als auch an der Betriebs-Mitunternehmerschaft veräußert. Nur einer der beiden Veräußerungsgewinne soll nach § 34 Abs. 3 EStG begünstigt sein.

Hinweis: Zeichnet sich eine Veräußerung ab, sollte rechtzeitig eine *Zusammenfassung der beiden Mitunternehmeranteile* erfolgen. Vorstellbar ist, dass die Mitunternehmeranteile an der Betriebs-Mitunternehmerschaft zu Buchwerten gem. § 24 UmwStG *in die Besitz-Mitunternehmerschaft eingebracht* werden. Bei einem zu engen zeitlichen Zusammenhang besteht allerdings die Gefahr, dass ein steuerschädlicher Gesamtplan mit der Rechtsfolge angenommen wird, gleichwohl lägen steuerrechtlich zwei Veräußerungen vor. – Nicht abgesichert ist die Gestaltung einer Umformung der mitunternehmerischen Betriebsaufspaltung in eine doppelstöckige Personengesellschaft: Die Besitz-Mitunternehmerschaft wird ihrerseits Mitunternehmerin der Betriebspersonengesellschaft. Veräußert sodann der Gesellschafter der Obergesellschaft seinen Anteil an der Obergesellschaft (und damit mittelbar auch seinen Anteil an der Untergesellschaft), stellt sich wiederum die Frage, ob nur *ein* nach § 34 Abs. 3 EStG begünstigter Veräußerungsgewinn entsteht.[3] Die Finanzverwaltung geht unterdessen von einem einzigen begünstigten Veräußerungsgewinn aus, wenn eine Mitunternehmerschaft Obergesellschaft weiterer Mitunternehmerschaften ist und der Mitunternehmeranteil an der Obergesellschaft veräußert wird, während getrennte Veräußerungsvorgänge vorliegen sollen, wenn ein Mitunternehmeranteil zum Betriebsvermögen eines Einzelunternehmers gehört oder zum Sonderbetriebsvermögen des Mitunternehmers einer Mitunternehmerschaft.[4]

Nach wie vor ungeklärt ist die Frage, ob die Veräußerung eines Mitunternehmeranteils zur Gänze *an mehrere Erwerber* in einem einheitlichen Vor-

---

1 Vgl. BFH, Urt. v. 20. 1. 2005 – IV R 14/03, BStBl. II 2005, 395.
2 Vgl. BFH, Urt. v. 19. 7. 1993 – GrS 2/92, BStBl. II 1993, 897, 902.
3 Verneinend *Wacker* in Schmidt, EStG, 26. Aufl. 2007, § 16 EStG Rz. 582 a. E.; offen lassend BFH, Urt. v. 1. 7. 2004 – IV R 67/00, HFR 2004, 1190; bejahend *Ley*, KÖSDI 1997, 11079, 11081.
4 OFD Koblenz, Vfg. v. 28. 2. 2007 – S 2243 A – St 31 3, DStR 2007, 992.

gang als ein einziger Veräußerungsfall anzusehen ist oder ob es sich um mehrere Veräußerungsvorgänge handelt, von denen nur einer nach § 34 Abs. 3 EStG begünstigt ist.[5] Es ist naheliegend, den Vorgang als eine *begünstigte Aufgabe* des gesamten Mitunternehmeranteils (§ 16 Abs. 3 Satz 1 i. V. m. Abs. 1 Satz 1 Nr. 2 EStG) zu werten.[6]

Hinweis: Um dieser Diskussion zu entgehen, empfiehlt sich stattdessen das *Ausscheiden* aus der Personengesellschaft gegen Zahlung einer *Abfindung*. Dies führt zum anteiligen Anwachsen des Anteils bei den verbleibenden Gesellschaftern. Es liegt dann unstreitig nur ein einziger Veräußerungsvorgang vor.[7]

Ehegatten steht die Vergünstigung des § 34 Abs. 3 EStG jeweils einzeln zu. Demgemäß hat jeder Ehegatte – auch im Fall der Zusammenveranlagung – jeweils einmal im Leben die Möglichkeit, die Tarifermäßigung zu erhalten.

Hinweis: Hat ein Ehegatte für seine Person die Tarifbegünstigung bereits verbraucht und steht bei ihm ein weiterer Veräußerungsgewinn gem. § 16 EStG an, kommt die *vorherige unentgeltliche Übertragung* des betreffenden Mitunternehmeranteils an den Ehegatten in Betracht, der „seine Tarifermäßigung" noch nicht verbraucht hat. Es ist dabei jedoch darauf zu achten, dass der Ehegatte tatsächlich Mitunternehmer wird. Er muss auf jeden Fall die Freiheit haben, den Verkauf des Mitunternehmeranteils zu vollziehen oder nicht. Er darf nicht in einen bereits abgeschlossenen Kaufvertrag eintreten.[8] In *schenkungsteuerlicher Hinsicht* ist zu beachten, dass die Vergünstigungen des § 13a ErbStG (Freibetrag und Bewertungsabschlag) entfallen, soweit der Verkauf innerhalb von fünf Jahren nach der Schenkung stattfindet. Gleiches gilt – mit entsprechend längerer Frist – auch nach der Erbschaftsteuerreform.

Beachtlich ist, dass im *VZ 2007* Veräußerungs- und Aufgabegewinne bei der Ermittlung des *Entlastungsbetrags* gem. § 32c EStG vom Spitzensteuersatz-Zuschlag (sog. „Reichensteuer") nicht berücksichtigt werden (§ 32c Abs. 1 Satz 4 EStG). Ab dem VZ 2008 wird der Spitzensteuersatz-Zuschlag generell auf die Gewinneinkunftsarten ausgedehnt (§ 52 Abs. 44 EStG).

Der *Freibetrag des § 16 Abs. 4 EStG* und die Tarifbegünstigung des Veräußerungsgewinns gem. § 34 Abs. 3 EStG stehen dem Steuerpflichtigen un-

---

5 Vgl. dazu *Schiffers* in Korn, EStG, § 34 EStG Rz. 71.3 (Oktober 2006).
6 Vgl. *Patt* in Herrmann/Heuer/Raupach, EStG/KStG, § 16 EStG Anm. 247 (Juli 2004).
7 Vgl. BFH, Urt. v. 12. 12. 1996 – IV R 77/93, BStBl. 1998 II, 180; *Schiffers* in Korn, EStG, § 34 EStG Rz. 71.3 (Oktober 2006).
8 Vgl. *Stahl*, KÖSDI 2002, 13535, 13538.

abhängig voneinander zu. Fallen mehrere Veräußerungsgewinne an, ist es möglich, auf den einen Veräußerungsgewinn den Freibetrag anzuwenden, auf den anderen Veräußerungsgewinn die Tarifermäßigung.[9] Im Vorfeld der Veräußerung lässt sich u. U. eine Steuerung der Höhe der Veräußerungsgewinne erreichen.

In den *Höchstbetrag der Tarifbegünstigung* von 5 Mio. Euro sind diejenigen Teile des Veräußerungsgewinns, die unter das Halbeinkünfteverfahren fallen, nicht einzubeziehen.

Hinweis: Es kann richtig sein, rechtzeitig darauf hinzuwirken, dass stille Reserven vor allem in *Tochter-Kapitalgesellschaften* gebildet werden, wenn die 5-Mio.-Euro-Grenze anderenfalls überschritten wird.

Seit 1. 1. 2002 ist gem. § 16 Abs. 1 Satz 1 Nr. 2 EStG nur noch die Veräußerung des gesamten gewerblichen Mitunternehmeranteils begünstigt. Gewinne aus *Teil-Mitunternehmeranteilsübertragungen* sind kraft gesetzlicher Fiktion laufende Gewinne, vgl. § 16 Abs. 1 Satz 2 EStG.

Hinweis: Auch unter dem Gesichtspunkt der Teil-Mitunternehmeranteilsveräußerung stellt sich die Frage, ob die Veräußerung des gesamten Mitunternehmeranteils *in mehreren Teilanteilen an verschiedene Erwerber* begünstigt ist. Diese Frage muss m. E. bejaht werden, da es bei diesem Vorgang zur Auflösung sämtlicher stillen Reserven kommt. Die komplette Mitunternehmeranteilsveräußerung in mehreren Teilanteilen steht der Veräußerung des gesamten Mitunternehmeranteils in toto gleich. Die Veräußerung in mehreren Teilanteilen muss allerdings in einem engen zeitlichen Zusammenhang auf Grund eines Gesamtplans erfolgen. Sofern an Mitgesellschafter veräußert wird, bietet sich das Ausscheiden des Gesellschafters gegen Abfindungszahlung an.

Ist zunächst die *Aufnahme eines weiteren Gesellschafters* beabsichtigt, an den – ggf. – später der Mitunternehmeranteil veräußert werden soll, kann dies ohne Teil-Mitunternehmeranteilsveräußerung gestaltet werden: Die bisherigen Gesellschafter bringen ihre Mitunternehmeranteile in eine neue Mitunternehmerschaft gegen Gewährung von Gesellschaftsrechten ein. Der hinzutretende Gesellschafter leistet eine Zahlung *in das Gesellschaftsvermögen*. Durch negative bzw. positive Ergänzungsbilanzen wird gem. § 24 UmwStG die Buchwertfortführung der bisherigen Gesellschafter dokumentiert. Zu einem späteren Zeitpunkt steht sodann der gesamte Mitunternehmeranteil zur tarifbegünstigten Veräußerung zur Verfügung. Allerdings dürfen die Beteiligten keine rechtlichen Bin-

---

9 Vgl. *Stahl*, KÖSDI 2001, 12838, 12841.

dungen hinsichtlich der „nachgeschalteten" Veräußerung eingehen.[10] Dem Erwerber darf kein unwiderrufliches Optionsrecht auf Aufstockung seiner Beteiligung eingeräumt werden noch darf er sich seinerseits verpflichten, seinen Anteil zu erhöhen. Zwischen der Aufnahme des Gesellschafters und der späteren Veräußerung sollte ein Zeitraum von mindestens einem Jahr liegen.

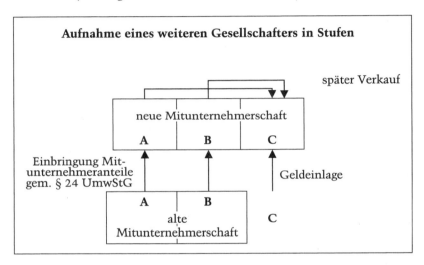

Aufnahme eines weiteren Gesellschafters in Stufen

Wird die Gesellschaftsbeteiligung veräußert, kann aber das *Sonderbetriebsvermögen nicht mitveräußert* werden, kommt dennoch eine Privilegierung des Gewinns in Betracht: Es liegt dann eine kombinierte Veräußerung und Aufgabe des kompletten Mitunternehmeranteils vor. Der Mitunternehmeranteil besteht aus der Gesellschaftsbeteiligung und dem Sonderbetriebsvermögen.

Zur *teilentgeltlichen Veräußerung* eines kompletten Mitunternehmeranteils ist zu bemerken: Nach der sog. Einheitstheorie wird dieser Vorgang nicht in eine unentgeltliche Übertragung und eine entgeltliche Veräußerung jeweils von Teil-Mitunternehmeranteilen aufgespalten, sondern es wird *ein* Veräußerungsvorgang angenommen.[11] Veräußerungsgewinn ist die Differenz zwischen dem Entgelt und dem niedrigeren Buchwert. Dieser

---

10 Vgl. BFH, Urt. v. 16. 9. 2004 – IV R 11/03, BStBl. II 2004, 1068; vgl. dazu auch Urteilsanmerkung *Kempermann*, FR 2005, 198.
11 Vgl. BMF, Schr. v. 13. 1. 1993 – IV B 3 – S 2190 – 37/92, BStBl. I 1993, 80 – Tz. 31 (betreffend vorweggenommene Erbfolge, jedoch verallgemeinerungsfähig).

Veräußerungsgewinn, auch wenn das Entgelt hinter dem wahren Wert zurückbleibt und nicht sämtliche stillen Reserven des Anteils aufgedeckt werden, ist nach § 34 Abs. 3 EStG begünstigt.[12]

1.2 Steuerneutrale Zurückbehaltung von Wirtschaftsgütern

1.2.1 Ausweitung des Begriffs der wesentlichen Betriebsgrundlage

Ein begünstigter Veräußerungsvorgang i. S. des § 16 Abs. 1 Satz 1, § 18 Abs. 3 Satz 1 EStG liegt vor, wenn das der betrieblichen oder beruflichen Tätigkeit dienende Vermögen in Gestalt *sämtlicher wesentlicher Betriebsgrundlagen* auf den Erwerber übergeht.[13] Der Begriff der wesentlichen Betriebsgrundlage ist dabei normspezifisch auszulegen. Im Zusammenhang mit Veräußerungsvorgängen findet die quantitativ-funktionale Betrachtungsweise Anwendung. Danach sind einerseits sämtliche Wirtschaftsgüter an den Erwerber – zumindest zu wirtschaftlichem Eigentum – zu übertragen, ohne die die freiberufliche Tätigkeit nicht fortgeführt werden könnte *(funktionale Sichtweise).*[14] Andererseits sind alle der betrieblichen oder beruflichen Tätigkeit dienenden Wirtschaftsgüter zu übertragen, die über *erhebliche stille Reserven* verfügen. Unklar ist dabei, was „erheblich" ist. Denkbar ist, eine relative Grenze von 10 % der gesamten stillen Reserven mit einer absoluten Untergrenze von 5000 Euro anzunehmen.[15]

Der Begriff der Wesentlichkeit hat in der jüngeren Rechtsprechung eine bedeutsame *Ausweitung* erfahren. Mit Urt. IV R 7/05[16] hat der BFH ein *Bürogebäude* als in funktionaler Hinsicht wesentliche Betriebsgrundlage eingestuft, wenn es die räumliche und funktionale Grundlage für die Geschäftstätigkeit des Unternehmens bildet. Als unbeachtlich sah der BFH an, ob bereits bei der Errichtung Kabelkanäle für Computer vorhanden waren. Auch der Umstand, dass der Betriebsinhaber nur zu 1/3 Miteigentümer des Grundstücks mit dem aufstehenden Gebäude war, steht der Annahme einer wesentlichen Betriebsgrundlage nicht entgegen, weil als solche das Betriebsgebäude als Ganzes einzuordnen sei. Letztlich stehe – so der BFH – der Versagung der Tarifermäßigung bei Veräußerung des Betriebes ohne Veräußerung eines in funktionaler Hinsicht wesentlichen Betriebsgebäudes auch nicht entgegen, dass der nicht mitveräußerte Anteil am Betriebsgebäude nur geringfügig gewesen sei. Der BFH legt dar, dass aus der Betrachtungsweise, einer tarifbegünstigten Praxisveräußerung im Ganzen stehe

---

12 Vgl. BFH, Urt. v. 10. 7. 1986 – IV R 12/81, BStBl. II 1986, 811.

13 Vgl. schon BFH, Urt. v. 24. 5. 1956 – IV 24/55 U, BStBl. III 1956, 205.

14 Vgl. zur Wesentlichkeit einer Betriebsgrundlage in funktionaler Sicht z. B. BFH, Urt. v. 23. 5. 2000 – VIII R 11/99, BStBl. II 2000, 621, 622.

15 Vgl. *Korn* in Korn, EStG, § 18 EStG Rz. 108 (Februar 2004).

16 Vgl. BFH, Urt. v. 10. 11. 2005 – IV R 7/05, BStBl. II 2006, 176.

nicht entgegen, wenn Patienten- oder Mandantenbeziehungen zurückbehalten werden, auf die in den letzten drei Jahren weniger als 10 % der Umsätze entfallen sind, nicht abgeleitet werden könne, dass ein Grundstück von nicht wesentlicher Bedeutung ist, wenn sein Anteil am Veräußerungsgewinn lediglich 10 % betragen hätte. Die Bedeutung einer funktional wesentlichen Betriebsgrundlage könne – so der BFH – nicht aus dem Verkehrswert hergeleitet werden.

Mit Urt. IV R 25/05[17] entschied der BFH dann noch weitergehend, dass bereits zwei nicht zum Zwecke der beruflichen Nutzung hergerichtete Räume in einem *selbstgenutzten Einfamilienhaus,* die einer Unternehmensberatungs-GmbH zur Nutzung überlassen worden sind, als wesentliche Betriebsgrundlage einzuordnen sind.

1.2.2 Ausgliederungsmodell und steuerschädlicher Gesamtplan

Mit dem Erfordernis, sämtliche in funktionaler und quantitativer Hinsicht wesentlichen Betriebsgrundlagen zu übertragen, um die Tarifbegünstigung beanspruchen zu können, kann der Wunsch des bisherigen Betriebsinhabers oder Mitunternehmers in Konflikt geraten, das in seinem Eigentum stehende *betrieblich* oder *beruflich genutzte Gebäude* oder die entsprechenden *Räumlichkeiten* steuerlich neutral zurückzubehalten, weil es sich insoweit regelmäßig um eine *wesentliche Betriebsgrundlage* in funktionaler Sicht handelt.

Eine ertragsteuerrechtlich neutrale *Zurückbehaltung der Betriebsräume* ist denkbar, indem diese in ein anderes Betriebsvermögen überführt werden – etwa gem. § 6 Abs. 5 Satz 3 Nr. 1 EStG unentgeltlich oder gegen Gewährung von Gesellschaftsrechten[18] in das Betriebsvermögen einer *gewerblich geprägten Personengesellschaft.* Im Anschluss daran wird dann die (verbleibende) Einzelunternehmung gem. § 6 Abs. 3 EStG unentgeltlich oder entgeltlich auf den Nachfolger übertragen. Diese Vorgehensweise sei anhand der folgenden Abbildung dargestellt:

---

17 Vgl. BFH, Urt. v. 13.7.2006 – IV R 25/05, BStBl. II 2006, 804.
18 Vgl. zu dem Erfordernis der Übertragung gegen Gewährung von Gesellschaftsrechten bzw. der unentgeltlichen Übertragung BMF, Schr. v. 26.11.2004 – IV B 2 – S 2178 – 2/04, BStBl. I 2004, 1190.

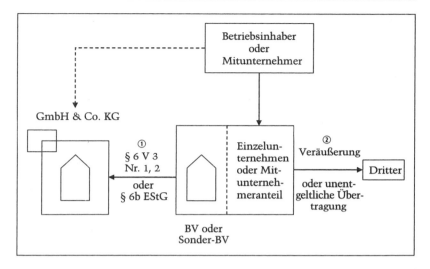

Es stellt sich die Frage, ob eine enge zeitliche Abfolge zwischen der Ausgliederung der Betriebsräume in eine gewerblich geprägte Personengesellschaft und der entgeltlichen oder unentgeltlichen Übertragung des verbleibenden Einzelunternehmens bzw. des Anteils an der Mitunternehmerschaft dazu führen kann, dass die sog. *Gesamtplan-Rechtsprechung* des BFH Anwendung findet.[19]

Der BFH hat insofern entschieden, der Gewinn aus der Veräußerung eines Mitunternehmeranteils sei nicht begünstigt, wenn auf Grund *einheitlicher Planung* und in *engem zeitlichem Zusammenhang* mit der Anteilsveräußerung wesentliche Betriebsgrundlagen der Personengesellschaft (im Streitfall Grundstücke) ohne Aufdeckung sämtlicher stiller Reserven aus dem Betriebsvermögen ausgeschieden sind.[20] Dies lässt die *Ausgliederung des Betriebsgrundstücks* in engem zeitlichem Zusammenhang vor *Veräußerung* problematisch erscheinen.[21]

Im Gegensatz dazu liegt ein Handeln in einem steuerschädlichen Gesamtplan bei der Ausgliederung des Grundstücks zur *Vorbereitung der vorweggenommenen Erbfolge* m. E. selbst dann nicht vor, wenn zwischen der Aus-

---

19 Zur Gesamtplan-Rechtsprechung vgl. z. B. *Förster/Schmidmann*, StuW 2003, 114; *Crezelius*, FR 2003, 537; *Strahl*, KÖSDI 2003, 13918; *ders.*, FR 2004, 929; *Söffing*, BB 2004, 2777; *Spindler*, DStR 2005, 1; *Förster* in Festschrift Korn, 2005, 1.
20 Vgl. BFH, Urt. v. 6.9.2000 – IV R 18/99, BStBl. II 2001, 229.
21 Vgl. dazu *Strahl*, FR 2004, 929.

gliederung des Grundstücks und der unentgeltlichen Übertragung des verbleibenden Betriebsvermögens ein enger zeitlicher Zusammenhang bestehen sollte. Dies ergibt sich im Hinblick auf folgende Erwägungen:[22]

– Im Falle der Ausgliederung vor Veräußerung hat der BFH im Hinblick auf das *Ziel* der Tarifermäßigung entschieden, dass ein Handeln in einem steuerschädlichen Gesamtplan vorliege (keine zusammengeballte Aufdeckung aller stiller Reserven). Das Ziel der Buchwertfortführung nach § 6 Abs. 3 EStG steht dem Ausgliederungsmodell aber nicht entgegen, weil die Buchwertfortführung im Hinblick auf das *Übermaßverbot* gewährt wird. Danach soll die unentgeltliche Überleitung des Betriebs unter Durchbrechung des subjektbezogenen Einkünftebegriffs zu Buchwerten erfolgen, um den Fortbestand von betrieblichen Einheiten nicht zu gefährden.[23] In der ganz überwiegenden Zahl der Fälle ist das Ausgliederungsmodell dadurch geprägt, dass das auf die gewerblich geprägte Personengesellschaft übertragene Grundstück dem Rechtsnachfolger überlassen wird. Er führt dann den Betrieb in *unveränderter Weise* fort. Hier eine Realisation der stillen Reserven der übertragenen Wirtschaftsgüter zu verlangen, steht im Widerspruch zum Übermaßverbot.[24]

– Bei der Durchführung der Ausgliederung vor vorweggenommener Erbfolge werden – anders als im Falle der Ausgliederung vor Veräußerung – *nicht zwei unterschiedliche Rechtsfolgen* erstrebt, weil beide Schritte – sowohl die Ausgliederung als auch die unentgeltliche Übertragung – mit der Rechtsfolge der Buchwertfortführung verbunden sind. Es wäre nicht nachzuvollziehen, warum ein Vorgang, für den die Buchwertfortführung vorgeschrieben ist (§ 6 Abs. 3 EStG), nicht zu Buchwerten erfolgen darf, weil ein Vorgang vorgeschaltet ist, der ebenfalls nach § 6 Abs. 5 Satz 3 Nr. 1, 2 EStG zwingend zu Buchwerten erfolgt.[25]

– Letztlich spricht die *systematische Gesetzesauslegung* für den Ansatz der Buchwerte auch für die Übertragung der betrieblichen Einheit nach erfolgter steuerneutraler Ausgliederung des Betriebsgrundstücks, weil die unentgeltliche Übertragung betrieblicher (Teil-)Einheiten gem. § 6 Abs. 3 Satz 1 Halbsatz 2 EStG (Buchwertfortführungsgebot) grundsätzlich anders gewürdigt wird als die entgeltliche Übertragung betrieblicher (Teil-) Einheiten gem. § 16 Abs. 1 Satz 2 EStG (laufender Gewinn). Es entspricht

---

22 Vgl. dazu ausführlich *Strahl*, FR 2004, 929; gegen die Anwendung der Gesamtplan-Rechtsprechung auf Fälle der Ausgliederung vor vorweggenommener Erbfolge spricht sich auch *Kanzler* in Festschrift Korn, 2005, 287, 296, aus.

23 Vgl. *Gratz* in Herrmann/Heuer/Raupach, EStG/KStG, § 6 EStG Anm. 1333 (Mai 2004).

24 Vgl. auch *Korn/Strahl* in Korn, EStG, § 6 EStG Rz. 473 (Dezember 2005).

25 Vgl. ähnlich *Crezelius*, FR 2003, 537; a. A. *Glanegger* in Schmidt, EStG, 26. Aufl. 2007, § 6 EStG Rz. 477.

mithin der Wertung des Gesetzes, die unentgeltliche Übertragung betrieblicher (Teil-)Einheiten im Gegensatz zur entgeltlichen Übertragung entsprechender Teileinheiten steuerlich zu begünstigen.

2. Gestaltungsziel „Asset-deal"

2.1 *Formwechsel einer Kapitalgesellschaft in eine Mitunternehmerschaft*

Von herausragender Bedeutung kann die Umwandlung einer GmbH in eine *GmbH & Co. KG* sein, weil diese gestattet, den Vorteil der Haftungsbegrenzung zu sichern und zugleich eine höhere Flexibilität, einen völligen statt nur hälftigen Abzug von Finanzierungskosten, (noch bestehende) günstigere erbschaft- und schenkungsteuerliche Bewertungsregelungen, einen möglichen Verlusttransfer in die Sphäre des Gesellschafters und eine optimierte Ausgangslage für einen späteren Unternehmensverkauf (asset-deal statt share-deal) zu erreichen.[26] Der *Formwechsel* ist gegenüber der Verschmelzung als Gestaltungsweg für die Umwandlung in die GmbH & Co. KG präferabel, zumal er – bei Zugehörigkeit von Grundstücken zum Betriebsvermögen der übertragenden Kapitalgesellschaft – keine Grunderwerbsteuer auslöst.[27]

2.2 *Veräußerung nach Formwechsel*

Wird der Betrieb der GmbH & Co. KG innerhalb von *fünf Jahren* nach der Umwandlung veräußert oder aufgegeben, unterliegt der insoweit entstehende Gewinn nach § 18 Abs. 3 Satz 1 UmwStG der *Gewerbesteuer*. Gleiches gilt nach § 18 Abs. 3 Satz 2 UmwStG, sofern ein Teilbetrieb oder ein Mitunternehmeranteil aufgegeben oder veräußert wird, der innerhalb von fünf Jahren zuvor aus der Umwandlung einer Kapitalgesellschaft hervorgegangen ist. Verschärfend ist durch das UntStFG in § 18 Abs. 3 Satz 3 (vormals: Abs. 4 Satz 3) UmwStG geregelt worden, dass der auf einem Veräußerungs- oder Aufgabegewinn i. S. des § 18 Abs. 3 Satz 1, 2 UmwStG beruhende Teil des Gewerbesteuermessbetrags nicht im Rahmen der Einkommensteuerermäßigung gem. § 35 EStG zu berücksichtigen ist. Es bestehen *verfassungsrechtliche Bedenken* gegen § 18 Abs. 3 Satz 3 UmwStG, weil diese Norm erst durch den Vermittlungsausschuss in das Gesetz eingefügt worden war.[28]

---

26 Vgl. zu möglichen Anlässen für den Rechtsformwechsel z. B. *Ott,* INF 2007, 184, 185.

27 Vgl. BFH, Beschl. v. 4. 12. 1996 – II B 116/96, BStBl. II 1997, 661; FinMin. Baden-Württemberg, Erlass v. 31. 1. 2000 – 3 – S 4520/2, DStR 2000, 284; s. ausführlich zur Durchführung des Formwechsels *Carlé/Carlé* in Carlé_Korn_Stahl_Strahl, Umwandlungen, 2007, Rz. 115 ff.

28 Vgl. *Füger/Rieger,* DStR 2002, 1021, 1024.

Der Regelung des § 18 Abs. 3 UmwStG kommt in der Beratungspraxis erhebliche Bedeutung zu, weil sich in Anbetracht der gesetzlichen Verhinderung des Aufstockungsmodells nach dem Erwerb von GmbH-Anteilen durch die Umwandlung in eine Personengesellschaft[29] häufig die Überlegung stellt, *vor Veräußerung* der Anteile an der GmbH die formwechselnde Umwandlung in eine Personengesellschaft durchzuführen und anschließend den Mitunternehmeranteil zu veräußern. Zwar entsteht bei einem gründungsgeboren beteiligten GmbH-Gesellschafter durch die Umwandlung vor Veräußerung kein Übernahmeverlust, doch unterliegt der nachfolgende Veräußerungsvorgang nach § 18 Abs. 3 Satz 2 UmwStG der Gewerbesteuer.

Die Gewerbesteuer auf Grund der Veräußerung oder Aufgabe des Mitunternehmeranteils wird von der *Personengesellschaft geschuldet*.[30] *Insofern ist wie folgt zu unterscheiden:*

(a) Ist die Veräußerung der Mitunternehmeranteile einem *Wechsel aller Gesellschafter* gleichzusetzen, findet ein Austausch der Identität des Steuerschuldners statt.[31] Rechtsfolge ist, dass für die Personengesellschaft im Zeitpunkt der Übertragung der Mitunternehmeranteile ein gesonderter Gewerbesteuermessbescheid ergeht, der den erzielten Veräußerungsgewinn umschließt.[32] Die auf Grund der Veräußerung des Mitunternehmeranteils oder Betriebs festgesetzte Gewerbesteuer trifft dann nur den Alt-Anteilseigner, nicht hingegen den oder die Erwerber des Betriebs oder der Mitunternehmeranteile.

(b) Führt die Veräußerung demgegenüber *nicht zu einem Wechsel der wirtschaftlichen Identität* des Anteilseigners, kommt es durch die Übertragung zu keiner gesonderten Gewinnfeststellung, so dass der erzielte Veräußerungsgewinn in die Ermittlung des Gewerbeertrags am Ende des Erhebungszeitraums eingeht und auch den Erwerber der Anteile trifft. Die Gewerbesteuer belastet alle Gesellschafter entsprechend dem Gewinnverteilungsschlüssel, obwohl ihre Entstehung insoweit nur durch den veräußernden oder aufgebenden Mitunternehmer verursacht ist.[33] Den ausgeschiedenen Gesellschafter trifft daneben die Haftung nach § 191 Abs. 4 AO entsprechend den zivilrechtlichen Regeln.

---

29 § 4 Abs. 6 Satz 4 UmwStG bestimmt insoweit, dass ein Übernahmeverlust außer Ansatz bleibt, soweit er nicht auf die Besteuerung offener Rücklagen gem. § 7 UmwStG entfällt.

30 Vgl. *Widmann* in Widmann/Mayer, Umwandlungsrecht, § 18 UmwStG Rz. 238 (Juni 2000).

31 Vgl. BFH, Beschl. v. 18. 3. 1998 – IV B 50/97, BFH/NV 1998, 1255.

32 Vgl. *Selder* in Glanegger/Güroff, GewStG, 6. Aufl. 2006, § 5 GewStG Rz. 6 (S. 453).

33 Vgl. dazu kritisch *Strahl*, KÖSDI 2003, 13833, 13841.

Der Gewerbesteuer unterliegen bei Veräußerung oder Aufgabe des Betriebs oder Mitunternehmeranteils binnen des Fünf-Jahres-Zeitraums nicht nur die *stillen Reserven* im Zeitpunkt der Umwandlung, sondern auch jene stillen Reserven, die sich anschließend *bis zur Veräußerung* gebildet haben.[34] Zudem sind auf Grund einer Gesetzesänderung durch das Jahressteuergesetz 2008 im Falle der Umwandlung der GmbH in die GmbH & Co. KG nicht im Wege des Formwechsels, sondern der Verschmelzung auf eine bestehende Personengesellschaft, auch solche stillen Reserven in die Gewerbesteuerpflicht nach § 18 Abs. 3 UmwStG einzubeziehen, die im Betriebsvermögen der übernehmenden Personegesellschaft bereits *vor einer Verschmelzung* vorhanden waren.[35]

3. Gestaltungsziel „Steueroptimierte Übertragung ohne Tarifbegünstigung"

Soll ein Einzelunternehmen oder ein Anteil an einer Mitunternehmerschaft entgeltlich übertragen werden, ohne dass der Übertragende die persönlichen oder sächlichen Voraussetzungen der Tarifbegünstigung gem. § 34 Abs. 3 EStG erfüllt, besteht ein gangbarer Weg in der Übertragung gegen eine *Veräußerungsrente*. Damit sind die folgenden Vor- und Nachteile verbunden:

(a) Bei Wahl der *nachträglichen Versteuerung* der Rentenzahlungen entsteht erst dann ein (laufender) Gewinn, wenn der Kapitalanteil der wiederkehrenden Leistungen das steuerliche Kapitalkonto des Übertragenden zuzüglich etwaiger Veräußerungskosten übersteigt.[36] Der in den Zahlungen enthaltene Zinsanteil führt jedoch bereits im Zeitpunkt des Zuflusses zu nachträglichen Betriebseinnahmen i. S. des § 15 oder § 18 EStG.

(b) Auf Seiten des Erwerbers sind die *Anschaffungskosten* der übertragenen Anlagegegenstände – auch bei Ermittlung des Gewinns im Wege der Einnahmenüberschussrechnung – bei Erwerb gegen Zahlung einer Veräußerungsleibrente aus dem *Barwert* der Leibrentenverpflichtung herzuleiten.[37] Dies gilt auch hinsichtlich des *Firmen- oder Praxiswerts*, so dass sich trotz Begleichung des Kaufpreises im Wege der Rentenzahlung der Aufwand mittels der AfA des Firmen- oder Praxiswerts (für letzteren mit einem Abschreibungszeitraum von drei bis fünf Jahren) über denselben Zeitraum ergibt wie bei Einmalkaufpreiszahlung. Der Aufwand ent-

---

34 Vgl. BFH, Urt. v. 11. 12. 2001 – VIII R 23/01, BStBl. II 2004, 474.
35 Entgegen BFH, Urt. v. 16. 11. 2005 – X R 6/04, BFH/NV 2006, 693.
36 Vgl. R 16 Abs. 11 Satz 7 EStR 2005.
37 Vgl. R 4.5 Abs. 4 Satz 1 EStR 2005; *Ramb*, Die Einnahmeüberschussrechnung von A–Z, 1999, S. 129f.

steht somit früher als der Ertrag infolge der Verminderung des Barwerts der Rentenverpflichtung.

(c) Nachteilig ist, dass bei *vorzeitigem Fortfall der Rentenverpflichtung* (etwa auf Grund des Todes des Übertragenden) derjenige Betrag als Betriebseinnahme beim Erwerber anzusetzen ist, der nach Abzug aller bis zum Fortfall geleisteten Rentenzahlungen vom ursprünglichen Barwert verbleibt.[38]

Bei entgeltlicher Veräußerung eines Mitunternehmeranteils gegen wiederkehrende Bezüge hat der Veräußerer ein *Wahlrecht*.[39]

– Er kann den versicherungsmathematischen *Barwert* im Zeitpunkt der Veräußerung abzüglich des Buchwerts und der Veräußerungskosten *als begünstigten Veräußerungsgewinn* einer Sofortversteuerung unterwerfen. Die wiederkehrenden Bezüge werden sodann gem. § 22 EStG mit dem Ertrags- oder Zinsanteil erfasst.

– Stattdessen kann der Veräußerer die *sog. sukzessive Zuflussversteuerung* wählen: Er versteuert dann als nicht begünstigte, jedoch gewerbesteuerfreie nachträgliche Einkünfte aus Gewerbebetrieb nach § 15 Abs. 1 i. V. m. § 24 Nr. 2 EStG die bei ihm eingehenden Zahlungen. Diese Zahlungen sind nach versicherungsmathematischen Grundsätzen in einen Zins- und einen Tilgungsanteil aufzuteilen. Der Zinsanteil ist jeweils im Jahr des Zuflusses sofort zu versteuern. Der Tilgungsanteil wird zunächst gegen den Buchwert des Kapitalkontos des Veräußerers und die Veräußerungskosten verrechnet. Erst danach ist auch der Tilgungsanteil als nachträgliche nicht begünstigte Einkünfte aus Gewerbebetrieb zu erfassen.[40] Der Freibetrag nach § 16 Abs. 4 EStG kommt nicht zur Anwendung.[41]

Das Wahlrecht setzt wiederkehrende Bezüge in Form von *Leibrenten* voraus. Ausreichend sind aber auch *Zeitrenten oder Kaufpreisraten* von jeweils *mehr als 10-jähriger Laufzeit*, wenn sie primär der Versorgung des Berechtigten dienen.[42] Der Versorgungscharakter muss im Veräußerungsvertrag zum Ausdruck kommen. Dabei kommt es nicht darauf an, ob der Veräußerer auf die Renten bzw. Raten angewiesen ist. Es ist Sache des Veräußerers zu entscheiden, wovon er seinen Lebensunterhalt bestreitet und welche Vermögensmassen er sich zur Disposition vorbehält.

Durch *Kombination von fester Zahlung und wiederkehrenden Bezügen* lassen sich die Vorteile der § 16 Abs. 4, § 34 EStG steueroptimierend nutzen.

---

38 Vgl. R 4.5 Abs. 4 Satz 5 EStR 2005.
39 R 16 Abs. 11 und R 18.3 Abs. 1 EStR 2005.
40 Vgl. BMF, Schr. v. 3. 8. 2004 – IV A 6 – S 2244 – 16/04, BStBl. I 2004, 1187.
41 Vgl. BFH, Urt. v. 10. 7. 1991 – X R 79/90, HFR 1992, 8.
42 Vgl. H 16 Abs. 11 „Ratenzahlungen" EStH 2006.

– Bei Veräußerung gegen festes Entgelt und wiederkehrende Bezüge ist zunächst der feste Veräußerungspreis mit dem Buchwert zu verrechnen. Ergibt sich ein Gewinn, ist dieser sofort begünstigt zu besteuern, obwohl nicht alle stillen Reserven auf einen Schlag aufgedeckt werden.[43] Der Freibetrag wird hingegen nicht in vollem Umfang gewährt, sondern nur anteilig in der Höhe, wie der gesamte Veräußerungsgewinn unter Einbeziehung des Barwertes zum Einmal-Zahlungsbetraggewinn steht.[44] Hinsichtlich der *wiederkehrenden Bezüge* besteht trotz der Einmalzahlung das *Wahlrecht:* Der Veräußerer kann die kapitalisierten wiederkehrenden Bezüge begünstigt versteuern oder aber die sukzessive Zuflussbesteuerung ohne Vergünstigung wählen.

– Sind zunächst wiederkehrende Bezüge als Kaufpreis vereinbart worden und kommt es später zu einer *Rest-Einmalzahlung,* mit der die restlichen wiederkehrenden Bezüge abgelöst werden, gilt Folgendes: Soweit der Veräußerer für die wiederkehrenden Bezüge die Zuflussbesteuerung gewählt hat, bleibt es dabei. Der Ablösungsbetrag ist sodann im Jahr des Zuflusses begünstigt gem. § 34 Abs. 3 EStG zu versteuern.[45] Nur wenn vorher bereits eine Einmalzahlung erfolgt sein sollte, die begünstigt versteuert worden ist, ist der Ablösungsbetrag nicht mehr begünstigt.[46]

4. Problematik „Durchgriffs- versus Einheitsbetrachtung" bei der Veräußerung eines Mitunternehmeranteils

Die Problematik der etwaigen Substitution der im Veräußerungsfall vorherrschenden Einheitsbetrachtung durch die Durchgriffsbetrachtung sei anhand des Sachverhalts aufgezeigt, der dem BFH-Urteil IV R 3/05 zugrunde lag:[47]

Unternehmensgegenstand einer Y GmbH & Co. KG war die Errichtung und Vermietung eines Kaufhauses. Die Gesellschaft erwarb in den Jahren 1993 und 1994 verschiedene Grundstücke und errichtete darauf ein Einkaufszentrum. Mietverträge wurden in den Jahren 1993 bis 1995 geschlossen. Das Objekt wurde im *Anlagevermögen* ausgewiesen. Die einzigen vermögensmäßig beteiligten Kommanditisten veräußerten am 11.4.1996 ihre Mitunternehmeranteile an einen Erwerber und realisierten dabei einen Kaufpreis von rd. 13 Mio. DM, dem der Objektwert des Einkaufszentrums

43 Vgl. BFH, Urt. v. 28.9.1967 – IV 288/62, BStBl. II 1968, 76; v. 10.7.1991 – X R 79/90, BFHE 165, 75 = HFR 1992, 8; *Wacker* in Schmidt, EStG, 26. Aufl. 2007, § 16 EStG Rz. 248.
44 Vgl. H 16 Abs. 11 „Freibetrag" EStH 2005.
45 Vgl. BFH, Urt. v. 14.1.2004 – X R 37/02, BFH/NV 2004, 706.
46 Vgl. *Wacker* in Schmidt, EStG, 26. Aufl. 2007, § 16 EStG Rz. 246.
47 Vgl. BFH, Urt. v. 14.12.2006 – IV R 3/05, BFH/NV 2007, 601.

abzüglich der Verbindlichkeiten und Rückstellungen der KG zugrunde lag. Der Sachverhalt stellt sich graphisch wie folgt dar:

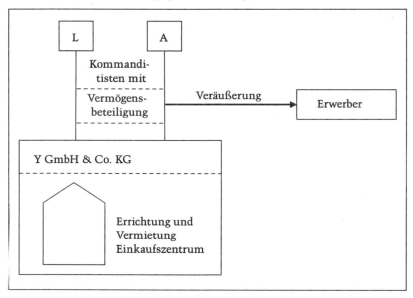

Streitig wurde, ob der erzielte Gewinn aus der Veräußerung der Mitunternehmeranteile der *Gewerbesteuer* unterliegt.

Der BFH bejahte die Gewerbesteuerpflicht des Gewinns aus der Veräußerung der Anteile an der Mitunternehmerschaft, sofern das Einkaufszentrum – entgegen der Bilanzierung durch die gewerblich geprägte Personengesellschaft – dem *Umlaufvermögen* zuzuordnen ist und mit der Veräußerung auch die *Nachhaltigkeit* der Tätigkeit gegeben ist, was das FG nach erfolgter Zurückverweisung der Sache zu prüfen haben wird.

Zur Begründung schließt sich der entscheidende IV. Senat der Sichtweise des VIII. Senats[48] an, nach ständiger Rechtsprechung rechne bei einem gewerblichen Grundstückshändler der auf die Veräußerung auch des letzten zum Umlaufvermögen zählenden Grundstücks entfallende Gewinn noch zum *laufenden Gewinn*. Der Umstand, nicht die Grundstücke zu verkaufen, sondern die sie gleichsam umschließenden Mitunternehmeranteile, vermag zu keiner anderen Beurteilung zu führen. Vielmehr sei in diesem

---

48 Vgl. BFH, Urt. v. 5. 7. 2005 – VIII R 65/02, BStBl. II 2006, 160.

Falle auf die einzelnen Wirtschaftsgüter *durchzugreifen*, die durch den Mitunternehmeranteil repräsentiert werden.

Diese Sichtweise kann zunächst Auswirkung auf *Immobilienfonds* in der Rechtsform der GmbH & Co. KG haben, deren Gegenstand die Errichtung und Vermietung eines Großobjekts ist. Wird das Objekt veräußert, kann dies vorausgegangene *Übertragungen von Mitunternehmeranteilen* zu laufenden betrieblichen Vorgängen wandeln, vorausgesetzt, das Objekt ist von vornherein in unbedingter Veräußerungsabsicht errichtet worden (dafür können etwa eine kurzfristige Finanzierung, die frühzeitige Kontaktsuche zu potentiellen Erwerbern oder die Bebauung nach Wünschen des Erwerbers sprechen[49]), und die Tätigkeit wird in Wiederholungsabsicht ausgeübt. Rechnet das Grundstück nach diesen Maßgaben zum Umlaufvermögen, ist die Veräußerung der Mitunternehmeranteile nicht nur *gewerbesteuerpflichtig*, sondern darüber hinaus von der für Veräußerungsgewinne gem. § 16 Abs. 1 Satz 1 Nr. 2 i. V. m. § 34 Abs. 2 Nr. 1 EStG zu gewährenden *Tarifermäßigung ausgenommen.*

Fraglich ist, ob bei der Veräußerung eines Mitunternehmeranteils stets derjenige Teil des Veräußerungsgewinns als laufender Ertrag zu qualifizieren ist, der auf ein etwaig vorhandenes *Grundstücksumlaufvermögen* entfällt. Eine solche Analyse und Aufteilung des Aufgabe- oder Veräußerungsgewinns erfolgte bisher in der Praxis nicht.

Die Entscheidung stellt klar, dass ein laufender Gewinn zumindest dann gegeben ist, wenn das Betriebsvermögen der Gesellschaft „ausschließlich oder nahezu ausschließlich" aus Grundstücken besteht, die zum Umlaufvermögen rechnen. Den Urteilsgründen ist aber auch zu entnehmen, es liege nahe, einen Veräußerungsgewinn *aufzuteilen*, wenn die bei der Veräußerung der Anteile aufgedeckten stillen Reserven nicht ausschließlich in Grundstücken ruhten, welche dem Umlaufvermögen zuzurechnen sind.[50] Soweit der Veräußerungsgewinn auf Grundstücke des Umlaufvermögens entfällt, wäre er dem laufenden Gewinn, im Übrigen aber dem tarifbegünstigten Veräußerungsgewinn zuzuordnen.

In entsprechenden Gestaltungsfällen kommt infolgedessen der *Aufteilung eines Gesamtkaufpreises* Bedeutung bei. Die Finanzverwaltung vertritt die Auffassung,[51] dass im Falle einer teilentgeltlichen Veräußerung der *Verteilung* der Anschaffungskosten *durch die Vertragsparteien* gefolgt wird, wenn die Zuordnung nach außen hin erkennbar ist und die Aufteilung nicht zu einer nach § 42 AO unangemessenen wertmäßigen Berücksichtigung der

---

49 Vgl. z. B. BFH, Urt. v. 18. 9. 2002 – X R 183/96, BStBl. II 2003, 238.
50 Vgl. Tz. II. 1 Buchst. h der Urteilsgründe.
51 Vgl. BMF, Schr. v. 26. 2. 2007 – IV C 2 – S 2230 – 46/06 / IV C 3 – S 2190 – 18/06, DB 2007, 602.

einzelnen Wirtschaftsgüter führt. Etwas anderes kann im Fall der vollentgeltlichen Übertragung nicht gelten. Damit ergibt sich folgendes *Gesamtbild:*

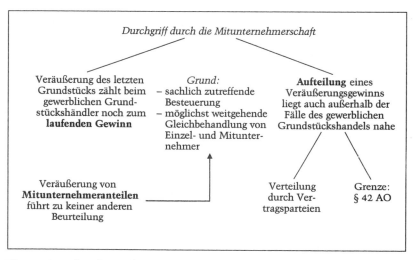

Von weitreichender Bedeutung ist die Aufstellung des Grundsatzes durch den BFH, der Gesetzgeber habe die Veräußerung eines Mitunternehmeranteils nicht in der Weise geregelt, dass sie stets tarifbegünstigt sei. Es habe vielmehr ein *Durchgriff* auf die einzelnen Wirtschaftsgüter zu erfolgen. In dieser Beurteilung sei mitnichten ein Rückfall in die „überwundene Bilanzbündeltheorie" angelegt, sondern es werde lediglich der Leitsatz des Großen Senats des BFH[52] umgesetzt, der Gedanke der Einheit der Personengesellschaft habe dann zurückzutreten, wenn – entsprechend der Bruchteilsbetrachtung des § 39 Abs. 2 Nr. 2 AO – ein Durchgriff durch die zivilrechtliche Struktur der Gesamthand im Interesse einer *sachlich zutreffenden Besteuerung* erforderlich ist. Maßgeblich sei des Weiteren „die Erwägung einer möglichst weitgehenden Gleichbehandlung von Einzel- und Mitunternehmern".[53]

Der mehrfach herausgehobenen „angestrebten *Gleichbehandlung* der Einkünfte eines Mitunternehmers mit denen eines Einzelunternehmers"[54] lassen sich ebenso wie der Betonung, die Einheit der Personengesellschaft müsse im Interesse einer sachlich zutreffenden Besteuerung dem Durch-

---

52 Vgl. BFH, Beschl. v. 3. 7. 1995 – GrS 1/93, BStBl. II 1995, 617.
53 So unter Tz. II. 1. Buchst. c, h der Urteilsgründe.
54 Unter Tz. II. 1. Buchst. c, h der Urteilsgründe.

griff durch die zivilrechtliche Struktur weichen, interessante *Aspekte für andere Fallkonstellationen* abgewinnen.

So stellt sich etwa die Frage, ob die Übertragung eines Wirtschaftsguts aus dem Gesamthandsvermögen einer Mitunternehmerschaft in das Gesamthandsvermögen einer *Schwestermitunternehmerschaft* tatsächlich nicht gem. § 6 Abs. 5 Satz 3 EStG zu Buchwerten erfolgen kann, wenn sie unentgeltlich oder gegen Minderung und Gewährung von Gesellschaftsrechten vorgenommen wird.[55] Die Übertragung eines Wirtschaftsguts aus einem Einzelbetriebsvermögen oder einem Sonderbetriebsvermögen in das Gesamthandsvermögen einer Mitunternehmerschaft ist nach Maßgabe des § 6 Abs. 5 Satz 3 Nr. 1, 2 EStG zwingend zu Buchwerten durchzuführen. Es entspricht weder dem Ziel einer *Gleichbehandlung von Mitunternehmer und Einzelunternehmer* noch dient es der sachgerechten Besteuerung, im zuerst genannten Fall eine Gewinnrealisation anzunehmen, in den zuletzt angesprochenen Konstellationen aber die Buchwertfortführung vorzugeben. Auf Grund der vorgegebenen Gleichbehandlung erweitern sich mithin die Möglichkeiten der steuerfreien Übertragung von Einzelwirtschaftsgütern:

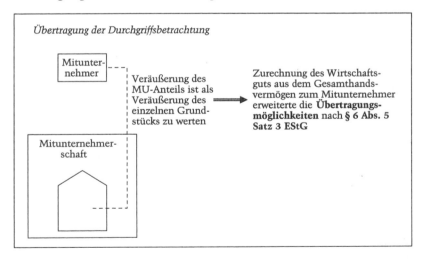

55 Vgl. nur insoweit h. M. *Korn/Strahl* in Korn, EStG, § 6 EStG Rz. 512.4 (Juni 2007).

Eine Gestaltung auf diese Überlegung aufzubauen, wäre riskant. Im Rahmen der *Abwehrberatung* – etwa bei Konfrontation mit dem Anwurf, in einem schädlichen Gesamtplan gehandelt zu haben (indem das fragliche Wirtschaftsgut z. B. zunächst aus dem Gesamthandsvermögen in das Sonderbetriebsvermögen und aus diesem dann in das Gesamthandsvermögen der Schwestergesellschaft übertragen wurde) – können die Urteilsgrundsätze jedoch dienlich sein.

II. Steuerliche Gestaltungschancen und Probleme an den Schnittstellen zwischen Betriebsaufgabe, Betriebsaufspaltung und Betriebsverpachtung

1. Tarifbegünstigte Betriebsaufgabe trotz Begründung einer Betriebsaufspaltung

Urteil des BFH IV R 31/03 v. 30. 3. 2006, BStBl. 2006 II, 652.

(a) Sachverhalt und Beurteilung

Der Kläger unterhielt *zwei Einzelunternehmen* – einen Gartenbaubetrieb, aus dem er Einkünfte aus Land- und Forstwirtschaft erzielte, sowie einen gewerblichen Blumenhandel. Beide Unternehmen wurden auf Grundstücken und in Gebäuden betrieben, die als notwendiges Betriebsvermögen des landwirtschaftlichen Betriebs bilanziert waren.

Der *Gartenbaubetrieb* wurde am 30. 6. 1991 *aufgegeben* und zugleich der Blumenhandel in der Rechtsform der GmbH fortgeführt. Der Kläger gründete zu diesem Behufe eine GmbH und veräußerte sämtliche Wirtschaftsgüter des Blumenhandels an diese. Im Zuge der Aufgabe des Gartenbaubetriebs wurde eine Teilfläche von 6288 qm an einen Bauträger veräußert. Die Dauerkulturen wurden – ohne die dazugehörigen Teilflächen – ebenso wie sämtliche Vorräte, Maschinen und Geräte an die neu errichtete Blumenhandels-GmbH veräußert; eine Teilfläche von 15481 qm, auf der sich die Dauerkulturen sowie einzelne Aufbauten (Kühlhaus, Packhalle und Wirtschaftsgebäude) befanden, wurde an die GmbH *vermietet*. Der Sachverhalt stellt sich somit zusammenfassend wie folgt dar:

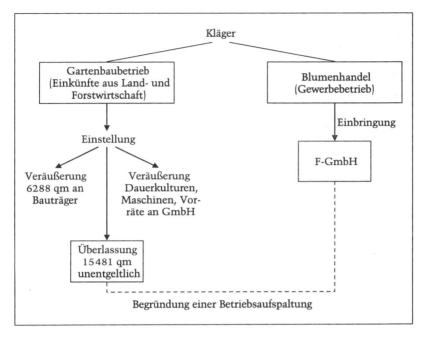

Der Steuerpflichtige erklärte aus der *Aufgabe* des Gartenbaubetriebs einen *tarifbegünstigten Gewinn.* Dem folgte die Finanzverwaltung nicht, weil nicht alle wesentlichen Betriebsgrundlagen des Gartenbaubetriebs veräußert oder in das Privatvermögen überführt worden seien; vielmehr habe die Vermietung der Grundstücksflächen an die GmbH zu einer *Betriebsaufspaltung* geführt, so dass die entsprechenden Grundstücke im notwendigen Betriebsvermögen des Einzelunternehmers verblieben seien.

Der *BFH* gab dem Steuerpflichtigen Recht: Die Begründung einer Betriebsaufspaltung schließe die vorhergehende Aufgabe des land- und forstwirtschaftlichen Betriebs nicht aus. Als maßgeblich sieht der BFH dabei an, dass die bisherige landwirtschaftliche Tätigkeit des Steuerpflichtigen tatsächlich *beendet* worden ist. Die Beendigung sei bei der Betriebsveräußerung wie bei der Betriebsaufgabe ein *selbständiges Merkmal* der Tatbestandsverwirklichung und losgelöst von dem Merkmal der Übertragung der wesentlichen Betriebsgrundlagen zu sehen.

(b) Hinweise für die Praxis

Die Entscheidung des BFH vermag auf den ersten Blick zu *überraschen;* denn gemeinhin liegt eine begünstigte Betriebsaufgabe nur dann vor, wenn der Steuerpflichtige alle *wesentlichen Grundlagen des Betriebs* in einem einheitlichen Vorgang innerhalb kurzer Zeit an verschiedene Abnehmer veräußert oder in das Privatvermögen überführt. Dabei wird es als schädlich angesehen, wenn

– einzelne wesentliche Betriebsgrundlagen (regelmäßig Grundstücke) in *zeitlichem und sachlichem Zusammenhang* mit einer Betriebsveräußerung oder -aufgabe zu Buchwerten in ein anderes Betriebsvermögen überführt und ihre stillen Reserven damit gerade nicht realisiert werden[56] oder

– einzelne Grundstücke nicht in Vermietungsabsicht oder anderer Nutzungsabsicht in das Privatvermögen übernommen werden, sondern vielmehr *zwangsläufig Betriebsvermögen* bleiben und die stillen Reserven somit nicht in einem einheitlichen Vorgang aufgedeckt werden.[57]

Der Schlüssel zum Verständnis des Ansatzes des BFH liegt darin, dass eine *landwirtschaftliche Tätigkeit* beendet und eine *gewerbliche Tätigkeit* begründet wurde. Der BFH führt wörtlich aus:[58] Der „land- und forstwirtschaftliche Betrieb" ist „tätigkeitsbezogen definiert ... und aus dem Gesetzeszusammenhang (§ 13 Abs. 1 Nr. 1 Satz 1, § 2 Abs. 1 Satz 1 Nr. 1 EStG) heraus tätigkeitsbezogen zu verstehen". Die steuerliche Erfassung der in einem bestimmten (Teil-)Betrieb im Laufe der Zeit angesammelten stillen Reserven sei im Fall der Veräußerung oder Aufgabe gerade dieses (Teil-)Betriebs sicherzustellen. Maßgeblich ist deswegen die *Beendigung* der bisherigen landwirtschaftlichen Tätigkeit.

Interessant ist, dass der BFH sich darüber hinaus gegen eine *gewerbesteuerliche Verstrickung* von stillen Reserven ausspricht, die über lange Jahre im landwirtschaftlichen Betrieb gelegt worden sind:[59] „Der Senat hat deshalb erwogen, ob in dem besonderen Fall des Übergangs eines Unternehmens zum Besitzunternehmen im Rahmen einer Betriebsaufspaltung jedenfalls dann von einer *wahlrechtsabhängigen Gewinnrealisierung* ausgegangen werden könnte, wenn der Steuerpflichtige oder die Gesellschaft zuvor nichtgewerbliche Einkünfte erzielt haben." Dies bedurfte im Streitfall keiner Entscheidung, weil die Voraussetzungen einer Betriebsaufgabe erfüllt waren.

---

56 Vgl. BFH, Urt. v. 6. 9. 2000 – IV R 18/99, BStBl. II 2001, 229; Anwendungsfall der sog. Gesamtplanrechtsprechung.
57 Vgl. z. B. *Stahl* in Korn, EStG, § 16 EStG Rz. 258 (März 2005).
58 Vgl. BFH, Urt. v. 30. 3. 2006 – IV R 31/03, BStBl. II 2006, 652, 654.
59 Vgl. BFH, Urt. v. 30. 3. 2006 – IV R 31/03, BStBl. II 2006, 652, 654.

2. Betriebsverpachtung und Betriebsunterbrechung nach Beendigung einer Betriebsaufspaltung

Urteile des BFH VIII R 80/03 v. 14. 3. 2006, BStBl. 2006 II, 591; IV R 65/01 v. 8. 2. 2007, DStR 2007, 712.

(a) Sachverhalte und Beurteilungen

Az. VIII R 80/03: Eine KG verpachtete ihr Handelsgeschäft – den Betrieb von vier Kaufhäusern auf überwiegend eigenen Grundstücken – an eine GmbH. Zwei Jahre später *stellte* die GmbH den Handel *ein.* Daraufhin verpachtete die KG die Grundstücke an verschiedene Gewerbetreibende. Der Sachverhalt stellt sich somit wie folgt dar:

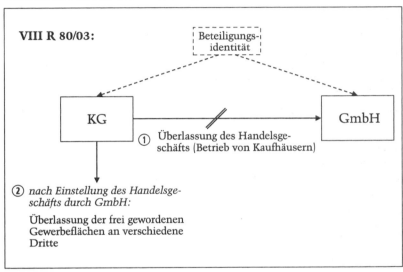

Auf Grund der Einstellung des Handelsgeschäftes durch die GmbH ging die Finanzverwaltung von einer *sachlichen Entflechtung* aus, da die pachtweise überlassenen Betriebsgrundstücke ab diesem Zeitpunkt für die GmbH keine wesentliche Betriebsgrundlage mehr gewesen seien. Unter Realisation der stillen Reserven wurde ein *Aufgabegewinn* der ehemaligen Besitzunternehmung ermittelt.

Der BFH entschied demgegenüber, dass die *Beendigung der Betriebsaufspaltung* nicht zur Betriebsaufgabe des Besitzunternehmens mit der Folge der Versteuerung der stillen Reserven geführt habe. Zu dieser kommt es nämlich dann nicht, wenn bei dem vormaligen Besitzunternehmen die Voraussetzung einer Betriebsverpachtung im Ganzen oder einer *Betriebs-*

unterbrechung im engeren Sinne vorliegen. Eine Betriebsunterbrechung kann bei der vormaligen Besitzunternehmung auch dann vorliegen, wenn die Betriebsgesellschaft die werbende Tätigkeit endgültig eingestellt hat, weil sich daraus noch nicht ergibt, dass auch die Besitzunternehmung ihren Gewerbebetrieb endgültig aufgegeben hat. Sie kann vielmehr den Gewerbebetrieb identitätswahrend *fortführen*, solange sie über die dafür *wesentlichen Betriebsgrundlagen* verfügt. Werden – wie im Streitfall – nur die *Betriebsgrundstücke* zurückbehalten, liegt eine Betriebsunterbrechung nur dann vor, wenn die Grundstücke die *alleinige wesentliche Betriebsgrundlage* darstellen. Dies bejaht der BFH für Betriebe des Groß- und Einzelhandels, weil das jederzeit wiederbeschaffbare Inventar sowie andere Gegenstände des Anlagevermögens ebenso wie das Umlaufvermögen bei solchen Unternehmen nicht zu den wesentlichen Betriebsgrundlagen rechnen.

Az. IV R 65/01: Dem Streitfall lag eine lange Unternehmensgenese zugrunde, deren wesentlichen Daten waren, dass eine OHG ursprünglich einen Produktionsbetrieb (Weberei) unterhalten hatte, die unternehmerische Tätigkeit dann aber auf den Großhandel beschränkte, bevor im Jahre 1970 das Handels- und Fabrikationsgewerbe an eine beteiligungsidentische GmbH zur Nutzung überlassen wurde. Es wurde insoweit eine *Betriebsaufspaltung* begründet. Im Jahr 1977 wurde eines der zur Nutzung überlassenen Gebäude – die ehemalige Produktionshalle – mit einem Aufwand von ca. 1,5 Mio. DM durch die OHG zu einem *Supermarkt umgebaut* und an einen dritten Nutzer verpachtet. Der Pachtvertrag mit der GmbH wurde sodann gekündigt und mit einer nachfolgenden Gesellschaft fortgesetzt, an der ursprünglich die ehemalige Betriebskapitalgesellschaft beteiligt war. Erst im Jahre 1991 ist auch mit der Nachfolgegesellschaft das Pachtverhältnis beendet worden, worauf die OHG in der Form *auseinandergesetzt* wurde, dass das Eigentum an dem Grundbesitz der OHG auf die Beteiligten zu jeweils 1/2 übergeht. Die Verpachtung bzw. Vermietung der ehemaligen Fabrikhalle und des Bürogebäudes wurde in der Rechtsform einer GbR fortgesetzt. Apostrophiert stellt sich der Sachverhalt mithin wie folgt dar:

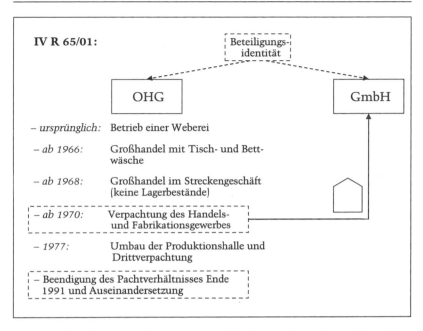

IV R 65/01:   Beteiligungs-
               identität

OHG   GmbH

– *ursprünglich:* Betrieb einer Weberei

– *ab 1966:* Großhandel mit Tisch- und Bett-
              wäsche

– *ab 1968:* Großhandel im Streckengeschäft
              (keine Lagerbestände)

– *ab 1970:* Verpachtung des Handels-
              und Fabrikationsgewerbes

– *1977:* Umbau der Produktionshalle und
           Drittverpachtung

– Beendigung des Pachtverhältnisses Ende
  1991 und Auseinandersetzung

Die OHG hatte bis zum Jahr 1991 stets Einkünfte aus Gewerbebetrieb *erklärt*. In den Erläuterungen zu den Bilanzen war der Hinweis enthalten, dass eine eigene gewerbliche Tätigkeit bislang „noch nicht wieder aufgenommen werden" konnte. Für das Jahr 1992 sind dann Einkünfte aus Vermietung und Verpachtung angegeben worden. Die Kläger vertraten insoweit die Auffassung, spätestens mit der *Umgestaltung des Fabrikgebäudes* in einen Supermarkt im Jahre 1977 sei der Betrieb aufgegeben worden. Da die Entnahme nicht mehr berücksichtigt werden könne, sei das entnommene Wirtschaftsgut erfolgsneutral aus der Bilanz des Wirtschaftsjahres, für das noch keine bestandskräftige Veranlagung zur Steuer vorliege, auszubuchen.

Dem folgte der BFH nicht. Das *Ende der Betriebsaufspaltung* im Streitfall durch die Einstellung der betrieblichen Tätigkeit durch die GmbH habe nicht zu einer Betriebsaufgabe bei der OHG oder zu einer Zwangsentnahme des zu ihrem Betriebsvermögen gehörenden Grundbesitzes geführt. In Anknüpfung an die vom BFH im Urteil VIII R 80/03 aufgestellten Rechtsgrundsätze[60] geht der BFH von einer *Betriebsunterbrechung* aus, wenn die äußeren Umstände dafür sprechen, dass bei Einstellung des

---

60 S. dazu die vorstehend besprochene Entscheidung.

werbenden Betriebs die Absicht bestand, den Betrieb eines Tages fortzu-
führen und wenn der Steuerpflichtige in der Folgezeit keine eindeutige
Betriebsaufgabeerklärung abgegeben hat oder kein Ereignis eingetreten
ist, durch das die Fortsetzung des Betriebs objektiv unmöglich wurde.
Werden diese Grundsätze auf den Streitfall angewendet, würde der Betrieb der OHG nicht vor Abschluss des *Auseinandersetzungsvertrages*
aufgegeben.

(b) Hinweise für die Praxis

In beiden Fällen ging es um die Beendigung einer Betriebsaufspaltung durch
sachliche Entflechtung, weil die Betriebsgesellschaft ihre werbende Tätigkeit einstellte. Der BFH verdeutlicht, dass die Beendigung der betrieblichen
Tätigkeit durch die Betriebsgesellschaft nicht per se auch die Beendigung
der betrieblichen Tätigkeit durch die *vormalige Besitzunternehmung* nach
sich zieht. Eine Beendigung der betrieblichen Tätigkeit der Besitzunternehmung liegt insbesondere nicht vor, wenn der Betriebsaufspaltung eine Betriebsverpachtung im Ganzen folgt oder sie in eine Betriebsunterbrechung
im engeren Sinne mündet.

– Die Betriebsaufspaltung kann eine *Betriebsverpachtung im Ganzen* überlagern. In der Rechtsprechung des BFH ist seit langem anerkannt, dass
das sog. Verpächterwahlrecht bei Beendigung der Betriebsaufspaltung
wieder auflebt.[61] Eine Betriebsverpachtung im Ganzen liegt jedoch nur
dann vor, wenn der ehemals an die Betriebsgesellschaft überlassene Betrieb nach Beendigung der Betriebsaufspaltung zur Gänze an einen Dritten überlassen wird. Diese Konstellation war in beiden Streitfällen nicht
erfüllt, weil einerseits Teile des Grundvermögens bei Beendigung der Betriebsaufspaltung nicht anderweitig vermietet wurden (Az. VIII R 80/03)
und andererseits bereits im Zeitpunkt der Begründung der Betriebsaufspaltung ein Teil der Gebäude an fremde Nutzer vermietet oder verpachtet war (Az. IV R 65/01).

– Eine *Betriebsunterbrechung* kann darin bestehen, dass der Betriebsinhaber die *wesentlichen Betriebsgrundlagen* verpachtet oder die gewerbliche Tätigkeit ruhen lässt. Wird *keine Aufgabeerklärung* abgegeben,
geht die Rechtsprechung davon aus, dass die Absicht besteht, den un-
terbrochenen Betrieb künftig wieder aufzunehmen, sofern die zurück-
behaltenen Wirtschaftsgüter dies ermöglichen. Werden nur *Betriebsgrundstücke* zurückbehalten, liegt eine Betriebsunterbrechung nur
dann vor, wenn die Grundstücke die alleinige wesentliche Betriebs-

---

61 Vgl. BFH, Urt. v. 6.3.1997 – XI R 2/96, BStBl. II 1997, 460; BFH, Beschl. v.
5.2.2003 – VIII B 134/01, BFH/NV 2003, 909.

grundlage darstellen. Dies ist bei Betrieben des *Groß- und Einzelhandels* zu bejahen, weil das jederzeit wiederbeschaffbare Inventar sowie andere Gegenstände des Anlagevermögens sowie das Umlaufvermögen nicht zu den wesentlichen Betriebsgrundlagen rechnen. Auch für den Betrieb eines Autohauses (Handel und Werkstatt) sind lediglich die darauf zugeschnittenen Immobilien nebst fest eingebauten betriebsspezifischen Anlagen als in funktionaler Hinsicht wesentliche Betriebsgrundlagen zu würdigen[62].

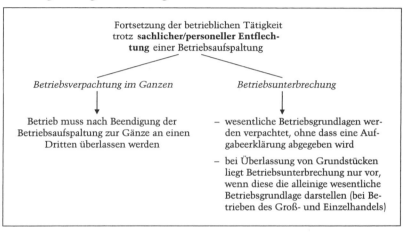

Fortsetzung der betrieblichen Tätigkeit trotz **sachlicher/personeller Entflechtung** einer Betriebsaufspaltung

Betriebsverpachtung im Ganzen

Betrieb muss nach Beendigung der Betriebsaufspaltung zur Gänze an einen Dritten überlassen werden

Betriebsunterbrechung

– wesentliche Betriebsgrundlagen werden verpachtet, ohne dass eine Aufgabeerklärung abgegeben wird

– bei Überlassung von Grundstücken liegt Betriebsunterbrechung nur vor, wenn diese die alleinige wesentliche Betriebsgrundlage darstellen (bei Betrieben des Groß- und Einzelhandels)

Hinsichtlich der Beurteilung der Möglichkeit der Wiederaufnahme kommt es auf den Betrieb in dem Zustand an, in dem sich das Unternehmen befand, als die *letzte werbende Tätigkeit* eingestellt wurde. Aus diesem Grunde war es im Fall IV R 65/01 unmaßgeblich, dass die *Produktionshalle* im Jahr 1977 zu einem Supermarkt umgebaut wurde, weil die Fertigungstätigkeit bereits lange Zeit zuvor eingestellt worden ist. Der Umbau der Fabrikhalle *nach Einstellung* der werbenden Tätigkeit hat ebenso wenig zu einer Betriebsaufgabe geführt, wie er zu einer Betriebsaufgabe geführt hätte, wenn er vor Einstellung der werbenden Tätigkeit stattgefunden hätte. Vom Zeitpunkt der Einstellung der werbenden Tätigkeit an war nämlich die Produktion nicht mehr Unternehmensgegenstand.

Wäre im Streitfall Az. IV R 65/01 die OHG nicht *auseinandergesetzt* worden, wäre es nicht zu einer Realisation der stillen Reserven gekommen, da weiterhin von einer Betriebsunterbrechung im engeren Sinne auszuge-

---

62 Vgl. BHF, Urt. v. 11. 10. 2007 – X R 39/04, BFH/NV 2008, 439.

hen gewesen wäre. Der BFH hebt nämlich in der Entscheidung VIII R 80/03[63] hervor, dass die Absicht der Wiederaufnahme als innere Tatsache zu unterstellen sei, solange die Fortsetzung *objektiv möglich* ist und eine eindeutige *Aufgabeerklärung* nicht abgegeben wird. Das Verpächterwahlrecht steht danach auch einem ehemaligen Besitzunternehmer zu, der die wesentlichen Betriebsgrundlagen *zurückbehält*, ohne sie anderweitig zu verpachten.

---

63 Vgl. BFH, Urt. v. 14. 3. 2006 – VIII R 80/03, BStBl. II 2006, 591, 593.

Aktuelles zu Personenunternehmen

Werner Seitz
Ministerialrat, Finanzministerium Baden-Württemberg, Stuttgart

Inhaltsübersicht

I. Die wesentlichen Änderungen bei der Reform der Erbschaft- und Schenkungsteuer

Der Gesetzgeber wurde vom Bundesverfassungsgericht verpflichtet, bis zum Ende des Jahres 2008 eine verfassungsgemäße Regelung zur Erbschaft- und Schenkungsteuer zu schaffen.

1. Die Entscheidung des Bundesverfassungsgerichts

Das Bundesverfassungsgericht hat mit Beschluss vom 7. 11. 2006 das Erbschaftsteuerrecht in seiner derzeitigen Ausgestaltung als nicht mit dem Grundgesetz vereinbar angesehen[1]. Nach Auffassung des Bundesverfassungsgerichts fehlt es an der Belastungsgleichheit. Denn § 19 Abs.1 ErbStG sehe einen einheitlichen Steuersatz auf den Wert des Erwerbs vor, obgleich die Vorschriften zur Ermittlung dieses Werts bei wesentlichen Gruppen von Vermögensgegenständen (Betriebsvermögen, Grundvermögen, Anteile an Kapitalgesellschaften und land- und forstwirtschaftlichen Betrieben) den Anforderungen des Gleichheitssatzes aus Art. 3 Abs. 1 GG nicht genügten.

Eine gleichmäßige Besteuerung sei denknotwendig nur über *gleichheitsgerecht ausgestaltete Wertermittlungsvorschriften* zu erreichen. Für alle zu einer Erbschaft oder Schenkung gehörenden Vermögensgegenstände müsse daher ein realistischer Wert angesetzt werden. Wegen der dem geltenden Erbschaftsteuerrecht zugrunde liegenden Belastungsentscheidung des Ge-

---

1 BVerfG, Beschl. v. 7.11.2006 – 1 BvL 10/02, BStBl. II 2007, 192.

setzgebers, den durch Erbfall oder Schenkung anfallenden Vermögenszuwachs zu besteuern, müsse sich die Bewertung einheitlich am *gemeinen
Wert als dem maßgeblichen Bewertungsziel* ausrichten.

In der Wahl der Wertermittlungsmethoden, deren er sich zur Bestimmung
des gemeinen Werts von Vermögensgegenständen bedient, sei der Gesetzgeber grundsätzlich frei. Insbesondere könnten die Wertermittlungsrege-
lungen unter Berücksichtigung der Erfordernisse eines praktikablen Steu-
ererhebungsverfahrens sowie der gesetzessystematisch notwendigen
Typisierungen und Pauschalierungen ausgestaltet werden. Allerdings seien
die Bewertungsmethoden am Gleichheitssatz des Art. 3 Abs. 1 GG zu messen. Sie müssten deshalb gewährleisten, dass alle Vermögensgegenstände in
einem Annäherungswert an den gemeinen Wert erfasst würden.

Aufbauend auf Werten, die nach diesen Vorgaben seiner Belastungsentscheidung entsprechend ermittelt worden sind, sei es dem Gesetzgeber auch
im Erbschaftsteuerrecht unbenommen, in einem zweiten Schritt bei der Ermittlung der Bemessungsgrundlage steuerliche Lenkungsziele zu verwirklichen. Durch *Belastungs- und Verschonungsregeln* könne die Bemessungsgrundlage modifiziert werden. Auch Differenzierungen beim Steuersatz
könnten als Lenkungsinstrument eingesetzt werden.

Solche Lenkungsmaßnahmen bedürften jedoch der Rechtfertigung. Denn
mit ihnen werde bewusst von einer gleichmäßigen Belastung der jeweiligen
Steuergegenstände in einer Steuerart abgewichen. Eine bewusst eingeräum-
te Steuerentlastung könne vor dem Gleichheitssatz gerechtfertigt sein,
wenn der Gesetzgeber das Verhalten des Steuerpflichtigen aus Gründen des
Gemeinwohls fördern oder lenken wolle. Bei Vorliegen ausreichender Gemeinwohlgründe könne die Entlastung dabei im Ausnahmefall in verfassungsrechtlich zulässiger Weise sogar dazu führen, dass bestimmte Steuergegenstände vollständig von der Besteuerung ausgenommen würden.

Die Lenkungsmaßnahme müsse *zielgenau ausgestaltet* sein. Dabei gesteht
das Bundesverfassungsgericht dem Gesetzgeber zu, dass das Lenkungsziel
nicht in jedem Fall erreicht wird, sondern die Lenkung vielmehr nur ein Instrument zur Annäherung an ein Ziel ist. Außerdem müsse der Lenkungszweck von einer erkennbaren gesetzgeberischen Entscheidung getragen
(„normenklare Ausgestaltung") und seinerseits wiederum am Gleichheitssatz des Art. 3 Abs. 1 GG ausgerichtet sein. Diese Ausrichtung am Gleichheitssatz des Art. 3 Abs. 1 GG bedeutet zum einen, dass die Steuerentlastung nicht nach unsachlichen Gesichtspunkten, also willkürlich, erfolgen
darf. Zum anderen muss die Begünstigungswirkung den Begünstigungsad-
ressaten möglichst gleichmäßig zugute kommen.

Hieraus ergeben sich folgende Konsequenzen in Bezug auf das geltende
Recht:

1.1 Bewertung des Betriebsvermögens

Betriebsvermögen ist nach dem geltenden Erbschaftsteuerrecht im Grundsatz mit den in der Steuerbilanz angesetzten Werten zu bewerten. Diese Übernahme der Steuerbilanzwerte war mit dem Steueränderungsgesetz 1992 eingeführt worden. Mit dieser Anknüpfung an die Steuerbilanzwerte wollte der Gesetzgeber insbesondere mittelständische Personenunternehmen von der Erbschaft- und Schenkungsteuer entlasten. Denn gerade kleinen und mittleren Unternehmen kämen die Bilanzierungsvorteile durch Abschreibungs- und Rückstellungsvergünstigungen zugute. Zur Sicherung der Betriebe sollte vermieden werden, dass diesen für die Begleichung der Steuerschuld über Gebühr Mittel entzogen werden, die stattdessen für notwendige Investitionen und zum Erhalt von Arbeitsplätzen zur Verfügung stünden. Sonderregelungen gelten für Grundvermögen und für Anteile an Kapitalgesellschaften, und zwar unabhängig davon, ob es sich dabei um Betriebs- oder Privatvermögen handelt.

Die weitgehende *Übernahme der Steuerbilanzwerte* verhindert nach Auffassung des Bundesverfassungsgerichts strukturell eine Annäherung an den gemeinen Wert und führt damit zu Besteuerungsergebnissen, die mit dem Gleichheitssatz des Art. 3 Abs. 1 GG nicht vereinbar sind.

Zu Recht weist das Bundesverfassungsgericht darauf hin, dass der Steuerbilanzwert nur in Ausnahmefällen mit dem Teilwert übereinstimmt. So könnten durch bilanzpolitische Maßnahmen, wie z. B. die Wahl von degressiver oder linearer Abschreibung, Sofortabschreibungen oder erhöhten Absetzungen und Sonderabschreibungen sowie auch durch spätere Wertsteigerungen stille Reserven gebildet werden. Darüber hinaus hätten bilanzierende Gewerbetreibende die Möglichkeit, gewillkürtes Betriebsvermögen zu bilden. Außerdem gälte für selbstgeschaffene immaterielle Wirtschaftsgüter nach § 5 Abs. 2 EStG ein Aktivierungsverbot mit der Folge, dass insbesondere der Geschäftswert keine Berücksichtigung finde. Dies aber bedeute, dass der Mehrwert, der einem gewerblichen Unternehmen über den Substanzwert der einzelnen materiellen und immateriellen Wirtschaftsgüter abzüglich der Schulden innewohne und der sich durch die Ertragsaussichten, die losgelöst von der Person des Unternehmens in dem Unternehmen vorhanden sind, bestimmt, nicht berücksichtigt werde. Hinzu komme, dass Schulden grundsätzlich mit dem Verkehrswert berücksichtigt würden und damit ggf. überproportional in die Bewertung eingingen.

Die Besonderheiten des einzelnen Betriebs und seine Bilanzierung führten damit dazu, dass der Unterschied zwischen der Bewertung nach den Steuerbilanzwerten und derjenigen nach dem gemeinen Wert eine große Spannbreite erreichen könne und die Abweichungen darüber hinaus völlig uneinheitlich seien. Die mit der Übernahme der Steuerbilanzwerte beabsichtigte Begünstigungswirkung bewirke keine zielgerichtete und gleichmäßig wirkende Steuerentlastung, sondern trete völlig ungleichmäßig und willkürlich ein.

Zur Frage der Verfassungsmäßigkeit der Begünstigungstatbestände des § 13a ErbStG (Freibetrag in Höhe von 225 000 Euro und Bewertungsabschlag von 35 %) und der Steuersatzvergünstigung des § 19a ErbStG äußerte sich das Bundesverfassungsgericht nicht. Weil bereits die Ebene der Bewertung zu verfassungswidrigen Besteuerungsergebnissen führe, bedürfe es keiner näheren Untersuchung, ob diese im zweiten Schritt der Bemessungsgrundlagenermittlung anzuwendenden Begünstigungstatbestände den verfassungsrechtlichen Anforderungen genügten.

1.2 Bewertung des Grundvermögens

Das geltende Erbschaftsteuerrecht unterscheidet zwischen der Bewertung bebauter und unbebauter Grundstücke.

Die Bewertung *bebauter Grundstücke* erfolgt regelmäßig im Wege des *Ertragswertverfahrens*. Grundstück und Gebäude werden dabei als Einheit erfasst. Grundlage der Bewertung ist die Jahresnettokaltmiete. Dies ist grundsätzlich die vertraglich vereinbarte Jahresmiete, die im Durchschnitt der letzten drei Jahre vor dem Besteuerungszeitpunkt erzielt wurde. Sie wird mit dem Faktor 12,5 vervielfältigt. Dieser Faktor gilt einheitlich im gesamten Bundesgebiet ohne Berücksichtigung z. B. der Lage des Grundstücks oder der Art seiner Nutzung. Der so ermittelte Ausgangswert ist um die sog. Alterswertminderung zu bereinigen. Dabei werden für jedes zwischen Bezugsfertigkeit des Gebäudes und dem Besteuerungszeitpunkt vergangene Jahr 0,5 % des Ausgangswerts, höchstens jedoch 25 %, abgezogen. Bei Ein- und Zweifamilienhäusern kommt ein Zuschlag von 20 % des Ausgangswertes zum Ansatz. Untergrenze des bei bebauten Grundstücken anzusetzenden Wertes ist der Wert, den es als unbebautes Grundstück hätte (so genannter Mindestwert). Alternativ zu dem auf diese Weise ermittelten Ertragswert kann der Steuerpflichtige einen niedrigeren Verkehrswert nachweisen. In Sonderfällen ergibt sich der Wert eines bebauten Grundstücks als Substanzwert aus der Summe der einzeln ermittelten Werte von Grundstück und Gebäude. Der Wert des Gebäudes ergibt sich dabei aus dem Buchwert.

Der Wert *unbebauter Grundstücke* wird anhand der *Bodenrichtwerte* der Gutachterausschüsse ermittelt. Die Bodenrichtwerte sind Durchschnittswerte je Quadratmeter, die für eine zusammenhängende Bebauung, die hinsichtlich ihrer Lage und ihrer Nutzungsverhältnisse mit dem zu bewertenden Grundstück vergleichbar ist, aus Grundstücksveräußerungen abgeleitet werden. Von dem so errechneten Wert je Quadratmeter ist ein Abschlag in Höhe von 20 % vorzunehmen.

Auch diese Regeln zur Bewertung des Grundvermögens genügen nach Auffassung des Bundesverfassungsgerichts den Anforderungen des Gleichheitssatzes des Art. 3 Abs. 1 GG nicht.

1.2.1 Kritik des Bundesverfassungsgerichts zur Bewertung bebauter Grundstücke

Bei bebauten Grundstücken werde durch das Ertragswertverfahren mit seinem starren Einheitsvervielfältiger von 12,5 eine Annäherung an den Verkehrswert regelmäßig verfehlt. Diese Methode führe im Durchschnitt zu Werten, die unter dem Verkehrswert lägen. Eine Kaufpreisuntersuchung aus dem Jahr 1998 habe ergeben, dass der erbschaftsteuerliche Grundbesitzwert im Durchschnitt nur 51 % des bezahlten Kaufpreises betrage. Darüber hinaus differierten aber die Einzelergebnisse in erheblicher Anzahl zwischen weniger als 20 % und über 100 % des gemeinen Werts. Diese große Streubreite entspreche auch nicht der Absicht des Gesetzgebers, durch die Ausgestaltung des Ertragswertverfahrens das Grundvermögen nur ermäßigt mit ca. 50 % des Kaufpreises zu erfassen. Eine zusätzliche Verzerrung trete dadurch ein, dass Schulden, die mit dem bebauten Grundstück in wirtschaftlichem Zusammenhang stehen, mit ihrem Nennwert bewertet würden.

Wie beim Betriebsvermögen stehe deshalb der Versuch des Gesetzgebers, durch Abmilderungen auf der Bewertungsebene lenkend einzugreifen, nicht mit dem Gleichheitsgrundsatz des Art. 3 Abs. 1 GG in Einklang. Zu sehr hafte der Bewertung Zufälliges und Willkürliches an.

Offen ließ das Bundesverfassungsgericht, ob dem vom Gesetzgeber verfolgten Ziel, den Erwerb bebauter Grundstücke nur auf der Basis hälftiger Verkehrswerte mit Erbschaftsteuer zu belasten, verfassungsrechtlich zulässig auf der zweiten Ebene - etwa im Wege einer eindeutigen Verschonungsbestimmung, nach der bebaute Grundstücke nur mit 50 % ihres gemeinen Werts zum Ansatz kommen - Rechnung getragen werden könnte. Es führt aus, dass nach Auffassung des Gesetzgebers bei der Besteuerung von Grundvermögen dessen Besonderheiten belastungsmindernd berücksichtigt werden können, wie z. B. die geringere Fungibilität, die höhere Sozialbindung, Mieterschutzbestimmungen, öffentlich-rechtliche Auflagen, die zusätzliche Belastung durch Grundsteuer und die Auswirkungen des Bewertungsniveaus auf die Mieten. Das Bundesverfassungsgericht weist allerdings darauf hin, dass diese Besonderheiten, jedenfalls soweit sie sich regelmäßig auch in den Marktpreisen abbildeten, als Rechtfertigung für Verschonungsregeln schon im Ansatz ausschieden.

Mit den Belangen der Bau- und insbesondere der Wohnungswirtschaft habe der Gesetzgeber indessen *gewichtige Gemeinwohlgründe* angeführt. Insbesondere bei der Zurverfügungstellung ausreichenden Wohnraums handele es sich um einen überragenden Gemeinwohlbelang, da damit ein existenzielles Grundbedürfnis angesprochen werde. Diese Gründe erschienen daher grundsätzlich geeignet, *Verschonungsregelungen* zu rechtfertigen, die den Erwerb von Grundvermögen aufgrund Erbschaft oder Schenkung steuerlich begünstigten. Die Frage, in welchem Umfang eine solche Entlastung verfassungsrechtlich zulässig wäre, ließ das Bundesverfassungsgericht jedoch ausdrücklich offen.

1.2.2 Bewertung unbebauter Grundstücke im Blickwinkel des Gleichheitssatzes

Auch die Wertermittlung für unbebaute Grundstücke führt nach Auffassung des Bundesverfassungsgerichts nicht zu einer hinreichenden Annäherung an den Verkehrswert. Zwar sei es verfassungsrechtlich unbedenklich, dass ein genereller Prozentanteil vom Bodenrichtwert angesetzt werde. Aufgrund der bis Ende 2006 geltenden Festschreibung der Wertverhältnisse auf den 1.1.1996 entspreche die Bewertung jedoch nicht mehr den Vorgaben des allgemeinen Gleichheitssatzes. Der Gesetzgeber verfehle insoweit den verfassungsrechtlichen Auftrag, Vermögensgegenstände mit dem Gegenwartswert zu erfassen. Die Bodenpreise hätten in den letzten Jahren eine nicht unbeträchtliche, regional unterschiedliche Veränderung erfahren.

Das wegen des vorsichtigen Ansatzes der Bodenrichtwerte durchschnittlich erreichte Bewertungsniveau von rund 70% der Verkehrswerte bezeichnet das Bundesverfassungsgericht als Ergebnis einer typisierenden Bewertung und mit Blick auf den bei Grundbesitz bestehenden Wertkorridor als verfassungsrechtlich hinnehmbar.

1.3 Bewertung der Anteile an Kapitalgesellschaften

Nicht börsennotierte Anteile an Kapitalgesellschaften sind anhand zeitnaher Anteilsverkäufe oder hilfsweise nach dem *sog. Stuttgarter Verfahren* zu bewerten. Dabei erfolgt die Bewertung im Wege der Schätzung unter Berücksichtigung der Vermögenslage und Ertragsaussichten der entsprechenden Kapitalgesellschaft. Handelt es sich um *börsennotierte Anteile,* werden sie mit dem *Kurswert* bewertet. Diese Bewertungsregeln gelten unabhängig davon, ob die Anteile im Betriebs- oder Privatvermögen gehalten werden.

Hier wendet sich das Bundesverfassungsgericht gegen das sog. Stuttgarter Verfahren. Denn mit diesem Verfahren wird zur Ermittlung der Vermögenslage auf die Steuerbilanzwerte der Kapitalgesellschaft zurückgegriffen. Das Bundesverfassungsgericht weist deshalb darauf hin, dass die bereits bei der Bewertung des Betriebsvermögens als unzulänglich beurteilte Bewertungsbasis der Steuerbilanzwerte auf die Bewertung der Anteile durchschlage. Zwar berücksichtige das Stuttgarter Verfahrens - anders als bei der Bewertung des Betriebsvermögens - auch die Ertragsaussichten. Dabei werde aber lediglich der Substanzwert korrigiert, der den Ausgangspunkt der Bewertung bilde. Trotz dieser Korrektur werde aufgrund des Ansatzes der Steuerbilanzwerte eine Bewertung erzielt, die im Durchschnitt weit unter dem gemeinen Wert liege.

Wie bei der Bewertung des Betriebsvermögens komme es aufgrund des Rückgriffs auf die Steuerbilanzwerte auch bei der Bewertung von Kapitalgesellschaftsanteilen zu einer Streubreite, die wegen ihrer Zufälligkeiten mit dem Gleichheitssatz des Art. 3 Abs. 1 GG nicht mehr vereinbar sei. Diese Streubereite verschärfe sich noch insoweit, als eine große Kluft entstehe zwischen der Bewertung nach dem Stuttgarter Verfahren und der Bewertung mit dem Kurswert bzw. anhand zeitnaher Verkäufe. Dem könnte hinzugefügt werden, dass diese Kluft auch im Verhältnis zu Bankguthaben besteht, die stets mit dem Nennwert und damit mit dem gemeinen Wert bewertet werden.

1.4 Bewertung des land- und forstwirtschaftlichen Vermögens

Nach dem geltenden Erbschaftsteuerrecht erfolgt die Bewertung land- und forstwirtschaftlichen Vermögens zweigeteilt. Die Bewertung des Wohnteils folgt den Regeln zur Bewertung von Grundvermögen, während für die Bewertung des Betriebsteils ein Ertragswertverfahren vorgesehen ist. Dass die Bewertung des Betriebsteils nicht am Wertmaßstab des gemeinen Werts, sondern am Ertragswert ausgerichtet ist, stellt nach Auffassung des Bundesverfassungsgerichts einen Verstoß gegen die Pflicht des Gesetzgebers zur folgerichtigen Ausgestaltung der Belastungsentscheidung dar und sei deswegen mit dem Gleichheitssatz des Art. 3 Abs. 1 GG nicht vereinbar. Denn nach ihrer gesetzgeberischen Konzeption solle die Erbschaftsteuer die im Vermögenszuwachs liegende Steigerung der Leistungsfähigkeit des Erben oder Beschenkten erfassen. Dieser Vermögenszuwachs bemesse sich aber nach dem bei einer Veräußerung unter objektivierten Bedingungen erzielbaren Preis und nicht allein nach dem mit der Vermögenssubstanz erzielbaren Ertrag. Hiervon zu unterscheiden seien bloße Ertragswertmethoden, die zur typisierenden Ermittlung des gemeinen Werts herangezogen werden. Für die Beurteilung der Bewertung des Wohnteils verweist das Bundesverfassungsgericht auf seine Ausführungen zur Bewertung des Grundvermögens.

Wie bei der Bewertung des Betriebsvermögens führt das Bundesverfassungsgericht auch zur Bewertung des land- und forstwirtschaftlichen Vermögens aus, dass das Ineinandergreifen der Bewertungsregeln mit den Verschonungsregeln der §§ 13a, 19a ErbStG keiner vertieften Prüfung bedürfe. Offen bleiben könne auch, ob die weitreichende Entlastung im geltenden Erbschaftsteuerrecht, die sogar den Erwerb eines Betriebs mit einem jährlichen Gewinn von mehr als 100 000 Euro, 140 ha landwirtschaftlicher Fläche und einem Verkehrswert von 2,7 Mio Euro steuerfrei belasse, von der gesetzgeberischen Entscheidung, die Generationennachfolge bei landwirtschaftlichen Betrieben zu erleichtern, noch gedeckt sei.

2. Gesetzentwurf zur Erbschaftsteuerreform

Zwischenzeitlich liegt ein Gesetzentwurf zur Reform der Erbschaft- und Schenkungsteuer sowie des Bewertungsrechts vor.

Darin ist eine Neubewertung des Betriebsvermögens und des Grundvermögens, aber auch eine weitreichende Verschonungsregelung für Betriebsvermögen, die allerdings unter Fortführungsvorbehalten stehen, vorgesehen. Daneben sollen die persönlichen Freibeträge und die Tarifstruktur bei der Erbschaft- und Schenkungsteuer verändert werden.

2.1 Bewertungsregelungen

Insgesamt ist der Gesetzentwurf von dem Bemühen um eine *verkehrswertnahe Bewertung* des betrieblichen wie des Grundvermögens getragen. Er enthält aber hierzu mehr oder weniger Programmsätze, aber keine Detailregelungen. Letztere sollen in Rechtsverordnungen niedergelegt werden. Im Einzelnen ist Folgendes vorgesehen:

2.1.1 Bewertung von Betriebsvermögen

Der Wert des übertragenen Betriebsvermögens soll grundsätzlich aus zeitnahen Verkäufen innerhalb eines Jahres vor dem Besteuerungszeitpunkt abgeleitet werden. Dies wird in aller Regel kaum gelingen. Dann ist vorgesehen, den *Unternehmenswert* unter Berücksichtigung der *Ertragsaussichten* oder anderer in der jeweiligen Branche anerkannter Methoden zu schätzen. Dabei wird in dem Substanzwert, also der Summe der gemeinen Werte der einzelnen Wirtschaftsgüter abzüglich der Schulden, ein *Mindestwertansatz* gesehen. Ein vereinfachtes Ertragswertverfahren soll in einer Rechtsverordnung geregelt werden. Dabei soll ein Kapitalisierungsfaktor als Kehrwert aus der Summe eines jährlich variablen Kapitalisierungszinssatzes und eines unveränderlichen Risikozuschlags (stets 4,5 %) ermittelt und auf den bereinigten Durchschnittsgewinn der letzten drei Jahre angewendet werden. Korrekturen können sich z. B. durch Ansatz eines fiktiven Unternehmerlohns ergeben.

2.1.2 Bewertung des Grundvermögens

Hier will man sich an die *Bewertungsmethoden der Wertermittlungsverordnung* anlehnen. Unbebaute Grundstücke werden wie bisher nach dem Bodenrichtwert, allerdings ohne einen Abschlag von derzeit 20 %, bewertet. Für bebaute Grundstücke stehen das Vergleichswertverfahren, das Ertragswertverfahren sowie das Sachwertverfahren zur Verfügung. Das *Vergleichswertverfahren*, bei dem der Wert aus Verkäufen vergleichbarer Grundstücke, also aus Kaufpreissammlungen, abgeleitet wird, kommt bei Ein- und Zweifamilienhäusern und Eigentumswohnungen zum Ansatz. Das *Ertragswertverfahren*, das für Mietwohngrundstücke, aber auch für gemischt genutzte Grundstücke, für die sich eine Miete am örtlichen Markt ermitteln lässt, in Betracht kommt, ermittelt den Wert als Summe aus Bodenwert unter Zugrundelegung von Bodenrichtwerten und Gebäudewert, der aus Mieterträgen abgeleitet wird. Das *Sachwertverfahren*, bei dem der Gebäudewert – abweichend vom Ertragswertverfahren – aus den Herstellungskosten abgeleitet und dem Bodenwert hinzuaddiert wird, kommt bei allen anderen Grundstücksarten, aber auch für Ein- und Zweifamilienhäuser und Eigentumswohnungen zum Ansatz, für die kein Vergleichswert ermittelt werden kann.

2.2 Verschonungsregelungen

Eine sehr umfassende Verschonungsregelung ist für *Betriebsvermögen* vorgesehen. Dort soll ein *Verschonungsabschlag von 85 %* gewährt werden, wenn das *Verwaltungsvermögen* (z. B. fremdvermietete Grundstücke, Wertpapiere im Streubesitz) *nicht überwiegt*. In diesen Fällen bezieht sich der Verschonungsabschlag auf das gesamte Vermögen, also auch auf Verwaltungsvermögen, es sei denn, dass es erst innerhalb der letzten zwei Jahre vor Übergang des Betriebs Betriebsvermögen geworden ist (Vorverhaftungsregelung). Neben dem Verschonungsabschlag kommt ein *Abzugsbetrag von 150 000 Euro*, der jedoch einer *Abschmelzungsregelung* unterliegt, zum Ansatz. Diese Vergünstigungen stehen jedoch unter einem *Fortführungsvorbehalt*. Dies bedeutet, dass innerhalb eines Zeitraums von 10 Jahren die durchschnittliche indexierte Lohnsumme des Rechtsvorgängers nicht um mehr als 30 % unterschritten werden darf. Darüber hinaus darf der übernommene Betrieb innerhalb von 15 Jahren weder veräußert noch aufgegeben werden. Die Veräußerung eines Teilbetriebs führt ebenso wie eine Veräußerung oder Entnahme wesentlicher Betriebsgrundlagen nur zu einer anteiligen Versagung der Vergünstigung und dies auch nur dann, wenn keine Reinvestition erfolgt. Schließlich ist eine Überentnahmeregelung für einen Zeitraum von 15 Jahren vorgesehen.

Beim *Grundvermögen* soll nur bei zu Wohnzwecken vermieteten privaten Grundstücken ein *um 10 % verminderter Wertansatz* eine gewisse Verschonung herbeiführen. Dafür sind hier keine Behaltefristen zu beachten.

Das übrige Vermögen, insbesondere Kapitalvermögen, wird lediglich über die Anhebung der persönlichen Freibeträge verschont, von der aber auch Betriebs- und Grundvermögen profitieren.

2.3 Höhere persönliche Freibeträge

Die persönlichen Freibeträge werden teilweise deutlich angehoben. Für den *Ehegatten* soll künftig ein Freibetrag von *500 000 Euro* (statt bisher 307 000 Euro) gelten. Der gleiche Freibetrag soll einem eingetragenen Lebenspartner gewährt werden; dies bedeutet fast eine Verhundertfachung, denn bislang kam lediglich ein Freibetrag von 5 200 Euro zum Ansatz. *Kinder* sowie Enkel, bei denen der die Verwandtschaft vermittelnde Elternteil vorverstorben ist, erhöht sich der Freibetrag von bisher 205 000 Euro auf *400 000 Euro.* Andere Enkel erhalten einen Freibetrag von *200 000 Euro* und die übrigen Personen der Steuerklasse I *100 000 Euro* (bisher jeweils 51 200 Euro). Für Personen in den *Steuerklassen II und III* ist jeweils ein Freibetrag von *20 000 Euro* (bisher 10 300 Euro bzw. 5 200 Euro) vorgesehen.

2.4 Änderungen im Tarif

Beim Steuertarif sollen die Wertgrenzen geringfügig nach oben geglättet werden. Während bei der Steuerklasse I die Steuersätze unverändert bleiben, ergibt sich *bei den Steuerklassen II und III* nach derzeitiger Planung eine massive *Steuersatzerhöhung.* Insoweit ist ein Eingangssteuersatz von 30 % vorgesehen, der sich bei einem Erwerbswert von mehr als 6 Mio. Euro auf 50 % erhöhen soll.

Die bisherige *Steuerermäßigung nach § 19a ErbStG* für den Erwerb von Betriebsvermögen durch Personen, die den Steuerklassen II und III unterliegen, soll aber *beibehalten* werden. Danach vermindert sich die auf den steuerpflichtigen Teil des erworbenen Betriebsvermögens entfallende Erbschaftsteuer nach Steuerklasse II oder III um einen Entlastungsbetrag in Höhe des Unterschieds der Steuer nach den Steuerklassen II oder III zur Steuer nach Steuerklasse I. Letztlich wird damit das *erworbene Betriebsvermögen der Steuerbelastung nach Steuerklasse I unterworfen.* Die bisherige Beschränkung des Entlastungsbetrags auf 88 % des Steuerunterschieds wird also aufgegeben. Dieser Entlastungsbetrag fällt allerdings rückwirkend weg, wenn der Erwerber gegen bestimmte Behaltensregelungen verstößt, weil es zum Beispiel innerhalb von 15 Jahren nach dem Besteuerungszeitpunkt zur Veräußerung oder Aufgabe des übergebenen Betriebs oder Mitunternehmeranteils kommt.

2.5 Anwendungsregelung

Da das Erbschaftsteuerreformgesetz keine Bestimmung zum Tag des Inkrafttretens enthält, tritt das neue Erbschaftsteuer- und Bewertungsrecht nach Art. 82 Abs. 2 Satz 2 GG mit dem vierzehnten Tag nach Ablauf des Tages der Verkündung des Gesetzes im Bundesgesetzblatt in Kraft. Nach den bisherigen, allerdings sehr optimistischen Planungen könnte dies im Juli 2008 der Fall sein. Diese zeitliche Anwendungsregelung bewirkt, dass es *nicht rückwirkend zu Verschlechterungen* kommen kann. Auf Erwerbe bis zum Tag des Inkrafttretens des Erbschaftsteuerreformgesetzes greift das bisherige Recht. Mit anderen Worten: Wer für eine Vermögensübertragung noch die Anwendung des bisherigen Rechts anstrebt, muss die Übertragung vor dem Tag des Inkrafttretens des Gesetzes bewirkt haben. Soll dagegen das neue Recht angewendet werden, dann muss mit der Übertragung bis zum Tag des Inkrafttretens des Reformgesetzes zugewartet werden.

Allerdings enthält Artikel 3 des ErbStRG-E ein *Wahlrecht* für Erwerbe in der Zeit zwischen dem 1. 1. 2007 und dem Tag des Inkrafttretens des Reformgesetzes. An sich würde für Erwerbe in dieser Zeit noch das bisherige Recht gelten. Bei Erbfällen in diesem Zeitraum kann der Erbe aber nach Artikel 3 Abs. 1 des ErbStRG-E bereits die Anwendung des neuen Rechts wählen. Dieses Wahlrecht gilt nur *für Erbfälle,* nicht für Schenkungen. Macht der Erbe von diesem Wahlrecht Gebrauch, dann wird das neue Recht insgesamt angewendet. Es greifen also nicht nur die – teilweise verbesserten – Verschonungsregelungen des neuen Rechts, sondern auch die beim Grund- und Betriebsvermögen zu höheren Wertansätzen führenden neuen Bewertungsregeln. Allerdings wird die Anwendung der im neuen Recht höheren persönlichen Freibeträge ausdrücklich ausgeschlossen.

Nach Art. 3 Abs. 2 ErbStRG-E gilt das Wahlrecht zunächst für die Fälle, in denen die Erbschaftsteuerfestsetzung noch nicht unanfechtbar ist. Art. 3 Abs. 2 ErbStRG-E räumt dieses Wahlrecht aber auch in den Fällen ein, in denen die Steuerfestsetzung am Tag der Verkündung bereits bestandskräftig festgesetzt ist. In diesem Fall kann das Wahlrecht innerhalb von sechs Monaten nach Inkrafttreten des Gesetzes ausgeübt und die Steuerfestsetzung entsprechend geändert werden. Der *Antrag kann nicht widerrufen werden*, auch wenn die Steuerfestsetzung später deshalb geändert wird, weil der Erwerber gegen die Verschonungsvoraussetzungen verstoßen hat.

2.6 Werterhöhung aufgrund der neuen Bewertungsregeln

Inwieweit die neuen Bewertungsregeln zu Werterhöhungen führen, lässt sich insbesondere beim Betriebsvermögen für den Einzelfall nicht pauschal beantworten.

2.6.1 *Betriebsvermögen*

Das Erbschaftsteuerreformgesetz enthält in den §§ 11 Abs. 2, 109 BewG-E lediglich die Grundregel. Danach wird als Bewertungsziel der gemeine Wert vorgegeben. Dieser ist vorrangig aus Verkäufen abzuleiten, die innerhalb von einem Jahr vor dem Erwerbszeitpunkt zwischen fremden Dritten erfolgt sind. Liegen solche Verkäufe nicht vor, dann ist der Wert des Betriebsvermögens unter Berücksichtigung der Ertragsaussichten oder einer anderen anerkannten, auch im gewöhnlichen Geschäftsverkehr für nichtsteuerliche Zwecke üblichen Methode zu ermitteln. Dies ist allerdings sehr aufwändig.

Das einer Rechtsverordnung vorbehaltene *vereinfachte Ertragswertverfahren* soll nach den vorgegebenen Eckpunkten einen Kapitalisierungsfaktor vorsehen, der sich als Kehrwert aus der Summe des Zinses für langfristige öffentliche Anleihen (= Basiszinssatz, der am Jahresanfang veröffentlicht wird) und einem unveränderlichen Risikozuschlag von 4,5 % ergeben und als Verfielfältiger auf den durchschnittlichen Unternehmensgewinn zur Anwendung kommen soll. Der Durchschnittssgewinn des vererbten bzw. verschenkten Betriebs oder Mitunternehmeranteils ergibt sich dabei grundsätzlich aus den Jahresergebnissen der drei letzten Wirtschaftsjahre vor dem Bewertungsstichtag, die jedoch regelmäßig um einen kalkulatorischen Unternehmerlohn (= fiktives Geschäftsführergehalt) vermindert werden.

Insgesamt ist nach § 11 Abs. 2 Satz 3 BewG-E als *Mindestwert* die Summe der gemeinen Werte der betrieblichen Einzelwirtschaftsgüter abzüglich Schulden (Substanzwert) anzusetzen. Dies macht stets eine *parallele Ermittlung des Substanzwerts* erforderlich.

Erfahrungswerte können für die Frage, ob nach altem oder nach neuem Recht übertragen wird, allenfalls einen ersten, groben Anhaltspunkt geben. Zwar wurde eine größere Zahl an Verkaufsfällen untersucht und dabei der Kaufpreis mit dem bisherigen erbschaftsteuerlichen Bedarfswert verglichen. Dabei ergaben sich Werterhöhungen, die bei Personenunternehmen durchschnittlich knapp 120 %, bei Anteilen an Kapitalgesellschaften rd. 65 % betrugen[2]. Für eine Entscheidung im Einzelfall bieten diese Durchschnittswerte allerdings keine verlässliche Grundlage, da sie eine zu große Streubreite aufweisen.

2.6.2 *Grundvermögen*

Aufgrund der untersuchten Grundbesitzfälle lassen sich aber die zu erwartenden Werterhöhungen verlässlicher beziffern als beim Betriebsvermögen. So kann bei unbebauten Grundstücken schon nach dem Gesetzentwurf zu-

---

2 BDI/vbw/Deloitte-Schriftenreihe zur Erbschaftsteuerreform, Gesamtausgabe, S. 26.

verlässig von einem Wertanstieg um 25 % ausgegangen werden. Unbebaute Grundstücke werden nach § 179 BewG-E zwar – wie schon bisher – mit dem Bodenrichtwert bewertet. Allerdings entfällt nach dem Entwurf zur Erbschaftsteuerreform der bisherige Abschlag von 20 %. Bei bebauten Grundstücken kann grob davon ausgegangen werden, dass sich die bisherigen Bedarfswerte bei

– Einfamilienhäusern um rd. 75 %,

– Zweifamilienhäusern und Eigentumswohnungen um rd. 65 %,

– Mietwohngrundstücken um rd. 40 % und

– Geschäftsgrundstücken und gemischt genutzten Grundstücken um rd. 30 %

erhöhen werden.

2.7 Begünstigtes Betriebsvermögen

Zum begünstigten Betriebsvermögen gehören wie bisher

– inländisches *land- und forstwirtschaftliches Vermögen* beim Erwerb eines ganzen Betriebs der Land- und Forstwirtschaft, eines Teilbetriebs, eines Anteils an einem Betrieb der Land- und Forstwirtschaft oder eines Anteils daran und entsprechendes land- und forstwirtschaftliches Vermögen, das einer Betriebsstätte in der Europäischen Union oder im Europäischen Wirtschaftsraum zuzurechnen ist (§ 13b Abs. 1 Nr. 1 ErbStG-E),

– inländisches *Betriebsvermögen* beim Erwerb eines ganzen Gewerbebetriebs, eines Teilbetriebs, eines Mitunternehmeranteils oder eines Anteils daran sowie entsprechendes Betriebsvermögen, das einer Betriebsstätte in der Europäischen Union oder im Europäischen Wirtschaftsraum zuzurechnen ist; hierzu zählt auch das freiberufliche Vermögen (§ 13b Abs. 1 Nr. 2 ErbStG-E),

– *Anteile an Kapitalgesellschaften* im Inland, innerhalb der Europäischen Union oder innerhalb des Europäischen Wirtschaftsraums bei einer *Mindestbeteiligung des Erblassers* oder Schenkers von – unmittelbar – *mehr als 25 %* (§ 13b Abs. 1 Nr. 3 ErbStG-E). Allerdings können für die Frage der Mindestbeteiligung die Anteile des Erblassers oder Schenkers mit den Anteilen anderer Gesellschafter zusammengerechnet werden. Voraussetzung ist, dass der Erblasser oder Schenker sowie die anderen Gesellschafter unwiderruflich untereinander verpflichtet sind, über ihre Anteile nur einheitlich zu verfügen oder diese nur innerhalb dieses – geschlossenen – Personenkreises zu übertragen. Zudem setzt die Zusammenrechnung voraus, dass diese Gesellschaftergruppe ihre Stimmrechte gegenüber nichtgebundenen Gesellschaftern nur einheitlich ausüben darf.

Grundsätzlich soll das gesamte – ertragsteuerliche – Betriebsvermögen begünstigt werden. Die schwierige Unterscheidung in – begünstigtes – Produktivvermögen und – nicht begünstigtes – nicht produktives Vermögen wurde deutlich entschärft, indem das *sog. Verwaltungsvermögen nur noch dann Bedeutung erlangt, wenn sein Wert mehr als 50% des Werts des gesamten Betriebsvermögens* beträgt (§ 13b Abs. 2 Satz 1 ErbStG-E). In diesem Fall gibt es dem Betrieb das Gepräge und führt zur völligen Versagung der Begünstigung. Der Anteil des Verwaltungsvermögens bestimmt sich nach dem Verhältnis der Summe der gemeinen Werte des Verwaltungsvermögens zum gemeinen Wert des Betriebs (§ 13b Abs. 2 Satz 4 ErbStG-E). Wird dagegen die 50%-Grenze nicht überschritten, dann unterliegt auch das Verwaltungsvermögen – zusammen mit dem übrigen Betriebsvermögen – dem Verschonungsabschlag von 85% sowie einem zusätzlichen Abzugsbetrag von bis zu 150000 Euro. Ausgenommen aus der Begünstigung wird allerdings solches Verwaltungsvermögen, das im Besteuerungszeitpunkt weniger als zwei Jahre zum Betriebsvermögen gehört (§ 13b Abs. 2 Satz 3 ErbStG-E). Durch diese *Vorverhaftungsregelung* soll verhindert werden, dass nicht begünstigtes Privatvermögen durch Einlage in ein Betriebsvermögen der Begünstigung unterworfen werden kann. Allerdings soll dieses nicht privilegierte Verwaltungsvermögen bei der Prüfung der 50%-Regelung gleichwohl berücksichtigt werden. Dies bedeutet, dass nicht vorverhaftetes Verwaltungsvermögen einen Fall „zum Kippen bringen kann", also wegen des Umfangs des Verwaltungsvermögens die Vergünstigung insgesamt versagt wird, obgleich es an der Begünstigung nicht teilnimmt, wenn das Verwaltungsvermögen nicht überwiegt. Dieser logische Bruch vermag nicht zu überzeugen.

Zum Verwaltungsvermögen gehören insbesondere

– *Dritten zur Nutzung überlassene Grundstücke,* sofern diese nicht im Rahmen einer Betriebsaufspaltung oder des Sonderbetriebsvermögens zur eigenbetrieblichen Nutzung überlassen werden (§ 13b Abs. 2 Satz 2 Nr. 1 ErbStG-E),

– Anteile an Kapitalgesellschaften *bis zu einer Beteiligungsquote von 25%* mit Zusammenrechnungsmöglichkeit bei Verfügungsbeschränkung und Stimmrechtsbindung (§ 13b Abs. 2 Satz 2 Nr. 2 ErbStG-E),

– Beteiligungen an überwiegend *vermögensverwaltenden Personen- oder Kapitalgesellschaften* (§ 13b Abs. 2 Satz 2 Nr. 3 ErbStG-E),

– Wertpapiere sowie vergleichbare Forderungen (§ 13b Abs. 2 Satz 2 Nr. 4 ErbStG-E),

– Kunstgegenstände, Bibliotheken, Archive, Münzen, Edelmetalle und Edelsteine, sofern sie nicht zum Umlaufvermögen gehören (§ 13b Abs. 2 Satz 2 Nr. 5 ErbStG-E).

Unklar bleibt, ob im Ganzen verpachtete Betriebe zum Verwaltungsvermögen gehören.

2.8 *Abzugsbetrag und Verhältnis zum Verschonungsabschlag*

Um kleinere Betriebe von vornherein aus der Erbschaftsteuer auszunehmen, ist in § 13a Abs. 2 ErbStG-E ein Abzugsbetrag von *150 000 Euro* vorgesehen, der bei wertvollerem Betriebsvermögen *abgeschmolzen* wird. Konkret ist vorgesehen, dass sich der Abzugsbetrag von 150 000 Euro um die Hälfte des Betrags vermindert, um den das Betriebsvermögen den Betrag von 150 000 Euro übersteigt. Damit ergibt sich ab einem Betriebsvermögen von 450 000 Euro kein Abzugsbetrag mehr. Allerdings bezieht sich dieser Freibetrag nicht auf den Wert des übergehenden Betriebsvermögens, sondern lediglich auf den nach Anwendung des Verschonungsabschlags steuerpflichtigen Teil des Betriebsvermögens. Dies hat zur Folge, dass das Betriebsvermögen bis zu einem Grenzbetrag von 1 Mio. Euro ganz von der Erbschaftsteuer freigestellt wird. Ebenso greift die Abschmelzungsregelung nach § 13a Abs. 2 Satz 2 ErbStG-E lediglich unter Berücksichtigung des steuerpflichtigen Teils des Betriebsvermögens in Höhe von 15 %. Danach entfällt der Freibetrag erst bei einem „Brutto"-Betriebsvermögen von 3 Mio. Euro insgesamt. Bis zu diesem Betrag ermittelt sich das zu versteuernde Betriebsvermögen (Y) nach folgender Formel:

$$Y = 0{,}15X - (150\,000 - \frac{0{,}15X - 150\,000}{2})$$

Beispiel:

Das begünstigte Betriebsvermögen hat einen Wert von 1,8 Mio. Euro. Nach Abzug des Verschonungsabschlags von 85 % beläuft sich der steuerpflichtige Teil des Betriebsvermögens auf 270 000 Euro (= 15 % × 1,8 Mio. Euro). Das steuerpflichtige Betriebsvermögen übersteigt den Betrag von 150 000 Euro um 120 000 Euro. Der Abzugsbetrag von 150 000 Euro vermindert sich daher um 60 000 Euro (= ½ × 120 000 Euro) auf 90 000 Euro. Das Betriebsvermögen unterliegt damit in Höhe von 180 000 Euro (= 270 000 Euro – 90 000 Euro) der Erbschaftsteuer.

2.9 *Einschränkungen bei der Entlastung des Betriebsvermögens*

Die Vergünstigungen in Form von Verschonungsabschlag und Freibetrag stehen allerdings unter bestimmten Vorbehalten, die letztendlich sicherstellen sollen, dass das im Erb- oder Schenkungswege übergegangene *Betriebsvermögen als solches vom Rechtsnachfolger erhalten* wird. Infolgedessen kommt es zur rückwirkenden Versagung der Vergünstigungen, wenn der Betrieb oder Mitunternehmeranteil innerhalb einer Behaltefrist von 15

Jahren veräußert oder aufgegeben wird. Ferner soll durch das Erfordernis eines Lohnsummenerhalts verhindert werden, dass der Rechtsnachfolger Arbeitsplätze abbaut. Schließlich wird auch die bisherige Überentnahmeregelung verschärft.

2.9.1 Behaltefrist

Sowohl für den Verschonungsabschlag von 85 % wie auch für den Abzugsbetrag von 150 000 Euro ist nach § 13a Abs. 5 ErbStG-E Voraussetzung, *dass innerhalb von 15 Jahren nach dem Besteuerungszeitpunkt* weder der Betrieb noch ein Teilbetrieb noch eine wesentliche Betriebsgrundlage veräußert werden. Dabei stehen die Aufgabe eines Betriebs oder Teilbetriebs und die Entnahme einer wesentlichen Betriebsgrundlage der Veräußerung gleich. Dabei spielt es keine Rolle, aus welchem Grund die Veräußerung oder Aufgabe erfolgt[3]. Zur rückwirkenden Versagung der erbschaftsteuerlichen Begünstigungen für Betriebsvermögen kommt es deshalb auch im Fall der Insolvenz[4]. Zur rückwirkenden Versagung führt auch die Veräußerung begünstigter Anteile an Kapitalgesellschaften. Schädlich ist dabei auch die Umwandlung einer Kapitalgesellschaft in ein Personenunternehmen oder in eine andere Kapitalgesellschaft (§§ 3 bis 16 UmwStG). Dagegen soll die Einbringung von Personenunternehmen oder Mitunternehmeranteilen in eine Kapitalgesellschaft (§ 20 UmwStG) oder in eine Personengesellschaft (§ 24 UmwStG) nicht zur rückwirkenden Versagung der erbschaftsteuerlichen Begünstigungen führen, sofern die bei Einbringung erlangten Anteile ihrerseits nicht innerhalb von 15 Jahren nach Erbfall oder Schenkung veräußert werden.

Bei Veräußerung oder Aufgabe des ganzen Betriebs innerhalb der Behaltefrist kommt es in vollem Umfang zu einer rückwirkenden Versagung der in Anspruch genommenen Vergünstigungen.

Beispiel:

Der Vater überträgt im Wege der vorweggenommenen Erbfolge sein gewerbliches Einzelunternehmen auf seinen Sohn. Der Betrieb hat einen Verkehrswert von 3 Mio. Euro. Im 8. Jahr nach dem Besteuerungszeitpunkt veräußert der Sohn den gesamten Betrieb.

Ursprünglich konnte für das übertragene Betriebsvermögen zwar nicht mehr der Abzugsbetrag des § 13a Abs. 2 ErbStG-E genutzt werden, weil dieser insgesamt abgeschmolzen wurde. Demgegenüber führte der Verschonungsabschlag dazu, dass lediglich ein Erwerbswert von 450 000 Euro anzusetzen war. Unter Berücksichtigung eines persönlichen Freibetrags des Sohnes in Höhe von 400 000 Euro, ergab sich ein steuerpflichtiger Erwerb von 50 000 Euro, der bei einem Steuersatz von 7 % eine Erbschaftsteuer in Höhe von 3500 Euro auslöste.

---

3 BFH, Urt. v. 16. 2. 2005 – II R 39/03, BStBl. I 2005, 571.
4 *Crezelius*, DStR 2007, 2277, 2281.

Durch die schädliche Veräußerung innerhalb der Behaltefrist, ist der Verschonungsabschlag jedoch insgesamt zu versagen. Daher muss nun rückwirkend, also bezogen auf den Besteuerungszeitpunkt, von einem Erwerbswert in Höhe von 3 Mio. Euro ausgegangen werden. Infolgedessen ergibt sich ein steuerpflichtiger Erwerb von 2,6 Mio. Euro (= 3 Mio. Euro – 400 000 Euro), der nunmehr mit einem Steuersatz von 19 % der Schenkungsteuer unterliegt, die sich daher auf 494 000 Euro beläuft.

Dagegen führt die *Veräußerung eines Teilbetriebs* oder einer *wesentlichen Betriebsgrundlage* nur zur *anteiligen Versagung* der Vergünstigungen und dies auch nur dann, wenn der Veräußerungserlös nicht im betrieblichen Interesse verwendet, also reinvestiert wird und deshalb davon auszugehen ist, dass die Veräußerung auf eine Einschränkung des Betriebs abzielt. Unklar ist, wie in Fällen der schädlichen Veräußerung eines Teilbetriebs oder wesentlicher Betriebsgrundlagen, der *Anteil der zu versagenden Vergünstigungen* ermittelt wird. M. E. müsste hierzu das Verhältnis des gemeinen Werts des Teilbetriebs bzw. der wesentlichen Betriebsgrundlage zum Wert des gesamten Betriebs – jeweils bezogen auf den Zeitpunkt des Betriebsübergangs – zugrunde gelegt werden.

2.9.2 Überentnahmeregelung

Neben dem Veräußerungsverbot für 15 Jahre kommt es auch dann zu einer Korrektur der Erbschaftsteuer, wenn der Erwerber des Betriebs bis zum Ende des letzten Wirtschaftsjahrs, welches in die 15-jährige Behaltefrist fällt, sog. *Überentnahmen* tätigt. Die Korrektur der Vergünstigungen ist dann insoweit vorzunehmen, als die Entnahmen innerhalb der Behaltefrist die Einlagen und den Gewinn in diesem Zeitraum um mehr als *150 000 Euro (Sockelbetrag)* übersteigen. In diesem Fall ist nämlich davon auszugehen, dass mit den Entnahmen auch auf die geerbte Substanz zugegriffen wird. Die Korrektur erfolgt in diesem Fall auf der Basis der Überentnahme. Verluste bleiben unberücksichtigt, d.h. sie mindern das Entnahmevolumen nicht. M. E. kann es im Fall einer Überentnahme aber nicht zur Nachversteuerung der gesamten über den Sockelbetrag von 150 000 Euro hinausgehenden Überentnahme kommen, sondern lediglich der Anteil der Überentnahme, der bislang durch den Verschonungsabschlag und den Abzugsbetrag nach § 13a Abs. 2 ErbStG-E entlastet worden war, darf zu einer Nachversteuerung führen.

Beispiel:

Nach dem Tode der Mutter im Januar 2010 geht deren Einzelunternehmen auf den Sohn über. Der Wert des Betriebsvermögens beläuft sich auf 40 Mio. Euro. Das übrige Vermögen der Mutter erhalten andere Erbberechtigte. Die Steuerbefreiung in Höhe von 85 % kommt für den Sohn zum Tragen. Demzufolge ergibt sich ein Erwerbswert in Höhe von 6 Mio. Euro. Nach Abzug des persönlichen Freibetrags (= 400 000 Euro), kommt es zu einem steuerpflichtigen Erwerb von 5,4 Mio. Euro, aus dem eine Erbschaftsteuer des Sohnes in Höhe von 1,026 Mio. Euro (Steuersatz: 19%) resultiert. Der Betrieb wird unverändert fortgeführt. Bis zum Ende des Jahres 2024 kommt es zu Überentnahmen in Höhe von 950 000 Euro.

Die Überentnahmen innerhalb des 15-jährigen Betrachtungszeitraums führen, soweit sie über den Sockelbetrag von 150 000 Euro hinausgehen, dazu, dass insoweit die Steuervergünstigung wegfällt. Es kommt zu einer Erhöhung des steuerpflichtigen Erwerbs von 680 000 Euro (= 85% aus 800 000 Euro). Hieraus würde sich ein steuerpflichtiger Erwerb von 6,08 Mio. Euro und eine Erbschaftsteuer von 1,3984 Mio. Euro (= 23% aus 6,08 Mio. Euro) ergeben. Da jedoch die Erhöhung der Erbschaftsteuer nicht aus der Hälfte des die Wertgrenze (= 6 Mio. Euro) übersteigenden Betrags gedeckt werden kann, findet ein Härteausgleich gemäß § 19 Abs. 3 ErbStG statt. Sie beträgt sodann 1,18 Mio. Euro.

Die Regelungen zur Überentnahme sind nach § 13a Abs. 5 Satz 1 Nr. 3 Satz 3 ErbStG-E sinngemäß auch bei Erwerbern von Anteilen an Kapitalgesellschaften anzuwenden. Sie führen daher dort zu einer entsprechenden Korrektur, wenn mehr als der von der Kapitalgesellschaft im Fünfzehnjahreszeitraum erzielte Gewinn ausgeschüttet wird.

2.9.3 Lohnsummenerhalt

Voraussetzung für die Gewährung des Verschonungsabschlags von 85% ist schließlich, dass die maßgebende jährliche Lohnsumme des Betriebs innerhalb von zehn Jahren nach dem Erwerb im jeweiligen Jahr des Zehnjahreszeitraums *70% der indexierten Ausgangslohnsumme nicht unterschreitet* (§ 13a Abs. 1 Satz 2 ErbStG-E). Dabei ist Ausgangslohnsumme nach § 13a Abs. 2 Satz 3 ErbStG-E die *durchschnittliche Lohnsumme der letzten fünf Wirtschaftsjahre vor dem Besteuerungszeitpunkt*, die nach der Entwicklung des vom Statistischen Bundesamtes herausgegebenen Tariflohnindexes für jedes Wirtschaftsjahr innerhalb des Zehnjahreszeitraums angepasst werden muss, so dass Steigerungen des Lohnniveaus nach dem Besteuerungszeitpunkt neutralisiert werden. Ein auf die Branche bezogener Tariflohnindex kann angewendet werden, wenn dieser nachweislich niedriger ist (§ 13a Abs. 1 Satz 6 ErbStG-E).

Die Lohnsummengrenze ist nach § 13a Abs. 1 Satz 4 ErbStG-E allerdings nicht zu beachten, wenn die Ausgangslohnsumme 0 Euro beträgt (Ein-Mann-Betrieb) oder der Betrieb nicht mehr als zehn Beschäftigte hat. In allen anderen Fällen vermindert sich der Verschonungsabschlag von 85% nach § 13a Abs. 1 Satz 7 ErbStG-E für jedes Jahr, in dem die Lohnsumme 70% der indizierten Ausgangslohnsumme unterschreitet, um 10%; dies bedeutet, dass es für ein solches Wirtschaftsjahr zu einer *Nachversteuerung in Höhe von 8,5% des Betriebsvermögens* (vor Anwendung des Verschonungsabschlags) kommt.

Beispiel:

Nach dem Tode des Vaters im Januar 2009 geht dessen Einzelunternehmen auf den Sohn über. Der Wert des Betriebsvermögens beläuft sich auf 2.5 Mio. Euro. Die überlebende Ehefrau erhält das übrige Vermögen. Die Steuerbefreiung in Höhe von 85 % kommt für den Sohn zum Tragen. Demzufolge ergibt sich ein Erwerbswert in Höhe von 3,75 Mio. Euro. Nach Abzug des persönlichen Freibetrags (= 400 000 Euro), ergibt sich ein steuerpflichtiger Erwerb von 3,35 Mio. Euro, aus dem eine Erbschaftsteuer des Sohnes in Höhe von 636 500 Euro (Steuersatz: 19 %) resultiert. Die maßgebliche jährliche Lohnsumme soll im Erwerbszeitpunkt 860 000 Euro betragen haben. Der Sohn führt das Unternehmen zunächst unverändert fort. Im Hinblick auf dessen angespannte Ertragslage baut er ab dem Jahr 2012 Mitarbeiter ab. Erstmals im Jahr 2015 sinkt die Lohnsumme unter den Schwellenwert, der sich im Hinblick auf die zwischenzeitliche Entwicklung der Löhne und Gehälter seit dem Besteuerungszeitpunkt (Tariflohnindex → 120 %) auf 722 400 Euro (= 70 % von 860 000 Euro × 1,2) beläuft. Dabei bleibt es auch im Jahr 2016. Erst ab dem Jahr 2017 ergibt sich aufgrund von Neueinstellungen wieder eine Lohnsumme, die 70 % der indexierten Ausgangslohnsumme übersteigt.

Durch ein Absinken der Lohnsumme unter den Schwellenwert im Jahr 2015 erhöht sich rückwirkend der steuerpflichtige Erwerb um 8,5 % des Bruttoerwerbs (= 2,125 Mio. Euro). Damit kommt es zu einer höheren Erbschaftsteuer, die sich nunmehr auf 1 040 250 Euro (= 19 % aus 5,475 Mio. Euro) beläuft. Da auch im Jahr 2016 die Lohnsumme unter dem Schwellenwert liegt, erhöht sich der steuerpflichtige Erwerb erneut um 2,125 Mio. Euro und er beträgt nunmehr 7,6 Mio. Euro. Dies ergibt eine Erbschaftsteuer von 1,748 Mio. Euro (= 23 % aus 7,6 Mio. Euro).

Im Extremfall kann es dazu kommen, dass die Ausgangslohnsumme bereits am Ende des ersten Wirtschaftsjahrs nach dem Besteuerungszeitpunkt unterschritten wird, weil es bereits beim Rechtsvorgänger innerhalb der letzten fünf Wirtschaftsjahre vor der Übergabe des Betriebs zu einem massiven Personalabbau gekommen ist.

Beispiel:

Der Vater überträgt sein Einzelunternehmen zum 1. 1. 2009 (= Besteuerungszeitpunkt) im Wege der vorweggenommenen Erbfolge auf seinen Sohn. In den letzten fünf Wirtschaftsjahren, die vor dem Besteuerungszeitpunkt endeten, hatte der Vater bereits in erheblichem Umfang Personal abgebaut. Die Lohnsummen in diesen Wirtschaftsjahren beliefen sich auf folgende Beträge:

Wirtschaftsjahr 2004:	980 000 Euro
Wirtschaftsjahr 2005:	900 000 Euro
Wirtschaftsjahr 2006:	800 000 Euro
Wirtschaftsjahr 2007:	700 000 Euro
Wirtschaftsjahr 2008:	500 000 Euro
Summe:	3 880 000 Euro

Danach ergibt sich eine Ausgangslohnsumme von 776 000 Euro (= 3,88 Mio. Euro : 5) und ein Schwellenwert von 543 200 Euro (= 70 % von 776 000 Euro), der bereits im Besteuerungszeitpunkt und damit mutmaßlich auch zum Ende des Wirtschaftsjahrs 2009 unterschritten wird, wenn es nicht zeitnah zu einer Personalaufstockung seitens des Rechtsnachfolgers kommt.

In solchen Fällen ist fraglich, ob der *Verschonungsabschlag überhaupt zur Anwendung* kommen kann. Verneint man dies, dann würde auch eine Personalaufstockung durch den Rechtsnachfolger, die letztendlich dazu führt, dass zum Ende späterer Wirtschaftsjahre innerhalb des Zehnjahreszeitraums 70% der indexierten Ausgangslohnsumme wieder überschritten wird, keine anteilige Vergünstigung gemäß § 13a Abs. 1 ErbStG-E mehr vermitteln. Dies steht m.E. aber im Widerspruch zu dem Sinn und Zweck des Verschonungsabschlags: wenn nämlich die Vergünstigung davon abhängen soll, dass Arbeitsplätze erhalten bleiben, dann muss sie jedenfalls dann (anteilig) greifen, wenn neue Arbeitsplätze durch den Rechtsnachfolger geschaffen werden und sich dies zum Ende eines Wirtschaftsjahrs dahingehend auswirkt, dass der Schwellenwert erstmalig erreicht oder überschritten wird.

Ein weiteres Problem ergibt sich hinsichtlich der Erstreckung der Regelungen zum Lohnsummenerhalt auf die *Person des Erwerbers*. Dies betrifft zum einen die Fälle, in denen bei einem Personenunternehmen der Erwerber vor dem Erwerb als Arbeitnehmer im Betrieb beschäftigt war. Zum anderen müssten aber auch beim Erwerb eines begünstigten Anteils an einer Kapitalgesellschaft der als Geschäftsführer tätige Erwerber wie auch der zuvor als Geschäftsführer beschäftigte Erblasser oder Schenker aus der Lohnsummenregelung ganz herausgenommen werden, was der Gesetzentwurf zumindest bisher nicht vorsieht.

Kommt es zu schädlichen Unterschreitungen des Schwellenwerts zum Ende einzelner Wirtschaftsjahre innerhalb des Zehnjahreszeitraums, führt diese zwar zu einer anteiligen Versagung des Verschonungsabschlags im Sinne des § 13b Abs. 4 ErbStG-E, auf die Bemessung des Abzugsbetrags des § 13a Abs. 2 ErbStG-E hat dies jedoch – anders als bei den Behalte- und Überentnahmeregelungen des § 13a Abs. 5 ErbStG-E – keine Auswirkungen (§ 13a Abs. 1 Satz 2 ErbStG-E).

II. Vererblichkeit von Verlusten

Die Frage, ob ein vom Erblasser nicht genutzter Verlust bei dessen Tod auf den oder die Erben übergeht, war schon mehrfach Gegenstand höchstrichterlicher Entscheidungen mit unterschiedlichem Zungenschlag. Dies liegt daran, dass zwar das Recht zur Inanspruchnahme des Verlustabzugs kein unvererbliches höchstpersönliches Recht darstellt, aber das Prinzip der Besteuerung nach der Leistungsfähigkeit nicht zwingend nahe legt, einen Verlust des Erblassers zum Abzug beim Erben zuzulassen.

1. Höchstrichterliche Rechtsprechung und Verwaltungspraxis

Nach der Rechtsprechung des BFH gehen Verluste im Erbwege jedenfalls dann über, wenn der Erbe hieraus auch wirtschaftlich belastet wird[5]. In einem Anfragebeschluss vom 29.3.2000 hatte der I. Senat des BFH[6] die Auffassung vertreten, dass eine Vererbung von Erblasserverlusten nicht möglich sein sollte, und der IV., VIII. und XI. Senat haben einer solchen Abweichung von deren bisheriger Rechtsprechung auch zugestimmt, was jedoch erstaunlicherweise den I. Senat letztlich doch bewogen hatte, an der Vererblichkeit von Verlusten festzuhalten[7]. Dies entspricht auch der bisherigen Verwaltungspraxis[8]. Der I. Senat begründet den erbrechtlichen Verlustabzugstransfer in erster Linie damit, dass hierdurch eine Übermaßbesteuerung beim Erblasser vermieden wird. In der Literatur ist die Entscheidung des I. Senats indes ganz überwiegend auf Kritik gestoßen[9].

2. Vorlagebeschluss des XI. Senats

Mit einem Vorlagebeschluss an den Großen Senat vom 28.7.2004 ist die Problematik erneut in den Mittelpunkt der Diskussion und zwar dieses Mal durch den XI. Senat des BFH gerückt worden[10]. Darin geht der BFH davon aus, dass *Verluste nicht vererbt* werden können. Solche Verluste resultierten nämlich aus *Aufwand des Erblassers* und damit eines Dritten. § 10d EStG lasse aber nur den Abzug eigenen Aufwandes zu. Dies folge auch aus den Grundsätzen der *Individualbesteuerung* sowie der Besteuerung nach der *Leistungsfähigkeit*, die sich nach dem objektiven, aber auch dem subjektivem Nettoprinzip beurteile.

3. Die Entscheidung des Großen Senats

Die lange und mit Spannung erwartete Entscheidung des Großen Senats liegt zwischenzeitlich vor. Mit Beschluss vom 17.12.2007 – GrS 2/04 – hat der Große Senat die Vererblichkeit von Verlusten für künftige Erbfälle, also auch für solche, die nach Veröffentlichung der Entscheidung am 12.3.2008 erfolgen, versagt.

Der Entscheidung ist im Ergebnis zuzustimmen. Sie sieht § 10d EStG im *Spannungsverhältnis* zwischen dem Grundsatz der Abschnittsbesteuerung und des abschnittsübergreifenden Nettoprinzips als Ausfluss des Leistungs-

---

5 BFH, Urt. v. 5.5.1999 – XI R 1/97, BStBl. II 1999, 653.
6 BFH, Beschl. v. 29.3.2000 – I R 76/99, BStBl. II 2000, 622.
7 BFH, Urt. v. 16.5.2001 – I R 76/99, BStBl. II 2002, 487.
8 BMF, Schr. v. 26.7.2002 – IV A 5 – S 2225 – 2/02, BStBl. I 2002, 667.
9 Vgl. *Heinicke* in Schmidt, 26. Aufl., § 10d EStG Rz. 13.
10 BFH, Urt. v. 28.7.2004 – XI R 54/99, BStBl. II 2005, 262.

fähigkeitsprinzips. Daher gewährt die Vorschrift dem Steuerpflichtigen einen *Verlusttransfer in andere Veranlagungszeiträume*. Hieraus lässt sich jedoch keineswegs folgern, dass es zu einem steuersubjektübergreifendem Verlusttransfer kommen müsste, wenn sich der Verlust beim Steuerpflichtigen, der ihn erlitten hat, wegen dessen Todes nicht mehr auswirken kann. Darüber hinaus hängt der Verlust des Erblassers zumindest in Fällen des Verlustabzugs auch *nicht mehr an einer bestimmten Einkunftsquelle*, sondern wird im Abzugsjahr vom Gesamtbetrag der Einkünfte abgezogen, so dass selbst in den Fällen, in denen der Erbe im Rahmen der Gesamtrechtsnachfolge die Einkunftsquelle übernehmen würde, den Verlustabzug nicht als deren Annex erhält. Überdies würde sich bei Vererblichkeit des Verlusts zumindest in Fällen, in denen das Vermögen des Erblassers an eine *Erbengemeinschaft* fällt, die Frage stellen, welcher Erbe in welchem Umfang den Verlust des Erblassers erhalten könnte oder müsste. Schließlich werden hierdurch Anwendungsschwierigkeiten bei der Beurteilung der Frage vermieden, ob der Erbe durch den Verlust wirtschaftlich belastet ist.

Es ist davon auszugehen, dass die Finanzverwaltung die vom Großen Senat skizzierte Vertrauensschutzregelung in der Weise erweitern wird, dass sie den maßgeblichen Stichtag weiter hinausschiebt.

III. Zweifelsfragen zu § 34a EStG

Das Unternehmensteuerreformgesetz 2008[11] vom 14. 8. 2007 hat mit Wirkung ab dem 1. 1. 2008 eine grundlegende Reform der Unternehmensbesteuerung gebracht.

Das Unternehmensteuerreformgesetz 2008 sieht eine Absenkung der Thesaurierungsbelastung bei den Kapitalgesellschaften auf knapp unter 30 % vor. Dies wird erreicht, indem der Körperschaftsteuersatz auf 15 % und die Gewerbesteuer-Messzahl auf 3,5 % gesenkt werden. An der Unternehmensteuerreform nehmen auch die Personenunternehmen (Einzelunternehmen und Personengesellschaften) teil. Diese partizipieren gleichermaßen an den Verbesserungen bei der Gewerbesteuer. Zudem erhalten sie mit der sog. Thesaurierungsbegünstigung die Möglichkeit, den nicht entnommenen Gewinn einem Sondersteuersatz der Einkommensteuer zu unterwerfen. Bei Wahl dieser Begünstigung werden die nicht entnommenen Gewinne der Personenunternehmen im Ergebnis der abgesenkten Thesaurierungsbelastung der Kapitalgesellschaften unterworfen. Für kleine und mittlere Unternehmen werden die Sonder- und Ansparabschreibung nach

---

11 Unternehmensteuerreformgesetz 2008 v. 14. 8. 2007, BGBl. I 2007, 1912 = BStBl. I 2007, 630.

§ 7g EStG verbessert. Allerdings werden die Personenunternehmen auch durch einige Gegenfinanzierungsmaßnahmen getroffen.

Eine der wesentlichen Änderungen bei der Besteuerung der Personenunternehmen nach der Unternehmensteuerreform ergibt sich durch § 34a EStG, der es ermöglicht, nicht entnommene Gewinne einem begünstigten Steuersatz zu unterwerfen.

Da große Personengesellschaften gleichermaßen im internationalen Wettbewerb stehen können wie große Publikumskapitalgesellschaften, wurde in einem neuen § 34a EStG den bilanzierenden Personenunternehmen die Möglichkeit eröffnet, den nicht entnommenen Gewinn ebenfalls der abgesenkten Thesaurierungsbelastung der Kapitalgesellschaften unterwerfen zu können. Es handelt sich um ein *Wahlrecht*, nach dem im Rahmen der Einkommensteuer auf nicht entnommene Gewinne ein entsprechender Sondertarif angewendet werden kann (*sog. Thesaurierungsbegünstigung*).

1. Das System im Überblick

Bei Wahl der Thesaurierungsbegünstigung unterliegt das zu versteuernde Einkommen in Höhe des nicht entnommenen Gewinns einem *besonderen Einkommensteuersatz* von lediglich *28,25%* (§ 34a Abs. 1 Satz 1 EStG). Dieser führt wie bei Kapitalgesellschaften – zusammen mit dem Solidaritätszuschlag – zu einer Thesaurierungsbelastung in Höhe von *29,8%*. Zusätzlich ist – auch für den nicht entnommenen Gewinn – die Gewerbesteuer an die Gemeinde zu entrichten. Dabei wird die Gewerbesteuermesszahl von bislang 5% bei gleichzeitiger Streichung des Abzugs der Gewerbesteuer als Betriebsausgabe auf 3,5% gesenkt. Die Gewerbesteuer wird aber nach § 35 EStG künftig in Höhe des *3,8-fachen Messbetrags* wieder auf die Einkommensteuer angerechnet und führt damit – unter Einbeziehung des Solidaritätszuschlags – bei einem örtlichen Hebesatz bis 401% unter dem Strich zu keiner Mehrbelastung. Da Verluste aus anderen Einkunftsarten mit begünstigt besteuerten nicht entnommenen Gewinnen nicht verrechnet werden dürfen, steht mit der Thesaurierungsbelastung von 28,25% in der Regel ein ausreichendes Anrechnungsvolumen zur Verfügung.

Im Fall der späteren Entnahme begünstigt besteuerter Gewinne erfolgt – wie bei Ausschüttungen durch Kapitalgesellschaften – eine *Nachbesteuerung in Höhe von 25%*. Dabei handelt es sich allerdings – anders als bei der Abgeltungsteuer – um einen festen Nachbelastungssatz, der auch dann anzuwenden ist, wenn die individuelle Einkommensteuerbelastung im Entnahmejahr niedriger als 25% sein sollte. Der Nachbelastung unterliegt der begünstigt besteuerte nicht entnommene Gewinn vermindert um die hierauf entfallende Einkommensteuer von 28,25% und den Solidaritätszuschlag.

2. Begünstigter Personenkreis

Die Möglichkeit der Thesaurierungsbegünstigung erhalten neben den Gewerbetreibenden auch die Land- und Forstwirte sowie die Bezieher von Einkünften aus selbständiger Arbeit im Sinne des § 18 EStG. Dies gilt auch für den Gewinnanteil des persönlich haftenden Gesellschafters (Komplementärs) einer Kommanditgesellschaft auf Aktien (KGaA), der aufgrund der Vorschrift des § 15 Abs. 1 Satz 1 Nr. 3 EStG zu Einkünften aus Gewerbebetrieb führt. Voraussetzung ist aber, dass der *Gewinn durch Betriebsvermögensvergleich* nach den §§ 4 Abs. 1, 5 EStG ermittelt wird. Insbesondere Freiberufler, die ihren Gewinn stets durch Einnahmen-Überschussrechnung nach § 4 Abs. 3 EStG ermitteln können, müssten gegebenenfalls zur Bilanzierung übergehen. Dieser Übergang zum Bestandsvergleich kann zunächst einen Übergangsgewinn auslösen.

3. Personen- und betriebsbezogenes Wahlrecht

Die Thesaurierungsbegünstigung wird *unternehmer- bzw. gesellschafterbezogen* gewährt (§ 34a Abs. 1 Satz 1 EStG). Sie wird *außerhalb der Gewinnermittlung im Rahmen der Einkommensteuer-Veranlagung* des Unternehmers oder Mitunternehmers abgewickelt. Bei Mitunternehmerschaften ist die Gesellschaft von der Thesaurierungsbegünstigung nicht unmittelbar berührt. Die Abwicklung auf der Ebene des Unternehmers oder Mitunternehmers ist sachgerecht, da dessen persönliche Einkommensteuerbelastung dafür ausschlaggebend ist, ob die Begünstigung in Anspruch genommen wird. Zugleich werden Auseinandersetzungen zwischen den Gesellschaftern vermieden, die sich aufgrund unterschiedlicher Interessenlage ergeben könnten. Eine Bindungsregelung, die Thesaurierungsbegünstigung ab erstmaliger Inanspruchnahme über eine gesetzlich festgelegte Frist auch in den Folgejahren in Anspruch nehmen zu müssen, besteht nicht.

Bei Vorhandensein *mehrerer Betriebe oder mitunternehmerischer Beteiligungen* kann der Unternehmer bzw. Mitunternehmer frei entscheiden, für welchen Betrieb bzw. für welche Beteiligung er die Vergünstigung in Anspruch nehmen möchte (§ 34a Abs. 4 Satz 2 EStG). Bei Mitunternehmerschaften ist allerdings Voraussetzung für die Inanspruchnahme der Thesaurierungsbegünstigung, dass der Gesellschafter *zu mehr als 10 %* am Gewinn der Mitunternehmerschaft beteiligt ist oder sein *Gewinnanteil mehr als 10 000 Euro* beträgt (§ 34a Abs. 1 Satz 3 EStG). Es reicht aus, dass eine der beiden Grenzen erreicht wird. Dabei bezieht sich die Gewinngrenze auf den gesamten Gewinnanteil, nicht nur auf den nicht entnommenen Gewinn.

Im Übrigen muss die Thesaurierungsbegünstigung nicht für den gesamten nicht entnommenen Gewinn in Anspruch genommen werden. Sie kann vielmehr *auf Teile des nicht entnommenen Gewinns beschränkt* werden

(§ 34a Abs. 1 Satz 1 EStG). Im Hinblick auf die Verwendungsreihenfolge bei späteren Entnahmeüberhängen erscheint diese Beschränkung jedoch kaum ratsam. Den Teil des nicht entnommenen Gewinns, für den die Thesaurierungsbegünstigung in Anspruch genommen wird, bezeichnet das Gesetz als *Begünstigungsbetrag* (§ 34a Abs. 3 Satz 1 EStG).

4. Nicht entnommener Gewinn

Zur Ermittlung des nicht entnommenen Gewinns wird der erzielte – steuerliche – Gewinn im Sinne der §§ 4 Abs. 1, 5 EStG um den Überschuss der Entnahmen über die Einlagen vermindert (§ 34a Abs. 2 EStG). Durch Einlagen können Entnahmen kompensiert werden. Damit kann zwar ein höherer nicht entnommener Gewinn erreicht werden, auf den die Thesaurierungsbegünstigung angewendet werden kann. Das hierin liegende Gestaltungspotenzial darf allerdings nicht überschätzt werden. Zwar könnte daran gedacht werden, bei unterjährigen Entnahmen den Umfang der Begünstigung durch kurzfristige Einlagen vor dem Bilanzstichtag zu erhöhen. Sofern allerdings im Folgejahr dem Unternehmen diese Mittel wieder entzogen werden, mindern diese Entnahmen den nicht entnommenen Gewinn und damit zugleich den Umfang der Thesaurierungsbegünstigung im Folgejahr. Mit anderen Worten: Der Unternehmer startet mit Entnahmen belastet in das nächste Wirtschaftsjahr.

Die Saldierung der Entnahmen mit den Einlagen erleichtert die Inanspruchnahme der Thesaurierungsbegünstigung insbesondere bei Mitunternehmern. Da die Thesaurierungsbegünstigung vom einzelnen Mitunternehmer in Anspruch genommen werden kann, ist bei Mitunternehmerschaften Ausgangspunkt für die Ermittlung des nicht entnommenen Gewinns *der – steuerliche – Gewinnanteil des Mitunternehmers.* Dieser setzt sich zusammen aus dem Anteil am Gewinn der Gesellschaft (Gesamthandsgewinn) unter Korrektur um die Ergebnisse aus einer etwaigen Ergänzungsbilanz und den Sondervergütungen nach § 15 Abs. 1 Nr. 2 EStG unter Einbeziehung sonstiger Ergebnisse aus dem Sonderbetriebsvermögen.

Der steuerliche Gewinnanteil des Mitunternehmers vermindert um den Überschuss der von ihm vorgenommenen Entnahmen über die von ihm erbrachten Einlagen ist der nicht entnommene Gewinn. Dabei ist es unbedeutend, ob die Entnahmen und Einlagen das Gesamthandsvermögen der Gesellschaft oder das Sonderbetriebsvermögen des Mitunternehmers betreffen. Daher mindern auch Sondervergütungen als Entnahmen den nicht entnommenen Gewinn, wenn diese in das Privatvermögen des Mitunternehmers, beispielsweise auf das private Bankkonto des Mitunternehmers gezahlt werden.

Beispiel:

An einer OHG sind A, B und C jeweils zu einem Drittel als Mitunternehmer beteiligt. Der Gewinn der Gesellschaft beträgt 900 000 Euro. Für A besteht aufgrund einer früheren Betriebseinbringung zum Buchwert eine negative Ergänzungsbilanz, die jährlich mit einem Betrag von 50 000 Euro gewinnerhöhend aufgelöst wird. Außerdem bezieht er ein Gehalt als Geschäftsführer der OHG von 100 000 Euro, das auf sein Privatkonto überwiesen wird. Weitere Entnahmen oder Einlagen hat A nicht vorgenommen.

Der steuerliche Gewinnanteil des A beträgt 450 000 Euro (= 300 000 Euro + 50 000 Euro + 100 000 Euro). Da das Gehalt durch Zahlung auf das Privatkonto von A entnommen wurde, beläuft sich sein nicht entnommener Gewinn auf 350 000 Euro.

Werden indessen in das Privatvermögen gezahlte Sondervergütungen noch im selben Wirtschaftsjahr der Gesellschaft wiederum als Darlehen zur Verfügung gestellt, so handelt es sich hierbei um eine Einlage in das Sonderbetriebsvermögen, die den nicht entnommenen Gewinn wieder erhöht. Dasselbe gilt, wenn eine Sondervergütung im Einvernehmen mit dem Mitunternehmer von vornherein bei der Gesellschaft verbleibt. Die Frage, ob in diesem Fall – wie bei stehen gelassenem Arbeitslohn von Arbeitnehmern – zunächst von einem Zufluss in das Privatvermögen, also von einer Entnahme auszugehen ist, spielt keine Rolle, da gleichzeitig wieder eine Einlage anzunehmen wäre. Ebenso ist beispielsweise dann eine den nicht entnommenen Gewinn mindernde Entnahme nicht anzunehmen, wenn die Miete für ein der Gesellschaft als Sonderbetriebsvermögen überlassenes Grundstück zur Tilgung von Grundstücksschulden verwendet wird, die zum negativen Sonderbetriebsvermögen gehören. Dasselbe gilt für andere Sondervergütungen, mit denen Schulden im Sonderbetriebsvermögen getilgt werden.

5. Ausgenommene Gewinne und Gewinnteile

Zur Vermeidung von Mehrfachbegünstigungen werden die Gewinnteile aus der Begünstigung ausgenommen, für die der *Freibetrag nach § 16 Abs. 4 EStG* oder die *Tarifermäßigung des § 34 Abs. 3 EStG* in Anspruch genommen werden (§ 34a Abs. 1 Satz 1 EStG). Dabei kann es sich insbesondere um Gewinne aus der Veräußerung von Teilbetrieben oder von Mitunternehmeranteilen handeln, die zum Betriebsvermögen gehören, beispielsweise die Veräußerung des Mitunternehmeranteils an einer Untergesellschaft durch die Obergesellschaft in Fällen mehrstöckiger Mitunternehmerschaften. Ebenfalls ausgenommen ist der von Wagniskapitalgesellschaften gezahlte sog. *Carried-Interest* (§ 18 Abs. 1 Nr. 4 EStG), da dieser nach § 3 Nr. 40a EStG zur Hälfte steuerbefreit ist. Diese Gewinnbestandteile werden – unabhängig davon, ob sie entnommen wurden oder im Unternehmen verbleiben – von vornherein der allgemeinen Einkommensbesteuerung unterworfen.

Darüber hinaus will die Finanzverwaltung auch ein Konkurrenzverhältnis zwischen der *Tarifermäßigung des § 34 Abs. 1 EStG ("Fünftelregelung")* und der Begünstigung des § 34a EStG annehmen. Insoweit soll der Steuerpflichtige wählen können, welche Begünstigung er in Anspruch nehmen will. Diese Restriktion findet weder im Gesetz eine Stütze, noch ist sie vom Gesetzeszweck gedeckt. Die Tarifermäßigung des nicht entnommenen Gewinns macht nämlich im Hinblick auf die Nachversteuerungsproblematik bei späteren Entnahmeüberhängen nur dann Sinn, wenn die Progressionsbelastung im jeweiligen Veranlagungszeitraum besonders hoch ist; in solchen Fällen findet jedoch eine nennenswerte Entlastung eines im nicht entnommen Gewinn enthaltenen begünstigten Veräußerungsgewinns gemäß § 34 Abs. 1 EStG nicht mehr statt. Vor diesem Hintergrund besteht die Gefahr einer Doppelbegünstigung in solchen Fällen so gut wie nicht. Darüber hinaus ist die Tarifermäßigung des § 34 Abs. 1 EStG anders als die des § 34 Abs. 3 EStG nicht als Wahlrecht konzipiert.

5.1 Dividenden

Keine derartige Sonderregelung besteht für Dividenden, die im betrieblichen Bereich bezogen werden. Für betriebliche Kapitalerträge greift die Abgeltungssteuer nicht. Sie unterliegen vielmehr der Regelbesteuerung. Dabei sind Dividenden künftig nicht mehr zur Hälfte, sondern im Umfang von *60 % steuerpflichtig (Teileinkünfteverfahren)*. Nicht entnommene Dividenden können daher *mit ihrem steuerpflichtigen Teil von 60 %* grundsätzlich in die Thesaurierungsbegünstigung einbezogen werden. Soweit es später zur Entnahme kommt, wird der begünstigt besteuerte Teilbetrag von 60 % vermindert um die hierauf entfallende Thesaurierungsbelastung (= ESt von 28,25 % zzgl. Solidaritätszuschlag) mit 25 % nachbelastet. Der steuerbefreite Teil bleibt steuerfrei. Er führt auch bei späterer Entnahme nicht zu einer Nachbelastung.

Beispiel:

Im Gewinn eines Einzelunternehmers sind Dividenden in Höhe von 100 000 Euro enthalten, die zunächst nicht entnommen werden. Der Unternehmer beantragt die Inanspruchnahme der Thesaurierungsbegünstigung. Die sich hieraus ergebende Steuer wird aus privaten Mitteln entrichtet. In einem späteren Jahr, in dem kein Gewinn erzielt wird, entnimmt der Unternehmer die gesamten Dividenden von 100 000 Euro für private Zwecke.

Von den Dividenden ist ein Teilbetrag von 40 000 Euro steuerfrei. Der steuerpflichtige Teil der Dividenden von 60 000 Euro unterliegt der Thesaurierungsbegünstigung. Die hierauf zu entrichtende Einkommensteuer (einschl. Solidaritätszuschlag) beläuft sich auf 17 882,25 Euro. Damit ergibt sich ein nachversteuerungspflichtiger

Betrag von 42 117,75 Euro. Im Jahr der Entnahme der Dividende kommt es zur Nachbelastung in Höhe von 10 529,43 Euro (= 25% von 42 117,75 Euro). Die darüber hinaus erfolgenden Entnahmen von 57 882,25 Euro führen nicht zur Nachbelastung. Diese Entnahmen umfassen den steuerfreien Teil der Dividende von 40 000 Euro sowie die Thesaurierungssteuer von 17 882,25 Euro.

5.2 Nicht abziehbare Betriebsausgaben

Auch außerbilanzielle Gewinnhinzurechnungen, insbesondere nicht abziehbare Betriebsausgaben, sind nicht in die Thesaurierungsbegünstigung einzubeziehen. Dies ist sachgerecht, weil diese Kosten verausgabt wurden und daher nicht Bestandteil des nicht entnommenen Gewinns sein können. Hierzu gehört künftig auch die Gewerbesteuer, die nach der Unternehmensteuerreform nicht nur bei der Gewerbesteuer selbst, sondern auch bei der Einkommensteuer nicht mehr als Betriebsausgabe abziehbar ist (§ 4 Abs. 5b EStG). Infolgedessen ist eine volle Begünstigung des nicht entnommenen Gewinns in aller Regel selbst dann nicht möglich, wenn die Gewerbesteuer aus privaten Mitteln entrichtet wird, denn gemäß § 34a Abs. 1 EStG mindern zwar Einlagen gegenläufige Entnahmen, nicht jedoch schlagen sie auf nicht abziehbare Betriebsausgaben durch.

6. Nachbelastung bei späterer Überentnahme

Soweit in späteren Jahren begünstigt besteuerte Gewinne entnommen werden, kommt es zur *Nachbelastung in Höhe von 25%* (§ 34a Abs. 4 Satz 1 und 2 EStG). Die Nachbesteuerung greift allerdings nur, soweit die um etwaige Einlagen verminderten Entnahmen den im Entnahmejahr erzielten Gewinn übersteigen (*Nachversteuerungsbetrag*).

6.1 Entnahme der Thesaurierungssteuer führt nicht zur Nachbelastung

Dieser Nachbesteuerung unterliegt als nachversteuerungspflichtiger Betrag der *begünstigt besteuerte nicht entnommene Gewinn nach Abzug der hierauf entrichteten Einkommensteuer von 28,25% und des Solidaritätszuschlags* (§ 34a Abs. 3 Satz 2 EStG). Mit dieser Kürzung des nachversteuerungspflichtigen Betrags wird letztlich vermieden, dass die Zahlung der im Rahmen der Thesaurierungsbegünstigung zu entrichtenden Einkommensteuer (einschl. Solidaritätszuschlag) als Entnahme eine Einkommensteuer bzw. – bei Überentnahme – eine Nachbelastung auslöst.

Da nachversteuerungspflichtig nicht der ganze begünstigt besteuerte Gewinn, sondern nur der um die Thesaurierungsbelastung geminderte Gewinn ist, erfolgt die Entnahme der Thesaurierungssteuer nachsteuerfrei.

Beispiel:

Der Unternehmer erzielt im Wirtschaftsjahr 2008 einen Gewinn in Höhe von 100 000 Euro, der insgesamt im Unternehmen verbleibt. Entnahmen und Einlagen sind nicht erfolgt. Für den nicht entnommenen Gewinn wird insgesamt die Thesaurierungsbegünstigung in Anspruch genommen. Im folgenden Wirtschaftsjahr 2009 wird kein Gewinn erzielt. Der Unternehmer entnimmt den gesamten Gewinn des Vorjahres und zahlt hiermit auch die Thesaurierungssteuer von 29 803,75 Euro.

Aufgrund der Inanspruchnahme der Thesaurierungsbegünstigung ergibt sich ein nachversteuerungspflichtiger Betrag von 70 196,25 Euro (= 100 000 Euro – 29 803,75 Euro). Die Nachbelastung im Jahr 2009 beträgt damit 18 514,26 Euro (= 25 % von 70 196,25 Euro + Solidaritätszuschlag). Die weitere Entnahme zur Zahlung der Thesaurierungssteuer von 29 803,75 Euro unterliegt keiner Nachbelastung.

Ein Problem kann sich dennoch in zeitlicher Hinsicht ergeben, da infolge der vorgegebenen *„Verwendungsreihenfolge"* eine nachbelastungsfreie Entnahme der Steuer erst dann möglich ist, wenn der *nachversteuerungspflichtige Betrag durch Entnahmen aufgezehrt ist.* Sofern der Unternehmer die Thesaurierungsbelastung nicht aus privaten Mitteln oder aus steuerfreien Gewinnen begleichen kann, ist er gezwungen, die Mittel zur Zahlung der Steuer aus dem Unternehmen zu entnehmen. Im Umfang dieser Entnahmen scheidet die Thesaurierungsbegünstigung aus. Im Umfang der Entnahme zur Steuerzahlung unterliegt der Gewinn der allgemeinen Einkommensteuer. Zwar muss der Unternehmer dann Überentnahmen zu anderen Zwecken in Höhe der Thesaurierungsbelastung nicht nachversteuern. Dieser Vorteil tritt aber regelmäßig erst in ferner Zukunft ein.

6.2 Keine Nachbelastung bei Entnahme wegen betrieblicher Erbschaftsteuer

Bei späteren Entnahmen über den laufenden Gewinn hinaus, die grundsätzlich zunächst zur Nachbelastung führen, ist der Nachversteuerungsbetrag um die Beträge zu kürzen, die für die Erbschaft- oder Schenkungsteuer anlässlich der Übertragung des Betriebs oder Mitunternehmeranteils entnommen wurden (§ 34a Abs. 4 Satz 3 EStG). Entnahmen in Höhe etwaiger betrieblicher Erbschaft- oder Schenkungsteuer führen damit zunächst nicht zu einer Nachbelastung. Da aber ein aufgrund der Inanspruchnahme der Thesaurierungsbegünstigung in früheren Jahren entstandener nachversteuerungspflichtiger Betrag nicht gemindert wird, kommt es durch die Anrechnung der Erbschaftsteuer auf den Nachversteuerungsbetrag nur zu einem *Aufschub der Nachbesteuerung.* Weitere Überentnahmen in späteren Jahren sind bis zur Höhe des gesamten, aufgrund der Inanspruchnahme der Thesaurierungsbegünstigung entstandenen nachversteuerungspflichtigen Betrags der Nachbelastung mit 25 % zu unterwerfen.

Beispiel:

Ein Unternehmer erzielt einen laufenden Gewinn von 50 000 Euro. Die laufenden Entnahmen betragen 150 000 Euro. Hiervon entfällt ein Teilbetrag von 70 000 Euro auf die Erbschaftsteuer, die er für die unentgeltliche Übernahme des Betriebs zu entrichten hat. Der Unternehmer hat in früheren Jahren die Thesaurierungsbegünstigung in Anspruch genommen. Der hierauf beruhende nachversteuerungspflichtige Betrag betrug zum Ende des Vorjahres 60 000 Euro.

Der Gewinn von 50 000 Euro unterliegt der allgemeinen Einkommensteuer. Die Entnahmen von 150 000 Euro führen grundsätzlich zu einem Nachversteuerungsbetrag von 100 000 Euro, der zu einer vollständigen Nachbelastung des insgesamt nachversteuerungspflichtigen Betrags von 60 000 Euro, also zu einer Nachsteuer von 15 825 Euro (= 25 % von 60 000 Euro + Solidaritätszuschlag) führen würde. Da der Nachversteuerungsbetrag von 100 000 Euro um die Erbschaftsteuer von 70 000 Euro vermindert wird, ergibt sich lediglich eine Nachbelastung von 7912,50 Euro (= 25 % von 30 000 Euro + Solidaritätszuschlag). Spätere Überentnahmen unterliegen bis zur Höhe des verbleibenden nachversteuerungspflichtigen Betrags von 30 000 Euro der Nachsteuer von 25 % zuzüglich Solidaritätszuschlag.

6.3 Gesamtbelastung nach Entnahme immer über Einkommensteuer-Spitzensteuersatz

Da die Nachbelastung bei späterer Entnahme – anders als bei Dividenden, die der Abgeltungsteuer unterliegen – stets mit einem *festen Steuersatz von 25 %* erfolgt, kommt es bei einem örtlichen Gewerbesteuerhebesatz von 400 % hinsichtlich des nicht entnommenen Gewinns auf Dauer gesehen stets zu einer Gesamtbelastung von 48,32 %. Diese Gesamtbelastung liegt über dem Spitzensatz der Einkommensteuer, die bei Anwendung der sog. Reichensteuer knapp 47,48 % (einschl. Solidaritätszuschlag) beträgt.

Mit der Thesaurierungsbegünstigung wird also nur ein „Steuervorteil auf Zeit" erlangt. Zwar führt die Thesaurierungsbegünstigung bereits dann zu einer – zunächst – niedrigeren Steuerbelastung, wenn mit den nicht begünstigten Einkünften, also den Überschusseinkünften und dem entnommenen Gewinn, die Einkommensschwelle überschritten ist, ab der ein Grenzsteuersatz von mehr als 29,8 % erreicht wird. Dies ist bei Anwendung des Grundtarifs ab gut 25 000 Euro der Fall. Da die Gesamtbelastung des Gewinns unter Einbeziehung der späteren Nachbelastung stets 48,32 % beträgt, ist die Inanspruchnahme der Thesaurierungsbegünstigung vor allem für solche Unternehmer oder Mitunternehmer interessant, deren individuelle Grenzbelastung in der Nähe des Spitzensteuersatzes liegt. Bei niedrigerer individueller Steuerlast wird die Thesaurierungsbegünstigung aber auch dann zu erwägen sein, wenn der Gewinn wegen längerfristiger Investitionen ohnehin im Unternehmen gebunden bleibt. Dagegen lohnt es sich nicht, bei deutlich unter dem Spitzensatz liegender individueller Einkommensteuerbelastung das Unternehmen als „Sparkasse" zu nutzen, um eine kurzfristige Steuerersparnis zu erlangen. Selbst bei einer individuellen Steuerbelastung in der Nähe des Spitzensteuersatzes muss der nicht entnommene Gewinn über mehrere Jahre im Unternehmen verbleiben, um den Nachteil aufgrund der Nachbelastung durch Zinseffekte ausgleichen zu können[12].

7. „Verwendungsreihenfolge"

Soweit in einem späteren Jahr der Überschuss der Entnahmen über die Einlagen den laufenden Gewinn übersteigt *(Überentnahmen)*, kommt es immer zunächst zur *Nachbelastung, solange die Überentnahmen den um die Thesaurierungsbelastung (= 28,25% + Solidaritätszuschlag) geminderten begünstigten Gewinn nicht übersteigen.* Erst darüber hinausgehende Entnahmen führen nicht zur Nachbelastung, da diese aus regelbesteuerten nicht entnommenen Gewinnen (einschl. steuerfreien nicht entnommenen Gewinnen) oder aus „Altgewinnen" aus der Zeit vor erstmaliger Inanspruchnahme der Thesaurierungsbegünstigung erfolgen, die ebenfalls bereits der progressiven Besteuerung unterlegen haben.

Der Nachteil dieser Verwendungsreihenfolge besteht darin, dass neben regelbesteuerten oder steuerfreien nicht entnommenen „Neugewinnen" insbesondere auch „Altgewinne" zunächst im Unternehmen eingeschlossen werden. Dieser Einschluss der Altgewinne bietet einen Anreiz dafür, *im letzten Jahr vor erstmaliger Inanspruchnahme der Thesaurierungsbegünstigung die im Unternehmen vorhandenen liquiden Mittel zu entnehmen.* Dies ist keine überzeugende Lösung. Ziel der Thesaurierungsbegünstigung ist es, die Eigenkapitalbildung zu erleichtern und damit die Eigenkapitalquote zu stärken. Mit dem Einschluss der Altgewinne wird zunächst das Gegenteil erreicht. Allerdings gewährleistet die gewählte Verwendungsreihenfolge die einfachste verfahrensmäßige Abwicklung der Thesaurierungsbegünstigung, da nur der nachversteuerungspflichtige Betrag festzustellen und fortzuschreiben ist. Weitere „Eigenkapitaltöpfe" sind entbehrlich. Aber auch der umgekehrte Ansatz, den der Gesetzgeber bewusst nicht gewählt hat, nämlich zunächst Altgewinne nachbelastungsfrei entnehmen zu dürfen, wäre nicht überzeugend. Denn solange Entnahmen aus Altgewinnen bestritten werden, könnte die Thesaurierungsbegünstigung für Neugewinne in Anspruch genommen werden, ohne dass sich die Eigenkapitalquote erhöht.

---

12 Vgl. *Kleineidam/Liebchen,* DB 2007, 409.

8. Nachbelastung in Sonderfällen

Zur *vollständigen Nachbelastung* von zuvor begünstigt besteuerten Gewinnen kommt es nach § 34a Abs. 4 Satz 1 EStG, wenn der Betrieb oder Mitunternehmeranteil

– nach § 16 Abs. 1 und Abs. 3 Satz 1 EStG veräußert oder aufgegeben,

– nach § 20 UmwStG in eine Kapitalgesellschaft eingebracht oder

– der Gewinn nicht mehr durch Bestandsvergleich ermittelt wird.

In den Fällen der Betriebsveräußerung oder -aufgabe tritt die Nachbelastung zur Steuer auf den Veräußerungs- oder Aufgabegewinn hinzu. In Fällen der Einbringung in eine Kapitalgesellschaft kann die Nachbelastung ein Einbringungshindernis sein. Dies erklärt, weshalb in diesen Fällen die im Rahmen der sofortigen Nachbelastung festgesetzte Steuer nach § 34a Abs. 4 Satz 2 EStG auf Antrag gleichmäßig *über einen Zeitraum von zehn Jahren verteilt zinslos zu stunden* ist.

Außerdem kann der Steuerpflichtige jederzeit die *Nachbesteuerung beantragen*. Dies könnte dann in Betracht zu ziehen sein, wenn der Betrieb oder Mitunternehmeranteil im Wege der vorweggenommenen Erbfolge auf die nächste Generation ohne Übergang des nachversteuerungspflichtigen Betrags übertragen werden soll.

9. Übertragung des ganzen Betriebs oder einzelner Wirtschaftsgüter

In den Fällen der unentgeltlichen Übertragung eines ganzen Betriebs oder Mitunternehmeranteils nach § 6 Abs. 3 EStG geht der *nachversteuerungspflichtige Betrag auf den Rechtsnachfolger* über (§ 34a Abs. 7 Satz 1 EStG). Entsprechendes gilt in den Fällen der Einbringung eines Betriebs oder Mitunternehmeranteils in eine Mitunternehmerschaft nach § 24 UmwStG (§ 34a Abs. 7 Satz 2 EStG).

Werden *Einzelwirtschaftsgüter* des Betriebs nach § 6 Abs. 5 Satz 1 bis 3 EStG unter Buchwertfortführung übertragen oder in ein anderes Betriebsvermögen überführt, so führt dies – wie eine „echte" Entnahme – grundsätzlich zur Nachversteuerung (§ 34a Abs. 5 Satz 1 EStG), soweit der Buchwert des Wirtschaftsguts zusammen mit anderen Entnahmen die Einlagen und den Gewinn im Jahr der Übertragung oder Überführung übersteigt. Diese Nachversteuerung unterbleibt, wenn der Steuerpflichtige *beantragt, den durch die Übertragung entstandenen Nachversteuerungsbetrag bis zur Höhe des Buchwerts des Wirtschaftsguts auf den anderen Betrieb oder Mitunternehmeranteil zu übertragen* (§ 34a Abs. 5 Satz 2 EStG).

Beispiel:

Ein Einzelunternehmer A hat aus der Inanspruchnahme der Thesaurierungsbegünstigung in früheren Jahren einen nachversteuerungspflichtigen Betrag von 50 000 Euro. Er überträgt ein zu seinem Einzelunternehmen gehörendes Betriebsgrundstück
zum Buchwert von 100 000 Euro in das Gesamthandsvermögen der A-GmbH & Co
KG (Ein-Mann-GmbH & Co KG). Daneben hat er laufende Entnahmen von
50 000 Euro. Einlagen sind nicht erfolgt. Der Gewinn des Einzelunternehmens beträgt 120 000 Euro.

Infolge der Übertragung des Grundstücks und der laufenden Entnahmen ergäbe sich
ein Nachversteuerungsbetrag von 30 000 Euro (= 150 000 Euro – 120 000 Euro). Da
dieser Entnahmenüberhang in voller Höhe auf die Übertragung des Betriebsgrundstücks zurückzuführen ist, kann auf Antrag des A der Betrag von 30 000 Euro auf die
GmbH & Co KG übertragen und demzufolge auf die Nachversteuerung verzichtet
werden.

10. Verlustverrechnung

Die Verrechnung von Verlusten, sei es in Form des Verlustausgleichs oder
des Verlustabzugs, ist *nur mit solchen positiven Einkünften möglich, die
nicht der Thesaurierungsbegünstigung unterlegen* haben (§ 34a Abs. 8
EStG).

Betriebliche Verluste fallen stets in den Einkunftsbereich, der unter die Regelbesteuerung fällt. Damit sind betriebliche Verluste im Jahr ihrer Entstehung zunächst mit positiven anderen Einkünften auszugleichen. Dasselbe
gilt umgekehrt. Verluste aus anderen Einkunftsarten sind nur mit solchen
betrieblichen Gewinnen auszugleichen, die der Regelbesteuerung unterliegen. Dies kann es erforderlich machen, die Thesaurierungsbegünstigung
nicht in Anspruch zu nehmen oder auf einen Teil des nicht entnommenen
Gewinns zu beschränken. Soweit nicht entnommene Gewinne dann der
Regelbesteuerung unterliegen, ist der Ausgleich von Verlusten aus anderen
Einkunftsarten möglich.

Beispiel:

Ein lediger Steuerpflichtiger erzielt im Jahr 2008 einen Verlust aus Gewerbebetrieb
in Höhe von 50 000 Euro sowie Einkünfte aus nichtselbständiger Arbeit von
80 000 Euro und einen Verlust aus Vermietung und Verpachtung von 20 000 Euro.
Im Jahr 2009 ergibt sich neben Einkünften aus nichtselbständiger Arbeit von
85 000 Euro ein Gewinn aus Gewerbebetrieb von 75 000 Euro, der insgesamt im Unternehmen verbleibt, sowie ein Verlust aus Vermietung und Verpachtung von
130 000 Euro. Bei einem Hebesatz der Gemeinde von 360 % ergibt sich eine Gewer-
besteuerbelastung in Höhe von 6363 Euro. An Sonderausgaben sind jeweils 8000 Euro zu berücksichtigen.

Im Veranlagungszeitraum 2008 können sowohl der Verlust aus Gewerbebetrieb
als auch der Verlust aus Vermietung und Verpachtung mit den positiven Einkünften aus nichtselbständiger Arbeit ausgeglichen werden. Danach ergibt sich eine
Summe sowie ein Gesamtbetrag der Einkünfte 2008 in Höhe von 10 000 Euro. Bei

einem zu versteuernden Einkommen von 2000 Euro ist keine Einkommensteuer festzusetzen.

Im Veranlagungszeitraum 2009 stehen die positiven Einkünfte aus nichtselbständiger Arbeit uneingeschränkt, der Gewinn aus Gewerbebetrieb indes nur insoweit für einen Verlustausgleich mit den negativen Einkünften aus Vermietung und Verpachtung zur Verfügung, als für die Einkünfte gemäß § 15 EStG nicht die Thesaurierungsbegünstigung des § 34a EStG in Anspruch genommen wird. Es ist zu empfehlen, hier die Thesaurierungsbegünstigung insgesamt nicht in Anspruch zu nehmen, denn nach Verlustausgleich mit den negativen Einkünften aus Vermietung und Verpachtung ergibt sich ein Gesamtbetrag der Einkünfte von lediglich 30 000 Euro, so dass sich unter Berücksichtigung der Sonderausgaben ein zu versteuerndes Einkommen von 22 000 Euro ergibt. Die tarifliche Einkommensteuer beläuft sich demzufolge auf 3405 Euro. Dies entspricht einer Grenzbelastung von 28,20 %, die schon unter dem begünstigten Steuersatz für den nicht entnommenen Gewinn gemäß § 34a Abs. 1 EStG liegt. Hinzu kommt, dass die Anrechnung der Gewerbesteuer auf die tarifliche Einkommensteuer gemäß § 35 EStG (= 3,8 × Gewerbesteuermessbetrag = 3,8 × 1767 Euro = 6717 Euro, höchstens jedoch die zu zahlende Gewerbesteuer in Höhe von 6363 Euro) hier bereits weitgehend ins Leere geht.

Auch beim *Verlustabzug* betrieblicher Verluste beschränkt sich die Verlustverrechnung auf solche positiven Einkünfte, die der Regelbesteuerung unterlegen haben. Dies bereitet hinsichtlich des Verlustvortrags auch dann keine Probleme, wenn im Vortragsjahr nur betriebliche Gewinne zur Verrechnung zur Verfügung stehen. Um den Verlustabzug in ausreichender Höhe wahrnehmen zu können, müssten nicht entnommene Gewinne – ggf. teilweise – der Regelbesteuerung unterworfen werden. Schwierigkeiten könnten sich beim Verlustrücktrag ergeben, wenn im Jahr vor Verlustentstehung (= Rücktragsjahr) die Thesaurierungsbegünstigung in Anspruch genommen wurde. Auch im Rahmen des Verlustrücktrags ist eine Verlustverrechnung mit begünstigt besteuerten Vorjahresgewinnen ausgeschlossen (§ 10d Abs. 1 Satz 2 EStG). Nicht zuletzt aus diesem Grund *kann der Antrag* auf Anwendung der Thesaurierungsbegünstigung *bis zur Bestandskraft des Einkommensteuerbescheids für das folgende Jahr ganz oder teilweise widerrufen werden* (§ 34a Abs. 1 Satz 4 EStG). Durch Widerruf des Antrags auf Anwendung der Thesaurierungsbegünstigung für das Vorjahr kann erreicht werden, dass betriebliche Verluste im Rücktragsjahr in größerem Umfang mit zunächst begünstigt besteuerten Gewinnen verrechnet werden können. Als Folge hieraus ist auch der ursprünglich festgestellte nachversteuerungspflichtige Betrag anzupassen.

Beispiel:

Ein lediger Steuerpflichtiger erzielt im Jahr 2008 einen Gewinn aus Gewerbebetrieb in Höhe von 500 000 Euro, von dem lediglich ein Betrag von 100 000 Euro entnommen wurde. Für den gesamten nicht entnommenen Gewinn wird die begünstigte Besteuerung des § 34a Abs. 1 EStG in Anspruch genommen. Die weiteren Einkünfte belaufen sich auf 20 000 Euro, der Gesamtbetrag der Einkünfte demzufolge auf 520 000 Euro. Nach Auffassung der Finanzverwaltung würde hier ein zu versteuerndes Einkommen von 120 000 Euro der Regelbesteuerung unterliegen, so dass sich eine tarifliche Einkommensteuer in Höhe von 42 486 Euro sowie ein Solidaritätszuschlag von 2 336,73 Euro ergibt. Für den nicht entnommenen Gewinn beläuft sich die Einkommensteuer auf 113 000 Euro (= 28,25 % × 400 000 Euro) und der Solidaritätszuschlag auf 6215 Euro.

Im Veranlagungszeitraum 2009 ergibt sich ein Verlust aus Gewerbebetrieb von 280 000 Euro, der lediglich mit den übrigen positiven Einkünften in Höhe von 20 000 Euro ausgeglichen werden kann. Darüber hinaus besteht die Möglichkeit, den nicht ausgleichsfähigen Verlust gemäß § 10d Abs. 1 Satz 1 EStG in das vorhergehende Jahr zurückzutragen und vom Gesamtbetrag der Einkünfte abzuziehen. Allerdings wird der Gesamtbetrag der Einkünfte des Vorjahrs hierbei um den Begünstigungsbetrag des § 34a Abs. 3 Satz 1 EStG, also um den nicht entnommenen Gewinn, auf den antragsgemäß der besondere Steuersatz von 28,25 % angewendet wurde, gemindert (§ 10d Abs. 1 Satz 2 EStG). Daher kommt zunächst lediglich ein Verlustrücktrag bis höchstens 120 000 Euro in Betracht. Darüber hinaus besteht jedoch die Möglichkeit, den Antrag auf die begünstigte Besteuerung des nicht entnommenen Gewinns teilweise, nämlich für einen nicht entnommenen Gewinn von 140 000 Euro, zurückzunehmen, um eine Verrechnung des Verlusts des Folgejahres insgesamt im Wege des Verlustrücktrags zu erreichen. Es sollte jedoch darauf geachtet werden, dass lediglich ein Verlustrücktrag in der Höhe erfolgt, bei dem sich zumindest der Sonderausgabenabzug und der Grundfreibetrag und auch die Anrechnung der Gewerbesteuer gemäß § 35 EStG im Rücktragsjahr noch auswirken können, da sie anderenfalls verloren gehen würden.

11. Keine Thesaurierungsbegünstigung bei Einkommensteuer-Vorauszahlungen

Für Zwecke der Einkommensteuer-Vorauszahlungen ist die Thesaurierungsbegünstigung noch nicht zu berücksichtigen (§ 37 Abs. 3 Satz 6 EStG). Die Vorauszahlungen gehen vielmehr von der Anwendung der allgemeinen Einkommensteuer auf den Gesamtgewinn aus. Dies ist so auch richtig, da der Unternehmer erst nach Ablauf des Jahres über die Inanspruchnahme der Thesaurierungsbegünstigung entscheiden kann, wenn er seine individuelle Einkommensteuerbelastung und die Höhe des nicht entnommenen Gewinns kennt. Wird aber die Thesaurierungsbegünstigung im Zuge der Einkommensteuer-Veranlagung in Anspruch genommen, dann führt dies zu einer entsprechenden Steuerminderung, mit der die in diesem Jahr zu erbringenden höheren Vorauszahlungen kompensiert werden können.

12. Verfahrensmäßige Abwicklung der Thesaurierungsbegünstigung

Die Begünstigung wird nur auf Antrag gewährt, der beim jeweiligen Wohnsitzfinanzamt zu stellen ist. Der Antrag wird üblicherweise mit der Einreichung der Einkommensteuer-Erklärung gestellt. Eine spätere Antragstellung ist aber *bis zur Bestandskraft* des betreffenden Einkommensteuerbescheids möglich. Im Hinblick auf den Verlustabzug im Wege des Verlustrücktrags gemäß § 10d Abs. 1 EStG lässt der Gesetzgeber eine (völlige oder teilweise) Rücknahme bis zur Bestandskraft des Einkommensteuerbescheids des Folgejahres zu. Die Thesaurierungsbegünstigung wird *durch das Wohnsitzfinanzamt außerhalb der Gewinnermittlung* auf der Ebene des Unternehmers oder Mitunternehmers *im Rahmen eines gesonderten Feststellungsverfahrens* umgesetzt. Vom Wohnsitzfinanzamt muss hierzu nach § 34a Abs. 9 EStG der begünstigt besteuerte nicht entnommene Gewinn (= Begünstigungsbetrag) vermindert um die Thesaurierungsbelastung als nachversteuerungspflichtiger Betrag festgestellt und jährlich fortgeschrieben werden, um bei späteren Überentnahmen die Nachbelastung in Höhe des Abgeltungssteuersatzes von 25 % sicher zu stellen.

13. Behandlung des entnommenen laufenden Gewinns

Der entnommene Gewinn in Höhe des Überschusses der Entnahmen über die Einlagen unterliegt der Regelbesteuerung der Einkommensteuer. Dies bedeutet indessen nicht zwingend, dass hierauf auch Einkommensteuer zu entrichten wäre. Soweit im Gesamtgewinn vielmehr steuerfreie Gewinnbestandteile, beispielsweise steuerfreie Auslandsgewinne enthalten sind, bleiben diese auch als entnommener Gewinn steuerfrei. Diese *steuerfreien Gewinnteile gelten als zuerst entnommen.*

Beispiel:

Der Gewinn des Unternehmers von 100 000 Euro besteht zu 60 % aus steuerpflichtigen und zu 40 % aus steuerfreien Gewinnen. Der Unternehmer entnimmt im laufenden Gewinnjahr insgesamt 40 000 Euro.

Im zu versteuernden Einkommen sind steuerpflichtige Gewinne von 60 000 Euro enthalten. Da der Gewinn in Höhe von 60 000 Euro nicht entnommen wurde, kann der Unternehmer hierfür die Thesaurierungsbegünstigung in Anspruch nehmen. Der entnommene Gewinn in Höhe von 40 000 Euro ist und bleibt steuerfrei.

Soweit *steuerfreie Gewinne* im Unternehmen verbleiben, unterliegen diese ebenfalls nicht der Besteuerung. Die Frage der Inanspruchnahme der Thesaurierungsbegünstigung für diese Gewinnbestandteile stellt sich nicht. Daher führt die spätere Entnahme thesaurierter steuerfreier Gewinne auch nicht zur Nachbelastung in Höhe von 25 %. Allerdings muss bei späteren Entnahmen beachtet werden, dass diese zunächst insoweit zur Nachbelastung führen, als in Vorjahren nicht entnommener steuerpflichtiger Gewinn der Thesaurierungsbegünstigung unterworfen wurde. Angesichts dieser *Verwendungsreihenfolge* ist auch die spätere nachbelastungsfreie Entnahme steuerfreier nicht entnommener Gewinne damit erst dann möglich, wenn die Nachbelastung begünstigt besteuerter Gewinne abgeschlossen ist.

Beispiel:

Der Gewinn des Unternehmers von 100 000 Euro setzt sich zu 60 % aus steuerpflichtigen und zu 40 % aus steuerfreien Gewinnen zusammen. Der Unternehmer entnimmt im laufenden Gewinnjahr einen Teilbetrag von 20 00 Euro. Für den nicht entnommenen Gewinn beantragt er die Thesaurierungsbegünstigung. In den Folgejahren entnimmt er über den jeweiligen laufenden Gewinn hinaus den gesamten nicht entnommenen Gewinn von 80 000 Euro.

Im zu versteuernden Einkommen sind steuerpflichtige Gewinne von 60 000 Euro enthalten. Da der Gewinn in Höhe von 80 000 Euro nicht entnommen wurde, kann der Unternehmer für den gesamten steuerpflichtigen Gewinn von 60 000 Euro die Thesaurierungsbegünstigung erhalten. Die Steuer hierauf beläuft sich auf 17 882,25 Euro (= 28,25 % von 60 000 Euro zzgl. Solidaritätszuschlag). Die späteren Entnahmen unterliegen bis zu einem Betrag von 42 117,75 Euro (= 60 000 Euro – 17 882,25 Euro) der Nachbelastung mit 25 % (+ Solidaritätszuschlag), insgesamt also einer Steuer von 11 108,55 Euro. Erst die darüber hinausgehenden Entnahmen von 37 882,25 Euro erfolgen ohne Nachbelastung.

Unklar ist darüber hinaus, wie der Steuersatz auf den entnommenen bzw. nicht entnommenen, aber regelversteuerten Gewinn bei Inanspruchnahme der Thesaurierungsbegünstigung des § 34a EStG ermittelt wird. Die Finanzverwaltung geht offensichtlich davon aus, dass hierauf die allgemeinen Tarifvorschriften anzuwenden sind. Dies ist jedoch keineswegs zwingend. Jedenfalls enthält § 34a EStG keine der Vorschrift des § 34 Abs. 3 Satz 3 EStG entsprechende Regelung. Die Auffassung der Finanzverwaltung ist auch aus Missbrauchsgesichtspunkten nicht unbedenklich, denn sie eröffnet im Hinblick auf die Dosiermöglichkeiten des § 34a EStG Gestaltungen, die z. B. Progressionssprünge durch die Tarifregelung zur sog. „Reichensteuer" umgehen könnten.

IV. Pensionszusagen bei Mitunternehmerschaften

Die Gesellschaft hat für die sich aus der Pensionszusage ergebende Verpflichtung in der Gesellschaftsbilanz eine Pensionsrückstellung zu bilden, die nach § 6a EStG bewertet werden muss. Nach Eintritt des Versorgungsfalls sind die laufenden Pensionsleistungen auf Gesellschaftsebene als Betriebsausgabe abziehbar, allerdings muss die gebildete Pensionsrückstellung dabei anteilig gewinnerhöhend aufgelöst werden. Entfällt die Verpflichtung (z. B. durch Tod des alleine Begünstigten), muss die Rückstellung in vollem Umfang aufgelöst werden, so dass auf Gesellschaftsebene ein außerordentlicher Ertrag entsteht, der sämtlichen Gesellschaftern zugute kommt und ihnen daher auch zuzurechnen ist.

1. Auswirkung beim Gesellschafter in der Ansparphase

Eine Pensionsrückstellung wegen einer Versorgungsverpflichtung gegenüber einem Gesellschafter der Personengesellschaft darf indes deren Gewinn nicht mindern. Die Auffassung der früheren Rechtsprechung[13], dass deshalb keine Rückstellung zu passivieren sei, weil die Pensionszusage gegenüber einem Mitunternehmer eine Gewinnverteilungsabrede darstelle, war jedoch bereits durch eine Entscheidung des VIII. Senats vom 2. 12. 1997 überholt, der von einer *zu passivierenden Verpflichtung bei der Gesellschaft* und einer *korrespondierenden Forderung auf Gesellschafterebene* ausging[14]. Dabei blieb aber offen, ob diese Forderung in Sonderbilanzen aller Mitunternehmer oder lediglich in einer Sonderbilanz des begünstigten Gesellschafters auszuweisen ist. Die Finanzverwaltung hatte diese Problematik in den vergangenen Jahren intensiv erörtert und wollte die Entscheidung des VIII. Senats zeitgleich mit einem erläuternden BMF-Schreiben im Bundessteuerblatt veröffentlichen. Diese Arbeiten waren indes im Hinblick auf zwei Verfahren vor dem VIII. und dem IV. Senat ins Stocken gekommen, die sich zum einen mit Sondervergütungen des Gesellschafters einer OHG aus mittelbaren Leistungen an die Personengesellschaft[15] und zum anderen mit Pensionsrückstellungen zugunsten eines Kommanditisten und Geschäftsführers der Komplementär-GmbH einer GmbH & Co. KG befassten. In dieser letzten Entscheidung hat der IV. Senat die bisherige Rechtsprechung präzisiert und kommt zu dem Ergebnis, dass der *Ausgleich in der Sonderbilanz des begünstigten Gesellschafters* erfolgen müsse, weil anderenfalls die nicht begünstigten Gesellschafter etwas versteuern müssten, das ihnen überhaupt nicht zugute kommt[16].

Dieser Auffassung ist im Grundsatz zuzustimmen. Sie wird auch im Schrifttum ganz überwiegend vertreten[17]. Auch die Finanzverwaltung hat sich dieser Sichtweise zwischenzeitlich angeschlossen[18]. Kommt es danach zu einer korrespondierenden Aktivierung lediglich in der Sonderbilanz des begünstigten Gesellschafters, ergeben sich hierdurch ganz erhebliche steuerliche Belastungen zumindest dann, wenn bislang diese Konsequenz bei einer seit längerem zugesagten Pensionszusage noch nicht gezogen wurde. Wird demgegenüber die korrespondierende Bilanzierung bereits seit Zusage der Pension durchgeführt, so führt dies m. E. lediglich zu einem Vorzieheffekt hinsichtlich der Besteuerung, denn in der späteren Leistungsphase

---

13 BFH, Urt. v. 8. 1. 1975 – I R 142/72, BStBl. II 1975, 437.
14 BFH, Urt. v. 2. 12. 1997 – VIII R 62/95, BFH/NV II 1998, 781.
15 BFH, Urt. v. 14. 2. 2006 – VIII R 40/03, BFH/NV 2006, 1198.
16 BFH, Urt. v. 30. 3. 2006 – IV R 25/04, BFH/NV 2006, 1293.
17 Vgl. nur *Wacker* in Schmidt, § 15 EStG Rz. 560 m. w. N.; a. A. *Tischer*, FR 1991, 157, *Raupach*, DStZ 1992, 692.
18 BMF, Schr. v. 29. 1. 2008 – IV B 2 – S 2176/07/0001, BStBl. I 2008, 317.

werden die Pensionsleistungen letztendlich per Saldo steuerfrei gestellt, weil mit dem Zufluss der Leistungen die Forderung in der Sonderbilanz zu vermindern ist. Allerdings entspricht der Minderungsbetrag der Forderung zunächst nicht zwingend der Höhe der Pensionsleistungen, denn diese verringert sich korrespondierend zur Auflösung der Pensionsrückstellung in der Gesellschaftsbilanz.

Dem mit dem Paradigmenwechsel verbundenen Schwierigkeiten versucht die Finanzverwaltung indes Rechnung zu tragen, denn im Hinblick auf die ganz erheblichen steuerlichen Auswirkungen auf den begünstigten Gesellschafter sieht das BMF-Schreiben vom 29. 1. 2008 *Billigkeitsregelungen* mit unterschiedlichen Regelungsansätzen vor.

Darin wird nämlich für Altzusagen, die bereits vor Beginn des Wirtschaftsjahrs, das nach dem 31. 12. 2007 endet, erteilt wurden, eine Verteilung des aus der Aktivierung der Forderung auf künftige Pensionsleistungen in der Sonderbilanz abzüglich des anteiligen Aufwands aus der erstmaligen Passivierung aller Pensionsrückstellungen in der Gesamthandsbilanz sich ergebenden Gewinns über einen Zeitraum von 15 Jahren durch den begünstigten Gesellschafter in den Fällen zugelassen, in denen die Pensionszusage bisher entweder als steuerlich unbeachtliche Gewinnverteilungsabrede behandelt worden oder aber eine Passivierung der Pensionszusage in der Gesellschaftsbilanz erfolgt war, deren Gewinnauswirkung (= Gewinnminderung) durch anteilige Aktivierung in den Sonderbilanzen sämtlicher Gesellschafter, also auch der Gesellschafter, denen keine Pensionszusage erteilt worden war, aufgefangen und somit neutralisiert wurde. Technisch kann dies dadurch umgesetzt werden, dass dieser Gewinn des begünstigten Gesellschafters im Erstjahr (Schlussbilanz des Wirtschaftsjahrs, das nach dem 31. 12. 2007 endet, oder – fakultativ – in Bilanzen früherer Wirtschaftsjahre, soweit sie Veranlagungszeiträume betreffen, die noch nicht bestandskräftig veranlagt sind) *in Höhe von 14/15 in eine steuerfreie Rücklage* eingestellt wird, die während der folgenden 14 Wirtschaftsjahre zu mindestens je einem Vierzehntel gewinnerhöhend aufgelöst werden muss[19]. Neben dieser Billigkeitsregelung gewährt die Finanzverwaltung für Altzusagen aber auch noch einen umfassenden Vertrauensschutz durch eine Übergangsregelung, die eine Fortführung der bisherigen Behandlung der Pensionszusage als steuerlich unbeachtliche Gewinnverteilungsabrede ermöglicht bzw. es weiterhin gestattet, die Pensionsverpflichtung in der Gesamthandsbilanz zu passivieren und sie durch anteilige Aktivierung der Ansprüche in Sonderbilanzen sämtlicher Gesellschafter zu neutralisieren[20]. Hierfür ist jedoch Vo-

---

19 BMF, Schr. v. 29. 1. 2008 – IV B 2 – S 2176/07/0001, BStBl. I 2008, 317 – Rz. 5 Abs. 1 Satz 2.
20 BMF, Schr. v. 29. 1. 2008 – IV B 2 – S 2176/07/0001, BStBl. I 2008, 317 – Rz. 20.

raussetzung, dass diese Behandlung in der Vergangenheit durchgängig praktiziert wurde und die *Gesellschafter einvernehmlich gegenüber dem Betriebsstättenfinanzamt schriftlich erklären, diese Praxis fortführen zu wollen.* Aufgrund eines solchen Antrags kann an der bislang praktizierten Verfahrensweise zeitlich unbeschränkt festgehalten werden. Allerdings ist dieser Antrag nicht unwiderruflich; vielmehr kann er für die Zukunft widerrufen werden, während eine Rücknahme mit Wirkung für die Vergangenheit („ex tunc") trotz der missverständlichen Begriffswahl im BMF-Schreiben vom 29.1.2008 ausgeschlossen ist[21]. Trotz der Widerrufsmöglichkeit wird der begünstigte Gesellschafter jedoch im Hinblick auf den einvernehmlichen Antrag, der zur Fortführung der bisherigen Verfahrensweise berechtigt, dadurch geschützt, dass ein solcher Widerruf nur im Einvernehmen aller Gesellschafter wirksam erklärt werden kann. Dies bedeutet, dass dem begünstigten Gesellschafter im Rahmen dieser Übergangsregelung eine Sperrminorität eingeräumt ist, weil gegen seinen Willen eine Aktivierung des Anspruchs auf die Versorgungsleistungen lediglich in seiner Sonderbilanz nicht mehr erzwungen werden kann, wenn einmal von dieser Übergangsregelung Gebrauch gemacht wurde.

Dieser gesteigerte Vertrauensschutz durch die erstmalige Inanspruchnahme der Übergangsregelung ist auch notwendig und zwar nicht nur wegen der erheblichen steuerlichen Auswirkungen bei einer Aktivierung in der Sonderbilanz des begünstigten Gesellschafters als solcher, sondern auch und vor allem deswegen, weil nach einem Widerruf der Übergangsregelung der sich hieraus ergebende Gewinn des begünstigten Gesellschafters sofort und in voller Höhe, also ohne die Verteilungsmöglichkeit durch die Billigkeitsregelung der Rdnr. 5 des BMF-Schreibens vom 29.1.2008, versteuert werden müsste[22].

2. Steuerliche Behandlung in der Leistungsphase

Die *Pensionsleistungen an den Gesellschafter* führen zu *Sonderbetriebseinnahmen* (§ 15 Abs. 2 Satz 1 Nr. 2 EStG). Aufgrund der korrespondierenden Bilanzierung ist die in der Sonderbilanz aktivierte *Forderung* entsprechend der gewinnerhöhenden Auflösung der Pensionsrückstellung in der Gesellschaftsbilanz *gewinnmindernd aufzulösen.* Dies gilt für Pensionsleistungen an noch beteiligte Gesellschafter gleichermaßen wie an ehemalige Gesellschafter. Auch bei ehemaligen Gesellschaftern sind Sonderbetriebseinnah-

---

21 BMF, Schr. v. 29.1.2008 – IV B 2 – S 2176/07/0001, BStBl. I 2008, 317 – Rz. 20 Satz 3, Halbsatz 2, der von einer Rücknahme des Antrags spricht, die jedoch nur für die Zukunft Wirkung entfalten soll (→ Widerruf).
22 BMF, Schr. v. 29.1.2008 – IV B 2 – S 2176/07/0001, BStBl. I 2008, 317 – Rz. 5 Abs. 3 Sätze 2 und 3.

men anzunehmen und auch die aufgrund der Pensionszusage ausgewiesene Forderung bleibt Sonderbetriebsvermögen dieses Gesellschafters.

Fällt der *Pensionsanspruch weg*, weil z. B. eine Hinterbliebenenversorgung nicht zugesagt war und der begünstigte Gesellschafter verstirbt, ergibt sich auf Gesellschaftsebene ein außerordentlicher Ertrag, den die Mitunternehmer zu versteuern haben, während in der Sonderbilanz des begünstigten Gesellschafters durch Ausbuchung der Forderung ein außerordentlicher Aufwand entsteht, der zu *Sonderbetriebsausgaben* beim betreffenden Gesellschafter führt.

3. Wechsel in der Gesellschafterstellung

Wird ein Arbeitnehmer, dem eine Pensionszusage erteilt wurde, Mitunternehmer dieses Unternehmens, berührt der *Statuswechsel* die Passivierung der Pensionsverpflichtung dem Grunde nach nicht. Vielmehr ist unabhängig vom Wechsel des Pensionsberechtigten vom Arbeitnehmer zum Mitunternehmer eine *einheitliche Pensionsrückstellung* gemäß § 6a Abs. 3 Satz 2 Nr. 1 EStG zu passivieren. Dabei ist in der Gesellschaftsbilanz die Pensionsrückstellung im Wege des *Überleitungsverfahrens*[23] zu ermitteln. Demzufolge sind der Beginn der Mitunternehmerstellung als Beginn des Dienstverhältnisses und der Teilwert nach § 6a EStG in der letzten Bilanz vor dem Statuswechsel als übernommener Vermögenswert maßgebend. In der Sonderbilanz des begünstigten Gesellschafters ist der Teilwert für den Teilanspruch zu aktivieren, der ab Beginn der Mitunternehmerstellung finanziert wird. Besteht jedoch die Pensionszusage mit dem Statuswechsel nicht mehr fort, beschränkt sie sich also auf die Zeitspanne, in der der Berechtigte Arbeitnehmer war, ergeben sich keine Auswirkungen auf den Gewinn des Mitunternehmers.

Scheidet ein pensionsberechtigter Arbeitnehmer aus einem Unternehmen aus und tritt später wieder als Mitunternehmer ein, dann kommt es darauf an, ob erneut eine Pensionszusage erteilt wird oder nicht. Kommt es zu einer *erneuten Pensionszusage*, so ist für diese Pensionszusage eine Forderung in der Sonderbilanz des Gesellschafters zu aktivieren; als Beginn des Dienstverhältnisses gilt dabei der Eintritt in die Mitunternehmerstellung. Wird *keine neue Pensionszusage* erteilt, dann bezieht sich die Pensionsrückstellung, für die mit dem Wiedereintritt grundsätzlich eine Bewertung der Pensionsverpflichtungen für einen aktiv Beschäftigten (§ 6a Abs. 3 Satz 2 Nr. 1 EStG) zu erfolgen hat, ausschließlich auf das Arbeitsverhältnis des Berechtigten. Weitere Zuführungen zur Pensionsrückstellung sind als

---

23 R 6a Abs. 13 EStR 2005.

Nachwirkungen des Arbeitsverhältnisses zu qualifizieren und haben daher keinerlei Auswirkungen im Sinne des § 15 Abs. 1 Satz 1 Nr. 2 EStG. Kommt es zu einem Wechsel *vom Mitunternehmer zum Arbeitnehmer*, fällt die Pensionszusage als Nachwirkung in den Regelungsbereich des § 15 Abs. 1 Satz 2 EStG, soweit sie die Zeit der Mitunternehmerstellung betrifft.

4. Behandlung einer Rückdeckungsversicherung

Sichert eine Gesellschaft eine Pensionsverpflichtung gegenüber einem ihrer Gesellschafter durch den Abschluss einer Rückdeckungsversicherung ab, gehört der Versicherungsanspruch nicht zum Betriebsvermögen. Demzufolge stellen die *Versicherungsbeiträge auch keine Betriebsausgaben* dar. Vielmehr handelt es sich hierbei um *Entnahmen*, die allen Gesellschaftern nach Maßgabe ihrer Beteiligung zugerechnet werden müssen[24].

Bei einem *Wechsel vom Arbeitnehmer zum Mitunternehmer* wird eine bestehende Rückdeckungsversicherung *wie eine beitragsfreie Versicherung* behandelt. Dies bedeutet, dass der Versicherungsanspruch insoweit zum Betriebsvermögen gehört und aktiviert werden muss, als er auf die Zeit als Arbeitnehmer entfällt.

5. Zusage einer Hinterbliebenenversorgung

Pensionszusagen an Hinterbliebene eines Gesellschafters (Witwen- bzw. Witwerversorgung sowie Waisenversorgung) sind *vor Eintritt des Versorgungsfalls unselbständiger Bestandteil der Pensionszusage* an den Gesellschafter. Rückt der Hinterbliebene nach dem Tod des Gesellschafters in dessen gesellschaftsrechtliche Position ein, dann führt er den nunmehr bei ihm anzusetzenden (ggf. geringeren Wert) *in seiner Sonderbilanz fort*. Andere Hinterbliebene führen die Sonderbilanz des verstorbenen Gesellschafters mit dem angepassten Wert fort und werden insoweit in die einheitliche und gesonderte Feststellung für die Gesellschaft und deren Mitunternehmer einbezogen.

Hinweis:

Nach dem Urteil des VIII. Senats vom 2. 12. 1997 muss jedoch eine bis einschließlich 31. 12. 1985 in den Steuerbilanzen der Personengesellschaften gebildete Rückstellung wegen Versorgungsleistungen an den begünstigten Hinterbliebenen des Gesellschafters nicht gewinnerhöhend aufgelöst und der Versorgungsanspruch auch nicht in einer Sonderbilanz des Hinterbliebenen aktiviert werden.

---

24 BFH, Urt. v. 28. 6. 2001 – IV R 41/00, BStBl. II 2002, 724.

Sachregister

Notizen

Notizen

Notizen

Notizen

Notizen

Notizen